KB266328

케임브리지 몽골 제국사

The Cambridge History of the Mongol Empire
Edited by Michal Biran, Kim Hodong
Copyright © Cambridge University Press 2023

This Korean edition was published by Sakyejul Publishing Ltd. in 2026
by arrangement with the original publisher, Cambridge University Press
through KCC(Korea Copyright Center inc.), Seoul.

케임브리지 몽골 제국사

The Cambridge History of The Mongol Empire

사□계절

일러두기

1. 본문의 외국어 인명과 지명 등의 고유명사는 국립국어원의 외래어표기법을 기준으로 표기했다.
   - 다만 아랍, 페르시아, 튀르크, 몽골, 중국 등 다양한 민족과 언어를 포괄한 몽골 제국 시대의 이름과 용어들을 예외 없이 통일된 원칙에 따라 옮기는 것은 불가능하다. 따라서 일부의 경우는 관용적 표현을 따르기도 했다.
   - 현대 중국인 연구자 및 중국 행정 구역, 자연을 제외한 중국 인명과 지명은 한국 한자음으로 표기했다.
   - 본문의 용어 표기와 개념 설명은 동일한 방식으로 통일하였다. 다만 다수의 연구자가 공동 저술한 책인 만큼 각 연구자의 이론, 해석에 따라 다르게 표기한 경우도 있다. 설명이 필요한 경우 옮긴이가 본문에 [대괄호]를 달고 그 이유 또는 배경을 밝혔다.
2. 본문에 사용한 * 기호는 연구자들이 음가가 확실하지 않은 경우에 "아마도 이렇게 발음했을 것이다(하지만 확실하지는 않다)"라고 표시할 때 사용하는 방식이다.
3. 본문의 연도 표시는 서력을 사용했다. 다만 일부 사건을 설명할 때 괄호로 회력(이슬람력)을 병기했다.
4. 본문의 도량형 표시는 국제단위계 SI 기본 단위(미터법 등)를 기준으로 삼았다.
5. 본문의 각주는 원주이며, 보충이 필요한 경우 옮긴이가 본문에 [대괄호]를 달고 설명을 추가했다.
6. 본문에 사용한 참고문헌의 약어는 다음과 같다.

• 사료와 번역서

Baṭṭūṭa/Gibb   Ibn Baṭṭūṭa 1958-2000. *The Travels of Ibn Baṭṭūṭa*, tr. Hamilton A. R. Gibb(vols.13) and Charles Buckingham(vol. 4). Cambridge.

HWC   al-Juwaynī[Juvaini], ʿAṭā-Malik. 1997. *Genghis Khan: The History of the World Conqueror*, tr. John A. Boyle. Manchester[reprint of the 1958 ed. which has two volumes; same pagination].

JT/ʿAlīzādah   Rashīd al-Dīn, Faḍlallāh. 1957-1980. *Jāmiʿal-Tawārīkh*, ed. A. A. ʿAlīzādah, A. A. Romaskevich, and L. A. Khetagurov, 3 vols. Baku, 1957; Moscow, 1965-1968, 1980.

JT/Boyle   Rashīd al-Dīn Ṭabīb. 1971. *The Successors of Genghis Khan*, tr. J. A. Boyle. New York.

JT/Karīmī   Rashīd al-Dīn, Faḍlallāh. 1959. *Jāmiʿal-Tawārīkh*, ed. Bahman Karīmī, 2 vols. Tehran.

JT/Rawshan   Rashīd al-Dīn, Faḍlallāh. 1994. *Jāmiʿal-Tawārīkh*, ed. Muḥammad Rawshan and Muṣṭafā Mūsawī, 3 vols. Tehran.

JT/Thackston   Rashīd al-Dīn, Faḍlallāh. (Rasiduddin Fazlullah). 1998-1999. *Jamiʾuʾt-tawarikh[sic] Compendium of Chronicles*, tr. Wheeler M. Thackston, 3 vols. Cambridge, MA.

JT/Thackston 2012   Rashīd al-Dīn, Faḍlallāh. (Rasiduddin Fazlullah). 2012. *Jamiʾuʾt-tawarikh[sic] Compendium of Chronicles*. In *Classical Writings of the Medieval Islamic World: Persian Histories of the Mongol Dynasties*, tr. Wheeler M. Thackston, vol. 3. London.

SH   Igor de Rachewiltz tr. 2004, 2006, 2009. *The Secret History of the Mongols: A Mongolian Epic Chronicle of the Thirteenth Century*, 2 vols. Leiden.

TJG   al-Juwaynī ʿAṭā-Malik. 1912-1937. *Taʾrīkh-i Jahāngushā*, ed. Mīrzā Muḥammad Qazwīnī, 3 vols. London.

YS   Song Lian宋濂. 1976. *Yuan shi*元史, 15 vols. Beijing.

• 연구서 및 학술지

AEMA	*Archivum Eurasiae Medii Aevi.*
AOH	*Acta Orientalia Hungaricae.*
BSOAS	*Bulletin of the School of Oriental and African Studies.*
CAJ	*Central Asiatic Journal.*
CHC6	Franke, Herbert, and Denis Twitchett, eds. 1994. *The Cambridge History of China*, vol. 6, *Alien Regimes and Border States 907-1368*. Cambridge.
CHIA	Di Cosmo, Nicola, Allen J. Frank, and Peter B. Golden, eds. 2009. *The Cambridge History of Inner Asia: The Chinggisid Age*. Cambridge.
CHI5	Boyle, John A., ed. 1968. *The Cambridge History of Iran*, vol. 5, *The Saljuq and Mongol Periods*. Cambridge.
EI2	*Encyclopedia of Islam*, 2nd ed.
EI3	*Encyclopedia of Islam*, 3rd ed.
EIr	*Encyclopedia Iranica.*
HJAS	*Harvard Journal of Asiatic Studies.*
ISK	de Rachewiltz, Igor, et al., eds. 1993. *In the Service of the Khan: Eminent Personalities of the Early Mongol-Yüan Period(1200-1300)*. Wiesbaden.
JAOS	*Journal of the American Oriental Society.*
JESHO	*Journal of the Economic and Social History of the Orient.*
JRAS	*Journal of the Royal Asiatic Society.*
JSYS	*Journal of Song-Yuan Studies.*
REMMM	*Revue du monde musulman et de la méditerranée.*

차례

제 1 장

몽골의 제국적 제도

김호동

김호동　　　　　　　　　　　　　　**Kim Hodong**

서울대학 명예교수이다. 하버드대학 박사학위 논문이
『근대 중앙아시아의 혁명과 좌절』로 출간되었다. 대한
민국학술원 회원으로서 신장 지역의 역사와 몽골 제국
에 관한 다수의 책과 논문을 영어와 한국어로 집필하였
다. 최근에는 라시드 앗 딘의 『집사』를 한국어로 완역(전
5권)하고, 그 축약본인 『몽골 제국 연대기』를 펴냈다.

각 지역 울루스들이 차츰 독립성을 키우고 때로는 서로 충돌하기도 하면서 몽골 제국은 점차 정치적 통일성을 잃어갔다. 학계에서는 이 과정을 통합된 몽골 제국의 해체와 독립적인 지역 국가들의 출현으로 이해하는 경향이 있으며, 이 국가들이 빠르게 현지 문화를 수용하고 제도를 채택함으로써 이후 지역 왕조들로 전환됐다고 본다. 그러나 우리는 지역의 몽골 정치체들이 점진적 변화를 겪는 동안에도, 과거에 깊이 뿌리내린 통일 제국기의 제도로부터 계승한 체제를 계속 유지하고 있었다는 점을 기억해야 한다.

이 장에서 살펴보려고 하는 이른바 제국적 제도는 몽골인들의 과거에 뿌리를 두고 그들의 유목 전통에서 유래한 것으로 한정할 것이다. 그럼에도 그 범위는 매우 넓으며, 제국 구조의 기본 원칙과 궁정의 조직에서부터 정복 지역의 군사 및 민간 행정에 이르기까지 다양하다. 이들 제도는 매우 이른 시기인 1206년 칭기스 칸 즉위 직후에 이미 등장했으며 이후 제국 전역에 적용됐다. 제국의 정치적 통일성이 상당히 손상된 뒤에도, 새로운 몽골 지배자들은 제국적 제도를 자신들의 환경에 더 적합한 형태로 수정하면서 계속 활용했다.

다만 현재 우리의 지식은 다양한 몽골 제국 제도의 지역적 변형뿐 아니라 그 기원과 변천을 이해하기에도 부족해 보인다. 더욱이 주치 울루스와 차가다이 울루스의 제도는 관련 사료가 부족해 깊이 이해하기가 무척 어렵다. 따라서 우리의 논의는 나머지 두 울루스에 어느 정도 제한될 수밖에 없다.

이 글은 먼저 몽골 제국의 기본 구성 단위인 울루스가 어떻게 형성되고 변화했는지 살펴볼 것이다. 다음으로 수많은 천막으로 구성된 이동식 궁정인 오르도의 구성과 특성을 고찰한다. 오르도는 군주의 거주 공간이었을 뿐만 아니라 정치와 외교가 행해지는 중심이었기 때문에 중요한 주제이다. 다음으로 몽골의 정주 지역 정복과 통치 방식을 이해하는 데 필수적인 요소인 군사 및 민간 행정을 설명한다. 마지막으로 몽골인들이 언어와 지리 면에서 소통의 장벽을 어떻게 극복했는지 이해하기 위해 문서 관행과 역참 체제를 설명할 것이다.

제국의 구조: 울루스

칭기스 칸과 그의 후계자들은 자신들이 만든 제국을 몽골 울루스(Mongol ulus) 또는 예케 몽골 울루스(Yeke Mongol ulus)라고 불렀다. 몽골인들이 그들의 제국을 어떻게 인식했는지를 이해하기 위해서는 먼저 당시 울루스가 무엇을 의미했는지를 살펴볼 필요가 있다. 프랑스 학자 도송은 오래전에 울루스는 "한 사람의 몽골 군주에게 복속하는 사람들의 집단"이라고 정의했는데, 이는 그 기본적인 의미가 '사람들'이라는 점을 정확히 나타낸다.[1] 그러나 울루스라는 단어에는 '나라', '국가' 또는 '영토'라는 또 다른 의미가 있다. 이 두 가지 의미 층은 몽골인들 사이에서도 명확히 구분되지 않은 것으로 보이며, 보통 두 가지 방식으로 이해됐다. 『몽골비사』의 한 구절(§121)이 좋은 예이다. 코르치라는 사람이 테무진에게 와서 그가 미래에 강력한 통치자가 될 것이라고 예언하면서, "하늘과 땅이 함

---

1 D´Ohsson 1824, 83.

　　　　　　　제2권 주제별 역사

께 동의했다. 테무진은 '울루스의 군주(ulus-un ejen)'가 될 것이다!"
라고 말했다. 여기서 울루스는 '사람들' 또는 '국가'로 해석할 수
있다.[2]

울루스라는 단어가 이중적인 의미를 지닌다는 사실은 몽골
제국의 정치 구조 변화를 고찰할 때 매우 중요하다. 칭기스 칸은
1206년에 즉위하면서 유목민 전체를 95개의 천호(mingghan)로 조직
했으나, 1211년 금을 상대로 원정을 시작하기 직전에 거의 절반을
아들들과 형제들의 쿠비(qubi, 몫)로 나눠주었다. 그런데 가장 중요
한 두 사료인 『몽골비사』와 『집사』에 기록된 쿠비를 받은 사람의
이름과 분배된 천호의 수가 일치하지 않는다. 세부 사항의 차이는
차치하고 우리는 무엇보다 울루스의 수가 다르다는 점에 주목해
야 한다. 즉 『집사』는 총 일곱 개의 울루스가 있었다고 기록한 데
반해, 『몽골비사』는 아홉 개라고 설명하고 있다.[3]

12세기 몽골고원에는 케레이트, 타타르, 메르키트, 나이만과
같은 울루스가 존재했다. 그 후 칭기스 칸의 통일로 다른 울루스
들은 모두 해체됐고 몽골 울루스가 몽골초원의 유일한 울루스가
됐다. 그런데 아들들과 형제들에게 그들의 몫을 분배함으로써, 단
일한 울루스가 몇 개의 울루스로 나뉘었다. 이 분할로 몽골 울루
스가 소멸한 것이 아니라 복수의 울루스들의 집합체로 변모한 것
이다. 이후 각 울루스의 군주들이 자신들의 울루스를 더 분할해
후손들에게 물려주면서 내부에 2차 울루스들이 늘어났다.

---

2   라케빌츠의 영어 번역서 *Secret History of the Mongols*, 48; 명 초의 중국어 번역은 Wulan
    2012, 102 참조.
3   더 상세한 논의와 관련 연구에 대해서는 Kim 2019 참조.

이런 의미에서, 몽골 제국의 '해체'에 대한 우리의 일반적인 관념에 유의할 필요가 있다. 기존에는 쿠빌라이와 아릭 부케가 제국의 왕좌를 놓고 다투기 시작한 1260년이 제국 분열의 중요한 시기였다고 주장했고 지금도 종종 그렇게 말하지만, 피터 잭슨의 연구는 칭기스계의 '몫' 분배 관습을 고려할 때 분열의 씨앗은 처음부터 내재해 있었으며 제국 정치 구조의 변화는 사실 장기적인 과정이었음을 보여준다.[4]

그럼에도 14세기 초반에 네 개의 대형 울루스가 형성되는 모습을 볼 수 있다. 동쪽에는 카안이 직접 관할하는 카안 울루스가 있었고, 서쪽에는 차가다이, 주치, 훌레구 등 각기 다른 세 개의 울루스가 더 있었다. 이들은 일반적으로 "계승 국가" 또는 "4칸국"이라고 불리는데, 이러한 명칭은 마치 몽골 제국 자체가 붕괴되어 네 개의 독립적인 지역 국가로 나뉜 것으로 오해할 소지가 있다. 그러나 칭기스계 통치자들뿐 아니라 일반 몽골인들도 1260년경 예케 몽골 울루스가 무너져 사라졌다고 생각하지 않았고, 네 개의 울루스가 정치적 지위 면에서 동등하다고 여기지도 않았을 것이다. 몽골인들 사이에서는 카안이 동쪽에서 칭기스 칸의 권위와 지위를 계승했고, 서쪽 세 왕가의 통치자들은 카안의 우월한 지위(그 우월함이 명목뿐이었을지라도)를 인정했다. 따라서 우리는 칭기스 칸 시기 아홉 개의 울루스에서 어떻게 이 네 개의 울루스가 형성됐는지를 살펴볼 필요가 있다.

먼저 주치 울루스가 서부 유라시아초원과 러시아에서 지배

4　Jackson 1978, 1999.

적 정치체로 부상한 과정을 살펴보자. 칭기스 칸이 울루스를 나눈 1206~1211년에 주치 울루스의 거주지는 이르티시 지역 주변의 어딘가였으며, 서쪽으로의 확장은 나중에 이루어졌다. 주베이니의 기록에 따르면, 제국이 광대해졌을 때 칭기스 칸은 주치에게 "카얄릭과 호레즘 지역에서 삭신과 불가르의 가장 먼 지역까지, 그리고 그 방향으로 타타르의 말발굽이 이르는 곳까지의 영토를 주었다."[5] 여기 언급된 대부분 지역이 칭기스 칸 시기에 완전히 통합되지 않았다는 점을 고려할 때, 이러한 진술은 주베이니가 자신의 저작을 집필하던 후대의 상황을 반영한 것임을 추측할 수 있다.

1235년 우구데이는 저항하는 킵착인들과 불가르인들을 복속하고 서부 유라시아초원을 정복하기 위한 원정을 결정했다. 병사는 네 아들의 울루스에서 징집했고, 각 가문은 장남을 보내 병사를 지휘하게 했다. 군대는 주치계와 차가다이계로 구성된 우익, 우구데이계와 톨루이계로 이루어진 좌익으로 구성됐다. 바투는 명목상 최고 지휘관이었지만, 실제로는 차가다이 가문의 부리와 함께 군대의 절반만을 통제했고, 나머지 절반은 구육과 뭉케의 손에 있었다.

1236년에 시작한 원정은 좌익이 우구데이의 명령으로 전선에서 철수하기 시작한 1241년 여름까지 계속됐다. 그사이 대부분의 러시아 도시는 황폐해졌고, 폴란드, 독일, 튜턴기사단 연합군은 레그니차에서 참패했다. 그러나 1241년 말, 좌익 군대가 목적지에 도달하기 전에 우구데이가 카라코룸에서 사망했다. 그러자 칭기스

---

5 *HWC*, 42.

칸의 후손들은 오랜 계승 투쟁에 휘말렸고, 유럽 전선에서의 군사 작전은 새로운 카안이 즉위할 때까지 중단됐다. 결국 1246년 봄, 다뉴브 전선에서 바투와 심각한 다툼을 벌였던 구육이 아버지의 자리를 계승했다.[6]

당시 프란체스코회 수도사 플라노 카르피니는 카라코룸으로 가는 길에 폰투스초원을 지나며 바투와 다른 몽골 지도자들을 만났다. 그는 드네프르 강변에 있던 "마우치(Mauci)"라는 왕자를 언급했는데, 펠리오가 추정한 바에 따르면[7] 마우치는 구육을 지지하고 바투와 격렬하게 논쟁을 벌인 부리를 대신했던, 차가다이의 장남 모치 예베였을 가능성이 있다. 그의 가설이 맞다면 우익 군대는 여전히 킵착초원에 주둔하고 있었을 것이고, 이는 서방 원정이 공식적으로 종료되지 않았기 때문에 이치에 맞는다. 실제로 구육은 즉위 직후 미완의 임무를 완수하기로 결정하고 서쪽으로 진군했으나, 중앙아시아에서 갑작스럽게 죽음을 맞이했다. 이 시점까지 러시아는 말할 것도 없고, 킵착초원도 주치 가문의 영역으로 간주되지 않았다. 그러나 뭉케가 다음 카안이 된 후 상황은 빠르게 변했다.

칭기스 가문의 연장자(aqa)이자 제국 서부에서 강력한 대군을 지휘하던 바투는, 카안이 되기 위해 자신의 지지가 필요했던 뭉케를 지원했다. 뭉케가 1254~1255년 그의 궁정을 방문한 또 다른 프란체스코회 수도사 윌리엄 루브룩에게 "마치 태양이 온 사방으로

---

6 Kim 2005; 이 책의 제 1권 Dunnell 참고.
7 Pelliot 1973, 38.

    제2권 주제별 역사

그 빛을 내보내는 것처럼, 나의 권위와 바투의 권위가 사방으로 퍼진다"[8]고 말한 것은 당연한 일이었다. 바투의 지위가 카안에 버금가게 됨에 따라, 주치 울루스는 마침내 오비강과 이르티시분지에서부터 다뉴브강에 이르는 폰투스초원을 자신들의 유르트로 장악했다.

그러나 이 광대한 주치 울루스는 동질적인 단일 정치체가 아니었다. 우선, 좌익과 우익으로 나뉘어 있었다. 라시드 앗 딘에 따르면, 주치의 장남 오르다를 중심으로 우두르, 톡 테무르, 셍굼, 싱코르가 좌익(동쪽)을 형성했으며, 바투와 다른 왕자들은 우익(서쪽)을 형성했다. 우익의 지배자가 전체 울루스의 명목상 수장으로 여겨졌지만, 양익은 사실상 독립적이고 자율적이었다. 사료에 따르면 우익은 여러 울루스로 더 세분화했다. 그 안에 베르케와 시반의 울루스가 있었으며 바투의 울루스도 좌익과 우익으로 다시 나뉜 것으로 보인다. 확실하지는 않지만, 오르다와 우익의 다른 제왕(諸王)들의 울루스도 여러 개의 더 작은 울루스로 분화했을 가능성이 있다.[9]

이제 다른 울루스들과 비교할 때 그 기원이 매우 특이한 훌레구 울루스를 보자. 앞서 언급한 것처럼 몽골 울루스는 일반적으로 칭기스 칸이 준 쿠비에서 기원했지만, 훌레구 울루스의 기원은 그의 쿠비가 아니라 1252~1253년 뭉케 카안의 명령으로 서방 원정

---

8 William of Rubruck 1990, 180(플라노 카르피니 · 윌리엄 루브룩, 김호동 역주, 『몽골 제국 기행: 마르코 폴로의 선구자들』, 까치, 2015, 290).

9 주치 울루스의 다층적인 구조, 그리고 이와 관련된 여러 의견에 대해서는 Allsen 1985; Fedorov-Davydov 1973, 55-60; Akasaka 2005, 121 ff 참조.

을 시작할 때 조직된 군대이다. 이 군대는 전체 몽골 군대로부터 징집됐으며 주요 칭기스 가문을 대표했다.

그렇다면 훌레구(재위 1260~1265)와 그의 후계자들은 이 군대를 어떻게 자신의 울루스로 전환시킬 수 있었을까? 이 과정은 첫째, 그들은 실제로 그 군대를 어떻게 전유(轉有)했는가, 둘째, 그들이 그러한 찬탈을 어떻게 정당화했는가라는 두 가지 각도에서 살펴볼 수 있다. 원정군 징집은 제국 전역에서 이루어졌지만, 오직 주치계와 톨루이계 제왕들만이 지휘권을 가졌다. 다른 두 가문의 제왕들은 뭉케의 박해로 완전히 몰락했다. 원정이 진행되는 동안 훌레구는 주치 가문의 세 제왕 발라가, 투타르, 쿨리를 제거하고 원정군을 자신의 군대로 전환하는 과감한 조치를 취했다.[10] 이때 주치계 군대는 데르벤드를 통해 킵착초원으로 도망치거나 후라산으로 도주했다. 1254년 바투를 계승한 주치 울루스의 지배자 베르케는 훌레구의 행동에 격분해 남쪽으로 군대를 이끌고 갔다. 그들 사이에 전쟁이 발발했지만, 1264년 베르케와 훌레구가 모두 죽으면서 뚜렷한 승자 없이 끝났다. 그러나 그 무렵 훌레구는 "아무다리야강에서 이집트의 문까지" 펼쳐져 있는 울루스의 사실상의 지배자가 됐다.

물론 폰투스초원의 주치 가문과 중앙아시아의 차가다이 및 우구데이 가문은 훌레구와 그의 후계자들의 통치에 계속 도전했다. 따라서 훌레구 가문으로서는 통치의 정당성을 입증하는 것이 매우 중요했다. 즉, 그들이 지휘하는 몽골군이 실제로 자신의 울루

---

10 *JT*/Thackston, 362, 506.

                                      제2권 주제별 역사

스라는 증거를 제시해야 했다. 이를 위해 그들이 내세운 것이 '엠추(emchü) 이론'이다. 1270년 훌레구의 아들이자 후계자인 아바카(재위 1265~1282)는 후라산을 넘겨달라고 요구한 차가다이 가문의 칸 바락(재위 1266~1271)과 대치했다. 바락은 후라산이 자신과 그의 조상들에게 속한다고 주장했다. 라시드 앗 딘에 따르면, 이를 들은 아바카는 다음과 같은 메시지를 보냈다. "이 왕국은 그리운 선부(先父)께서 내게 유산으로 물려주어 나의 '엔추'가 된 것이며, 오늘날 내가 칼로써 소유하고 있는 것이다."[11] 여기서 엔추(enchü, 페르시아어 īnjū)는 몽골어로 "사유재산"을 의미하는 엠추이다.

그렇다면 아바카가 이란과 그곳의 몽골인들을 훌레구에게 물려받은 엠추라고 주장할 수 있었던 이유는 무엇일까? 라시드 앗 딘은 그 단서도 제공한다. 뭉케 카안이 칭기스 칸이 형제와 조카들에게 나누어준 군대에 들지 않은 10명 중 두 명의 병사를 훌레구에게 엠추로 주라고 명령했다는 것이다.[12] 따라서 그들을 훌레구에게 준 것은 칭기스 칸이 아니라 뭉케였고, 울루스의 창설을 시작한 것도 뭉케였다. 라시드 앗 딘은 톨루이가 129개의 천호 중 101개를 물려받았으니 훌레구를 따라온 군대는 원래 톨루이 가문의 군대였다고 덧붙여 이 주장을 더욱 강화한다.

세 개의 큰 서방 울루스 중에서 차가다이 울루스는 14세기 초에야 비로소 최종 형태를 갖추며 안정됐다. 말할 필요도 없이 이것은 칭기스 칸이 설립한 주요 울루스 중 하나였지만, 1250년 톨루

11　*JT*/Thackston, 523; *JT*/Rawshan, 1071-1072.
12　*JT*/Thackston, 283, 478; *JT*/Rawshan, 615, 975.

이계가 권력을 장악한 이후 급격히 약해졌다. 그러나 1260년대 알구의 지도 아래 차가다이계는 힘과 활력을 되찾은 것으로 보이며, 그의 조카 바락은 팽창 정책을 추구했다. 1269년 바락은 카이두, 뭉케 테무르와 합의한 뒤 후라산으로 군대를 끌고 갔다. 그러나 이 원정은 실패로 끝났고, 그는 철수 직후인 1271년에 사망했다.

바락의 갑작스러운 죽음은 카이두의 부상을 위한 길을 열었다. 약 10년에 걸쳐 차가다이계 제왕들의 반발을 진압한 카이두는 1282년 바락의 아들 두아를 차가다이 울루스의 지도자로 임명했다. 이 동맹에 도전한 알구의 아들 추베이와 카반은 많은 추종자들과 함께 쿠빌라이에게 망명했다. 그 결과 차가다이계의 두 울루스가 정치적 독립성을 잃은 상태로 하나는 트란스옥시아나에, 다른 하나는 하서회랑에 등장했다.[13]

중앙아시아에서 차가다이와 우구데이 가문의 연합은 거의 20년 동안 유지됐으며, 1303년경 카이두가 사망할 때까지 카안 울루스의 서부 변경을 위협했다. 이후 상황은 차가다이계에게 유리해졌고, 그 전에 약 20년간 카이두가 맡았던 역할을 두아가 수행하기 시작했다. 카이두의 아들들과 다른 우구데이계 제왕들은 누구를 지도자로 세울지 정하지 못했다. 두 가문의 아카(연장자)로서 두아는 조종하기 쉬워 보이는 차파르를 선택했다. 그러나 두 사람 사이에 갈등이 일어났고 차파르는 1310년 카안 울루스로 피신했다. 곧 "100만 명"이 항복하러 왔다는 보고가 이어졌다.[14] 이제 차가다

---

13 Biran 1997, 32–33; 杉山正明 2004, 288–333.
14 劉迎勝 2006, 343–348.

이 가문이 중앙아시아의 헤게모니를 확보했으며, 그들의 울루스는 그 지역의 유일하고 논쟁의 여지가 없는 정치체로 자리 잡게 됐다.

이제 마지막으로 카안 울루스의 출현과 칭기스 칸 형제들이 이끈 동방 울루스의 운명을 살펴보자. '카안 울루스'라는 용어는 몽골어 사료에서는 확인되지 않지만, 페르시아어 사료에는 쿠빌라이와 그 후계자의 영토가 'ūlūs-i qaʾān'으로 기록됐다.[15] 그 기원은 칭기스 칸이 직접 통제하던 '중앙 울루스(ghol-un ulus)'로 거슬러 올라가며, 우익, 좌익, 중앙의 세 개의 만호로 구성돼 있었다. 규모 면에서 보면, 1206년 형성된 전체 몽골 군대의 약 절반에 해당했다. 왕좌를 계승한 우구데이는 이것을 그의 쿠비가 아니라 카안의 소유로서 상속받았는데, 쿠비는 이미 보유하고 있었기 때문이다.

1260~1263년에 벌어진 쿠빌라이와 아릭 부케의 전쟁은 중앙 울루스의 지위와 성격을 변화시켰다. 뭉케가 남송 원정을 이끌 때 중앙에 속한 대부분의 군대, 특히 (중앙 울루스의) 우익군과 중부군이 그와 동행했는데, 1259년 그가 갑작스럽게 죽은 뒤 이들 대부분은 카라코룸에서 섭정을 맡고 있던 아릭 부케 편에 섰다. 쿠빌라이는 좌익에 속한 군대, 특히 잘라이르, 우루우트, 망구트, 콩기라트, 이키레스 등 소위 '다섯 부족'의 군대만을 장악할 수 있었다. 이 밖에도 그는 옹구트, 올쿠누트, 콩고탄, 바룰라스의 지원을 받았다. 또한 칭기스 칸 형제들의 후손에게 속한 동방 울루스의 군대도 그를 지지했다.[16]

---

15   Kim 2015, 295-298.
16   杉山正明 2004, 114-115; 史衛民 1998, 131-132.

　　내전 동안 아릭 부케 휘하의 많은 병사들이 살해되거나 도망쳤고, 우익과 중앙의 군대는 사실상 붕괴했다. 일부는 쿠빌라이에게 항복해 그의 군대에 편입됐다. 따라서 전쟁이 끝났을 때 쿠빌라이가 지휘하는 군대는 이전의 중앙 울루스 군대와 달라져 있었다. 즉, 쿠빌라이의 군대는 그가 카안으로서 물려받은 군대가 아니라 전쟁 중에 모으고 정복한 군대였으며, 사실상 다른 칭기스 가문이 권리를 주장할 수 없는 그의 엠추가 됐다. 다시 말해, 그들은 이제 쿠빌라이의 울루스가 된 것이다. 제국의 수도도 몽골초원에서 제국의 극동에 위치한 '키타이'로 옮겨졌다. 그곳은 더 이상 '중앙'이 아니었다.

　　그렇다면 칭기스 칸의 형제들에게 주어진 동방 울루스들은 어떻게 됐을까? 앞서 언급한 것처럼, 그들은 아릭 부케가 아니라 쿠빌라이를 지지했고 그 결과 쿠빌라이가 승리한 뒤에도 정치적 자치를 누릴 수 있었다. 그러나 1287년 테무게 옷치긴의 후손인 나얀이 쿠빌라이에 대항해 반란을 일으킨 사건이 그들의 운명에 결정적인 영향을 미쳤다. 쿠빌라이는 직접 군대를 이끌고 반란을 진압했다. 그는 일부 제왕들을 처형하고 그들의 군대를 해체했지만, 그들의 울루스 자체를 해체하지는 않았다. 그들의 존재는 중국 사료에서 확인된다. 옷치긴 가문의 요왕(遼王)과 카사르 가문의 제왕(齊王)이라는 칭호를 가진 제왕들이 울루스와 영토를 유지했다. 이 울루스들은 14세기 말까지 존재했으며, 명 초 "우량카이 3위(兀良哈三衛)"로 변모했다.[17]

17　Kim 2019, 308-310.

결론적으로 몽골 제국은 처음부터 단일 군주하의 동질적 정치체가 아니라 칭기스 가문이 통치하는 여러 울루스들의 집합체였다. 제국의 최고 통치자인 카안은 처음에는 제왕들에게 확고한 권력을 행사했지만, 제국의 규모가 커지고 제왕들 간의 갈등이 지속되었을 뿐 아니라 카안의 지위에 대한 투쟁이 이어짐에 따라 울루스의 구조는 크게 변모했다. 그 결과 서방은 주치, 훌레구, 차가다이 가문이 지배하는 세 개의 대형 울루스가 성립했고, 카안의 중앙 울루스는 쿠빌라이와 그의 후계자들이 지배하는 카안 울루스로 변모했다. 그리고 이 네 울루스 내에 여러 소규모 울루스가 존재했다. 예를 들어, 카안의 영역 내에는 몽골의 우구데이계 울루스들, 하서회랑의 차가다이계 울루스들, 만주의 칭기스 칸 형제들의 울루스들이 포함되어 있었다. 주치 울루스 또한 좌익과 우익으로 나뉘었으며, 이후 다시 더 작은 울루스들로 분활되었다.

이동하는 궁정: 오르도

제왕과 귀족을 포함한 많은 몽골인들은 제국의 경계를 계속 넓혀가며 정복된 지역으로 이주해 새로운 환경에서 살기 시작했다. 그러나 그들은 유목적인 생활 방식을 포기하지 않았고, 목초지와 물이 풍부한 지역을 선별해 가족과 가축과 함께 계속해서 계절 이동을 했다.

칭기스 칸은 전쟁에 나가지 않을 때는 동몽골에서 계절 이동을 했다. 현재의 헨티 아이막에 위치한 아와르가(Awarga)가 그의 동영지였다. 이 지명 자체가 "기지" 또는 "캠프"를 의미하는 아우룩

(aʾuruq)에서 왔으며, 학자들은 그곳에서 칭기스 칸의 궁전 부지와 유물을 발견했다. 칭기스 칸은 아와르가에서 겨울을 보낸 뒤 봄이 오면 사아리 케헤르초원을 경유해 톨라강 상류 카라 툰의 하영지로 이동했으며, 동영지와 하영지를 왕복하는 거리는 약 420킬로미터였다.[18]

　그의 후계자들도 계절 이동 관행을 계속했다. 수도를 카라코룸으로 옮긴 우구데이는 항가이 지역 주변에서 이동했다. 봄이 되면 수도를 떠나 북쪽으로 약 40킬로미터 떨어진 게겐차간호로 갔다가 항가이산맥의 우르메게투 목초지로 이동했다. 겨울이 다가오면 남진하여 옹긴강 근처로 갔다.[19] 구육은 재위 기간이 너무 짧아 이동에 대한 정보가 적으나, 뭉케의 경우 카라코룸 주변에서 우구데이와 유사하게 이동했음을 확인할 수 있다.

　쿠빌라이와 그의 후계자들은 제국의 수도를 카라코룸에서 키타이 지역으로 옮긴 뒤에도 계절 이동을 계속했다. 쿠빌라이는 대도와 상도를 건설해 각각 겨울 수도와 여름 수도로 삼았고, 두 도시 사이를 정기적으로 이동했다. 대개 넷째 달에 대도를 떠나 상도로 갔다가 여덟째 달이나 아홉째 달에 돌아왔다.[20] 두 도시 간 거리는 약 300~400킬로미터로, 편도 여행에 약 20~25일이 걸렸다. 도로에는 나보(nabo, 納鉢)라는 숙소가 20개 정도 설치됐다.[21]

　계절 이동 관행은 카안 울루스 영역 내의 다른 칭기스 후손

18　白石典之 2001, 99-100.

19　Boyle 1974.

20　葉子奇 1959, 64; 熊夢祥 1983, 204-205.

21　陳高華 · 史衛民 2010.

제왕들도 이행했다. 쿠빌라이의 아들 망갈라는 안서왕(安西王)에 봉해져 하서 지역으로 보내졌고, 후에 그의 아들 아난다가 그를 계승했다. 그들은 경조(京兆, 현재 시안)의 도시 외곽에 겨울을 보내기 위한 궁을 지었고, 발굴 보고서에 따르면 궁벽의 총길이는 2283미터였다. 육반산맥의 개성(開城)에도 다른 궁이 있었으며 그들의 여름 거주지가 위치했다.[22]

서방 울루스에서도 유사한 이주 패턴을 찾을 수 있다. 예를 들어 바투는 볼가강 동안을 따라 이동했고, 그의 아들 사르탁은 돈강을 따라 이동했다. 1253년에 이 지역을 지나간 루브룩은 "모든 사람이 그러하듯이 그는 1월부터 8월까지 추운 지역에서 지내고, 8월에 귀환을 시작한다"고 썼다.[23] 훌레구는 원정을 마친 뒤 알라타그에서 여름을 보내고 차가투에서 겨울을 보냈다.[24] 그의 아들 아바카는 타브리즈를 수도로 삼고, 하영지 알라타그, 시야흐쿠흐와 동영지 아란, 바그다드, 차가투 사이를 오갔다. 아르군과 가잔도 이 패턴을 유지했다. 울제이투는 수도를 콩구르 울렝초원의 술타니야로 옮겼다. 그는 여름을 그곳이나 좀 더 북쪽의 우잔에서 보냈고, 겨울은 주로 무간과 아란의 평원이나 바그다드에서 보냈다.[25]

카안과 제왕들이 계절별 숙영지 사이를 이동할 때면, 많은 인원, 가축, 천막, 수레가 함께 이동했다. 이 거대한 텐트 복합체를 오르도(ordo) 또는 오르두(ordu)라고 불렀다. 이 단어는 이미 8세기 초

---

22 松田孝一 1979, 44-45.

23 William of Rubruck 1990, 130.

24 本田實信 1991, 359-360.

25 本田實信 1991, 357-381; Melville 1990.

의 돌궐 비문에 나타난다. "적대적인 오구즈가 갑자기 오르도를 공격했다", 그리고 퀼 테긴은 그들과 싸워 "오르도를 넘기지 않았다"(퀼 테긴 비문, 북면 8~10행).[26] 카라한 왕조의 사료와 마흐무드 카쉬가리의 사전에서도 오르도에 대한 상당히 광범위한 언급을 찾을 수 있다.[27] 거란 요(907~1125)의 경우는 특히 정보 자료가 풍부하다. 『요사』는 오르도를 "궁(宮)"으로 정의하고 거란 황제가 소유한 12개의 오르도 이름을 나열하고 있다.[28] 『몽골비사』에는 오르도 또는 오르도 게르에 대한 언급이 상당히 많다. 예를 들어 칭기스 칸은 메르키트의 수령 톡토아를 공격해 "많은 말 무리와 궁전 오르도 게르를 빼앗았다."[29] 이는 12세기 유목민 수령이 오르도라는 큰 텐트 복합체를 소유하고 있었음을 보여준다.

칭기스 칸은 1206년 즉위하면서 오르도를 재조직하고 그것을 몽골의 독특한 제도로 발전시켰다. 그는 거의 500명의 비빈을 두었다고 알려져 있지만, 주요 아내는 네 명, 즉 부르테, 쿨란, 이수이, 이수겐이었고, 각자 자신의 오르도를 가지고 있었다. 이것을 "4대 오르도(dörben yeke ordos)"라고 불렀으며, 모든 부인을 이들에게 배정했다. 각 오르도의 정비(正妃)는 "카툰(khātūn, 몽골어 qatun)", 중국어로는 황후라고 불렀다. 후궁들은 몽골어로 에게치(egechi, 자매) 또는 중국어로 비자(妃子)라고 불렀으며, 튀르크어 용어인 쿠마(quma)도 사용했다.

---

26   Tekin 1968, 271.

27   Kashgharī 1982, 1: 148.

28   『요사』 363, 1544.

29   *SH*, §99.

종종 왕자의 아내들도 카툰이라고 불렸지만, 이 용어는 공식적으로 카안의 정비인 아내에게만 적용됐다. 그래서 진김의 아내이자 테무르 카안의 어머니 쿠케진은 바이람 에게치라고 불렸다. 라시드 앗 딘은 훌레구 울루스 궁정의 많은 후궁들이 에게치라는 칭호를 가지고 있다고 언급한다. 각 오르도는 카툰이 주도하고 많은 에게치들이 속해 있었던 것으로 보인다.[30]

칭기스 칸은 네 개의 대오르도 각각에 특별한 호위대를 배정했다. 1206년에 1만 명의 케식(keshig), 즉 황실 친위대를 징집했는데 그중 1000명은 야간 수비대였으며, 이들이 바로 오르도와 그 안의 사람들 및 재산을 보호하는 책임을 맡았다. 이들은 100명씩 10개의 부대로 구성됐고 각 부대는 백인대장이 지휘했다.

우구데이와 뭉케도 네 개의 오르도를 가지고 있었다. 예를 들어 뭉케가 사천 원정 중 사망하자 그의 시신은 카라코룸으로 옮겨졌고 네 오르도 모두에서 장례식이 치러졌다. 그의 시신은 매일 다른 오르도로 옮겨졌고 그곳에서 "그들은 관을 왕좌에 올려놓고 고통스럽게 울부짖었다."[31] 『원사』는 쿠빌라이도 네 개의 오르도를 가지고 있었음을 명백히 보여준다.[32] 따라서 칭기스 칸이 도입한 4대 오르도 제도는 적어도 쿠빌라이 시대까지 그의 후계자들에 의해 유지됐다고 결론지을 수 있다.

그러나 우리는 쿠빌라이의 후계자들과 서방의 다른 제왕들도 이 전통을 유지했는지는 확언할 수 없다. 한 한문 사료에 따르면,

---

30 *JT*/Thackston, 471–472.

31 *JT*/Thackston, 416.

32 『원사』, 2697–2699.

원 황제들은 "정후(正后)" 외에도 제2 황후와 제3 황후를 두었으며, 사흘에 한 번 각각을 방문했다.[33] 그러나 오르도의 수가 세 개로 고정됐다고 확인해줄 다른 사료는 없다. 반대로, 예외적인 경우로 보이기는 하지만, 카이샨은 다섯 개의 오르도를 가지고 있었다.[34]

서방 울루스들에서도 네 개의 오르도 제도가 일반적이었는지 확인하는 것은 쉽지 않지만, 몇 가지 사례는 알 수 있다. 예를 들어 이븐 바투타가 입증한 대로 주치 울루스의 우즈벡 칸은 네 개의 오르도를 가지고 있었으며, 라시드 앗 딘의 기록을 믿는다면 훌레구도 네 개의 오르도를 가지고 있었다.[35] 반면 예상과 다른 사례도 많다. 예를 들어 일 칸들의 사례를 살펴보면 아바카는 일곱 명, 테구데르는 네 명, 아르군은 여섯 명, 게이하투는 여섯 명, 가잔은 여섯 명, 울제이투는 열한 명의 카툰을 두었다. 이 현상을 어떻게 설명할 수 있을까?

이에 답하기 위해서는 당시 몽골의 두 가지 독특한 관습을 이해할 필요가 있다. 바로 수계혼(收繼婚, levirate)과 수궁제(守宮制)이다. 군주가 사망하면 그의 형제나 아들이 지위를 계승하고 그의 카툰 중 일부와 결혼했다. 이때 카툰들의 오르도는 새로운 통치자의 소유가 됐다. 혼인하지 않을 경우 카툰은 자신의 오르도를 유지할 수 있었지만, 사후에는 군주가 자신의 아내 중 한 명을 카툰으로

---

33 葉子奇 1959, 63.

34 『원사』, 2290.

35 Baṭṭūṭa/Gibb, 482-489. 라시드 앗 딘이 훌레구의 네 오르도를 구체적으로 언급하지는 않았지만, 그가 쓴 내용을 종합해보면, 훌레구의 주요 비 네 명은 도쿠즈 카툰, 쿠투이 카툰(몽골에서 사망한 구육 카툰의 후임), 울제이 카툰, 그리고 이순진 카툰이었다고 결론 지을 수 있다. *JT*/Thackston, 471-472; *JT*/Rawshan, 963-964; Bruno 2017, 91-94 참조.

임명해 그 오르도의 수궁권을 가질 수 있었다. 만약 새 수궁 카툰을 임명하지 않으면 그 오르도는 소멸했다. 예를 들어 아바카의 오르도 일곱 개 중에서 네 개는 그가 혼인한 카툰들의 것이었고, 하나는 수계혼을 통해 얻은 것이었으며, 나머지 두 개는 아버지의 부인들이 사망한 후 자신의 아내들에게 맡긴 것이었다. 비슷한 현상은 카안 울루스에서도 관찰되지만, 상세한 메커니즘을 이해할 만큼 정보가 충분하지는 않다.[36]

몽골 군주들의 오르도가 이동하는 장면을 목격한 사람들은 그 크기와 광범위함에 깊은 인상을 받았다. 루브룩은 바투의 오르도에 대해 "그의 거주지는 길게 뻗어 있는 큰 도시처럼 보였으며, 주민들은 모든 방향으로 3~4리그에 걸쳐 흩어져 있었다"고 썼다.[37] 카안이 대도를 떠날 때는 그의 비빈들, 제왕들, 수많은 관리들, 1만 명의 케식 병사들, 그리고 상인들을 포함해 거의 10만 명이 동행했다.[38]

루브룩의 상세한 설명 덕분에, 우리는 최소한 바투의 오르도만큼은 일반적인 배치나 구조를 재구성할 수 있다. 26명의 아내들은 각각 대규모 텐트와 약 200대의 수레를 소유하고 있었다. 야영할 때 정비의 텐트가 서쪽 끝에 위치하고 다른 아내들의 텐트는 서열에 따라 그 동쪽에 배치됐다. 하녀들의 작은 텐트는 뒤쪽에 설치됐다. 텐트들 사이의 거리는 돌을 던질 만한 거리였다.[39]

---

36 馬曉林 2012; Gao 2013.
37 William of Rubruck 1990, 131; 우즈벡 칸의 오르도에 대해서는 Baṭṭūṭa/Gibb, 2: 482.
38 史衛民 1996, 265-266; 『원사』, 768.
39 William of Rubruck 1990, 74.

　　오르도 안에는 카툰과 에게치들을 모시는 많은 사람들이 있었다. 『몽골비사』(§232)에는 칭기스 칸이 야간 경비병들에게 시녀들(cherbin ökid), 가복(ger-ün kö'üd), 낙타 치기들, 소 치기들 그리고 텐트 수레들을 책임지라고 명령한 내용이 나온다.[40] 라시드 앗 딘에 따르면, 칭기스 칸이 나쁜 꿈을 꾸고 나서 이바카 베키를 케흐티 노얀에게 줄 때 요리사 한 명과 황금 잔 하나를 제외하고 모든 말, 노비, 속민, 가복(īv oghlānān), 가축과 재산을 함께 주었다.[41] 이 두 예시를 통해 우리는 오르도에서 어떤 사람들이 일했는지 추측할 수 있다. 특히 주목할 만한 것은 게룬 쿠우드, 튀르크어로 에브 오글란이라는 집단이다. 그들 대부분은 인제스(injes, 媵哲思), 즉 신부 혼수품의 일부로 온 사람들이다.[42] 그중 일부는 군주와의 개인적 관계를 바탕으로 대단히 강력하고 영향력 있는 존재가 되었는데, 예를 들면 차비 카툰의 가복 아흐마드 파나카티는 쿠빌라이 휘하에서 장관이 됐다.

　　몽골 통치자들은 보통 오르도 텐트 중 한 곳에서 하룻밤을 보냈고, 다음 날 아침 그곳에서 정무를 처리했다. 이런 의미에서 오르도는 그들의 거주지일 뿐만 아니라 정치의 중심이었고 대신들과 장군들을 만나 중요한 국사를 논의하는 곳이었다. 많은 문서들이 회의 때 천막 안에 누가 있었는지를 보여주는데, 군주와 그의 아내 외에도, 일반적으로 케식 부대의 장들, 상주문을 가져온 관리들, 통역관들과 서기들이 참석했다.[43] 이러한 종류의 천막 회의

40　*SH*, §160

41　*JT*/Thackston, 148; *JT*/Rawshan, 304

42　劉迎勝 2014, 1: 246-273; *SH*, §280.

　　　　　　　　　　　　　　제2권 주제별 역사

는 다수의 정주 국가들이 넓고 개방된 궁정에서 하는 공식 회의와
는 상당히 달랐다. 핵심 집단에 속한 소수만이 회의에 참여하고 결
정을 내릴 수 있었다.

군사적 우위: 천호, 탐마, 케식

야율초재가 우구데이에게 "말 위에서 세상을 얻을 수는 있지만,
말 위에서 다스릴 수는 없다"고 조언했다는 이야기는 잘 알려져
있다. 이후 유병충(劉秉忠)도 주군 쿠빌라이에게 이 조언을 반복했
다.[44] 이 일화들은 몽골 지배자들이 피정복지의 새로운 환경에 점
차 적응해갔음을 보여주기 위해 인용된다. 그러나 몽골인들이 통
치를 유지하기 위해서는 군사적 우위가 필수였다. 몽골 군대의 세
기둥은 천호군, 탐마치 부대, 그리고 케식 호위대였다.

　앞서 언급한 것처럼, 1206년 칭기스 칸은 95개의 천호를 조직
했으며, 각 천호는 백호(ja'un)와 십호(harban)로 나뉘었다. 이러한 십
진법 구성은 오래전부터 유라시아초원에 존재했지만, 칭기스 칸이
도입한 제도는 근본적으로 달랐다. 95개의 천호 중 그에게 자발적
으로 항복해 자신들의 백성들을 유지할 수 있게 허락받은 소수의
"부마들(güregen)"이 지휘하는 경우를 제외한 대부분은, 기존 부족
단위의 단순한 재편성이 아니라 오랜 전쟁으로 해체되고 흩어진
유목민들로 재조직한 부대였다. 그는 이 95개의 천호를 세 개의 더

43　李治安 2003.

44　蘇天爵 1996, 76; 『元史』, 3688.

큰 단위인 투멘(만호)으로 묶었는데, 중앙 몽골의 중군, 싱안링 기슭의 좌익, 알타이산맥 주변의 우익이 그것이다.

삼분 체계를 기반으로 한 천호 조직은 뭉케 재위 시기까지 운영됐다. 남송 원정을 시작하면서 뭉케는 자신은 중군과 우익을 지휘하고 좌익은 처음에는 타가차르에게, 그다음에는 쿠빌라이에게 맡겼다. 라시드 앗 딘에 따르면, 뭉케 휘하의 60투멘은 육반산과 사천 방향으로 행군했고 쿠빌라이가 지휘하는 30투멘은 하남과 회수 방향으로 나아갔다. 이 두 부대 외에, 우량카다이 휘하의 다섯 개 투멘으로 구성된 또 다른 부대가 있었는데, 이들은 운남 경로를 통해 남송의 후방을 공격했다.[45]

1259년 뭉케가 갑작스럽게 사망하면서 일어난 일련의 사건들은 결국 삼분 체계의 붕괴를 가져왔다. 앞서 설명한 바와 같이, 쿠빌라이가 그의 동생 아릭 부케를 물리친 후, 무칼리가 지휘하던 소위 "5부족"이 그의 핵심 군사력이 됐다. 그중에서 콩기라트는 대도 북쪽에 위치해 있었고, 행정적으로 응창로(應昌路)와 전녕로(全寧路)에 속해 있었다. 그들의 북동쪽에는 이키레스가 있었고, 그곳에는 영창로(寧昌路)가 세워졌다. 나머지 세 부족 잘라이르, 망구트, 우루우트는 현재 랴오닝 일대에 위치했다. 이 다섯 부족 외에도, 내몽골에 옹구트가 있었다. 이들이 제국 군대의 중심 구성원이었다. 1287년 나얀의 반란 이후, 동방 울루스의 군대도 카안의 군대에 편입됐다.[46]

---

45 칭기스 칸 시대의 세 만호와 비교하면 이 90개의 만호군은 대단한 규모이다. 북중국 정복 후, 다수의 한인, 거란인, 여진인이 편입된 것이 분명하다. 단 이 시점에서 1만호의 병사 수는 1만 명보다 훨씬 적었다.

축소된 몽골 유목민의 군사력을 보완하기 위해 쿠빌라이는 비몽골 병력을 대거 그의 군대에 포함했다. 몽골은 칭기스 칸 시대부터 이미 피정복 집단으로부터 군사를 징집했다. 특히 중앙아시아 도시의 주민들을 강제로 징집해 몽골 병사들 앞에서 화살받이로 행군하게 했는데, 이들을 하샤르(ḥashar)라고 불렀다.[47] 우구데이와 뭉케는 금, 남송과 전쟁을 벌일 때 30만 명 이상의 한인을 징집했다. 이들은 인구조사를 바탕으로 "군호(軍戶)"로 분류된 사람들이었다. 쿠빌라이 통치 기간에는 20만 명이 넘는 한인 병사가 징집됐다.[48]

쿠빌라이는 남송을 정복한 후, 투항한 군사 중 일부인 약 20만 명을 신부군(新附軍)으로 편입했다. 뒤에 설명하겠지만, 그는 킵착, 캉글리, 알란 등 "색목인"으로 구성된 특별 시위대(侍衛隊)를 여러 투멘 조직했다. 이처럼 비몽골 군사들을 징집하고 조직할 때에도 천호 시스템이 군사 조직의 중요한 원칙으로 계속 기능했다. 만호와 천호 단위는 상급, 중급, 하급의 세 수준으로 구분됐다. 상급 만호는 약 7000명의 병사를, 중급은 5000명, 하급은 3000명을 보유했다.[49]

우리는 훌레구 울루스도 천호 체제를 유지했음을 알고 있지만, 자세한 정보는 찾기 어렵다. 그러나 다행히도, 라시드 앗 딘이 병사들의 재정 위기와 이를 해결하기 위해 가잔 칸이 설계한 개혁

---

46 Shi Weimin 1998, 67-70.
47 Smith 1993-1994, 329-334.
48 Chen 1991, 130-131.
49 『元史』, 2310-2311.

조치를 설명하는 대목에서 그 상황을 엿볼 수 있다. 이와 관련하여, 가잔 칸의 이름으로 반포된 칙령 중에서 아홉 개의 개혁 항목은 특히 가치가 있다.[50]

　우선 인종적으로, 군대 내에는 두 개의 이질적인 집단, 즉 몽골인과 "타지크인(즉 이란어를 사용하는 무슬림)"이 있었다. 실제로 병력이 얼마였는지는 알 수 없는데 아마 기밀 사항이었을 것이다. 병사들은 일반적으로 체릭(cherig)이라 불렸는데, 『몽골비사』에 자주 사용된 몽골어 단어이며[51] 후대의 페르시아 사료에서도 자주 등장한다. 주베이니가 이 용어를 "몽골과 협력하는 비정규군"을 뜻하는 것으로 사용했다는 주장이 있는데, 이는 옳지 않다.[52] 다른 울루스와 마찬가지로 훌레구 울루스의 군대도 만호(tümen), 천호(hazāra), 백호(ṣada), 그리고 십호(daha)로 조직됐다. 그들은 후라산, 파르스, 키르만, 바그다드, 디야르바크르, 룸, 데르벤드에 주둔했다. 몽골 군대는 대체로 북서부(아제르바이잔)와 북동부(후라산) 국경 지역에 집중되었고, 타지크 병사들은 파르스, 키르만, 바그다드에 위치했다. 중국에서도 이와 같은 환경에 기반한 군대 배치를 찾을 수 있다. 몽골 병사들은 건조한 북부 평원에 집중되었고, 비몽골 병사들은 화이허 이남의 덥고 습한 지역에 주둔했다.

　차가다이 울루스나 우구데이 울루스 같은 다른 울루스에서도 천호 체계가 보편적으로 존재했음을 확인할 수 있다. 우구데이 울루스의 제왕 차파르는 살지타이 구레겐에게 "반란을 막기 위해

50　*JT*/Thackston, 730-736; *JT*/Rawshan, 1476-1489.

51　Poppe 1967, 512-513.

52　*HWC*, 97, 465.

만호군, 천호군, 백호군의 지휘관들을 채찍질하라"고 명령했다.[53] 두아는 차파르의 반대에 직면하자 테무르 카안에게 군사 지원을 요청했고, 테무르 카안은 토가치 칭상을 10만의 군대와 함께 보냈다. 이에 따라 두아와 동맹군에 속한 천호군 부대는 일리강을 사이에 두고 차파르의 천호군 부대와 대치했다.[54]

주치 울루스에서도 천호들이 양익으로 나뉘었다는 점은 이미 언급했다. 상황을 자세히 설명한 사료를 찾기는 쉽지 않지만, 우리는 그들이 이 천호 체계를 러시아까지 확장해 세금 징수를 위한 시스템으로 활용했음을 알고 있다. 그들은 약 200명의 성인 남성으로 구성된 데시아톡(disiatok, 10)이라는 부대를 조직했으며, 이 부대는 10명의 병사를 제공해야 했다. 한편 약 20만 명의 남성으로 구성된 트마(t'ma, 1만) 부대는 1만 명의 병사를 제공해야 했다. 톡타미시가 부상하기 전에, 러시아에는 총 43개의 트마가 존재한 것으로 알려져 있다.[55]

몽골 천호군은 원정을 마친 후 정주 지역에 남지 않고 몽골로 돌아갔기 때문에, 정복지에 주둔해 군사 작전을 계속하고 몽골의 지배를 확고히 할 또 다른 유형의 군대가 필요했다. 몽골인들은 이러한 유형의 군대를 탐마(tamma) 또는 탐마치(tammachi), 페르시아어로는 라쉬카리 탐마(lashkar-i tamma)라고 불렀고, 중국 자료에서는 탐마적(探馬赤)이라고 음차하거나 중국어로 진수군(鎭成軍)으로 표기했다. 이 단어의 기원에 대해서는 여러 의견이 있지만, 송대의

---

53 Qāshānī 1969, 36.

54 Qāshānī 1969, 36.

55 Vernadsky 1953, 216-219.

군사 용어 탐마(探馬), 즉 글자 그대로 "적을 수색하는 말" 또는는 "전
방에서 정찰하는 기병"에서 유래한 것으로 보인다.[56]

『원사』에 따르면, 제국 초기에 두 가지 유형의 군대가 있었으
니, 몽골군과 탐마치군이다. 하나는 "국인(國人)", 즉 몽골인으로
구성됐고, 다른 하나는 "제부족(諸部族)"으로 구성됐다.[57] "제부족"
이라는 용어의 의미에 대해서는 논쟁이 있었는데, "여러 (몽골) 부
족"으로 읽어야 한다. 즉 이들 역시 비몽골인 징집 군대가 아니었
다.[58] 무칼리가 지휘했던 "5부 탐마치군(五部探馬赤軍)"은 모두 몽골
부족인 잘라이르, 콩기라트, 망구트, 우루우트, 이키레스 출신이
었다. 우구데이는 탐마치군을 확장하고 제국의 더 먼 지역으로 파
견했다. 『몽골비사』(§281)에서 그는 자신의 네 가지 업적을 자랑했
는데, 그중 하나가 정찰병(alginchin)과 주둔군(tammachin)을 세운 것
이다.

1227년 우구데이는 북중국의 동관(潼關) 지역을 정복한 후 탕
구트 출신 바하두르(Bahādur)의 지휘 아래 탐마치 군대를 남겨두었
다.[59] 1230년에는 금나라로 친정을 나섰고, 돌아오는 길에 또 다른
군대를 탐마치로 주둔시켰다. 이 두 군대 중 후자는 무칼리가 지
휘한 5부 탐마치군에서 징집했다. 네 투멘으로 구성된 그들은 황
허 북쪽의 여러 지역에 주둔했으며, 몽골어로 "두르벤 투멘(dörben
tümen)", 중국어로는 "사만호몽골한군(四萬戶蒙古漢軍)"이라고 했다.

---

56 松田孝一 2012, 38–39.

57 宋濂, 2508.

58 海老澤哲雄 1966; Hsiao 1978: 16; 大葉昇一 1987.

59 *JT*/Thackston, 313.

비록 "네 만호"라고 불렸지만, 실제로는 34개의 천호가 있었는데, 15개는 몽골 천호였고 19개는 한인 천호였다.[60] 1303년 이후에는 "하남회북몽골군도만호부(河南淮北蒙古軍都萬戶府)"로 개명되어 낙양(洛陽)에 주둔했다. 앞서 언급한 두 탐마치 군대 외에도 몇 개의 다른 군대가 있었는데, (1) 익도(益都)에 주둔한 산동하북몽골군도만호부(山東河北蒙古軍都萬戶府), (2) 봉상(鳳翔), 문주(文州), 연안(延安)에 주둔한 섬서몽골군도만호부(陝西蒙古軍都萬戶府,) (3) 성도(成都), 중경(重慶), 가정(嘉定)에 주둔한 사천몽골군도만호부(四川蒙古軍都萬戶府)가 그것이다.

이처럼 몽골과 탐마치 군대는 황허 북쪽 여러 지역에 배치됐고, 북중국인(한군)과 남중국인(신부군)은 화이허 남쪽에 배치됐다. 이는 "일반적으로 몽골과 탐마치 군대는 중원에 주둔하고, 한군은 남부 지역에 주둔하며, 신부군도 이들과 섞여 있다"는 『경세대전(經世大典)』의 언급과 정확히 일치한다.[61]

우구데이는 탐마치군을 유라시아 서부로도 파견했다. 『원사』에 따르면, 우구데이가 즉위하기 한 해 전인 1228년 초르마간이 재기를 노리는 잘랄 앗 딘을 진압하기 위해 3만 명의 군대와 함께 파견되어 아제르바이잔에 주둔했다. 1229년 우구데이는 뭉게두, 후쿠투르, 다이르 바하두르에게 2만 명의 병력을 주어 힌두스탄과 카슈미르에 주둔시켰다. 1242년 초르마간을 대신한 바이주는 쾨세다 전투에서 셀죽 군대를 격파했다. 아르메니아 역사가 아칸츠

---

60 松田孝一 2012.

61 蘇天爵 1996, 41.60b.

의 그리고르(Grigor of Akanc')에 따르면, 바이주의 군대에는 아르메니아와 조지아 출신 병사들도 포함돼 있었다.[62]

　서아시아 정복을 완수하기 위해 뭉케는 훌레구를 파견했고, 그는 두 개의 탐마치 부대를 자신의 군대에 편입시켰다. 하나는 인도 북서부와 아프간 지역에, 다른 하나는 아제르바이잔에 있었다. 첫 번째 부대는 쿤두즈, 바글란, 바다흐샨 지역에 주둔한 두 개의 만호로 구성됐다. 이 부대의 지휘관 뭉게두가 사망하자 후쿠투르가 그를 대신했고, 후에는 살리 노얀이 지휘했다. 이 군대는 바그다드 포위전에 참여했고, 원정이 끝난 후 후라산으로 돌아와 아무다리야강과 인도 국경 사이에 주둔했으며, 이들을 카라우나스라고도 불렀다. 후라산 탐마치군의 두 만호 중 하나는 아바카가 인주로 취했고 그는 1265년 칸이 되기 위해 타브리즈로 돌아갈 때 이들을 데리고 갔다. 다른 만호는 후라산에 남았고 후에 가잔이 칸이 될 때까지 노루즈 휘하에 있었다. 노루즈는 가잔이 권력을 잡도록 도왔고, 그가 즉위한 후 남은 카라우나스 군대는 왕실 경비대로 전환되었다.[63]

　몽골 군대의 세 기둥 중 마지막은 칸의 친위대인 케식이었다. 케식은 달란 발주트 전투 직전인 1189년에 이미 언급되지만, 자세한 내용은 없다. 1203년 칭기스 칸은 80명의 야간 호위대(kebte'ül), 70명의 주간 호위대(turqa'ud), 1000명의 "용사들(ba'atud)"로 호위대를 공식 조직했다. 1206년 그는 이 케식을 1만 명으로 확대했으니,

---

62　May 2004, 319.

63　Shimo 1977.

즉 1000명의 야간 호위대, 1000명의 전통사(箭筒士, qorchi), 8000명의 주간 호위대를 갖추었다. 그러나 기본 조직 원칙은 바꾸지 않았다. 첫째, 케식 구성원들은 십호장, 백호장, 천호장의 아들들과 형제들 중에서 모집됐다. 둘째, 케식은 기본적으로 야간 호위대, 주간 호위대, 전통사(1203년에는 "용사들"이라고 불림)라는 세 범주로 구성됐다. 셋째, 케식 병사들은 네 부대로 나뉘어 사흘 밤낮을 교대로 근무했다.

그들의 주요 임무는 칭기스 칸과 그의 오르도의 안전을 지키는 것이었다. 동시에, 그들은 칭기스 칸의 일상 활동과 가문의 잡다한 일들을 처리했다. 접미사 '치(chi)'로 끝나는 케식 직함들이 그들의 특별한 임무를 나타낸다. 요리사(ba'urchi), 말치기(aqtachi), 문지기(e'üdenchi), 술 관리자(darachi, qarachi), 매사냥꾼(siba'uchi), 낙타 치기(teme'echi) 등이다. 처음에는 대부분의 직무가 초원 생활과 관련이 있었지만, 나중에는 행정 업무가 더 요구되면서 서기(bichēchi 〈 bichigechi), 명령문 작성자(yarlighchi), 통역관(kelemechi) 같은 직함이 나타나기 시작했다.[64]

케식의 구성과 운영 원칙은 1260년 쿠빌라이가 즉위할 때까지 크게 변하지 않았다. 그런데 쿠빌라이가 새로운 수도 대도와 상도를 건설하자 1만 명으로는 궁성 주변과 긴 성벽을 지키기에 충분하지 않았다. 게다가, 그가 중국의 관료제를 채택하면서 케식 구성원들은 더 이상 가내 업무와 행정 업무를 수행할 필요가 없어졌다.

64　Hsiao 1978, 37-38.

그 결과 케식의 군사적 기능이 새로 조직된 "시위친군(侍衛親軍)"에 옮겨갔다. 처음에 1260년 쿠빌라이는 아릭 부케와 싸우기 위해 6500명의 한인 병력을 동원해 무위(武衛)를 조직했고, 1279년 남송을 정복한 뒤 이를 총 5만 명의 5위(衛)로 확장했다. 시위군 수는 계속 증가해 1294년에는 총 12위 10만 명이 됐고, 툭 테무르(재위 1328~1329) 치세에는 20만 명에 이르렀다. 제국 말, 시위군은 모두 34위까지 늘어났다. 이 가운데 12위는 색목인으로 구성됐고, 5위는 몽골인, 나머지 17위는 한인 부대였다. 특히 중요한 것은 탕구트, 킵착, 캉글리, 알란 등의 색목인 시위였는데, 이들은 새 황제 옹립에서 중요한 역할을 했다. 그들은 대도 북쪽 근방에 주둔했으며, 한인 시위군은 대도의 북쪽과 남쪽에 배치됐다.[65]

케식의 군사적 측면이 점차 감소하면서, 케식은 특권 가문, 즉 "큰 뿌리(yeke huja'ur, 大根脚)"를 가진 가문을 위한 사관학교 같은 역할을 했다. 케식에 속한 젊은 엘리트들은 카안 가까이 있으면서 그를 모실 준비가 돼 있었고, 그와 개인적 유대 관계를 형성해 종종 조정의 고위 관료로 임명됐다. 『원사』에 따르면, "성(省, 중서성)과 부(部)의 여러 관서 관료들이 (또한) 케식으로 등록되어 낮에는 (조정의) 업무를 수행하고 밤에는 야간 호위 임무를 맡았다."[66] 예를 들어 『오족보(Shu'ab-i panjgāna)』에 나열된 쿠빌라이의 아미르 52명 가운데 적어도 19명이 케식 출신이었다.[67]

홀레구 울루스도 케식 제도를 유지했음이 밝혀졌지만, 현전

---

65 蕭啓慶 1983, 59-112.

66 宋濂, 2616.

67 Kim 2014-2015.

　　　　　　제2권 주제별 역사

사료들로는 더 깊은 통찰을 얻을 수 없다. 아칸츠의 그리고르에 따르면, 훌레구는 서아시아 원정 당시 아르메니아와 조지아 제후들의 '준수하고 젊은 아들들'을 케식으로 징집했다.[68] 그리고 우리는 그가 사절들을 파견했다는 언급을 자주 발견할 수 있는데, 대개 비치게치(bichigechi), 쿠쉬치(qushchi), 악타치(akhtachi), 수쿠르치(sükür-chi) 등과 같은 칭호를 가진 문관과 무관이 쌍을 이루었다. 그들 중 많은 이들이 그의 케식 구성원이었던 것으로 보인다. 아바카에서 가잔에 이르는 기간 동안에도 케식 활동에 대한 언급을 찾을 수 있다. 그들은 제왕들이 경쟁할 때 그들 중 누군가를 지지했으며, 아흐마드와 아르군의 대립에서 입증됐듯이 권력 투쟁에서 승리하기 위해서는 이들의 지지가 중요했다.[69]

가잔 시기의 케식에 대해서는 더 자세한 정보가 있다. 케식은 네 개의 부대(chahār kezīk)로 나뉘었으며, 각 부대는 검은 인(印)을 받은 아미르가 지휘했다. 이 아미르들은 경호 임무 외에도 일 칸의 칙령 뒷면에 도장을 찍어 보증인 역할을 했다.[70] 이 관행은 1302년 4월 가잔이 교황 보니파시오 8세에게 보낸 서신에서 입증된다.[71]

가잔 시기 케식군의 규모는 알 수 없지만, 그는 자신의 친위대를 확장하기 위해 노력한 것으로 보인다. 그는 군대의 아미르들과 케식 구성원들에게 군사 명단에 없는 형제나 아들 한두 명을 내놓으라고 명령했다. 이렇게 해서 그는 각 천호에서 100명 또는

---

68   Melville 2006, 146.

69   *JT*/Thackston, 551–552; *JT*/Rawshan, 1129–1132.

70   *JT*/Thackston, 726; *JT*/Rawshan, 1467–1469.

71   Cleaves 1952, 478.

200명의 병사를 얻었으며, 중앙 천호(hazāra-i qōl)를 포함한 총인원은 2000명 또는 3000명에 이르렀다. 그들은 기존의 케식과 함께 칸을 보필했다. 가잔은 또한 "타지크인"들에게 노예로 팔린 몽골 청년들을 사들여, 이들을 켑테울 부대로 조직해 야간 호위대로 삼았다. 이들은 볼라드 칭상의 지휘를 받았다.[72]

다른 울루스에서도 유사한 케식 제도를 찾을 수 있다. 예를 들어, 주치 울루스의 통치자 코니치의 네 번째 아내는 "차가다이 휘하 코르치들의 지휘관"의 후손인 것으로 보고됐다.[73] 라시드 앗 딘에 따르면, 코니치는 살이 너무 쪄서 그의 "밤에 잠들면 질식해 죽을까 봐 케식들(kezikten)이 밤낮으로 그를 지켜보며 잠들지 않도록 했다"고 한다.[74] 이븐 바투타는 타르마시린의 케식에 대해 흥미로운 언급을 남겼다. 그가 타르마시린의 오르도를 방문했을 때의 일이다.

그의 천막 밖에 사람들이 좌우로 줄지어 서 있었다. 그들 중 아미르들은 의자에 앉아 있었고 수행원들이 그들의 앞뒤로 서 있었다. 군대의 나머지 사람들 (또한) 각자 무기를 앞에 두고 대열을 이루어 앉아 있었다. 한 경비 부대는 오후 기도 시간까지 자리를 지켰고, 그 뒤 다른 경비 부대가 와서 밤이 끝날 때까지 자리를 지켰다.[75]

---

72 *JT*/Thackston, 735-736; *JT*/Rawshan, 1486-1489.

73 *JT*/Rawshan, 712. In *JT*/Thackston (349) and *JT*/Boyle (101)에는 "차가다이"라는 말이 누락되어 있다.[그녀는 차가다이 휘하의 코르치들의 지휘관인 어느 대아미르의 후손이었다. (김호동 역주, 『칸의 후예들』, 156)]

74 *JT*/Boyle, 101; *JT*/Rawshan, 712.

75 Baṭṭūṭa/Gibb, 3: 557-558.

　　　　　　　　　　　　　제2권 주제별 역사

교대 시간이 일몰이 아닌 오후 기도 시간이었다는 점은 주목할 만하며, 이는 이슬람의 영향을 보여준다. 우리는 다른 칭기스 가문의 제왕들도 케식을 유지했다는 것을 알고 있다. 아릭 부케의 아들 말릭 테무르는 4케식을 소유하고 있었고, 아미르 한 사람당 케식 하나씩을 지휘하고 있었다.[76]

흥미로운 점은, 고려 왕들도 몽골의 케식 제도를 도입했다는 것이다. 충렬왕은 1274년 즉위 직후 자신과 몽골 생활을 함께한 귀족 가문 자제들인 투르칵, 즉 주간 호위대를 몇 개로 나누고, 이들을 야간 호위대로 삼아 코르치라고 불렀다.[77] 처음에는 네 부대로 조직했다가 1275년에 세 부대로 변경했다. 동시에 고려 궁정에 비체치(bichēchi), 투크치(tuqchi, 기수), 바우르치(ba'urchi), 수쿠르치(sükür-chi) 같은 다양한 케식 직책이 도입됐다. 충선왕의 경우 자신뿐 아니라 몽골 공주 출신인 그의 아내도 케식을 소유했으며, 이후 카안의 궁정에서 두 케식을 통합하라고 명령했다. 고려의 사례는 다른 속국들도 몽골 궁정의 케식 제도를 모방했을 가능성을 시사한다.

행정: 다루가치와 자르구치

몽골 제국은 정복 지역으로부터 다양한 제도를 받아들였다. 중국에서는 중서성(中書省), 추밀원(樞密院), 어사대(御史臺) 같은 중앙 행정 기구들을 활용했다. 이란에서는 디반(dīwān)을 계승해 중앙 재

76　*JT*/Rawshan, 943-944; *JT*/Thackston, 462; *JT*/Boyle, 313-315. 보일은 Süke의 이름을 빠뜨렸다.

77　鄭麟趾 1972, 82.2a-2b.

무청으로 계속 운영했다. 그럼에도 몽골은 초원 전통에서 비롯된 몇 가지 중요한 행정 제도를 유지했다. 예를 들어, 행정 분야에서 다루가치(darughachi), 자르구치(jarghuchi), 비치게치(bichigechi), 불라르구치(bularghuchi) 등 다양한 관리들을 활용한 것이다. 여기서 이들 모두를 설명하는 것은 불가능하므로, 가장 대표적인 사례인 다루가치와 자르구치에 대해서만 살펴보겠다.

다루가치에 대한 가장 이른 시기의 언급은 『원사』에서 발견된다. 1214년 칭기스 칸이 금의 성벽 도시들을 공격하기 위해 암부카이(唵木海)를 "여러 로(路)의 포수 다루가치(隨路砲手達魯花赤)"로 임명했다.[78] 또한 1215년 칭기스 칸이 북경(현재 닝청)과 중도(현재 베이징)를 공격한 기록에도 다루가치에 대한 언급이 있어서,[79] 1214~1215년에 이미 다루가치를 임명하기 시작했음을 알 수 있다. 그러나 라시드 앗 딘은 이 직책이 좀 더 이른 시기, 즉 칭기스 칸의 탕구트 원정 때 나타났을 수도 있다고 주장한다. 그는 1210년 가을에 칭기스 칸이 에리카이와 여러 다른 도시 및 요새를 점령하고 그곳을 "방어하기" 위해 샤흐나(shaḥna)와 군대를 배치했다고 적었다.[80] 이후 '샤흐나'라는 용어는 다루가(치)의 동의어로, 몽골이 정복한 도시에 주둔시킨 관료들을 가리켰다.

다루가의 기원에 대해서는 카라한, 카라 키타이, 셀죽 등 이른 시기의 왕조에서 유래했을 가능성이 제기됐다. 그런데 샤흐나들이 존재한 것은 분명하고 그들의 기능이 다루가치와 유사했지

---

78 宋濂, 3010.

79 宋濂, 3542, 2961.

80 *JT*/Thackston, 73; *JT*/Rawshan, 135.

    제2권 주제별 역사

만, 이 문제에 대해서는 학자마다 다르게 해석하고 있다.[81] 이와 관련해 이 제도가 몽골에서 기원했음을 시사하는 『몽골비사』의 기록은 흥미롭다. 232절에서 우리는 다루갈라(darughala)라는 단어가 "보살피다, 감독하다"의 뜻으로 쓰이는 것을 볼 수 있다. 이것은 명사 다루가(darugha)에서 기원한 동사 형태이며, 이 명사는 동사 다루(daru, "누르다")에서 왔다. 마찬가지로 또 다른 동사 자르굴라(jarghula)는 자르구(jarghu)에서 온 것이다.[82] 『몽골비사』에서의 이러한 쓰임은 명사 다루가와 자르구가 칭기스 칸 즉위 시기 몽골인들 사이에서, 아직 공식 직함은 아니었더라도 이미 존재했고 사용됐음을 보여준다.

다루가 기구의 발전을 다음과 같은 방식으로 재구성할 수 있다. 몽골인들이 탕구트와 금의 영토를 처음 정복하고 조공을 거두기 시작하며 다루가라는 칭호의 관료를 주둔시켰는데, 이는 1210년대 초쯤이었다. 이후 칭기스 칸이 호레즘 원정을 시작했을 때 몽골이 그곳에서 바스칵(basqaq) 혹은 샤흐나(shaḥna)라는 관료들이 유사한 업무를 수행하는 것을 보았다. 그들은 카라한 시대부터 두 용어를 같은 뜻으로 쓰고 있었다. 그러므로 현지인들 사이에서는 몽골이 임명한 다루가들이 자연스럽게 그 호칭으로 불렸다. 14세기 예멘에서 편찬된 라술 왕조의 『6개 언어 사전』은 이 세 직함을 동의어로 열거한다.[83]

---

81 Buell 1979, 124 n. 15; Morgan 1986a, 109; Vásáry 1978, 201-206; Endicott-West 1989, 151 n. 55; Biran 2005, 119-123.

82 Cleaves 1953, 254.

83 Golden 2000, 202.

사마르칸드를 정복한 칭기스 칸은 투샤 바스칵이라는 사람을 부하라의 통치자이자 감독관(imārāt wa shaḥnagī)으로 임명했다.[84] 여기서 투샤(tūshā)는 중국어 직함인 태사(太師)의 왜곡된 표기이며 그는 다름 아닌 거란 관료 야율아해(耶律阿海)이다.[85] 주베이니에 따르면, 칭기스 칸은 후라산으로 떠나기 전에 사마르칸드의 살아남은 자들에게 20만 디나르를 지불하라고 명령하고 몇 명의 샤흐나를 임명해 주둔하도록 했다.[86] 칭기스 칸은 군대를 보내 호레즘 샤를 추격하게 하고 자신은 호레즘 샤의 아들 잘랄 앗 딘을 쫓는 한편, 자발적으로 항복한 도시들에 안전을 보장한다는 내용의 서신과 샤흐나를 보내라고 명령했다. 몽골은 샤흐나를 가즈닌, 발흐, 라드칸, 사락스, 헤라트, 하마단 그리고 아무다리야강 이남의 다른 도시들에 주둔시켰는데, 이 사실은 페르시아 사료뿐 아니라 『성무친정록(聖武親征錄)』과 『몽골비사』에 의해서도 입증된다.

『몽골비사』에서 우리는 두 개의 단어 다루가(darugha, 복수형 darughas)와 다루가치(darughachi, 복수형 darughachin)가 함께 사용된 것을 볼 수 있다. 명 초 번역가들은 전자를 "주둔하고 방어하는 사람"으로, 후자를 "주둔하고 방어하는 관리의 칭호"로 번역했다. 즉 하나는 사람이고 다른 하나는 칭호인 것이다. 두 단어 중 다루가가 더 널리 쓰였으나 한자로는 매번 다루가치(達魯花赤)로 표기됐다. 그러나 몽골어와 중국어를 나란히 쓴 비석(合璧碑)에는, 한문 텍스트의 다루가치가 위구르 문자나 팍빠 문자로 쓴 몽골어 텍스트

---

84 *HWC*, 107.

85 Buell 1979.

86 *HWC*, 107, 122; *TJG*, 83-84, 96.

에 거의 예외 없이 다루가(darugha/daruqa)로 번역되었다.[87] 이는 중국 지역의 몽골인들이 다루가치 대신 다루가를 더 많이 썼음을 보여준다.

칭기스 칸이 금과 호레즘 원정 중에 임명한 다루가의 사례를 통해 이들이 제국 초기에 담당한 직무의 특성을 알 수 있다. 첫째, 다루가는 정복 지역을 통제하기 위해 배치됐다. 둘째, 각 도시에 하나 또는 복수의 다루가를 임명했는데, 투샤 바스칵처럼 여러 도시를 포괄하는 넓은 지역에 지위가 더 높은 다루가를 임명하는 경우도 있었다. 셋째, 북중국의 포병 부대나 부하라의 부유한 사람들 사이에도 다루가를 설치한 사례가 있다.[88] 이 시기에 그들의 주 임무는 인적 자원 및 물적 자원을 징발하는 것이었고, 영구 거주 관리가 아니라 임시 감독관이자 징수관이었다. 그러나 이들은 나중에 인구조사 감독, 징병, 역참 설립 등의 임무를 포괄적으로 맡게된다.[89]

다루가 제도는 칭기스 칸이 사망한 뒤 뭉케 시기까지 확장됐다. 『몽골비사』에 따르면, "그(우구데이)는 남경, 중도 및 모든 도시에 주재 관원을 임명하고, 평화롭게 집으로 돌아와 카라코룸에 진영을 설치했다."[90] 한 중국 사료는 또한 "태종 8년(1236)에 모든 주와 현의 수장이 감(監)에 임명됐다"고 기록하고 있다. 중국어 감, 감관(監官) 및 소감(少監)은 다루가(치)와 동의어였으며, 이들이 북

87　Cleaves 1953.

88　*HWC*, 104-105.

89　Bartold 1977, 401.

90　*SH*, §205.

중국 전체의 지방 행정을 감독했다. 그러나 그들의 임무는 민간 행정에만 국한되지 않았는데, 1238~1239년 부하라에서 일어난 타라비의 반란이 이 점을 보여준다.

쿠빌라이 집권 이후 카안 울루스의 다루가는 군정보다 민정에 더 초점을 두었다. 이러한 변화의 큰 원인은 1261~1262년 이단(李璮)의 난이었다. 민정, 재정, 군사 권력을 독점한 한인 봉건 세후(世侯)의 잠재적 위협에 놀란 쿠빌라이는 군정과 민정을 분리하기로 결정했다. 따라서 1265년에 그는 "몽골인을 각 로의 다루가치로 임명하고, 한인은 총관(總管)으로, 회회(回回, 무슬림)는 동지(同知)로 임명하며, 이 원칙을 영구적으로 유지하라"라는 유명한 칙령을 발표했다.[91]

그러나 이 명령이 완전히 실행에 옮겨지지는 않은 것으로 보이는데, 칙령 이후에도 한인 출신 다루가치가 적지 않았기 때문이다.[92] 1276년 남송을 손에 넣은 쿠빌라이는 새로 정복한 지역에 다루가치들을 임명했는데, 여기에 한인도 몇 명 포함됐다. 예를 들어 『진강지(鎭江志)』에 따르면, 1275~1289년 진강로의 다루가치 24명 중 두 명은 몽골인이었고, 세 명은 한인, 한 명은 여진인, 18명은 색목인이었다. 총관은 몽골인 두 명, 색목인 다섯 명, 한인 11명이었다. 쿠빌라이의 1265년 칙령이 "법"이 아니라 "지침"이었던 것은 의심의 여지가 없다.[93]

서방 울루스들에도 다루가 제도가 도입됐으나, 동방에서 보

91　*YS*, 106.

92　Jagchid 1980, 1: 554-594; 趙阮 2012.

93　Endicott-West 1989, 80-81.

이는 것과 똑같지는 않았다. 원정 초기에 훌레구는 다루가, 즉 샤흐나를 임명했다. 바그다드를 함락한 뒤에는 알리 바하두르를 샤흐나로 파견했다. 또한 힐라의 학식 있는 알리 후손('Alīds)이 훌레구를 방문해 자신들의 도시에 샤흐나를 보내달라고 요청하기도 했다.[94] 알레포를 점령한 훌레구는 투퀼 박시를 샤흐나로 임명했고, 다마스쿠스가 자발적으로 항복하자 키트 부카는 몽골인 샤흐나 한 명을 그곳에 파견하고 세 명의 현지 무슬림을 그의 부관(nökör)으로 임명했다.[95]

서아시아에서 몽골의 지배가 확립되자 많은 도시에 다루가가 배치됐다. 예를 들어, 아흐마드 재위 시기의 보고서들은 타브리즈, 라이, 시라즈, 이스파한에 다루가가 존재했음을 확인시켜준다.[96] 아르군은 1284~1285년(이슬람력 683)에 툰스카를 바그다드의 샤흐나로 임명했고, 타브리즈와 이스파한에도 샤흐나를 배치했다.[97] 가잔 재위기 때 노루즈가 반란을 일으키자 권력을 강화하기 위해 가잔은 라이 바라민, 카르, 심난, 담간, 비스탐에 샤흐나를 임명해 주둔시켰다. 그는 1299~1300년 시리아를 공격할 때도 도시 원로들의 요청에 따라 다마스쿠스에 샤흐나를 임명했다.

다루가는 일반 업무와 세입 징수, 치안 유지를 감독하는 일을 했다. 다루가는 특별한 경우인 바그다드 외에는 군대를 보유하지 않았지만, 폭동이 발생했을 때는 파병을 요청하거나 부대의 지휘

---

94 *JT*/Thackston, 499; *JT*/Rawshan, 1019.

95 *JT*/Thackston, 503; *JT*/Rawshan, 1037.

96 *JT*/Thackston, 548, 553, 555, 558; *JT*/Rawshan, 1124, 1134, 1139, 1144.

97 *JT*/Thackston, 567, 572, 577; *JT*/Rawshan, 1164-1165, 1174, 1183.

권을 가져갔다. 예를 들어 1278년 2000명의 "네구데르" 기병이 파르스를 급습했을 때, 해당 지역의 샤흐나인 불간이 다른 아미르들과 함께 군대를 이끌고 나가 싸웠다.[98] 다루가의 또 다른 임무는 사법 업무였다. 이는 이슬람 법과 직접 관련이 없는 경우에 한했지만, 사건이 발생하면 그들은 조사와 재판 과정에 참여했다. 『서기전범(書記典範, *Dastūr al-kātib*)』에 포함된 바스칵을 임명하는 사례 하나가 이를 잘 보여준다. "지금부터 우리는 그를 그 지역의 샤흐나, 즉 바스칵으로 임명하며, 따라서 그는 야르구의 일과 야삭의 업무를 관리해야 한다."[99]

몽골인들은 다루가 제도를 러시아의 도시들에도 적용했다. 이들이 해당 지역을 정복한 직후 바스칵(baskak 또는 baskaki)이라는 관리들을 배치했다는 사실은 1245년 폰투스초원을 통과한 카르피니의 기록에서 확인할 수 있다. 그의 기록에 따르면, 러시아인들이 복종하지 않을 경우 이 바스칵들이 몽골군을 소환해 그 지역과 주민들을 파괴했다.[100] 1254~1255년까지도 러시아 연대기에서 바스칵에 대한 언급을 볼 수 있다. 『원사』 또한 뭉케 재위 시기였던 1257년 키타이라는 인물이 러시아에 다루가치로 파견됐다고 기록하고 있다.[101] 이 시기 바스칵들의 주요 임무는 인구조사 감독, 세금과 공물 징수, 병력 징집이었다.[102]

---

98 *JT*/Thackston, 540; *JT*/Rawshan, 1108.

99 Nakhchivanī, 2: 35-39.

100 John of Plano Carpini 1955, 40에 이 직위는 라틴어 bastac, bascat, bascar, baschath 등으로 잘못 표기돼 있다. *Sinica Franciscana*, 1: 86 참조.

101 宋濂, 50.

102 Vernadsky 1953, 211-212.

그러나 14세기 초부터 러시아 사료에서 바스칵에 대한 언급이 줄어들고, 대신 다루기(darugi)라는 관리들이 러시아 도시의 일을 감독하는 것으로 나타나기 시작한다. 이 변화가 어떻게 일어났는지는 이해하기 어렵다. 다수의 러시아 학자들은 이 두 관리의 기능이 약간 다르다고 생각했다. 도널드 오스트로브스키는 이러한 관점에 따라 다루가와 샤흐나는 민간 행정관이고, 바스칵과 탐마치는 군사 행정관이라 주장하며, 몽골인들이 중국 지역으로부터 이러한 행정 방식의 이중화를 차용했을 것이라고 말한다.[103] 여기서 이 문제를 깊이 다룰 수는 없으나, 이 가설은 타당하지 않아 보인다. 다루가의 역할은 민간 업무에 국한되지 않았으며, 탐마치는 관리의 직함이 아니라 일종의 군대를 지칭했기 때문이다.

찰스 핼퍼린은 바스칵에서 다루기로의 전환을 다른 관점에서 접근했다. 그는 이 전환이 러시아 도시들에 대한 몽골 행정 방식의 변화를 반영한다고 보았다. 즉, 다루기는 현지에 상주하지 않고 울루스의 수도 사라이에 머물면서 자신들이 관할하는 러시아 도시들을 감독했다. 따라서 그는 "바스칵은 영국 식민지의 총독과 비슷하다고 할 수 있고, 다루기는 미국 국무부의 실무 책임자와 닮았다"고 말했다.[104] 그의 관찰을 바스칵과 다루기가 사실상 동의어라는 사실과 결합하면, 흥미로운 결론을 도출할 수 있다. 14세기 초에 몽골인들은 러시아 현지인들이 바스칵이라고 부르던 다루기 파견을 중단하고 사라이에서 러시아의 일을 관리하기 시작

103　Ostrowski 1998, 36-63.
104　Halperin 1987, 39.

했다. 그곳에서 러시아 귀족들을 맞이했으며, 그곳을 방문한 러시아인들이 비로소 그들을 올바른 몽골 직함인 다루기로 부르기 시작한 것이다. 또한 다루가 제도는 중세 무슬림 문헌(예를 들면 『자파르나마(*Zafar-nāma*)』)과 투르판 문서에 의해 입증된 것과 같이, 차가다이 울루스에서도 14세기 중반까지 운영됐다는 점을 잊어서는 안 된다.[105]

이제 자르구치(jarghuchi, 중국어 札魯忽赤, 페르시아어 yārghūchī)라는 또 다른 관료를 살펴보자. 이 몽골어 단어는 어근이 '법적 사건에서의 결정 또는 판결'을 의미하는 자르구(jarghu)이며, 여기에 명사형 접미사 치(chi)가 붙은 형태다. 『몽골비사』 154절에서는 자르구를 "단사(斷事)," 자르구치를 "단사관(斷事官)"으로 번역했다.[106] 『원사』는 칭기스 칸이 처음 권력을 잡았을 때는 국가에 복잡한 일이 없었기 때문에 "천호장은 군대를 지휘하게 하고 자르구치는 법적 문제를 심판하게 했으며, 왕족이나 고위 대신 중 단 한두 명만이 이 임무를 맡았다"고 기록하고 있다.[107]

실제로 초기의 칭기스 칸은 그의 이복형제 벨구테이와 "여섯 번째 형제" 시기 쿠투쿠 두 사람을 자르구치로 임명했다. 시기 쿠투쿠에게는 "몫을 나누는 일과 법적 문제를 판결하는 일(qubi qubi-laghsan, jarghu jargulaghsan)"이라는 두 가지 임무를 맡겼다.[108] 그는 이 두 문제에 대한 자신의 결정을 "푸른 책(kökö debter)"에 기록하라는

---

105   Yazdī 2008, 1: 701, 913, 942; Cerensodnom and Taube 1983, 176.

106   *SH*, §572-573.

107   宋濂, 2119, 2187.

108   *SH*, §135.

명령을 받았다. 두 임무는 사실 밀접하게 연관돼 있었는데, 몫을 두고 다툼이 있을 때 법적 판결을 내려 분쟁을 해결해야 했기 때문이다.[109]

시기 쿠투쿠는 우구데이 재위 시기에도 자르구치로 일했으며, 우구데이는 1234년 그를 북중국의 자르구치(中州斷事官)로 임명했다. 그러나 동시에 몽골 출신이 아닌 자르구치들도 찾을 수 있다. 예를 들어 위구르인 유릴 테무르(岳璘帖穆爾)와 당인조(唐仁祖), 무슬림 사이드 아잘, 한인 석천린(石天麟) 등이 그들이다.[110] 거란 혹은 튀르크(혹은 페르시아인) 출신인 이스마일(曷思麥里)은 카라 키타이 시대에 카산(可散)의 바스칵이었는데, 1239년 우구데이가 자르구치로 임명했다.[111] 여기 언급된 이들은 전쟁 과정에서 발생하는 다양한 문제, 예를 들어 군사 규칙 위반, 다양한 민족 출신의 피정복민 관리, 법적 분쟁 해결 등에 필요한 역할을 수행하기 위해 우구데이에게 등용됐다.[112]

우구데이 치세에 정복된 전 지역은 동아시아, 중앙아시아, 서아시아, 이렇게 세 개의 광역으로 나뉘었다. 뭉케가 즉위한 뒤에는 세 지역을 각각 연경(燕京), 베쉬발릭(別十八里), 아무다리야(阿母河) 행성(行省)이라 불렀다. 그러나 "행성"이라는 존재는 쿠빌라이 시대에 볼 수 있듯이 중서성을 전제로 한다는 점을 잊어서는 안 된다. 뭉케 시대에는 그러한 용어가 없었지만, 카라코룸을 중심으로 한

---

109 四日市康博 2005.

110 宋濂, 3050, 3253, 3063[원서의 오류로 보인다], 3619.

111 宋濂, 2969-2970.

112 Jagchid 1980, 1: 247-252.

몽골 지역은 의심할 여지 없이 "중서성"이 관리한 지역으로 간주해야 한다.

이 가정에 근거해, 우리는 『원사』에 나오는 보고서를 새로운 시각으로 해석할 수 있다. 뭉케는 즉위 직후인 1251년, 멩게세르를 자르구치로 임명하고 볼가이의 도움을 받게 했으며 나머지 지역에도 다른 고위 관리들을 파견했다.[113] 공식 직함에 대한 언급은 없지만, 이들이 네 지방의 자르구치와 비체치였음을 알 수 있다.[114]

	자르구치	비체치
몽골리아	멩게세르	볼가이
동아시아	얄라바치, 부지르, 울루부, 투타르	사이드 아잘, 니잠 앗 딘
중앙아시아	노가이, 타라카이, 마스우드	압둘라 우준, 아흐마드, 예디 샤
서아시아	아르군 아카	파흐르 앗 딘, 니잠 앗 딘

표 1.1 뭉케 즉위 시기 네 지역의 자르구치와 비체치

자르구치 제도는 쿠빌라이가 권력을 잡은 후 크게 개편되어 다양한 중앙 및 지역 행정 단위로 분화했다. 먼저, 초원에서 자르구치가 수행하던 업무는 1265년 처음 설립된 대종정부(大宗正府)로 이관됐다. 대종정부는 제왕, 부마, 몽골인, 색목인과 관련 있는 모든 범죄를 다루었지만, 한인이 저지른 범죄 중에는 강간, 사기, 독살, 납치 등 특정 범주에 속하는 것만 처리했다. 1272년 쿠빌라이는 대종정부가 아예 몽골인과 관련 있는 사건만을 다루도록 명령

113　宋濂, 44-45; cf. *HWC*, 596-598.

114　宋濂, 45-46; *JT*/Thackston, 40, 412; *JT*/Rawshan, 847; William of Rubruck 1990, 194, 208, 221, 250, 252; Allsen 1986, 503-504.

했다. 자르구치들은 중앙 및 지역 행정부의 다양한 부서, 예를 들어 중서성, 추밀원, 선정원(宣政院) 및 제왕, 부마, 황실 가족, 공신의 영지에도 배치된 것이다.

자르구치가 두 개의 서로 다른 기관, 즉 하나는 몽골인을 위한 대종정부, 다른 하나는 다양한 중앙 및 지역 행정 기관을 관할하는 기관으로 나뉜 것은, 이전에 자르구치가 초원에서 유목민을 다루는 자르구치와 정복 지역에서 사건을 처리하는 자르구치로 분화돼 있었던 것이 좀 더 진화한 형태로 이해할 수 있다. 그러나 대종정부의 자르구치들은 법적 사건의 판결뿐만 아니라 재산 분배도 수행했으며, 다른 행정 기관에 배치된 자르구치들은 오로지 사법 업무만을 담당했다는 점에 주목해야 한다.

자르구치의 임명과 두 개의 다른 법체계 적용은 카안 울루스에서만 나타난 현상이 아니었다. 훌레구 울루스에도 "야르구치(yārghūchī)"나 "아미리 야르구(amīr-i yārghū)" 직책을 가진 사람이 적지 않았다. 『서기전범』은 아미리 야르구의 임명 사례 세 건을 통해 야르구치의 임무를 가장 간결하게 설명하고 있다.[115] 이 텍스트에는 심문 법정(yārghū), 야르구치의 임무와 그 중요성, 주의하고 경계해야 할 사항들, 고위 관리들에 대한 경고가 포함돼 있다.[116] 그러므로 몽골인들에게 야르구는 무슬림의 샤리아(sharī'a) 법정과 유사했으며, 법적 판결은 칭기스 칸의 야삭(yasaq)에 근거해 내린 것으로 보인다. 따라서 야르구치들은 칭기스 칸의 야삭과 교훈(qūtātghū

115　Vásáry 2016의 영어 번역을 보라.

116　Nakhchivanī 1964–1976, 2: 29–35; Lambton 1988, 89.

bilik), 그리고 다양한 법령들(tūrahā)에 대해 잘 알고 있어야 했으며, 그러한 지식을 바탕으로 공정하고 올바른 판단을 내려야 했다. 사건 당사자들은 야르구가 열리면 야르구치뿐만 아니라 "법정 보고서(yārghū-nāma)"를 준비하는 보조자들과 서기들에게도 솔직하게 답변해야 했다.[117]

그런데 이 기록에 언급된 야르구치들은 '대오르도에서 일하는 아미르(amīr-i yārghū-yi ōrdō-yi muʻaẓẓam)'였다. 이들은 일 칸의 궁정에 거주하며, 몽골인 사이에 발생한 사건을 담당했다. 무슬림 사이에 발생한 법적 사건은 샤리아 법정을 주관하는 카디(qaḍī)가 처리했을 것이다. 이븐 바투타가 주치 울루스에 속한 호레즘 총독인 쿠틀룩 테무르의 궁정을 방문했을 때, 접견실에서 법학자와 서기관을 대동하고 있던 카디의 맞은편에 "대아미르들 중 한 명"이 앉아 있었는데, 그가 아마도 예케 자르구치였을 것이며, 이븐 바투타는 이 아미르를 "여덟 명의 대아미르들과 튀르크 셰이흐들이 동행했으며, 이들은 야르구치((y)arghujī)라고 불린다"고 했다.[118] 그는 "사람들은 그들에게 분쟁 거리를 가져와 판결을 받는데, 종교법의 관할에 속하는 것은 카디가 결정하고, 그 외의 모든 것들은 이 아미르들이 결정한다"고 덧붙였다.[119] 그러나 때로는 인종적 배경이 아니라 사건의 성격이 그 사건을 어떤 법정에서 다룰지를 결정하는 기준이 됐다. 횡령이나 반역 사건은 관련된 인물이 몽골인이 아니더라도 야르구 법정이 관할했다.[120]

117　Lambton 1988, 83-90; Hodous 2012, 85-96.

118　Baṭṭūta/Gibb, 3: 545.

119　Baṭṭūta/Gibb, 3: 545.

　　　　　　　　　　　　　　　제2권 주제별 역사

앞서 언급했듯이, 야르구 법정에서 법적 판결의 가장 중요한 근거는 자삭(jasaq, 또는 페르시아-튀르크어 발음으로 야사(yāsā))이었다. 『몽골비사』는 이 단어를 "규제, 제도, 규칙"을 의미하는 법도(法度)로 번역했다. 그러나 이 일반 정의를 넘어, 자삭은 강력한 구속력을 가진 불가침의 법으로 이해됐다. 데이비드 아얄론의 결정적인 연구 이후 많은 학자들이 자삭의 특징에 대한 우리의 이해를 넓혀 주었지만, 동시에 첨예한 의견 대립도 여전히 존재한다. 자삭의 성격에 관해서는 두 가지 대립하는 견해가 있다. 하나는 칭기스 칸의 대자삭은 "책 형태로 구현된 법전이 아니라 여러 명령과 지시를 나타내는 집합적 용어"[121]라는 주장이고, 다른 하나는 그것이 칭기스 칸의 사후에 편찬된 정부, 군대, 법률, 전리품 분배에 관한 명령들로 구성된 법전이라는 주장이다.[122]

문서 관행: 야를릭과 우게

13세기 초 몽골인들이 제국을 세웠을 때, 그들은 자신들의 문자를 가지고 있지 않았다. 그러나 칭기스 칸은 문자의 중요성을 깨닫고 위구르 문자를 받아들였으며, 이후 쿠빌라이는 티베트 고위 승려에게 새 문자를 만들라고 명령했다. 그렇게 해서 1269년에 발명자의 이름을 따서 '팍빠 문자'로 알려진 문자가 제국의 공식 문자로 반포됐다. 물론 이 문자가 칭기스 칸 시대부터 사용한 다른 문

---

120   Lambton 1988, 87.

121   Ratchnevsky 1974; Morgan 1986b; Morgan 2005.

122   de Rachewiltz 1993; cf. Uno 2002.

자들을 완전히 대체한 것은 아니다. 몽골인은 계속해서 위구르 문자를 사용했고, 한인은 한자, 중앙아시아 및 서아시아 무슬림은 아랍 문자를 사용했다. 내몽골의 네스토리우스파 기독교도인 옹구트인들은 그들의 묘비에서 볼 수 있듯이 시리아 문자를 사용했다. 1345년 현재 베이징 북쪽에 위치한 거용관 내벽에 새긴 구절은 팍빠 문자, 위구르 문자, 한자, 탕구트 문자, 티베트 문자, 산스크리트 문자 등 여섯 개의 문자로 이루어져 있다. 현재의 둔황에서 발견된 1348년의 석비와 14세기 후반에 예멘 라술 왕조의 왕을 위해 편찬된 『6개 언어 사전』은 몽골 제국의 다언어성을 증명한다.[123]

　　몽골의 문서 관행이 칭기스 칸 재위 기간에 시작된 것은 분명하다. 『원사』에 기록된 바와 같이, 1204년 칭기스 칸은 나이만을 정복하고 나이만 군주를 대신해 금인(金印)을 맡아 세입을 관리하던 타타통아를 포로로 잡았다. 칭기스 칸은 그를 가까이 두고서, 명령을 내릴 때 도장을 사용하게 했다.[124] 도장이 실제로 그의 명령과 함께 사용됐다는 사실은 주베이니의 기록에서 볼 수 있다. 제베와 수베테이가 니샤푸르 사람들의 복종 의사를 전달한 사신에게 위구르 문자로 새겨진 "알 탐가(al tamgha, 붉은 인)"와 니샤푸르 주민들에게 보내는 칭기스 칸의 야를릭(yarligh) 한 통을 전달했다는 것이다.[125] 1222년 힌두쿠시에서 칭기스 칸을 알현한 도사 구처기(丘處機)는 "황제의 도장이 찍힌 문서(璽書)"를 받았다.[126]

123　呼格吉勒圖·薩如拉 2004, 453; Golden 2000.

124　宋濂, 3048.

125　*HWC*, 145.

126　宋濂, 4524-4525.

　　　　　　　　　　　　　　제2권 주제별 역사

우구데이는 재위 시기에 제국의 영토를 크게 확장했고, 앞서 언급한 바와 같이 정복한 정주 지역들을 세 개의 광역으로 나눴다. 다언어 문서 관행은 일상적 업무가 됐고 더욱 체계화되었다. 명령을 중국어, 위구르어, 페르시아어로 작성할 수 있는 전문 서기관, 즉 비체치(또는 bitigchi)가 필요했다. 1232년 몽골 궁정을 방문한 남송의 사신 팽대아(彭大雅)는 친카이와 야율초재가 무슬림과 한인 관련 업무를 담당하고 있었다고 언급했다.[127] 구육 칸의 궁정을 기록한 카르피니의 보고서에 따르면, 친카이는 "많은 다른 서기관들" 및 발라(Bala), 카다크(Qadaq)와 함께 일했으며, 이들을 제국의 "수석 서기관들"이라고 불렀다. 카르피니는 친카이와 카다크가 제국의 칙령을 라틴어와 페르시아어로 번역하는 과정을 철저하게 감독해 그 의미와 의도가 정확하게 전달되도록 하는 모습을 생생하게 묘사했다.[128]

권력은 뭉케가 즉위하면서 갑자기 톨루이 가문으로 넘어갔지만, 이전 통치자들이 확립한 문서 전통은 큰 변화 없이 유지됐다. 수석 서기관 친카이를 대신하여 볼가이가 뭉케 칸의 신임을 얻었다. 훌레구 울루스가 성립한 이후에도, 그리고 서방 울루스들의 자치권이 점차 커졌는데도, 주요 행정 업무의 특징들은 변하지 않았다. 13세기 마지막 40년 동안의 극심한 정치적 분열 속에서도 행정 관행이 놀라운 수준으로 연속성을 보여준 것은 주목할 만하다.

명령문의 형식과 내용이 그 좋은 예이다. 먼저 명령문을 어떻

---

127 趙珙 2009, 366.

128 John of Plano Carpini 1955, 66-67.

게 준비하고 발행했는지 간단히 살펴보자. 당시의 명령문은 몽골어로, 카안이 발행한 자를릭(jarliq, 칙령)과 왕자나 귀족 들이 발행한 우게(üge, 말, 즉 명령)로 분류할 수 있다. 튀르크어로는 이들을 야를릭(yarligh)과 쇠즈(söz)라고 불렀다. 중국어로는 더 세분화되어, 카안의 칙령은 성지(聖旨)와 조서(詔書)로 나뉘었다. 성지는 카안의 구두 명령을 직접적이고 직설적인 중국어로 번역해 전달한 것이고, 조서는 그의 명령을 기반으로 하되 우아한 중국어로 작성한 것이다. 우게는 발행자에 따라 부르는 용어가 달랐는데, 제왕의 명령은 영지(令旨), 황후나 공주의 명령은 의지(懿旨), 중서성의 명령은 균지(鈞旨), 고승의 명령은 법지(法旨)라고 했다.

칙령이 발행되고 효력을 발휘하기 전에, 내용의 확인과 날인 절차를 거쳐야 했다. 물론 카안이 모든 칙령을 직접 검토하는 것은 불가능했지만, 적어도 중요한 칙령들은 살펴보고 특정 표현을 수정하라고 지시할 때도 있었다.[129] 카안이 자신의 칙령을 직접 검토하지 않더라도 보통 중서성이나 어사대 같은 주요 행정 기관들이 내용을 검토했다.

확인 과정이 끝나면 카안의 도장을 찍었다. 우리는 앞서 칭기스 칸이 도교 승려 구처기에게 내린 칙령에 도장을 찍은 과정을 보았다. 우구데이는 즉위하고 나서 타타통아에게 옥새 관리를 맡겼다.[130] 몽골인들은 중국식 옥새를 나이만의 금인과 함께 도입한 것으로 보인다. 쿠빌라이 역시 두 가지 다른 인장을 가지고 있었는

---

129 宋濂, 3773, 3855.
130 宋濂, 3048.

데, 하나는 옥으로, 1~2품 고위 관리에게 내리는 조서에 사용했고 다른 하나는 금인으로, 3~5품 관리에게 사용했다.[131] 라시드 앗 딘에 따르면 가잔은 여러 계층의 귀족과 관료를 위해 재료와 크기가 다른 네 가지 인장(tamgha)을 도입했다. 큰 옥인(玉印), 작은 옥인, 큰 금인, 작은 금인이 그것이다.[132] 가잔의 인장 개혁 역시 그가 추진한 다른 개혁들처럼 카안 울루스의 제도에서 영감을 받은 것이 분명하다.

일 칸들의 일부 칙령과 서신에는 한자로 새겨진 인장이 찍혀 있었다. 예를 들어 아바카와 아르군은 "보물 인장"을 의미하는 두 글자 "지보(之寶)"로 끝나는 인장을 사용했고, 가잔도 같은 구절이 들어간 인장을 가지고 있었다. 전통적으로 중국에서는 황제만 "지보"가 적힌 인장을 사용할 수 있었지만, 몽골인들의 관행은 그렇게 엄격하지 않았고, 카안이 강력한 제왕들에게 그런 인장을 하사하기도 했다. 예를 들어 우구데이는 차가다이에게 "황형지보(皇兄之寶, 황제의 형의 보물 인장)"라고 새겨진 인장을 주었다.[133] 아바카, 아르군 및 가잔이 사용한 두 개의 인장도 아마 카안 울루스에서 만들어 그들에게 하사한 것으로 보인다.[134] 그러나 울제이투와 아부 사이드가 사용한 또 다른 인장은 "지보"로 끝나지만 그들은 분명 황제를 자처했기 때문에 카안으로부터 하사받은 것이라고 보기는 어렵다. 이 인장에는 "모든 야만인을 복종시키는 진명(眞命)을 받은

---

131 宋濂, 95.

132 *JT*/Rawshan, 1468; *JT*/Thackston, 726.

133 宋濂, 3352.

134 Mostaert and Cleaves 1952.

황제의 보물 인장(眞命皇帝天順萬夷之寶)"이라고 새겨져 있다.[135] 이 인장은 마지막 일 칸들이 내부적으로는 황제를 자처하고 외부적으로는 왕자처럼 행동(外王內帝)한 시기에 만든 것으로 보인다.

훌레구 울루스에서는 칙령이 발행되기 전에 강력한 아미르나 관료들이 그 문서 뒷면에 자신들의 인장이나 서명을 추가했다. 라시드 앗 딘에 따르면, 가잔은 칙령의 신뢰성을 보장하기 위해 모종의 과정을 규정했다.[136] 이에 따라 가잔은 "붉은 인(al tamgha)"이라고 부르는 자신의 인장을 조서의 앞면에 날인했고, 네 케식의 아미르들은 "검은 인(qara tamgha)"이라고 부르는 도장을 뒷면에 날인했다. 1302년 가잔이 교황 보니파시오 8세에게 보낸 서신에는, "검은 인"은 아니지만, 네 아미르들의 부가 서명(üjig)이 있다.[137] 차가다이 울루스에서도 유사한 알 탐가 제도를 발견할 수 있는데, 이는 이븐 바투타에 의해서도 입증됐으며[138] 주치 울루스에서도 네 케식의 아미르들이 발행한 명령문의 신뢰성을 보여주려 한 같은 관행을 볼 수 있다.[139]

마지막으로 몽골 군주와 귀족들이 발급한 조서와 명령문의 구조를 간단히 살펴보자. 몇 개의 칙령과 서신이 바티칸, 파리, 테헤란에 보관돼 있고, 아르다빌에서도 많은 문서가 발견됐다. 중국에는, 원본은 없지만 원문을 옮긴 석비 비문이 다수 존재한다. 이

---

135   Cf. Allsen 2001, 36-37.

136   *JT*/Thackston, 725-726.

137   Mostaert and Cleaves 1952.

138   Biran 2008, 388.

139   Atwood 2006.

자료들은 어느 울루스에서 제작됐든지 그리고 무슨 언어로 쓰여 있든지 간에 구조 면에서 놀라울 정도로 유사하다.[140]

예를 들어 중국어로 "대두(擡頭)"라는 표기 방식이 몽골 제국 시기의 칙령에 광범위하게 도입됐다. 하늘이나 황제 혹은 다른 높이고자 하는 사물을 적을 때는 새 줄에서 시작하되 다른 줄보다 한 글자에서 세 글자 정도 높이를 더 높게 쓰는 것이다. "대두"의 변형으로, 줄을 바꾸지 않고 그 앞을 빈칸으로 남겨두거나, 또는 자리를 비워두고 그 단어를 줄의 머리에 적는 방식으로 높여 쓰기도 했다. 때때로 서기들은 단어에 금색이나 붉은색 같은 다른 색 잉크를 사용했다. "대두" 형식이 초원 전통에서 비롯된 것은 아니지만, 몽골인들이 채택하여 모든 울루스에서 몽골 시대의 표준 행정 관행이 됐다.

구조 면에서, 명령문들은 모두(冒頭)의 정형구, 본문, 맺음말, 이렇게 세 부분으로 구성되었다. 특히 많은 몽골 명령문은 하늘의 가호를 기원하는 "영원한 하늘의 힘으로(möngke tenggri-yin küchün-dür)"라는 고정된 구절로 시작한다. 그 후 조상 신령의 보호를 기원하는 "위대한 (조상들)의 축복으로 인한 보호(yeke suu jali-yin ibegen-dür)" 또는 칸의 보호를 기원하는 "카안의 행운으로(qa'an-u suu-dur)"라는 구절이 이어진다. 서두 부분에는 발령자(intitulatio)와 명령의 대상자 이름(publicatio와 inscriptio)도 포함된다. 발령자의 이름은 보통 "우리의 칙령(yarligh manu)" 또는 "우리의 말(üge manu)" 같은 구절과 함께 나오는데, 전자는 칸, 후자는 제왕이나 귀족이 사용

---

140 松川節 1995; Herrmann 2004; Biran 2008; Usmanov 1979.

한다. 본문에는 명령문의 배경, 즉 왜 그리고 어떻게 발포했는지에 대한 설명(narratio)과 내용(dispositio)이 포함된다. 마지막으로, 명령문은 작성 장소의 이름과 작성 연도의 동물 주기 및 작성된 달로 끝을 맺는데, 때때로 황제의 연호나 이슬람력을 사용하기도 한다.

역참 제도: 잠

몽골 제국의 역참 제도 잠(jam)은 칭기스 칸 시기에 도입됐으며, 이는 초원을 가로질러 여행하면서 이 제도를 이용했던 구처기와 야율초재의 기록으로 입증된다.[141] 송의 사신 조공(趙珙)은 몽골인들이 소유한 두 종류의 패자(牌子)를 언급했는데, 호랑이 머리가 있는 금패와 은패였고 한자로 "하늘이 내린 칭기스 황제의 성지(天賜成吉思皇帝聖旨)"라고 새겨져 있었다. 사실 매우 유사한 패자들이 북중국에서 발견됐고 그중 일부는 거란 문자로 "말을 타고 달리다"라고 새겨져 있었다.[142] 초기 몽골의 역참 제도가 거란과 여진의 영향을 받은 것은 의심할 여지가 없다.

역참 시스템이 몽골 특유의 방식으로 변형된 것은 우구데이 시기였다. 그는 즉위 직후인 1229년 가을, 창고를 세우고 역참을 설치하라고 명령했다. 그가 이 문제에 특별히 관심을 가진 것은 새 수도 카라코룸의 설립과 밀접한 관련이 있었다. 이 도시는 사람과 물자가 끊임없이 유입되지 않고는 유지될 수 없었기 때문이다. 따

---

141   이 두 사람이 이용한 경로는 Shim 2014 참조.
142   Dang 2001, 39-40.

　　　　　　　　　　　　제2권 주제별 역사

라서 그는 제국 전역에 걸쳐 신속하고 광범위한 운송 및 통신망을 구축할 필요가 있었다. 그는 차가다이와 바투에게 각자의 역참을 설치하고 상호 연결하여 사신들이 여행하고 제국의 모든 구석이 이어지게 하라고 촉구했다. 우구데이는 역참의 설립을 자신의 4대 업적 중 하나로 여겼다.[143]

서아시아에도 1239년 말 또는 1240년 초부터 역참이 설치됐다. 쿠르구즈는 "여러 곳에 말과 기타 필수품을 갖추어 역참을 설립해" 몽골 아미르들, 사신들, 그리고 군대가 농민들을 강탈하지 않게 했다.[144] 북중국과 카라코룸을 연결하는 네트워크도 구축됐다. 라시드 앗 딘은 우구데이가 두 개의 역참 노선인 바얀(부유한)과 나린(좁은)을 설치하라고 명령했다고 기록했다. 5파르상(약 30킬로미터)마다 설치한 역참이 총 37곳 있었다.[145] 『원사』에 따르면, 이후 그 두 지역을 연결하는 세 개의 역참 노선이 존재했다. 각각의 노선은 운송 수단의 이름에 따라 테르겐(수레), 모린(말), 나린이었고, 마지막 노선은 긴급 군사 업무에만 사용했다. 세 노선에 총 119개의 역참이 세워졌다.[146]

이후 역참 시스템은 뭉케 재위기에 정주 지역으로 더욱 확장됐다. 주베이니는 "그들은 나라 전역에 걸쳐 역참을 설치하고 각 역참의 유지와 비용을 위한 제도를 마련했다. … 모든 것을 투멘들

---

143 *SH*, §214-215.

144 *HWC*, 501-502.

145 *JT*/Rawshan, 671; *JT*/Boyle, 62-63; *JT*/Thackston, 328-329. Boyle과 Thackston은 bayan을 tayan이라고 보았다.

146 宋濂, 1383.

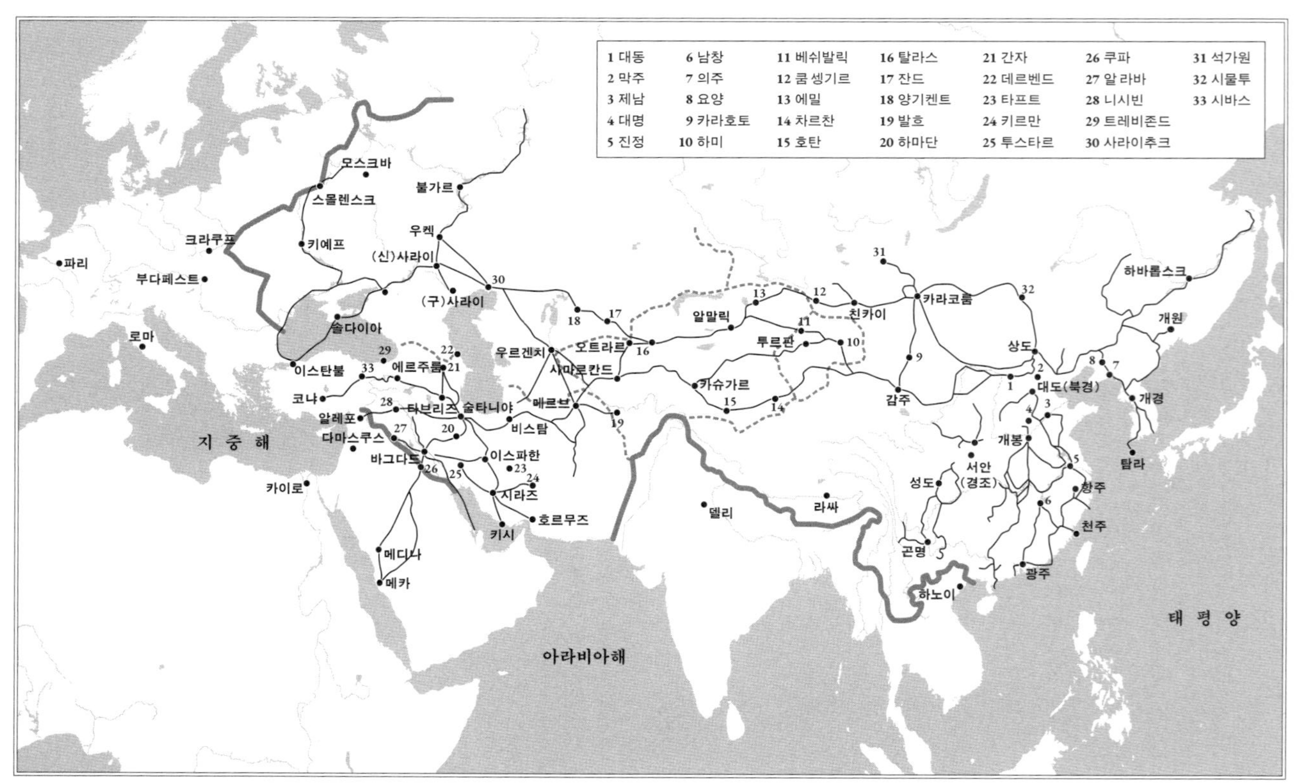

지도 1.1 몽골 역참로 (Joe LeMonnier, https://mapartist.com/)

에 분담시켜, 두 개의 투멘이 하나의 역참을 유지하도록 했다"고 기록했다.[147] 그러므로 쿠빌라이가 즉위하기 전에도 광범위한 제국 역참망이 상당히 잘 구축돼 있었던 것이며, 서유럽에서 카라코룸까지 여행한 프란체스코회 수도사들은 그 운영과 효율성을 생생히 묘사했다.[148] 예를 들어 루브룩은 1253년 9월 15일 볼가 강변의 바투 진영을 떠나 그해 12월 27일 뭉케의 궁에 도착했다. 100일 동안 약 4500킬로미터를 이동했는데, 이는 하루 평균 45킬로미터를 이동했음을 의미한다. 그들이 지나야 했던 사막, 산, 협곡을 포함한 지형과 극심한 날씨를 고려하면, 몽골 역참 시스템이 아니었다면 불가능한 일이다.

그러나 1260년부터 시작된 내부 갈등으로 대륙을 가로지르는 교통이 자주 중단됐다. 마르코 폴로는 육로가 차단되었기 때문에 몽골 공주와 다른 사절들을 인도양을 통해 호위했다고 기록했다. 울제이투는 프랑스의 필리프 왕에게 보낸 편지에서 몽골이 45년 동안 지속된 가족 간의 불화를 마침내 종식하고 제국 전역의 역참을 다시 연결하는 데 성공했다고 자랑했다.

반면 각 울루스 내에서는 역참 교통이 크게 방해받지 않았고, 오히려 교통량이 증가했기 때문에 이 시스템은 개선돼야 했다. 예를 들어 카안 울루스에서는 1276년 통정원(通政院)을 설립했지만, 역참의 운영이 점점 불안정해지면서 1311년 통정원을 폐지하고 중서성의 병부에 그 임무를 맡겼다. 이후 통정원이 다시 도입되어

147　*HWC*, 33.

148　John of Plano Carpini 1955, 27; William of Rubruck 1990, 140.

두 기관이 함께 역참 업무를 처리했다.

한 사료의 기록에 따르면, 카안 울루스에는 약 1400개의 역이 있었다. 대부분이 마참(馬站, 928개 역)과 수참(水站, 424개 역)이었으며, 소, 수레, 개 역참도 일부 있었다. 참호(站戶)의 전체 수는 역참 하나당 얼마씩을 배치했는지에 따라 달라지는데, 역 하나당 200호를 할당했다면 약 30만 호, 500호를 할당했다면 75만 호가 된다.[149] 이 가구들이 역참에 숙소, 말(또는 배), 음식(süsi), 사료, 인원(ulaghchi), 기타 필요한 물품과 인력을 공급했다.

그렇다면 누가 역참 시설을 이용했을까? 먼저, 황제나 조정의 업무를 수행하는 사람들이 그 이용자였다. 예를 들어 황제가 소환한 신하나 관리, 외부 지역의 제왕들에게 파견한 사신이나 공물을 운반하는 자들, 칭기스 가문을 위해 물품을 운반하는 상인들이 여기에 해당했다. 일반 상인들은 역참 이용이 금지됐지만, 많은 상인들이 공공의 비용으로 사업을 진행했다.[150] 두 번째로, 몽골 제왕, 공주, 부마들도 긴급 상황에서 법적 문서를 지니면 역참 시설을 사용할 수 있었다. 그들은 자신의 봉지(투하(投下) 또는 아이막)에 정기적으로 사신을 보내 세금을 받았고, 이때 이른바 "공식적으로 파견된 사람들(公差人員)"들이 역참을 사용할 권리가 있었다. 마지막으로, 새로운 직책을 받고 근무지로 이동하거나 공식 임무를 수행하는 문무 관료들도 역참을 사용할 수 있었다.[151]

역참 시설을 이용하려면 자신의 신분을 증명하는 패자와 포

---

149 陳高華 1991, 159.

150 Allsen 2010, 255–256.

151 党寶海 2006.

마차자(鋪馬箚子), 그리고 벨게(belge, 증명서)를 소지해야 했는데, 벨게
란 여행 목적, 인원수, 이동 경로를 명시한 문서다. 그러나 너무 많
은 귀족과 상인이 공인되지 않은 일로 역참을 자주 이용했기 때문
에, 역참을 책임진 참호들은 필요한 물품을 모두 구비해 두기 어려
웠다. 이 가구들은 가구당 최대 4경(頃, 약 6.67헥타르)의 토지세와 잡
범차역(雜泛差役)을 면제받았지만, 말 가격 상승과 말 불법 남용으
로 그들의 삶은 점점 더 견디기 어려워졌다. 예를 들어 중서성의 보
고서에 따르면, 대도 근처의 양향(良鄕)역의 경우 1308년 9월~12월
에 1만 3300필 이상의 말을 제공했는데, 이는 4개월간 하루 평균
130필의 말을 징발했음을 의미한다. 이 역은 124필의 말을 유지하
도록 규정돼 있었으므로, 모든 말을 휴식 없이 매일 동원해도 수
요를 충족시키기에 부족했다.[152] 그러므로 많은 잠치(jamchi)들이 도
망쳤고, 14세기 초부터 이미 역참 시스템이 무너지기 시작한 것은
놀라운 일이 아니다.

　　홀레구 울루스의 상황도 크게 다르지 않았다. 쿠르구즈와 아
르군 아카가 역참을 설치한 것은 주지의 사실이지만, 역참 운영
에 대한 정보는 사료에 많이 남아 있지 않다. 홀레구부터 가잔 재
위 시기 사이에 몇 가지 산발적 기록만 있을 뿐이다. 예를 들어 아
칸츠의 그리고르는 홀레구가 아르메니아에 역참을 도입한 사실을
언급했고,[153] 아바카가 교황 니콜라오 3세의 사절들에게 발행한 조
서에는 그들의 경로에 있는 관리들에게 "역마(ulagha), 음료(umda),

152　『站赤』, 8-2, 9-1; 『站赤』, 4-1, 4-2.

153　Blake and Frye 1949, 345; Silverstein 2007, 156.

식량(sigüsü)"을 제공하라고 명령한 기록이 있다.[154]

　　이란의 역참 제도도 심각한 남용에 시달리며 정상적인 운영이 어려워진 것으로 보인다. 주요 원인은 너무 많은 사신(ilchi)들의 시설 남용, 그리고 역참 유지 명목으로 농민들에게 더 많은 돈을 착취한 현지 관리들의 불법이었다. 충분한 물자를 확보하지 못한 사신들은 길에서 갈취와 약탈을 자행했고, 가잔이 한탄했듯이, 설령 모든 역참마다 5000필의 말이 있더라도 적절한 서비스를 제공하는 것이 불가능할 정도로 상황이 나빠졌다. 물론 데이비드 모건이 경고한 것처럼, 우리는 라시드 앗 딘이 가잔 시대 이전의 상황을 과장하는 경향이 있음을 염두에 두어야 한다.[155]

　　이에 가잔은 라시드 앗 딘의 도움을 받아 개혁을 실시했다. 먼저 몽골 귀족들이 정식 문서, 특히 가잔의 필체로 쓴 편지(khaṭṭ-i mubārak)에 그의 금인(āltūn tamghā-i khāṣṣa) 또는 서명을 갖추지 않은 경우, 사신 파견과 역참 이용을 금지했다. 그리고 예상치 못한 긴급 상황에 대비해서, 소지자가 역참에서 역참용 말을 징발할 수 있도록 금인을 찍은 문서(matkūb)를 발행했다.[156] 또한 현지 관리들이 농민을 부당하게 착취하는 것을 막기 위해, 사신들이 규정에 따라 계산된 경비를 중앙 정부로부터 받도록 조치했다. 이제 그들은 여행에 필요한 물품을 직접 구매해야 했으며, 역참용 말이나 역참 시설은 공식적인 긴급 상황에만 사용해야 했다. 가잔은 역참 개혁을 다른 개혁 조치들과 함께 시행했을 가능성이 높으며, 상당수는

154　Mostaert and Cleaves 1952, 433-444.

155　Morgan 2000, 383-384.

156　*JT*/Thackston, 714-718.

"문화 중개자" 볼라드 칭상이 제안한 카안 울루스의 모델에서 영감을 받았다.[157]

몽골 제국의 지배와 그 유산은 "타타르의 멍에"와 "팍스 몽골리카"라는 두 경쟁적 표어로 상징되는 바와 같이, 논란의 대상이 되어 왔다. 최근에는 후자의 측면이 더 강조되는 경향이 있으며, 이는 과거 세대의 편견에 대한 단순한 반작용 이상으로 이해되어야 한다. 특히 토머스 올슨의 선구적인 연구들로부터 영감을 받아 지난 30년간 수많은 연구들이 밝힌 것처럼,[158] "팍스 몽골리카"는 세계사 책의 멋진 장 제목이나 "화려한 단순화" 이상이었다.[159] 하지만 마찬가지로 우리는 몽골의 정복과 그로 인해 일어난 파괴의 어두운 면도 부정하거나 과소평가하지 않도록 주의해야 한다.

진실이 어디에 있든, 몽골 제국과 그 유산에 대한 정확하고 균형 잡힌 평가를 위해서는 그들이 통치한 현실에 대한 철저한 이해가 필요하며, 이를 위해 제국적 제도에 대한 연구는 필수불가결하다. 앞에서 우리는 제국적 제도의 중요한 특징 중 일부만을 다루었지만, 우리가 가진 지식의 한계에도 불구하고 이 주제들에 대한 설명이 몽골 지배의 중요한 측면을 설명하고 제국적 제도의 중요성을 보여줄 수 있기를 바란다. 더욱이 일부 제국적 제도는 몽골 이후의 국가들에 의해 계승됐고, 새로운 전통을 형성해 오래 지속됐다. 이런 의미에서 제국적 제도 연구는 몽골 제국 연구에서 핵심적인 역할을 해야 할 것이다.

---

157 Silverstein 2007, 157-164; Allsen 1996.

158 Jackson 2000; Biran 2013; Morgan 2015.

159 Franke 1966, 50.

참고문헌

사료와 번역서

國維. 『王國維全集』, vol. 11. 杭州.
葉子奇, comp. 1959. 『草木子』. 北京.
鄭麟趾정인지. 1990. 『高麗史고려사』, 3 vols. 서울.
趙珙, 2009. 『黑韃事略』.
脫脫 編. 『遼史』, 1974. 北京.
站赤. 1936. In 『永樂大典』, vols. 19416-26. 北平.

Baṭṭūṭa/Gibb, 일러두기 6번 참조.
HWC. 일러두기 6번 참조.
Kashgharī, Mahmūd al-. 1982. *Compendium of the Turkic Dialects (Dīwān Lughāt at-Turk),* 3
     vols., ed. and tr. Robert Dankoff. Duxbury, MA.
John of Plano Carpini, and William of Rubruck, 1955. *Mission to Asia,* ed. C. Dawson and tr.
     a nun of Stanbrook Abbey. New York.
*JT/*Boyle. 일러두기 6번 참조.
*JT/*Rawshan. 일러두기 6번 참조.
*JT/*Thackston. 일러두기 6번 참조.
TJG. 일러두기 6번 참조.
William of Rubruck. 1990. *The Mission of Friar William of Rubruck: His Journey to the Court of
     the Great Khan Möngke 1253-1255,* tr. Peter Jackson. London.
YS. 일러두기 6번 참조.
Yazdī, Sharaf al-Dīn. 2008. *Zafar-nāma,* 2 vols., ed. Mīr Muhammad Ṣādiq. Tehran.

연구서와 논문

高榮盛 2013. 「元代守宮制再議」 『元史論叢』 14: 1-10.
大葉昇一. 1987. 「元代の探馬赤軍再論」 『モンゴル研究』 18: 18-35.
譚其驤, ed. 1982-1987. 『中國歷史地圖集』, 8 vols. 上海. 中國地圖出版社.
党寶海. 2006. 『蒙元驛站交通研究』. 北京. 昆侖出版社.
馬曉林. 2012. 「元代國家祭祀研究」 博士學位論文, 南開大學校.

白石典之. 2001.『チンギス―カンの考古學』. 東京. 同成社

本田實信. 1991.『モンゴル時代史研究』. 東京. 東京大學出版會.

史衛民. 1996.『都市中的遊牧民』. 長沙: 湖南人民出版社.1998.『元代軍事史』. 北京.

四日市康博. 2005.「ジャルグチ考」『史學雜誌』114.4: 443-472.

杉山正明. 2004.『モンゴル帝國と大元ウルス』(스기야마 마사아키, 임대희 옮김,『몽골 세계제
　　　국』, 신서원, 2. 1999). 京都. 京都大學學術出版會.

森平雅彦. 2013.『モンゴル覇權下の高麗: 帝國秩序と王國の對應』(모리히라 마사히코, 이명
　　　미·정동훈 옮김. 2024.『몽골 패권하의 고려: 제국질서와 왕국의 대응』. 서울대학교출판문
　　　화원). 名古屋: 名古屋大學出版會.

蕭啓慶. 1983.『元代史新探』臺北. 新文豐出版公司.

蘇天爵, comp. 1922.『國朝文類』. 四部叢刊集部. 上海.
　　　comp. 1996.『元朝名臣史略』, ed. 姚景安. 北京. 中華書局.

松田孝一. 1979.「元朝期の分封制: 安西王の事例を中心として」『史學雜誌』88.8: 37-74.
　　　2012.「モンゴル帝國時代の漢地の探馬赤とその草地について」『13-14世紀東アジア
　　　史料通信』19: 38-47.

松川節. 1995.「大元ウルスの命令文書式」『待兼山論叢(史學篇)』29: 25-52.

烏蘭, ed. 2012.『元朝秘史(校勘本)』. 北京. 中華書局

宇野伸浩. 2002.「チンギス―カンの大ヤサ再考」『中國史學』12: 147-169.

熊夢祥, comp. 1983.『析津志輯佚』. 北京.

劉迎勝. 2006.『察合台汗國史研究』上海.
　　　2014.『蒙古史考論』, 2 vols. 蘭州 蒙元史考论

李治安. 2003.『元代政治制度研究』. 北京. 人民出版社.

赤坂恒明 2005.『ジュチ裔諸政權の研究』. 東京. 風間書房.

朝克圖. 2003.「チンギス_カンの大ジャサの内容に關する考察」『史滴』25: 115-130.

趙阮. 2012.「蒙元時代達魯花赤制度研究」博士學位論文 北京大學.

陳高華. 1991.『元代研究論稿』. 北京. 中華書局.

陳高華·史衛民. 2010.『元代大都上都研究』. 北京. 中國人民大學出版社

札奇斯欽. 1980.『蒙古史論叢』, 3 vols. 臺北.

海老澤哲雄. 1966.「元朝探馬赤軍研究序說」『史流』7: 50-65.

呼格吉勒圖·薩如拉, eds. 2004.『八思巴字蒙古語文獻匯編』呼和浩特. 內蒙古教育出版社.

Allsen, Thomas T. 1985. "The Princes of the Left Hand: An Introduction to the History of
　　　Ulus of Orda in the Thirteenth and Early Fourteenth Centuries." *AEMA* 5: 5-39.
　　　1986. "Guard and Government in the Reign of the Grand Qan Möngke, 1251-1259."
　　　HJAS 46.2: 495-521.
　　　1996. "Biography of a Cultural Broker: Bolad Ch'eng-Hsiang in China and Iran" *Ox-
　　　ford Studies in Islamic Art* 12: 7-22.
　　　2001. *Culture and Conquest in Mongol Eurasia*. Cambridge.
　　　2010. "Imperial Posts, West, East and North: A Review Article." *AEMA* 17: 237-280.

Amitai, Reuven. 2001. "Turko-Mongolian Nomads and the Iqtā' System in the Islamic Middle East(ca. 1000-1400 AD)." In *Nomads in the Sedentary World*, ed. A. M. Khazanov and A. Winks, 152-171. Richmond.

Amitai, Reuven, and Michal Biran, eds. 2005. *Mongols, Turks, and Others: Eurasian Nomads and the Sedentary World*. Leiden.

eds. 2015. *Nomads as Agents of Cultural Change: The Mongols and Their Eurasian Predecessors*. Honolulu.

Amitai-Preiss, Reuven, and David O. Morgan, eds. 1999. *The Mongol Empire and Its Legacy*. Leiden.

Atwood, Christopher Pratt. 2006. "Ulus Emirs, Keshig Elders, Signatures, and Marriage Partners: The Evolution of a Classic Mongol Institution." In *Imperial Statecraft: Political Forms and Techniques of Governance in Inner Asia, Sixth-Twentieth Centuries*, ed. David Sneath, 141-173. Bellingham, WA.

Bartold, W. 1977. *Turkestan down to the Mongol Invasion*. 4th ed. London.

Biran, Michal. 1997. *Qaidu and the Rise of the Independent Mongol State in Central Asia*. Richmond.

2005. *The Empire of Qara Khitai in Eurasian History: Between China and the Islamic World*. Cambridge.

2008. "Diplomacy and Chancellery Practices in the Chagataid Khanate: Some Preliminary Remarks." *Oriente Moderno, new series* 88.2: 369-393.

2013. "The Mongol Empire in World History: The State of the Field." *History Compass* 11: 1021-1033.

Blake, Robert P., and Richard N. Frye. 1949. "History of the Nation of the Archers (The Mongols) by Grigor of Akanc'." *HJAS* 12. 3-4: 269-399.

Boyle, J. A. 1974. "The Seasonal Residences of the Great Ögedei." In *Schrift zur Geschichte und Kultur des alten Orients 5: Sprache, Geschichte und Kultur der altaischen Völker*, ed. P. Zieme and G. Hazai, 145-151. Berlin.

Bruno, Nicola de. 2017. *Women in Mongol Iran: The Khatuns, 1206-1335*. Edinburgh.

Buell, Paul D. 1979. "Sino-Khitan Administration in Mongol Bukhara." *Journal of Asian History* 13.2: 121-151.

Cerensodnom, Dalantai, and Manfred Taube, 1983. *Die Mongolica der Berliner Turfansammlung*. Berlin.

Cleaves, Francis Woodman, 1952. "The Sino-Mongolian Inscription of 1346." *HJAS* 15.1-2:1-123.

1953. "Daruɣa and Gerege." *HJAS* 16.1-2: 237-259.

Dang, Baohai, 2001. "The Paizi of the Mongol Empire." *Zentralasiatische Studien: des Seminars für Sprach und Kulturwissenschaft Zentralasiens der Universität Bonn* 31: 31-62.

de Rachewiltz, Igor. 1993. "Some Reflections on Činggis Qan's asaɣ." *East Asian History* 6: 91-104.

d'Ohsson, A. C. 1824. *Histoire des Mongols, depuis Tchinguiz-Khan jusqu'à Timour Bey ou Ta-*

merlan, vol. 1. The Hague and Amsterdam.

Endicott-West, E. 1989. *Mongolian Rule in China: Local Administration in the Yuan Dynasty*. Cambridge, MA.

Fedorov-Davydov, G. A. 1973. *Obshchestvennyi stroi Zolotoi Ordy*. Moskva.

Franke, Herbert. 1966. "Sino-Western Contacts under the Mongol Empire." *Journal of the Royal Asiatic Society*(Hong Kong Branch) 6: 49-72.

Golden, Peter B., ed. 2000. *The King's Dictionary: The Rasûlid Hexaglot. Fourteenth Century Vocabularies in Arabic, Persian, Turkic, Greek, Armenian and Mongol*. Leiden.

Halperin, Charles J. 1987. *Russia and the Golden Horde: The Mongol Impact on Medieval Russian History*. Bloomington, IN.

Herrmann, Gottfried. 2004. *Persische Urkunden der Mongolenzeit: Text und Bildteil*. Wiesbaden.

Hodous, Florence. 2012. "The Quriltai as a Legal Institution in the Mongol Empire." *CAJ* 56: 87-102.

Hope, Michael. 2012. "The Transmission of Authority through the Quriltais of the Early Mongol Empire and the Īlkhānate of Iran(1227-1335)." *Mongolian Studies* 34: 87-116.

Hsiao, Ch'i-ch'ing. 1978. *The Military Establishment of the Yuan Dynasty*. Cambridge, MA.

Jackson, Peter. 1978. "The Dissolution of the Mongol Empire." *CAJ* 22.3-4: 186-244.

1999. "From Ulus to Khanate: The Making of the Mongol States, c. 1220-c. 1290." In Amitai-Preiss and Morgan 1999, 12-38.

2000. "The State of Research: The Mongol Empire, 1986-1999." *Journal of Medieval History* 26.2: 189-210.

Kim, Hodong. 2005. "A Reappraisal of Güyüg Khan." In Amitai and Biran 2005, 310-338.

2009. "The Unity of the Mongol Empire and Continental Exchanges over Eurasia." *Journal of Central Eurasian Studies* 1: 15-42.

2014-2015. "Qubilai's Commanders(Amīrs): A Mongol Perspective." *AEMA* 21: 147-160.

2015. "Was 'Da Yuan' a Chinese Dynasty?", *JSYS*: 279-305.

2019. "Formation and Changes of Uluses in the Mongol Empire." *JESHO* 62.2-3: 269-317.

Lambton, A. K. S. 1988. *Continuity and Change in Medieval Persia: Aspects of Administrative, Economic and Social History, 11th-14th Century*. London.

May, Timothy. 2004. "The Mechanics of Conquest and Governance: The Rise and Expansion of the Mongol Empire, 1185-1265." PhD dissertation. University of Wisconsin-Madison.

Melville, Charles P. 1990. "The Itineraries of Sultan Öljeitü, 1304-1316." *Iran* 28: 55-70.

2006. "The Keshig in Iran: The Survival of the Royal Mongol Household." In *Beyond the Legacy of Genghis Khan*, ed. Linda Komaroff, 135-164. Leiden.

Morgan, David O. 1986a. "The 'Great "yāsā"of Chingiz Khān' and Mongol Law in the

Īlkhānate." *BSOAS* 49.1: 163-176.

1986b. *The Mongols*(데이비드 O. 모건, 권용철 옮김, 『몽골족의 역사』, 모노그래프, 2012). London

2000. "Reflections on Mongol Communications in the Ilkhanate." In *Studies in Honour of Clifford Edmund Bosworth*, vol. 2, ed. Carole Hillenbrand. Leiden, 375-385.

2005. "The 'Great Yasa of Chinggis Khan' Revisited." In Amitai and Biran 2005, 291-308. Leiden.

2015. "Mongol Historiography since 1985: The Rise of Cultural History." In Amitai and Biran 2015, 271-282.

Mostaert, Antoine, and Francis Woodman Cleaves. 1952. "Trois documents mongols des Archives secrètes vaticanes." *HJAS* 15.3-4: 419-506.

Nakhchivanī, Mukhammad ibn Khindūshākh. 1964-1976. *Dastūr al-kātib fī ta'yīn al-marātib*, 3 vols. Critical text by A. A. Ali-zade. Moscow.

Ostrowski, Donald. 1998. "The Tamma and the Dual-Administrative Structure of the Mongol Empire." *BSOAS* 61.2: 262-277.

Pelliot, Paul. 1973. *Recherches sur les chrétiens d'Asie centrale et d'extrême-orient*. Paris.

Poppe, Nicholas. 1967. "On Some Military Terms in the 'Yüan-ch'ao pi-shih'." *Monumenta Serica: Journal of Oriental Studies* 26: 506-517.

Qāshānī, 'Abd al-Qasim 'Abd Allāh. 1969. *Tārīkh-i Ūljāytū*, ed. Mahin Hambly. Tehran.

Qazwīnī. 1919. *The Geographical Part of the Nuzhat-al-qulūb*, tr. G. Le Strange. Leiden.

Ratchnevsky, Paul. 1974. "Die Yasa(Jasaq) Činggis-khans und ihre Problematik." In *Schrift zur Geschichte und Kultur des alten Orients 5: Sprache, Geschichte und Kultur der altaischen Völker*, ed. P. Zieme and G. Hazai, 471-487. Berlin.

Shim, Hosung. 2014. "The Postal Roads of the Great Khans in Central Asia under the Mongol-Yuan Empire." *JSYS* 44: 405-470.

Shimo, Hirotoshi. 1977. "The Qaraunas in the Historical Materials of the Ilkhanate." *Memoirs of the Toyo Bunko* 35: 131-181.

Silverstein, Adam J. 2007. *Postal Systems in the Pre-modern Islamic World*. Cambridge.

Sinica Franciscana. 1929. Vol. 1, ed. A. van den Wyngaert. Claras Aquas(Quaracchi-Firenze).

Smith, John M. Jr. 1993-1994. "Demographic Considerations in Mongol Siege Warfare." *Archivum Ottomanicum* 13: 329-334.

Tekin, Talat. 1968. *A Grammar of Orkhon Turkic*. Bloomington, IN.

Usmanov, M. A. 1979. *Zhalovannye akty dzhuchieva ulusa XVI-XVI vv.* Kazan.

Vásáry, István. 1978. "The Origin of the Institution of Basqaqs." AOH 32: 201-206.

2007. *Turks, Tatars and Russians in the 13th-16th Centuries*. Aldershot.

2016. "The Preconditions to Becoming a Judge(Yarġuči) in Mongol Iran." *JRAS* 26.1-2:157-169.

Vernadsky, George. 1953. *The Mongols and Russia*. New Haven.

제 2 장

제국의 이념

토머스 올슨

토머스 올슨　　　　　　　　　Thomas T . Allsen

몽골 제국사에 대한 이해를 유라시아적 규모의 사상적,
상업적, 물질적, 문화적 교류에 관한 연구로 재정립하는
데 큰 기여를 했다. 1986년부터 2013년까지 학술지『중
세 유라시아 아카이브(*Archivum Eurasiae Medii Aevi*)』의 편
집진으로 오랫동안 활동했으며, 이에 대한 공로로 그의
75세 생일을 맞아 2014년 제21권(2014~2015)이 기념 논
문집으로 그에게 헌정됐다.

원칙과 전파

몽골인들은 여타 제국 건설자들과 마찬가지로 군사력에 크게 의
존했고 종종 이를 무자비하게 행사했지만, 동시에 정복과 지배를
정당화할 이념적 근거도 모색했다. 그들의 이념에서 가장 두드러
진 특징은 극도의 간결함이었다.

> 영원한 하늘의 힘으로　　　　　möngke tenggri-yin küchün-dür
>
> 카안의 행운으로　　　　　　　Qaʾan-u suu-dur

　　이 주장은 칭기스 칸 통치 후반기에 처음 나타나며, 초원 민
족들에게 그 메시지는 분명했다. 하늘이 몽골 군주에게 지상의 보
편적 지배권과 그 성공을 보장하는 특별한 행운을 내리셨다는 것
이다. 따라서 몽골의 권위에 대한 불복종은 하늘의 계획에 대한
반역이므로 벌을 받게 되는 것이었다.[1]

　　정당성 이념은 두 가지 유형으로 나눌 수 있다. 하나는 지식
인에 의해 공표되고 철학, 우주론, 신학에 의해 강화되는 체계적인
교의이고, 다른 하나는 대중문화와 종교로부터 발생하고 또한 그
것을 통해 전파되는 훨씬 더 확산적이고 비정형적인 유형이다. 몽
골의 이념은 분명 후자에 속한다.

　　초원 민족들의 제국 이념은 돌궐 카간국(552~742)과 위구르
제국(744~840)의 비문에서 처음 표명되었으며, 몽골의 정형구에 선

＊　이 장의 일부는 이전 출간물에 기반했다. Allsen 1991; Allsen 1996; Allsen 1997, 58-60;
　Allsen 2006, 161-163; Allsen 2009.
1　기본적인 연구로는 de Rachewiltz 1973가 있다.

행하면서 사실상 동일한 형태이다.[2] 그러나 초원 동부의 두 제국
사이에는 375년의 시간 공백이 있었다. 이는 문자 언어가 없는 최
소한의 국가 형태가 존재했던 시기로, 그동안 이 이념은 "작동"하
지 않고 "보류된 상태로 유지"됐다.[3] 이념의 보존과 전파에서 구술
전통이 담당한 중심 역할은 송의 사신 팽대아의 기록에서 잘 드러
난다. 1237년 그는 몽골인들이 끊임없이 "영원한 하늘의 힘과 황제
의 행운(福蔭)에 의지한다"고 말한다고 보고했다.[4] 일상 대화에서
이런 표현을 사용했다는 것은 이 어구가 민간 전통으로 전승된 친
숙한 요소였고, 몽골의 평민들이 이 교의를 그대로 받아들이고 있
었음을 강하게 시사한다.

몽골인의 이념적 메시지가 문자 형태로 처음 등장한 것은 칭
기스 칸 사후 후계자 우구데이(재위 1229~1241), 구육(재위 1246~1248),
뭉케(재위 1251~1259)가 통치한 시기이다. 메시지는 몽골어, 중국어,
기타 언어로 쓰였으며 점차 표준화된 문구로 나타났다. 몽골인들
은 항복 명령서의 서두에 이 문구를 적었고, 이는 노골적인 위협을
담아 고려에서 유럽에 이르는 외국 조정으로 널리 전파됐다. 이러
한 문서를 통해, 몽골인들의 국제 관계 개념에는 외교적 평등함이
존재하지 않았음을 분명히 알 수 있다.

문자화된 이 어구는 항복 또는 정복 후 몽골의 정치적 교의
를 전달하는 데 중요한 역할을 계속했다. 특히 제국의 정주민 인
구 대다수를 차지하는 세계 종교 신자들에게 그러했다. 교의 전달

---

2 돌궐의 이념에 대해서는 Golden 1982.

3 이 개념에 대해서는 Salzman 1978.

4 彭大雅 · 徐霆 1975, 488.

　　　　　　　　　　　　　제2권 주제별 역사

의 주요 수단은 면세 특권이었으며, 1223년 도교 사제들에게 처음 부여되었고, 이후 불교, 기독교, 이슬람교 성직자들에게 확대됐다. 몽골이 신민들에게 부과한 무거운 세금과 비교하면 이 특권은 많은 성직자들에게 매력적이었다.[5] 면세 특권은 특히 북중국에서 가장 잘 확인되는데, 원대 내내 다량의 면세 문서가 발급됐으며, 몽골어·티베트어·중국어로 작성된 이 문서들은 모두 어떤 형태로든 이 이념적 어구로 시작됐다. 이러한 문서들이 의도적인 반복을 통해 명확히 하는 바대로 수혜자들은 황제의 은혜를 입은 대가로 "하늘에 황제의 행운(福)을 빌어야" 했다.[6]

면세 특권은 비석이나 사원 벽에 새겨졌기 때문에, 지역 주민들이 읽을 수 있는 공개 문서였다. 그러나 더욱 중요한 것은, 이 칙령들이 성직자들이 기도할 때 칭기스 가문을 끊임없이 상기하도록 하는 역할을 했으며, 당연히 그 정서는 신도들과 공유되었다는 점이다.

제국 내의 사원, 교회, 모스크에서 실제로 어떤 말이 오갔는지는 알 수 없으나, 몽골 궁정에서 성직자들이 칭기스 가문의 지배권을 공개적으로 확언한 것은 분명하다. 예를 들어 1251년에는 네스토리우스파 기독교, 이슬람교, 그리고 "우상 숭배 사제들"이 모두 뭉케의 즉위를 축하했고, 이후 그의 조정에 동참하며 "그의 행운"을 예언했다.[7] 이는 다분히 의도된 것이긴 하지만, 중세에 보기

---

5 이 정책에 대해서는 Atwood 2004. 그 매력적인 힘에 대해서는 de Rachewiltz 1962, 32–33.

6 蔡美彪 1955, 21, 25, 35, 36, 37, 38, 39, 40, etc.; Chavannes 1908, 372, 373, 376, 378, 388, 391, etc.; Poppe 1957, 47, 49, 52.

7 William of Rubruck 1990, 187; cf. *TJG*, 3: 21; *HWC*, 2: 561.

드문 종교적 화합은 새로운 칸의 보편적 지배에 대한 하늘의 승인을 극적으로 전시했다.

적어도 한 가지 경우는 그러한 지지 표명이 의심할 여지없이 진심이었는데, 무슬림 다수 지역인 일 칸국에서 기독교 성직자들이 보인 모습이 바로 그것이었다. 훌레구(재위 1256~1265)부터 울제이투(재위 1304~1316)에 이르기까지 이란의 몽골 조정은 동방 기독교의 성직자 계층에게 임명장을 발급하고, 면세 특권과 건축 자금을 주었으며, 공공 의식에서 그들을 예우했다. 이 대가로 몽골 조정은 그들의 충성과 축복, 즉 몽골 정통성에 대한 공개적인 인정을 기대했고, 이는 실현되었다.[8]

중재자 역할을 할 이들에 대한 몽골인들의 선택은 적절했다. 성직자 계층만이 몽골의 다양하고 곤궁한 신민들에게 승인된 메시지를 널리 선포할 수 있는 영적 권위와 더불어, 이를 실행에 옮길 조직력과 의사소통 능력을 갖추고 있었기 때문이다.

그 메시지는 권위 있는 몽골어 텍스트로 발행됐지만, 번역되는 순간부터 항상 왜곡의 위험이 따랐다. 때로는 심각한 오해가 생기기도 했다. 교황청과 맘룩 이집트에 보낸 외교 문서에는 몽골어의 핵심 용어인 "일(il)", 즉 "복종"이 라틴어로는 "pax", 아랍어로는 "sulḥ"로 번역됐는데 둘 다 "평화"를 의미했다. 어떤 경우에는 오역이 오히려 수용을 촉진했다. 몽골 황제 칙령의 티베트어 번역본에서 "행운"을 의미하는 몽골어 "수(su)"가 "축적된 공덕(puṇya)"을 뜻하는 티베트어 "쇠남(bsod-nams)"으로 번역됐는데, 이는 이전 돌궐

---

8 Budge 1928, 144-145, 152-155, 161, 163-164, 198, etc; Grigor of Akancʻ 1949, 341, 343.

  제2권 주제별 역사

의 전례를 따라 불교적 세계관 내에서 그 문구를 의미 있게 만든 것이다.[9]

어떤 재해석은 우연의 결과이지만, 시간이 지나면서 몽골의 이념과 피지배민들의 전통의 융합이 더 광범위하고 계획적으로 이루어졌다. 쿠빌라이(재위 1260~1294)의 통치 기간 동안 그의 라마 고문들은 칭기스 칸을 차크라바르틴라자(chakravartin-raja), 즉 "전륜성왕"으로 변모시키기 시작했고, 그럼으로써 그를 티베트 및 기원전 3세기 마우리아 왕조의 아소카왕까지 거슬러 올라가는 인도 왕조들과 연결시켰다. 이러한 칭기스 칸 신성화는 불교도들에게 그가 축적한 공덕, 카리스마 또는 행운이 그의 사후에도 계속 작동하며 또한 유지될 것임을 의미했다.[10]

이란의 경우 몽골 건국자를 무슬림으로 소급하려는 시도는 보이지 않지만, 가잔의 개종과 함께 일 칸국의 이념적 도식과 칭호는 더 많은 이슬람적 요소를 포함하기 시작했고, 왕조 말기에는 이슬람이 지배적인 위치를 차지했다. 그러나 칭기스 가문의 제국 지배 주장은 늘 기저에 깔려 있었으며, 두 전통 모두를 끌어들이려는 흥미로운 융합도 있었다. 이는 차가다이 가문의 이슬람 개종자이며 일 칸들의 동맹이었던 야사우르의 이념적 태도에서 잘 드러난다. 그는 1314~1320년에 후라산에서 독립 국가를 세우기 위한 노력의 일환으로, 페르시아의 신민들에게 자신을 "인류의 눈(目)의 빛, 칭기스 가문의 눈의 빛이며 이슬람의 황제이신 야사우르 칸,

---

9　Schuh 1977, 122, 127, 145, 166; Zieme 1992a, 322.

10　Franke 1978, 52-72; Cf. Zieme 1992b, 77-78.

신께서 그의 위엄이 오래 지속되게 하시기를"이라고 소개했다.[11] 일 칸국의 아부 사이드 칸이 1320년에 한 저명한 무슬림 가문에 보낸 칙령에서 보이는 몽골어 문구는 더욱 비정통적이다.

영원한 하늘의 힘으로	Möngke Tenggri-yin küchün-dür
예언자 무함마드의 지원으로	Muqamad baighamber-ün imadtur
위대한 행운의 불꽃의 보호로[12]	Yeke suu jali-yin ibegen-dür

후대에 티무르(재위 1370~1405)가 몽골과 이슬람 모두에서 정통성을 끌어내기 위해 했던 노력에는 분명 확실한 선례가 있었던 것이다.[13]

제국의 규모와 문화적 다양성을 고려할 때, 몽골이 의도적으로 각기 다른 집단에게 서로 다른 이념적 모습을 투영하지 않았을까라는 의문이 드는 것은 당연하다. 초원 지대의 경우에는 각색도 거의 필요없었다. 그런데 놀라운 것은 몽골적 이념의 많은 요소가 정주 지역의 신민과 공유되었다는 사실이다. 이는 초원의 정치 문화가 기원전부터 수 세기에 걸쳐 다양한 지역적 이형(異形)의 영향을 받았으며, 시간이 지나면서 초원 세력 서로 간의, 그리고 정주

---

11 Harawī 1944, 659.

12 Cleaves 1953, 26-27.

13 Manz 1988.

민 이웃들과의 반복적 상호 작용을 통해 점차 동질화했기 때문이다.[14] 그 결과 정통성과 그것을 나타내는 상징과 의식이 종종 하나로 수렴했으며, 제국 곳곳에서의 변용과 재해석에도 불구하고 그 기본 개념은 여전히 알아볼 수 있게 남아 있었다. 두 가지를 예로 들면, 몽골과 중국의 정치적·정신적 삶에서 매우 중요했던 산 숭배와 조상 숭배는 당연히 원(元)의 국가 의례에서도 중심적 역할을 했다.

몽골 이념의 기본 요소인 하늘의 위임, 행운, 세계 지배가 제국의 다른 지역에서 어떻게 작용했는가는 중요한 문제다. 여론조사를 할 수 없는 상황에서, 피지배민이 정복자의 이념적 주장을 자신의 정치적 전통에 어느 정도 수용할 수 있었는지 측정하는 유일한 방법은, 피지배 민족들의 정치적 개념과 용어 중 몽골인들의 그것과 일치하거나 양립 가능한 것들을 식별하여, 피정복민들이 정복자들의 이데올로기적 주장을 자신들의 정치적 전통 속에 어느 정도까지 편입시킬 수 있었는지를 알아보는 것이다.

하늘의 위임과 세계 제국들

신들이 특정 왕조에게 세계(oikoumene)를 통치할 권리와 그 신성한 계획을 실행할 특별한 능력을 부여한다는 주장은 아주 오래전부터 널리 퍼져 있었다. 이는 분명히 어느 한 문화나 민족만의 특성이 아니다. 스키타이인과 기타 초기 유목민들도, 중국의 유명한 사

---

14 Khazanov 2004, 493–494.

상과 유사하면서도 독립적인 형태로 하늘의 위임에 관한 생각을 발전시켰다. 이러한 개념은 기원이나 우선순위와 관계없이 오랫동안 유목민과 정주민 사이에서 받아들여졌으며, 모든 집단이 자국의 토착 사상으로 여겼다.

이 개념에 대한 몽골인들의 이해와 수용은 한순간에 만들어진 것이 아니었으며, 제국의 발전과 함께 진화했다. 제국적 칭호의 사용은 칭기스 칸이 사망한 이후에야 나타난다. 1229년 우구데이는 초원의 전통에 따라 카안, 즉 "황제"가 됐고, 그의 후계자 구육은 "대몽골국의 군주(Yeke Mongol Ulus-un qan)"와 "대양/세계의 군주(dalai-yin qan)" 같은 웅장한 칭호를 채택했다.[15] 이러한 변화는 분명히 1230년대와 1240년대에 이룬 정복의 영향을 받은 것이었으며, 이 성취는 하늘의 위임을 받았다는 강력한 믿음을 부채질했다. 그들의 태도는 루브룩이 "몽골인들은 전 세계가 그들과 평화를 이루기를 갈망하고 있다고 믿을 정도의 오만에 도달했다"라고 말한 것에서 잘 드러난다.[16]

몽골인이 이 사명을 받아들였다는 증거는, 그들이 다른 이들에게 자신들이 위임받은 사실을 알리고자 열망한 사실에서도 찾을 수 있다. 그들은 이 사실을 신민들, 여행자들, 외국 군주들과의 구두 및 서면 소통을 통해 끝없이 알렸다. 몽골인들의 이념적 어구를 담은 글이 13세기 중국어, 티베트어, 페르시아어, 아랍어, 시리아어, 라틴어, 고대 프랑스어, 아르메니아어, 조지아어 문서에서

---

15   de Rachewiltz 1983.
16   William of Rubruck 1990, 172-173.

발견되므로 그들의 메시지가 전달된 것은 분명하다. 그러나 그것
은 어떻게 이해됐을까?

　　제국의 신민들 중 튀르크어를 사용하는 유목민들은 이 개념
을 쉽게 이해했다. 그들 역시 부여 주체인 텡그리를 숭배했으며 몽
골인과 마찬가지로 텡그리를 인격신이 아닌 하늘/천상 숭배로 접
근했기 때문이다. 중국인들에게도 '천(天)'이 대체로 동일한 특성
과 기능을 가지고 있었으므로 상황은 비슷했다. 그러나 일신교
의 세계에서는 텡그리를 지고한 신으로 받아들였고, 라틴어로는
"Deus", 페르시아어로는 "Khudāi-i buzurg"로 번역했다. 그러나 그
들이 텡그리에 대해 다른 인식을 갖고 있었다고 해도, 그것이 천명
을 이해하거나 심지어 받아들이는 데에 걸림돌이 된 것은 아니었
다. 다만 이는 몽골 지지자들이 이슬람 땅에서는 그것을 인식 가
능한 용어로 설명해야 했음을 의미한다. 이를 시도한 사람 중 하
나가 이란 몽골 조정의 중급 관료 아타 말릭 주베이니였다. 그는
1260년대에 쓴 글에 "위임 통치의 비밀이 칭기스 칸과 그의 후손들
의 통치권에 새겨져 현현했다"고 주장하면서, 자신의 주장을 쿠란
의 권위로 뒷받침하기 위해 "주께서는 원하는 자에게 통치권을 주
시나니"라고 하는 수라(Sura) 3장 26절을 인용했다.[17]

　　주베이니는 칭기스 가문의 유급 대변인이었으니 그 발언은
일축해도 된다고 본다면, 이것은 잘못된 생각이다. 처음에는 그의
주장을 인정하고 싶지 않아 했던 당대인들도 결국 같은 견해를 가
지게 됐기 때문이다. 1240년대에 아르메니아와 조지아 군주들은

17　*TJG*, 2: 130; *HWC*, 2: 400; *TJG*, 3: 138-139; *HWC*, 2: 638.

몽골이 하늘의 위임을 주장한다는 것을 잘 알고 있었으며, 어쩔 수 없이 '신께서 그들에게 권력과 승리를 주고 있다'는 결론을 내렸다. 그리고 이에 따라서 저항을 멈추고 항복했다.[18] 20년 후, 투르키스탄 출신의 인도 난민이며 몽골에 지독히 적대적이었던 주즈자니도 그들에게 "하늘의 명령(qaẓā-i āsmānī)"이 있으며 "하늘의 명령과 신성한 운명의 지시에 의해 세계 지배권(jahānbānī)이 이란과 투란(Turan)의 통치자들로부터 칭기스 칸과 그의 후손들에게로 넘어갔다"고 인정할 수밖에 없었다.[19]

중국에서는 하늘의 위임을 받아들이게 하는 것이 더 쉬웠다. 여기서 이 친숙한 교리는 중국어 공개 비문 등 여러 방식으로 전달되었다. 종종 충성스러운 신하들을 기리는 이러한 문서들의 서두에는 황제가 "하늘의 은혜로운 명(上天眷命)"에 의해 통치한다고 선포되었고, 이는 몽골인과 중국인 모두 수용 가능한 표현이었다.[20] 명 왕조의 건국자 주원장(재위 1368~1398)은 이 원칙의 수용을 확인할 수 있는 예이다. 그는 자신의 전임자, 즉 몽골의 통치의 정당성과 그들의 통치 위임의 유효성을 인정했다.[21]

마지못해 인정했다 하더라도, 이 교리는 몽골의 세계 지배 주장과 밀접하게 연관돼 있었으며 이 주장은 세속적인 기준으로 검증될 수 있었다.

고대 말에 이르러 이미 중국, 인도, 근동, 지중해 세계에서 보

---

18 Grigor of Akanc' 1949, 291, 297.

19 Jūzjānī 1864, 324, 344, 380; Jūzjānī 1970, 869, 1006, 1070.

20 Chavannes 1908, 312-313, 328-329, 342-343.

21 Dardess 1978, 6-11; Brose 2006, 344.

편주의적인 종교 및 정치 교의가 확립됐다. 그러므로 몽골인이 "제국적 지배권"을 "세상의 모든 곳에 걸쳐" 확장하겠다고 한 주장은 전혀 새로운 것이 아니다.[22] 구두 및 서면으로 전달된 이러한 선언들을 몽골인이 얼마나 중요하게 여겼는지는 그들이 자신들의 정복 범위를 극적으로 과시하려 애쓴 점에서도 잘 드러난다. 루브룩에 따르면, 그들은 종종 외국 사절들을 "멀리 돌아가는 길"로 데리고 다녔으며, 이렇게 하여 "여정을 길게 만들고 자신들의 권력을 과장되게 인식시키고자" 했다고 한다.[23] 또한 몽골인들은 몽골에 정복된 군주와 민족과 영토를 적은 장황한 목록을 외국인들에게 신속히 제공하여 자신들의 놀라운 성공을 입증하고자 했는데, 아마도 이것이 더 흔하고 효과적인 방법이었을 것이다.[24]

실제로 몽골인들은 자신들의 업적을 끊임없이 선전했고, 그들의 메시지는 수많은 언어로 전파되었다. 외국인들과 피지배 민족들이 몽골인의 이 특별한 주장에 어떻게 반응했는지는 그들이 물려받은 과거 세계 제국에 대한 이미지와 몽골 정복의 현실을 비교함으로써 가장 잘 평가될 수 있다.

이와 관련해 주목해야 할 것은 첫째, 몽골보다 훨씬 이전에도 정주민과 유목민 사이에는 제국의 위대함을 평가하는 공통의 기준과 기대가 존재했다는 점이다. 이러한 개념은 기원전 3세기 아소카 시대의 인도에서 처음 등장한 "4대 제국" 이론에 구현돼 있

---

22 이 주장들에 대해서는 Boyle 1963, 245, 247, 251-252; Cf. *TJG*, 1: 28; *HWC*, 1: 39.

23 William of Rubruck 1990, 170.

24 예를 들면 *TJG*, 1: 95; *HWC*, 1: 121-122; Skelton et al. 1995, 85, 104-106; Meyvaert 1980, 249, 253-257.

으며, 후기 불교, 중국, 티베트, 튀르크, 이란, 이슬람의 여러 공식 어구에도 반영되었다. 이 전통의 근간에는 유라시아 전체를 네 개의 거대 제국이 동시대에 통치한다는 개념이 있다. 때로 등장인물의 숫자나 구성은 달라지기도 했지만, 하나는 항상 초원에 있고 나머지는 중국, 인도, 이란 또는 로마에 위치했다.[25] 이 이론의 12세기 페르시아 버전에서는 사산 왕조의 통치자 아누시르반(호스로 1세, 재위 531~579)이 네 개의 황금 왕좌를 보유하고 있었는데, 하나는 자신을 위해, 나머지 세 개는 중국, 비잔티움, 하자르의 통치자들이 방문할 경우를 대비해 준비한 것이라고 전해진다.[26] 따라서 유라시아 민족들의 집단적 역사 기억 속에는 네 개의 통치 중심지의 존재와 공존이 당연한 정치 질서라는 믿음이 있었다. 결과적으로 그동안 인정된 "제국의 좌(座)" 가운데 세 곳을 칭기스 가문이 갑작스럽게 장악한 것은 선례가 없었을 뿐만 아니라 특이하고 명백히 부자연스러운 사건이었다.

이전 시기에는 세계 제국에 대한 주장이 이론적, 즉 잠재적인 가능성에 대한 선언에 불과했기 때문에, 몽골의 정복은 더욱 특이한 일이었다. 중국인들의 "천하(天下)"는 한이나 당과 같은 성공적이고 팽창적인 왕조들이 지배한 영토에 한정된 것이었고, 유목민들에게 돌궐카간국이 주장한 "사방 정복"은 단지 초원 지대 안에서의 일이었다.

제국의 규모가 이렇게 비약적으로 확대된 것을 동시대인들은

---

25 Pelliot 1923.

26 Ibn al-Balkhī 1921, 97.

　　　　　　　　　　　　　　　　제2권 주제별 역사

어느 정도로 알고 있었을까? 실제로 많은 이들이 그것을 인지했으며, 칭기스 칸의 후손들은 자신들이 이룬 '세계 정복'이 전설적이고 모범적인 고대 통치자들의 업적을 훨씬 능가했음을 공개적으로 분명히 밝혔다. 라시드 앗 딘은 이 급격한 변화의 중요성을 완전히 이해하고 칭기스 칸을 "세계 정복 군주(pādishāh-i jahān-satān)"라고 부르며, 그의 권력 장악이 "긴 역사의 흐름 속에서" 새로운 시대를 이끌었다고 주장했다.[27] 또 다른 페르시아 역사가 무함마드 샤반카라이도 일 칸국 말기에 쓴 글을 통해, 이란이나 중국의 어떤 황제도, 그 어떤 인도 통치자나 술탄, 카이사르, 칼리프, 라자, 카간도 칭기스 칸과 그의 후손들만큼 거대한 권력과 지배를 성취한 적이 없으며, 그 성취는 "신의 은혜와 축복"의 부여라고 이해할 수밖에 없다고 단호히 말했다.[28]

이 경우도 역시 일 칸국의 신하로서 그렇게 말하는 것이 당연하다고 생각할 수 있지만, 그럼에도 그들이 한 주장은 타당하다. 몽골인들이 세계 역사에서 매우 독특한 최초의 "제국들의 제국"을 창조했기 때문이다. 몽골에 대해 어떤 태도를 가졌든 당시 사람들이 몽골의 폭발적이고 기록적인 팽창을 세속적이고 지정학적인 요인으로 설명하려 하지 않고, 오직 하늘의 섭리와 그들의 비범한 행운으로만 설명한 것은 놀라운 일이 아니다.

---

27 *JT*/'Alīzādah, 1/1: 1, 59-60.

28 Shabākāaʾī 1984, 223.

군주, 카리스마, 행운

천재성이나 행운으로 이해되는 초인적 자질, 즉 카리스마는 신성한 왕권에 자연스럽게 동반되는 요소다. 몽골인들에게도 이는 마찬가지였다. 그들은 자신들의 카안을 하늘과 땅 사이의 직접적인 중재자로 보았고, 그의 카리스마가 제국의 성공과 백성들의 번영을 보장한다고 여겼다. 몽골어로 이를 "수(su/suu)"라고 불렀고 여기에 "불꽃"이나 "정신"을 의미하는 "jali"를 추가함으로써 그 뜻이 더 강화되었는데, 이는 통치자의 태양 같은 광휘, 그의 원광(圓光) 또는 후광(後光)에 대한 명백한 암시였다.[29] 몽골 통치자들은 금관을 쓰지 않았지만 눈부신 빛을 발했다. 즉 칭기스 칸은 전투에 영향을 미치는 "아우라(havā'ī)"를 지니고 있었으며, 몽골인들은 항상 경외심과 존경심을 담아 그의 "황금빛 얼굴"에 대해 말했다.[30]

초원의 민족들에게 영원한 하늘은 행운(튀르크어 'qut')의 궁극적인 원천이었다. 그런데 특정 영토에 행운의 2차 원천들이 축적되어 있었으니, 이를 장악하는 것이 성공적인 제국 건설의 필수 조건이었다. 주요 보고(寶庫)는 오르혼계곡, 즉 돌궐 비문의 외튀겐 산지였으며, 이곳은 돌궐 제국과 위구르 제국의 정치적 중심지였다. 따라서 몽골인들은 자신들의 수도 카라코룸을 이전 유목 제국들이 축적한 "쿠트"를 끌어내기에 적절한 위치에 건설하려고 고고학적 발굴과 역사 연구를 행하는 등 심혈을 기울였다. 새 중심지가 제대로 된 위치에 건설되자, 그곳 역시 활발한 "행운의 원천"이 됐다.[31]

---

29 Skrynnikova 1997.

30 *TJG*, 1: 93; *HWC*, 1: 119; Qāshānī 1969, 38.

31 Qāshānī 1969, 34.

조상은 또 다른 행운의 보고였다. 죽은 이들을 적절히 예우하면 그들은 살아 있는 자들에게 번영을 가져다주었다.[32] 창건자와 통치자의 행운은 그들의 사후에도 계속 작용했기 때문에, 몽골인들은 칭기스 칸과 그의 후계자들에 대한 숭배를 체계화했다. 처음에는 몽골 북동부 부르칸 칼둔에 있는 그들의 무덤 금구(禁區)에서, 이후에는 대도에 있는 사묘에서 조상을 받들었다. 이 장소들에서 진행된 의식은 황제들이 조상의 "수"를 독점하고 취할 수 있게 해주었다. 더욱이 칭기스 칸의 "수"는 그가 죽은 뒤에 쉽게 다른 형태로 전이될 수 있었는데, 그의 흰 군기(軍旗)인 "툭(tugh)"은 이름이 "술데(sülde)"로 바뀌어 그의 카리스마를 상징하는 보고가 됐다.[33]

정도의 차이는 있지만, 귀족, 평민, 비몽골인 모두에게 어느 정도의 "수"가 존재했으며, 개인의 "수"는 접촉과 공유를 통해 증대될 수 있었다. 라시드 앗 딘의 말에 따르면, "칭기스 칸의 찬란한 혈통"이 "각자가 권력에 대한 하늘의 보증이자 행운(bakht-yārī)으로 이루어진 원의 중심인 수많은 위대한 군주들"을 배출했다.[34] 지극히 당연하게도, 통치자의 방대한 "수"는 그와 가장 가까운 자들, 즉 그의 호위대인 케식에게도 옮겨갔다. "수"의 전이 메커니즘은 선물 교환을 통해 이루어졌으며, 이는 칭기스 가문의 조정에서 규칙적으로 행해졌다. 칸의 보물 창고나 손에서 나온 선물(주로 멋진 예복과 음료 용기)에는 칸의 카리스마가 깃들어 있었다. 그러므로 이러한 선물은 "가치가 높아졌고" 그러므로 그 영적 가치가 물질

---

32   Tardy 1978, 91.

33   Skrynnikova 1992-1993.

34   *JT*/Karīmī, 1: 184.

적 가치를 훨씬 상회했다.[35] 통치자의 물질적, 영적 재산이 호위대 내에서 풍성하게 재분배됐기 때문에, 케식이라는 용어는 "축복"이 나 "행운"이라는 추가적인 의미를 얻었고, 케식텐(keshigten), 즉 "황 제의 호위대원들"은 "축복받은 자들" 또는 "행운이 있는 자들"이 라는 의미를 갖게 됐다.

"수"는 저장하고 나눌 수 있었을 뿐만 아니라 생산할 수도 있 었다. 이는 몽골인들이 "흰색을 복의 원인으로 여긴다"고 명시한 13세기 중국 사료에서 분명히 나타난다.[36] 이러한 이유로 몽골 엘 리트들은 정치적·종교적 의식에서 흰색 물건들, 즉 옷, 진주, 눈처 럼 흰 암말, 쿠미스(마유주)를 광범위하게 사용했다. 그로 인해 증 가한 "수"는 땅과 그 백성들에게 부여됐다. 마르코 폴로가 잘 이해 했듯이, 쿠빌라이는 자신의 영토에 비옥함과 생산성을 가져오기 위해 정기적으로 하늘과 땅에 쿠미스를 바쳤다.

모든 칭기스 가문의 자손들이 건국 시조로부터 행운을 물려 받았지만, 그 몫은 바뀔 수 있었고 실제로도 상황에 따라 달라졌 다. 그래서 제위 다툼에서 승리한 쿠빌라이는 "행운을 계승"한 반 면, 패배한 아릭 부케는 "행운이 쇠퇴"한 것이었다.[37] 몽골 제국 전 역에서 행운은 항상 승자를 따랐으며, 칭기스 후손 제왕들에게 제 국의 말기는 물론 그 이후까지 "수"는 통치의 귀중하고 필수적인 속성으로 남았다. 그리고 대체로 이것은 그들의 백성이 정치에 대 해 이해하는 바와 부합했다.

35　비교 자료에 대해서는 Gurevich 1992, 104-107, 178-179 참조.

36　蘇天爵 1967, 57.12a.

37　蘇天爵 1967, 24.11a; *JT*/Karīmī, 1: 627; *JT*/Boyle, 260.

이 개념이 가장 잘 맞아떨어진 지역은 당연히 초원이었다. 초기의 이란계 유목민들과 그 후계자인 훈족에게도 행운의 개념이 어느 정도 존재했는데 그 정확한 속성은 분명하지 않다. 그런데 돌궐 카간국이 출현하고 초원에서 문자 사용이 시작되면서 그 특성이 좀 더 분명해졌다. 핵심 용어인 "qut"와 "su"를 비교해보면 많은 유사점이 드러난다. 두 단어 모두 개인의 영혼, 생명력, 수호신, 왕권의 영광이라는 의미를 포함하며 사람뿐만 아니라 땅에도 내재한다. 또한 둘 다 통치자의 후광, 즉 광휘나 불꽃(튀르크어 yalin과 몽골어 jali) 개념과 관련 있으며, 둘 다 신성(神性)과 왕에 대한 호칭으로 사용된다. 몽골 시대에 이르러 이 개념들은 거의 완전히 융합되어 하나의 위구르 문서에서 "su"와 "qut"가 모두 원 황제의 속성으로 사용되고 있다.[38]

이란과 트란스코카시아 지역에서도 상황은 비슷했다. 이곳에서는 고대부터 땅, 백성, 통치자가 행운이라는 신성한 선물을 지니고 있다고 여겨졌다. 고대 페르시아어에서 "행운", "광휘", "영광"을 결합한 "크바르너(khvarənah)"라는 개념은 사산 왕조 시대에 이르러 신들과 왕들의 두드러진 속성이 됐으며, 이들은 자주 후광을 두른 모습으로 묘사됐다. 이는 그들이 사명을 수행할 수 있게 해주는 신의 선물이었다.[39] 이슬람 이후 시대에는 새로운 왕조들이 앞선 제국과 전설적 통치자들이 이룩한 영광을 그것이 사실이든 허구이든 간에 자신과 연결하려 했다. 따라서 몽골인들이 등장했

---

38 Zieme 1992b, 73.

39 Skjærvø 1983, 251-255; Gnoli 1990.

을 때 제국의 행운이라는 개념은 여전히 이들 지역에서 강하게 남아 있었다. 그래서 현지 대변인들은 몽골의 정복을 익숙하고 전통적인 용어로 설명할 수 있었다. 여기에는 새로운 페르시아어 "파르(farr)"와 아르메니아어 "파르크(p'ark')"가 포함됐는데, 이 단어들은 모두 "크바르너"의 중세 페르시아어 형태인 "파라(farrah)"에서 유래한 것이었다.[40]

중국 정치 이론에서 왕조의 행운이라는 개념은 천명(天命)과 달리 핵심 요소는 아니었지만, 한대부터 국가와 왕조의 흥망을 논하는 정치 담론에서 잘 알려져 있었고 자주 사용됐다. 더욱이 이것은 중국 국경을 따라 형성된 내륙 아시아 여러 정치체들의 이념의 주요 요소였기 때문에, 북방의 한인 사회는 오랫동안 이러한 개념에 노출되어 있었다. 그리고 몽골이 등용한 중국인 관료들의 다수는 바로 이 집단에서 충원되었다.

종교적 용어와 이미지도 칭기스 후손들이 특별한 행운을 가졌다는 주장을 뒷받침했다. 불교, 마니교, 조로아스터교, 네스토리우스파 기독교 등 몽골 이전 시대에 내륙 아시아에 침투한 종교는 이 같은 속성을 자신들의 신들과 사자들에게 부여했으며, 이들은 모두 후광을 가진 모습으로 묘사됐다. 이러한 신앙은 특히 그 정주민들 사이에 깊이 자리 잡고 있었다. 그 결과, 몽골이 행정 인력으로 대거 충원한 위구르인을 비롯한 많은 민족들이 몽골의 교의를 쉽게 받아들이도록 사전에 적응되어 있었다.

이슬람 지역의 상황도 마찬가지였다. 이곳에서도 왕들은 신

---

40   *TJG*, 1: 16; *HWC*, 1: 23; Artsruni 1985, 365–366.

이 부여한, 상속 가능한 특별한 행운을 가진 사람들로 여겨졌다.[41] 따라서 가잔처럼 이슬람으로 개종한 몽골 통치자라도, 비교할 수 없는 막대한 행운을 가진 건국자 칭기스 칸의 유산을 포기할 이유가 없었고, 일 칸의 수석 고문 라시드 앗 딘에 따르면 이 행운은 "미리 예정된 것이며 시간이 지날수록 증가하는" 것이었다.[42]

장기 유산

14세기 몽골 제국이 해체된 이후에도 칭기스 가문의 원칙은 여전히 힘을 유지했다. 초원에서는 칭기스 후손이라고 주장하거나 계보를 조작한 통치자들이 이끄는 여러 후계 국가가 등장했다. 이 원칙의 광범위한 영향력은 초원에서 칭기스 칸 숭배가 오랫동안 지속된 것을 통해서 알 수 있으며, 이는 전례 없는 규모로 작동한 일종의 조상 숭배였다.

그런데 몽골의 유산은 유목민의 통합을 여러 방식으로 저해했다. 첫째, 칭기스의 후손 왕자들이 지속적으로 증가하면서 끝없는 투쟁과 정치권력의 분열이 발생했으며, 경쟁자인 정주민들은 이를 놓치지 않았다. 둘째, 적절한 혈통을 갖지 못한 통치자들은 점점 더 외래 종교에서 정당성을 찾으려 했고, 이는 18세기 중반에 이르러 초원이 몽골어를 사용하는 동부의 불교도 세력과 튀르크어를 사용하는 서부의 무슬림 세력으로 분리되는 결과를 초래했

41　Meisami 1991, 212-215; Abū'l Fidā' 1983, 61.

42　*JT*/Karīmī, 1:419.

다. 한때 초원의 정치적 통합을 뒷받침했던 공통의 이념 기반이 깨진 것이다.

이 수 세기의 기간을 거치면서 새로운 제국들이 옛 제국들을 대체했다. 동부 초원에서 칭기스의 후손인 몽골 통치자들이 자신들의 행운과 정당성을 주장했지만, 이제는 이웃한 정주민 통치자들도 같은 속성을 지니고 있음을 인정해야 했다. 동등한 지위를 가진 제국들이 병존했던 과거가 다시 돌아온 것이었다. 그러나 새로운 일원이 있었으니, 바로 모스크바 대공국이었다. 초원 민족들은 러시아의 차르를 "서방의 지배자"를 뜻하는 "백색의 칸", 즉 차간 칸(chaghan khan)이라고 칭했다. 이는 그들이 러시아를 제국들의 일원으로 받아들였다는 신호이다. 차르 역시 팽창하는 국가를 통치했으며 행운을 누렸는데, 이러한 주장은 이반 3세(재위 1462~1505) 치세에 처음 제기됐다. "신의 은총으로 ⋯ 대공 이반 바실리예비치의 건강(zdrovie)과 행운(schastie)으로"라는 표현은, 융합되었지만 여전히 식별 가능한 전통적 몽골 어구의 변형이었다.[43] 러시아가 동쪽으로 팽창함에 따라, 몽골 통치자들에게 파견된 차르의 사신들은 자신들의 성공은 통치자의 행운 덕분이라고 말했고, 이는 적절한 설명이었다.[44] 그리고 물론, 유라시아 역사에서 2000년간 지속된 유목민들의 군사적 우위를 끝내고 17~18세기에 초원을 분할한 것은 바로 삼림 지대에서 온, 행운을 지닌 러시아와 만주의 칸들이었다.

---

43 Sreznevskii 1989, 3/1: 864.

44 Slesarchuk 1996, 172, 330.

칭기스의 후손들은, 제국의 경계 너머에 있는 사람들에게 몽골 제국 시기와는 다르지만 여전히 강력한 영향력을 행사했다. 유럽인이 보기에 "타타르 칸(Tartar Cham)"의 위대함은 제국이 해체된 뒤에도 오래 지속됐다. 부와 번영의 이미지가 유럽이 동방 무역을 추구하게 만든 동기가 되었고, 실제든 허구든 그것은 상당 부분 여행자들의 기록에 의해 크게 고무되었다. 그중 가장 영향력이 컸던 것은 마르코 폴로의 기록이다. 때로는 허구를 지어낸 인물로 치부되고 아시아에서는 서구 제국주의의 초기 대리인으로 여겨지기도 하지만 마르코 폴로는 칭기스 후손들과 함께한 동행자로, 그들의 업적을 열정적으로 알린 인물로 이해하는 것이 훨씬 더 적절하다. 그는 몽골의 제국적 사업, 전례 없는 군사적 성공, 그 영향력과 세력과 부, 그리고—신중하게 연출된 의례와 과시를 통해 만들어진 효과인—외적 화려함에 진정으로 압도되었다. 그가 종종 과장하고 사실을 부풀렸다는 점은, 몽골인들이 외국인 신하들을 끌어들이고 그들의 생각을 "변화시키는" 능력을 갖추었고, 시공간을 초월해 자신들의 위엄과 화려함을 드러내는 데 능했음을 더욱 분명히 증명한다.

결론

몽골인들이 자신들의 이념적 메시지 전파와 제국의 영적 자원 동원에 크게 투자한 것은 상당한 성과를 거두었다. 그 이념의 교의들은 적극적으로 이념을 홍보한 내부 핵심 집단의 권력을 정당화해 주었고, 그들의 제국주의적 야망에도 설득력과 안정적인 정당성을 제공했다.

간결하고 반복 가능한 이 메시지는 초원 민족을 대규모로 동원할 때 핵심 도구가 되어 사람들의 지지를 끌어내고 연대감을 조성하며 사기를 높였다. 또한 이 교의는 몽골인들이 그들의 영토에서 경제적, 문화적 자원을 착취하는 데 필요했던 정주민 엘리트와 관료들에게 이념적 유인책과 "명분"을 제공했다. 또한 그들의 사업에 자발적으로 참여하지 않는 대다수의 피지배민들이 몽골의 권위를 수동적으로라도 받아들이도록 추동했다.

몽골인들의 이념적 메시지가 목표를 달성할 수 있었던 이유는 그것이 신화, 종교적 신념, 정치적 원칙들의 혼합으로 이루어졌기 때문이다. 이들 중 대부분은 광범위한 지리적 범위를 가진 실제 현상이었으므로, 세부 사항의 차이에도 불구하고 다양한 민족들에게 인식되고 이해될 수 있었다.

즉, 다른 전근대 제국과 마찬가지로 몽골이 건설한 제국은 헌신적인 활동가들로 이루어진 핵심 집단, 열정적이면서도 계산적인 합류자들로 이루어진 훨씬 더 큰 집단, 그리고 신들의 헤아릴 수 없는 계획과 정복자들의 뛰어난 행운에 대개 어쩔 수 없이 복종한 수많은 신민들로 이루어져 있었다.

참고문헌

사료와 번역서

蘇天爵. 1967. 『元文類』. 台北.

蔡美彪 編著. 1955. 『元代白話碑集錄』. 北京.

彭大雅·徐霆. 1975. 『黑韃事略』. 王國維. 『蒙古史料四種』. 台北.

Abū'l Fidā'. 1983. *The Memoirs of a Syrian Prince*, tr. P. M. Holt. Wiesbaden.

Budge, E. A. Wallis, trans. 1928. *The Monks of Kublai Khan*. London.

Harawī, Sayf b. Muḥammad b. Yaʿqūb. 1944. *Taʾrīkh nāma-yi Harāt*, ed. Muḥammad Ṣid-dīqī. Calcutta.

HWC. 일러두기 6번 참조.

Ibn al-Balkhī. 1921. *The Fārsnāma*, ed. Guy Le Strange and R. A. Nicholson. London.

JT/ʿAlīzādah. 일러두기 6번 참조.

JT/Boyle. 일러두기 6번 참조.

JT/Karīmī. 일러두기 6번 참조.

Jūzjānī, Minhaāj al-Dīn. 1864. *Ṭabaqāt-i nāṣirī*, ed. W. Nassau Lees. Calcutta. 1970. *Ṭab-aqāt-i nāṣirī*, tr. H. G. Raverty, vol. 2. New Delhi.

Meisami, Julie Scott, trans. 1991. *The Sea of Precious Virtue*. Salt Lake City.

Qāshānī, Abū al-Qāsim. 1969. *Taʾrīkh-i Uljāytū*, ed. Mahin Hambly. Tehran.

Shabānkāraʾī, Muhʿammad b. ʿAlī. 1984. *Majmaʿal-ansāb*, ed. M. H. Muḥaddith. Tehran.

TJG. 일러두기 6번 참조.

William of Rubruck. 1990. *The Mission of Friar William of Rubruck*, tr. Peter Jackson, ed. David Morgan. London.

연구서와 논문

Allsen, Thomas T. 1991. "Changing Forms of Legitimation in Mongol Iran." *Rulers from the Steppe: State Formation on the Eurasian Periphery*, ed. Gary Seaman and Daniel Marks, 223-241. Los Angeles.

1996. "Spiritual Geography and Political Legitimacy in the Eastern Steppe." *Ideology and the Formation of the Early State*, ed. Henri J. M. Claessen and Jarich G. Oosten, 116-135. Leiden.

1997. *Commodity and Exchange in the Mongol Empire: A Cultural History of Islamic Textiles*. Cambridge.

2006. *The Royal Hunt in Eurasian History*. Philadelphia.

2009. "A Note on Mongol Imperial Ideology." *The Early Mongols: Studies in Honor of Igor de Rachewiltz on the Occasion of his 80th Birthday*, ed. Volker Rybatzki et al., 1-9. Bloomington, IN.

Artsruni, Thomas. 1985. *History of the House of Artsrunik'*, tr. Robert W. Thomson. Detroit.

Atwood, Christopher. 2004. "Validation by Holiness or Sovereignty: Religious Toleration as Political Theology in the Mongol World Empire of the Thirteenth Century." *International History Review* 26.2: 237-256.

Boyle, John A., trans. 1963. "The Longer Introduction to the Zīj-i Ilkhānī of Naṣ'īr al-Dīn Ṭūsī." *Journal of Semitic Studies* 8: 244-254.

Brose, Michael C. 2006. "Realism and Idealism in the Yuanshi Chapters on Foreign Relations." *Asia Major*, 3rd series 19: 327-347.

Chavannes, Edouard. 1908. "Inscriptions et pièces de chancellerie chinoises de époque mongole (2nd series)." *T'oung-pao* 9: 297-448.

Cleaves, Francis W. 1953. "The Mongolian Documents in the Musée de Téhéran." *HJAS* 16: 1-107.

Dardess, John. 1978. "Ming T'ai-tsu on the Yüan: An Autocrat's Assessment of the Mongol Dynasty." *Bulletin of Sung & Yüan Studies* 14: 6-11.

de Rachewiltz, Igor, trans. 1962. "The Hsi-yu lu by Yeh-lü Ch'u-ts'ai." *Monumenta Serica* 21: 1-128.

1973. "Some Remarks on the Ideological Foundations of Chingis Khan's Empire." *Papers on Far Eastern History* 7: 21-36.

1983. "Qan, Qa'an and the Seal of Güyük." *Documenta Barbarorum: Festschrift für Walter Heissig zum* 70. Geburstag, ed. K. Sagaster and M. Weiers, 272-281. Wiesbaden.

Franke, Herbert. 1978. *From Tribal Chieftain to Universal Emperor and God: The Legitimation of the Yüan Dynasty*. Munich.

Gnoli, Gherardo. 1990. "On Old Persian Farnah-." *Acta Iranica*, 3rd series 3: 83-92.

Golden, Peter B. 1982. "Imperial Ideology and the Sources of Political Unity amongst the Pre-Činggisid Nomads of Western Eurasia." *AEMA* 2: 37-76.

Grigor of Akanc'. 1949. "The History of the Nation of Archers," tr. Robert P. Blake and Richard Frye. *HJAS* 12: 269-399.

Gurevich, Aaron. 1992. *Historical Anthropology of the Middle Ages*. Chicago.

Khazanov, Anatoly M. 2004. "Nomads of the Eurasian Steppe in Historical Perspective." *The Early State, Its Alternatives and Analogues*, ed. Leonid E. Grinin, 476-500. Volgograd.

Manz, Beatrice. 1988. "Tamerlane and the Symbols of Sovereignty." *Iranian Studies* 21.1-2: 105-122.

Meyvaert, Paul. 1980. "An Unknown Letter of Hulagu, the Il-Khan of Persia, to King Louis

IX of France." *Viator* 11: 245-259.

Pelliot, Paul. 1923. "La théorie des quatre Fils du Ciel." *T'oung-pao* 22: 97-125.

Poppe, Nicholas. 1957. *The Mongolian Monuments in hP'ags-pa Script*. Wiesbaden.

Salzman, Phillip Carl. 1978. "Ideology and Change in Middle Eastern Tribal Society." *Man* 13: 618-637.

Schuh, Dieter, trans. 1977. *Erlasse und Sendschreiben mongolischer Herrscher für tibetische Geistliche*. St. Augustin.

Skelton, R. A., et al., eds. 1995. *The Vinland Map and the Tartar Relation*. New Haven.

Skjærvø, Prods O. 1983. "Farnah-: Mot mède en vieux-perse?" *Bulletin de la Société de linquistique de Paris* 78: 241-259.

Skrynnikova, T. D. 1992-1993. "Sülde: The Basic Idea of the Chinggis Khan Cult." *AOH* 46: 51-59.

1997. *Kharizma i vlast v epokhu Chingis-khana*. Moscow.

Slesarchuk, G. I., ed. 1996. Russko-mongol'skie otnosheniia, 1654-1685: *Sbornik dokumentov*. Moscow.

Sreznevskii, Izmail I. 1989. *Slovar' drevnerusskogo iazyka*. Moscow.

Tardy, Lajos. 1978. "The Caucasian Peoples and Their Neighbors in 1404." *AOH* 32: 83-111.

Zieme, Peter. 1992a. "Manichäische Kolophone und Könige." *Studia Manichaica*, ed. Gernot Weissner and Hans-Joachim Klimkeit, 319-327. Wiesbaden.

1992b. *Religion und Gesellschaft im uigurischen Königreich von Qočo*. Opladen.

제 3 장

군사 체제

티모시 메이

티모시 메이　　　　　　　　Timothy May

미국 노스조지아대학 인문대학 교수로 재직하며 중앙유
라시아, 중동, 유목민의 역사를 연구 및 강의하고 있다.
『칭기스의 교환』에서 몽골이 역사상 가장 큰 단일 제국
을 형성하여 일으킨 군사 분야의 혁신, 국제 무역, 세계
종교의 확산, 기술과 사상의 전파, 전염병의 창궐과 같은
전 세계적 지각변동을 분석했다.

몽골군은 의심할 여지 없이 세계 역사상 가장 뛰어난 전투 집단 중 하나였다. 수 세기 동안 초원 유목민들이 사용해온 검증된 전술 위에 몽골은 새로운 변화를 더하고, 보다 일관된 지휘, 엄격한 규율, 개선된 조직을 구축했다. 그러나 몽골은 자만하지 않았고, 단일한 전쟁 방식이나 전사 유형에만 의존하지 않았다. 제국이 확장되면서 그들은 자신들의 고유한 전쟁 기술을 변형하지 않고도 비유목민들을 군사 체제에 편입시킬 방법을 찾아냈다. 몽골 전쟁의 핵심은 전통적인 유목민 기마궁수와 위력적인 복합궁에 있었지만, 유용성이 입증된 새로운 부대와 무기들도 제국 군대에서 자기 자리를 찾았다. 전장의 지역적 특성에 따라 전투 방식이 결정됐다. 즉 몽골은 맞지 않는 것을 억지로 끼워 맞추려고 하지 않았다.

그 결과, 몽골군의 기본적인 구성은 몽골 제국과 그 직계 계승자들의 역사 내내 동일하게 유지된 한편, 지역적 필요에 따라 군대의 변화와 발전이 부분적으로 이루어졌다. 동유럽에서 성공한 방식이 동남아시아에서도 반드시 효과가 있는 것은 아니었다.

통합 군대

1206년경 칭기스 칸은 몽골고원의 다양한 유목민 정치체들을 자신의 세력 아래 통합했다. 그 과정은 쉽지 않았고 그가 모든 일을 미리 계획한 것도 아니었다. 칭기스 칸이 이룬 성공의 많은 부분은 자신의 실수뿐 아니라 다른 이들의 실수로부터도 배우는 그의 능력에서 비롯했다. 그 후 칭기스 칸은 자신의 군대를 적들보다 훨씬 더 향상시키기 위해 일련의 개혁을 단행했고, 이러한 개혁들을 통해 그는 서하, 금, 호레즘 등 정주 지역의 대규모 인구와 군대를 상대로 승리를 거둘 수 있었다.

개혁에서 가장 중요한 부분은 규율이었다. 첫 번째 중요한 단계는 1202년 테무진이 타타르와 싸울 때 취한 조치에서 비롯되었다. 전투에 앞서 그는 부하들에게 승리가 결정될 때까지는 누구도 약탈하지 않겠다는 맹세를 하게 했다.[1] 테무진은 전장에서 거의 패배한 적이 없지만, 병사들이 자기 몫을 챙기려고 추격을 멈추는 바람에 완전한 승리를 얻기 힘들었다. 그러므로 이 새로운 명령은 의도한 효과를 거두었다. 복종하지 않은 자에게는 몫이 주어지지 않았다. 몽골군이 약탈보다 전투에 집중함으로써 마침내 몽골은 타타르와의 수십 년에 걸친 반목을 끝낼 수 있었다.[2]

"약탈하지 말라"가 칭기스 칸이 규율을 세우기 위해 내린 유일한 명령은 아니었다. 호레즘 원정 중이던 사령관 토쿠차르가 칭기스 칸의 명령을 어기고 몽골에 항복한 아미르 칸 말릭이 다스리는 지역을 약탈한 일이 있었다. 그 결과 아미르가 몽골에 반란을 일으켰고 칭기스 칸은 토쿠차르에게서 지휘권을 빼앗고 그를 일반 병사로 강등시켰다.[3] 후대 몽골 칸들 역시 군 지휘관의 규율을 확립하고 유지하려 했다. 그러나 칭기스 가문 출신 제왕들은 종종 자신의 우월한 지위를 근거로, 가장 노련한 장군이나 다른 제왕의 명령을 따르지 않았고 이렇게 제왕들이 명령에 불복하거나 원정을 위협하는 문제를 일으키면 칸에게 바로 소환되었다.[4]

---

1 *SH*, §153.

2 *SH*, §153.

3 *SH*, §257; *TJG*, 137; *HWC*, 174.

규율은 몽골군의 조직 체계와도 밀접하게 연결돼 있었다. 칭기스 칸은 토오릴 옹 칸 휘하에서 복무한 경험, 그리고 어쩌면 금에서 했던 경험을 바탕으로 십진법 조직의 가치를 잘 이해하고 있었다. 1206년 권력을 잡은 칭기스 칸은 여러 부대에 지휘관을 배치했다. 많은 지휘직이 세습되기는 했으나, 이론적으로는 어떤 전사든 지휘관으로 진급할 수 있었다. 기본 단위는 1000명으로 구성된 밍간(mingghan)이었는데, 이는 100인(ja'un) 중대 10개로 구성됐고, 100명 단위 부대는 10인(harban) 분대 10개로 이루어졌다. 부대의 상당수는 이미 존재하던 것으로, 우루우트나 망구트와 같은 부족의 전사들로 구성되었다. 그들은 칭기스 칸에게 충성했기 때문에 그대로 존속은 하되 십진법 조직으로 편입됐다. 케레이트의 경우 칭기스 칸과의 오랜 관계 때문에 부대의 통합성을 유지하는 것을 허락받았다. 그러나 나이만과 메르키트 등 칭기스 칸에 의해 패망한 집단의 병사들은 여러 부대에 나누어 배치됐다. 일단 한 부대에 배치되면 그곳을 떠날 수 없었다.[5] 칭기스 칸은 다른 부대로의 이동을 제한한 이 규정을 통해 이전의 오래된 부족적 정체성을 해체하고 예케 몽골 울루스, 즉 대몽골국이라는 새로운 정체성으로 이들을 통합할 수 있었다.

몽골군에 패배한 다른 유목민들 역시 동일한 과정을 겪고 몽골 군사 조직의 일부가 됐다. 정주민 병력도 몽골 군사 체계로 재편됐지만, 대개 민족이나 지역에 기반해 체릭이라는 별도의 부대를

---

4 *SH*, §199, §275−276; Kim 2004, 317−320.

5 *TJG*, 24; *HWC*, 32.

형성했다. 이들은 몽골이나 다른 유목민들과 전투 방식이 달랐기 때문이다. 한인 보병 부대는 몽골 기마궁사 부대와 합칠 수 없었다. 거란인과 여진인은 일반적으로 기병이었지만, 그들의 부대는 전투 방식에서 차이를 보였으며, 중기병으로 복무하기도 했다. 몽골인들은 이들을 전투에서 활용할 수 있는 다른 종류의 도구로 보았기 때문에, 별도의 부대로 유지시켰다. 제국의 규모와 병력이 커짐에 따라 투멘, 즉 1만 명 단위가 제국의 핵심 조직 단위가 됐다. 투멘은 보통 정원을 완전히 채우지 못했기에, 사료에서 1투멘이라고 할 때 대략 정원의 60퍼센트의 병력을 갖추고 있었을 것으로 추정하면 큰 무리가 없다.[6]

몽골인과 기타 유목민들은 목축 생활에서 기원한 다양한 군사 기술을 물려받았지만, 병사가 되려면 궁술과 기마술 이상의 것이 필요했다. 유목민들은 어릴 때부터 말타기와 복합궁 쏘기를 배우는데, 나이와 능력에 따라 활의 크기와 강도도 커졌다. 여성도 남성이 없을 때 가축 떼와 자신을 방어해야 했기 때문에 어릴 때부터 궁술과 승마를 배웠다. 사냥은 짐승 떼를 모는 기술뿐 아니라 규율과 궁술, 의사소통, 지휘와 통제 능력, 그리고 팀워크까지 결합된 것이므로 이들이 가장 선호하는 훈련 형태였다.[7] 제르게(jerge) 또는 네르게(nerge)라고 알려진 대규모 사냥에서 몽골인들은 수 킬로미터에 달하는 대형 원을 만든 뒤 그 원을 점차 좁혀가면서 사냥감을 한가운데로 몰았다.[8] 만약 토끼든 호랑이든 어떤 짐

---

6   Allsen 1987, 198-206; Hsiao 1978, 17-18.

7   John of Plano Carpini 1929, 49-50; Dawson 1980, 18; 趙珙 1975, 65-66.

8   Doerfer 1963, 1: 290-293; Allsen 2006, 26, 216-217.

승이라도 놓친 자는 지위 고하를 막론하고 처벌을 받았다. 지휘관들은 부하들이 자기 위치를 유지하면서, 점차 좁아지는 원 안에서 짐승을 몰게 했다. 부대 간 움직임을 조율하기 위해 깃발이나 횃불, 명적(鳴鏑) 같은 신호가 사용되었다. 사냥꾼과 사냥감이 좁은 공간에 뒤섞이기 때문에, 짐승을 모는 기술이 무엇보다 중요했다. 일단 원이 완성되면 병사들은 늑대나 호랑이 같은 동물과 격투하여 용기와 능력을 과시했다. 그런 다음 대대적인 도살을 시작하는 동시에 궁사들은 칸이나 지휘관에게 궁술과 다른 무예 기술들을 선보였다. 한참 뒤 지휘관들이 칸에게 사냥을 끝낼 것을 청하고, 남은 짐승들은 풀어서 도망치게 했다.[9] 그리고 대연회가 열렸다.

통일제국 시기의 몽골군은 알긴치(alginchi, 복수형은 alginchin)와 탐마, 정규군, 비유목민 군대, 카라울(qara'ul) 혹은 카라굴(qaraghul), 케식 등 다섯 개의 주요 그룹으로 이루어져 있었다. 첫 번째 그룹인 알긴치와 탐마는 변경과 불안정한 지역에 주둔하는 부대였다.[10] 정규군은, 예상되는 바대로 침략과 정복을 위한 군대였고 유목민으로 구성됐다. 비유목민 군대는 비슷한 형태의 부대로 편성되어 '병사'나 '전사'를 가리키는 몽골어인 체릭이라고 불렸다. 이 단어는 의미를 가지고 페르시아어에 빠르게 유입됐다.[11] 카라울 혹은 카라굴은 "국경 수비대와 도로 순찰대 역할을 결합"한 것으로 주력 부대의 일부로 기능했을 것이다.[12] 마지막으로 케식, 즉 칸의 친

---

9 May 2006, 619-622.

10 Aubin 1969, 72, 78; Boyle 1963, 242; Ostrowski 1998b, 266, 276.

11 de Rachewiltz 1972, 39, 43; *SH*, §100, §107.

12 Amitai 1999, 140.

위대는 군주의 개인 경호뿐 아니라 다른 많은 역할을 수행했다.

탐마는 칭기스 칸이 금을 공격하기 위해 무칼리와 함께 남겨둔 군대에서 기원했다. 이들은 두 국가 사이의 국경, 본질적으로 초원과 경작지의 경계에 주둔한 유목민 부대들의 혼합 형태였다.[13] 무칼리의 군대는 정복이나 영향력을 통해 몽골 지배를 확장하라는 지침 아래 작전을 수행했다. 탐마에 복무하는 자들을 탐마치라고 불렀다. 탐마치의 대부분이 함께 모여 있었지만, 일부 병력은 목초지와 전략적 필요에 따라 분산되어야 했다. 알긴치는 여러 탐마치 병영 간의 통신을 유지하던 정찰병으로, 카라울 혹은 카라굴과 유사한 역할을 수행했다. 알긴치는 다른 군사 조직에도 존재했으나, 사료에는 주로 탐마와 관련해 언급된다.[14] 그러나 알긴치가 카라울과 일치하는 것은 아니며 카라울에 대해서는 아래에서 상세히 논할 것이다.

탐마의 구성 역시 독특했다. 무칼리의 병력은 특정 부족 출신이었지만 대부분의 탐마는 몽골군 전체에서 광범위하게 징집해서 구성했다. 이는 특정 만호로 구성하거나 필요에 따라서는 단지 10명 중 한두 명이나 100명 중 한두 명을 차출하는 방식으로 구성하기도 했다는 뜻이다. 이것이 몽골 병사가 자신의 부대를 떠날 수 있던 유일한 상황이었다. 문제는 정규군이 탐마치들을 다시 흡수하는 일은 거의 없었다는 것이다. 탐마에 배정되면 사실상 평생 그 자리에 머무는 것으로 여겨졌고, 이는 다음 세대에도 이어졌

13　Buell 1980, 45-47.
14　Buell 1977, 68.

다.[15] 제국의 국경이 달라질 때는 탐마도 이동했다.[16]

정규군은 1206년 칭기스 칸이 몽골인들을 재편성하면서 탄생했고 중앙과 양익으로 구성됐다.[17] 전장에서가 아니면 몽골군 전체가 모이는 일은 거의 없었다. 부대는 때로 급하게 동원되기도 했으나, 병사의 대부분은 원정이 끝나면 일상으로 돌아갔다. 그래서 일반 몽골인들은 자신들의 가축 떼를 돌보며 유목 생활을 유지하고 가족을 부양할 수 있었다. 그들이 원정을 나가면 여성들과 어린 소년들, 그리고 노인들이 그 역할을 대신했다.

제국이 확장하면서 군대의 규모도 커졌다. 몽골인들은 유목 튀르크인들을 군대에 병합했고, 이후 이들이 원정군의 대부분을 차지했다. 신병 편입 과정의 일환으로, 그리고 용이한 식별을 위해, 신병들은 몽골 전사임을 표시하는 이발을 했다. 이는 변형된 삭발로, 측면과 귀 뒤로 두 줄기 땋은 머리를 남기고 앞부분은 한 줌의 머리카락만 남기고 완전히 미는 형태였다.[18] 이러한 의식을 통해 신병은 "몽골인"이 되었고, 이렇게 쉽게 눈에 띄는 머리 모양 때문에 누구든 탈영이 어려웠다.

체릭은 비유목민 병력이며, 몽골은 이를 광범위하게 이용했지만, 그들을 정규군에 편입하는 일은 거의 없었다. 이 용어는 주로 경무장을 한 군대나 민병대를 가리키는 페르시아어 하샤르와 비슷하지만 다른 의미였다.[19] 하샤르는 체릭일 수 있었지만, 모

---

15 *JT*/Thackston, 49; *JT*/Karīmī, 66.
16 May 2016, 33–34; Buell 1992, 19.
17 *SH*, §202.
18 Dawson 1980, 6–7, 101–102; William of Rubruck 1990, 88.

든 체력이 하샤르였던 것은 아니다. 체력 부대에는 보병은 물론이고 전문 군인도 포함될 수 있었기 때문이다. 이 용어는 원래 몽골어로 전사 또는 병사를 가리키는 말이었으나, 비유목민 군대를 지칭하는 용어가 됐다. 체력군은 또한 정주 지역에서 점령군의 주력이 되었는데, 이는 탐마와 유사한 역할이었다.[20] 그들을 정주 지역 점령군으로 주둔시킨 주된 이유는 몽골 정규군의 경우에는 기마궁수로서 싸웠고 초원 유목민들이 수 세기 동안 사용해온 전술을 사용했기 때문이다. 승마와 궁술의 전통이 강한 사회에서는 이러한 전환이 가능했지만, 대부분의 경우 수년간의 훈련 없이는 거의 불가능했다. 따라서 몽골인들은 비유목민들을 비유목민 본래의 전투 방식과 대형으로 활용하는 경향이 있었다. 예를 들어, 중국 지역에서 전투할 때는 거란과 여진 중기병뿐만 아니라 한인 보병도 활용했다.[21] 그런데 비유목민 군대는 원래의 지휘관의 통솔하에 있었기 때문에 반란을 일으킬 위험이 있었다. 전체 작전은 몽골 지휘관이 담당하더라도 명령을 전달하기 위해서는 각 비유목민 군대에 같은 언어를 쓰는 지휘관이 필요했다. 게다가 그들은 자신들이 지휘하는 병사들의 전투 방법을 잘 알고 있었다. 비유목민 군대(체력)는 정규 민족 부대뿐 아니라 공병대와 공성 부대의 대부분을 차지했다. 이 집단은 주로 한인과 중앙아시아 무슬림들로 이루어졌지만, 몽골 공병도 일부 존재했다. 공병과 공성 부대는 민족별 편성이 일반적이었지만 공성 무기 부대원들은 그들이 다루는 기계

19　Buell 1977, 73-75; Steingass 1996, 420-421.

20　Buell 1977, 73-75.

21　Buell 1977, 74-76.

에 따라 분류됐기 때문에 여러 민족이 투석기나 노포(弩砲) 부대에 섞이기도 했다.[22]

카라울 혹은 카라굴은 앞서 언급한 대로, "국경 수비대와 도로 순찰대 역할을 결합"한 부대였다.[23] 카라울은 『몽골비사』에서 몽골군의 정찰병이나 전위로 처음 등장한다.[24] 직접 언급되지는 않았지만, 토오릴 옹 칸을 생포해 죽인 나이만의 카라울 코리 수베치(Qori-Sübechi)의 경우처럼, 일부 기록들로부터 카라울이 순찰을 수행했다고 추론할 수 있다.[25] 카라울이 알긴치와 비슷한 기능을 했고 두 용어 모두 '정찰병'으로 번역할 수 있지만, 『몽골비사』에 따르면 이들은 분명 동의어가 아니다. 주된 차이는 알긴치가 특별히 지정된 부대로 보이는 반면, 카라울은 전사들이 배정될 수 있는 역할을 나타내는 용어로 보인다는 점이다. 따라서 망라이(manglai)가 특정 부대가 아닌 몽골군의 전위대였던 것처럼, 카라울도 특정 부대가 아니었던 것이다. 그들은 주력군에서 특정 시기에 카라울 역할을 하도록 배정된 전사들이었다. 그럼에도 카라울의 역할에 대해서는 더 많은 연구가 필요하다.

케식은 칸 경호 외에도 많은 책임을 맡았다. 전투에서는 선발된 밍간이 몽골 칸을 수행했지만, 칸의 신변 업무를 담당한 것은 1만 명, 때로는 그 이상의 규모였던 케식이었다.[26] 케식의 구성원인

---

22 Hsiao 1978, 75; Bar Hebraeus 1932, 419; Allsen 2002, 276-278.

23 Amitai 1999, 140.

24 *SH*, §142, §158, §188, §193, §195; de Rachewiltz 1972, 62, 74, 96, 101, 103.

25 *SH*, §188; de Rachewiltz 1972, 96.

26 Allsen 1986, 507, 519; Hsiao 1978, 93.

'케식텐'은 지휘관이나 속국 통치자의 아들과 형제 중에서 선발됐다. 이론상으로는 유력하지 않은 인물도 엄격한 심사를 거쳐 케식에 편입될 수 있었다.[27] 그럼에도 대부분은 장군과 속국 통치자의 아들로 구성돼 있었는데, 사실상 이들을 인질로 삼은 것이다. 그러면서도 이들은 단순한 인질이 아니라, 몽골 칸의 관료로 양성되었다. 실제로 몽골 제국 내의 행정 수장과 장군 대다수가 케식 출신이었다. 친위대의 구성원으로서 그들은 칸과 친밀한 관계를 맺을 수 있었다.

실제로 케식텐은 친위대로서의 임무 외에도 칸의 가축을 돌보고, 식사 시중을 들고, 음료를 따르는 등의 기타 업무를 수행했다. 이러한 일상 업무를 통해 칸과 고위 지휘관들은 병사들이 평소에 어떻게 행동하는지, 작은 의무를 얼마나 성실하게 처리하는지 관찰할 수 있었으며, 동시에 철저히 선발된 사람만이 칸에게 접근할 수 있는 체제를 만들었다. 친위대로서 케식텐은 켑테울(야간 경비대), 투르칵(주간 경비대), 코르친(qorchin, 화살통을 메는 자)이라는 세 범주로 나뉘었다. 친위대는 교대로 근무했기 때문에 어떤 날이든 2500명의 병사만이 호위 임무를 수행했고 나머지는 다른 일을 했다.[28] 또한 케식텐은 군사 지휘관이나 행정 수장이 되기 위한 훈련을 받았다. 다른 부대들과의 관계에서 케식텐은 천호장보다 지위가 높았다.[29] 전투에서는 정예 부대로 여겨졌으며, 일반 몽골 전사들보다 더 좋은 장비를 갖추는 경향이 있었다. 보통 케식 대부분

---

27 Allsen 1987, 73-74, 114.

28 *SH*, §§224-229.

29 *SH*, §228

   제2권 주제별 역사

은 칸의 오르도에 남고 한 천인대만 전투에서 그를 수행했으며, 이 병사들을 바아투드(ba'atud), 즉 "용사들"이라고 불렀다.[30]

처음에 몽골인들은 공성전에 서툴렀으며, 견고하게 요새화된 도시를 함락하는 것에 어려움을 겪었다.[31] 그런데 전장에서 군사적 성공을 거두면서, 공성전을 이해하고 공성 무기를 만들 수 있는 탈영병들을 끌어들였다. 1214년경이 되자 몽골은 단순히 한 도시가 항복할 때까지 봉쇄하는 것을 넘어 더욱 공격적으로 공성전을 감행했다. 그러나 그들에게 공성은 이차적인 목표였고 때로는 요새를 그냥 지나쳐 갔다. 이렇게 신속하게 이동하는 몽골 부대는 적의 전략적 요충지를 고립시켜 무력화시켰다. 몽골인들은 네르게 대형으로 이동하며 적의 군대를 찾아 약탈과 습격을 벌였고, 침략 초기에 적군을 제거해버리는 것을 선호했다. 그들이 외곽의 도시와 마을을 공격하면서 주민들을 대규모로 학살하거나 노역을 위해 징발하자, 살아남은 주민들은 더 견고한 도시로 도망쳤다. 몽골은 강제 노역자들을 앞세워 공격했고, 점령된 도시의 주민들은 공성전에 필요한 인력으로 끌려갔다.[32] 네르게 작전의 압박으로 난민들이 주요 도시로 밀려들었는데, 그들은 몽골인들에 대한 공포스러운 이야기를 가져와 다른 이들의 사기를 떨어뜨렸을 뿐만 아니라, 도시 내의 식량과 물자를 소진시켰다. 이들은 함께 도시를 방어할 수도 있었지만, 대개는 자원을 소비함으로써 도시의 몰락을 앞당겼다.

---

30 *SH*, §192, §226; Hsiao 1978, 36, 94.

31 John of Plano Carpini 1929, 83–84; Dawson 1980, 37–38.

32 趙珙 1975, 67; Nasawī 1953, 117–118.

몽골군은 도시의 모든 방향으로 몰려와 항복을 요구했다. 그리고 상대가 거부하면 공성전을 시작했다. 그들은 보통 강제 노역자들을 동원해 도시 주위에 벽을 쌓았다.[33] 이에 수비 측은 벽이 건설되는 것을 막거나 도시의 방어 시설인 도랑이나 해자가 메워지는 것을 막기 위해 이 노역자들을 공격했다.[34] 사다리와 공성추(攻城錘) 외에도, 몽골군은 여러 명이 줄을 당겨 작동시키는 견인식 투석기와 대형 쇠뇌나 발리스타를 사용했다. 몽골군은 중동에서 접한 평형추 투석기도 받아들였으며, 13세기 말에는 이것을 중국 전장에 전파했다.[35] 몽골군은 도시를 완전히 둘러싸서 포위했지만 공성 무기는 한 지점에 집중적으로 배치했다. 한편으로는 적의 원군이 와서 자신들의 작전을 방해할 수 없도록 순찰대가 돌아다녔다.

성안으로 들어가면 학살을 시작했다. 지휘관은 지도자와 숙련된 장인들을 주민들로부터 격리한 뒤 도시를 정해진 기간 동안 약탈할 수 있도록 했다. 분리된 사람들은 몸값을 받고 풀려나거나 몽골을 위한 물자를 생산하도록 군영으로 보내졌다. 남은 주민들은 십진법 단위로 나뉘어 개별 몽골 전사들에게 주어졌다. 그러면 병사들은 다음 공성에 필요한 자들을 제외하고 주민 10명씩을 처형했다.[36]

---

33 Nasawī 1953, 95-96; John of Plano Carpini 1929, 83-84; Dawson 1980, 37; 趙珙 1975, 67.

34 趙珙 1975, 67; Nasawī 1953, 113-114.

35 Polo 1993, 2: 159; Haw 2013a, 37-38.

36 Allsen 2002, 266, 6; Dawson 1980, 175-177; Khudiakov 1991, *passim*; Li 1963, 72; Perlee 1985-1986, *passim*; Perlee 1957, 43-52; William of Rubruck 1990, 209-210.

통일 제국의 해체와 함께 이 정치체는 지역적인, 그러나 여전히 방대한 규모의 네 개의 칸국으로 나뉘었다. 변화가 일어난 것은 분명하지만 몽골군은 크게 변하지 않았으며 각지의 필요에 맞는 새로운 방법과 부대, 전술을 도입했다. 전체적인 구조는 유사하게 유지됐다. 알긴치, 카라울, 케식 부대가 그대로 존재했으며 체릭도 마찬가지였다. 탐마는 몽골의 정복 활동이 줄어들면서 쇠퇴했을 수 있지만 군대의 핵심 요소는 계속해서 기마궁사였다.

일 칸국

일 칸국 군대의 대부분은 몽골 및 튀르크 기마궁사들로 구성돼 있었다. 훌레구가 도착하기 전에도 이 지역에는 이미 다수의 몽골 군대가 주둔하고 있었다. 가장 규모가 큰 초르마간(그다음은 바이주)의 탐마가 아제르바이잔 무간초원에 주둔하고 있었고, 아프가니스탄에도 하나의 탐마 부대가 있었다. 이 군대는 훌레구가 모든 칭기스 가문 제왕들의 군대에서 차출해서 이끌고 온 약 15만의 병사들로 보강됐다. 또한 위구르인(정주 튀르크인)과 아마도 한인을 지칭하는 1000명의 "키타이" 기술자들이 훌레구와 동행했다.[37] 카야치(qāyāchī)와 같은 특별 부대도 있었는데, 주로 배크린(Bäkrin)/매크린(Mäkrin) 혹은 메르키트 출신인 이들은 산악 전투에 투입됐다.[38] 일 칸들은 카라굴 혹은 카라울이라는 순찰대를 광범위하게 이용했

---

37 *TJG*, 92–93; *JT*/Boyle, 608; *JT*/Thackston, 478; Cf. Haw 2013a, 35; Allsen 2002, 278.

38 Borbone 2009, 290–298.

는데, 특히 맘룩 술탄국 방면 변경에 이들을 배치했다.[39]

　일 칸국과 주치 울루스 사이에 전쟁이 발발하자 훌레구의 병영에 있던 주치계 병력이 이탈해, 일부는 주치 영역으로 돌아가고 다른 이들은 맘룩 술탄국으로 도망치거나 아프가니스탄으로 흩어졌다. 아프가니스탄에 간 병사들은 점차 자율적인 집단이 되었고 사령관 네구데르의 이름을 따서 네구데리스(Negüderis), 때로는 카라우나스(Qara'unas)라고 불렸다. 그런데 카라우나스에는 다이르바하두르의 탐마도 포함됐기 때문에 카라우나스와 네구데리스가 동의어는 아니었을 것이다. 그럼에도 이 병력은 일 칸국 군대의 일부를 형성했다. 그들이 몽골군과 다른 방식으로 싸웠다는 기록은 없다. 그러나 카라우나스와 네구데리스는 점차 독립적으로 활동했고 마침내 차가다이 울루스에 합류했다.[40]

　일 칸들도 비몽골/비유목민 군대를 보유하고 있었다. 아나톨리아에서는 셀죽인들이 몽골군에 병합됐는데, 몽골은 맘룩과 같은 외부의 적과 싸울 때 이들을 신뢰할 수 있을지 의심했다.[41] 그러나 반항적인 투르크멘과 같은 내부의 위협에 맞설 때 셀죽 군대는 몽골과 함께 싸웠다. 일 칸들은 맘룩이나 주치 울루스를 상대할 때는 조지아 군대를 활용했다. 그들이 자주 전장에 출현했다는 것은 그들이 유능했음을 암시한다. 모든 비유목민 병력과 마찬가지로 조지아 군대는 자신들의 고유한 방식으로 싸웠다. 아르메니아인 중에서도 특히 킬리키아 출신 병력은 시리아 전역에 자주 기용

39　Amitai-Preiss 1995, 62, 147; Amitai 1999, 140.

40　Aubin 1969; Shimo 1977.

41　May 2016, 30.

됐으며, 특히 일 칸국 성립 단계에서 중요한 역할을 했다.[42] 주로 안티오크 출신이었던 프랑크인들도 복무했지만, 전체 규모에서 보면 그들의 수는 미미했다.

일 칸국이 이란 내에서, 혹은 차가다이 울루스에 맞서기 위해 기용한 비유목민 군대에 대한 정보는 적다. 헤라트 및 일 칸국 동부의 다른 지역을 다룬 사료에서 언급된 구르 왕조의 병력과 같은 체릭 군대가 동원된 것은 분명하나,[43] 차가다이 울루스 영역에 대한 침략이 적었기 때문에 이들 군대가 수비 임무 외에 어떤 역할을 했는지는 분명하지 않다. 확실한 사례로 아바카는 1270년 헤라트 전투에 조지아 군대를 동원했다.[44] 일 칸국이 설립될 때는 키르만과 다른 이란 병력이 훌레구의 군대에 합류했다.[45]

군대는 계속해서 십진제 방식으로 조직됐다. 비록 옛 부족 정체성은 몽골 정체성으로 대체됐으나, 부족의 명칭이 모두 사라진 것은 아니었다. 사실 부족은 여전히 유의미하게 남아 있었고 십진제 조직 속에서도 활용되었다. 오이라트나 잘라이르 같은 집단이 가장 지배적이었으며, 그중 다수의 오이라트인이 1290년대 내부 정치에서 불명예스러운 일을 겪고 맘룩으로 이탈했다. 한편 잘라이르도 서서히 세력을 넓혔다.[46] 다른 집단들도 등장해 자신들의 노얀(noyan), 즉 지휘관(amīr)과 일체가 됐다. 노얀의 지위가 세습

---

42 Martinez 1986, 149-151.

43 Biran 2002, 196.

44 Biran 2002, 192.

45 Shīrāzī 2010, 23-24; *HWC*, 626; *TJG*, 119.

46 Wing 2016, 40-43.

됐기 때문에 일반 병사들의 결속은 점점 더 그들의 지휘관 개인과, 그리고 그 지휘관이 자신들을 부양할 수 있는 능력과 밀접하게 연결되었고 이런 결속은 거의 부족적 정체성과 유사했다.[47]

일 칸국이 재화 확보에 어려움을 겪게 되자 일 칸 가잔(재위 1295~1304)은 군대의 재정 문제를 개선하기 위해 군사 개혁을 단행했다. 빈번한 전쟁과 새로운 정복지의 부족으로 정규 급여를 지불받지 못한 군대는 농민과 도시를 약탈했다. 이에 가잔은 아마도 재상 라시드 앗 딘의 제안으로 이크타(iqṭā)라는 이슬람 토지 사여 제도로 눈을 돌렸다.[48] 이크타에서 나온 세금을 국고가 아니라 군대에 직접 보내서, 토지를 분배받는 사령관들이 부하들에게 재화를 제공할 수 있게 했다.[49] 일부 학자들은 이크타로의 전환을 지역에 정착한 몽골 군대가 맘룩과 전투를 하기 위해 중간 무장 기병 혹은 중기병(重騎兵)으로 전환한 신호라고 해석했지만, 병사들이 할당된 토지에 정착했다거나 경기병 궁사 체제에서 벗어났다는 증거는 없다.[50]

일 칸국의 몽골인들은 대부분의 경우 큰 성과를 거두었던 통일 제국 시기와 동일한 전술 전략을 사용했다. 그들이 주치 울루스나 차가다이 울루스 군대와 싸울 때는 기존 전술을 바꿀 이유가 거의 없었다. 실제로 양측이 모두 대규모 기마궁사 병력을 총동원한 상황에서 승부는 지휘관의 능력과 운에 달려 있었다. 그러나 맘

---

47 Wing 2016, 84.

48 *JT*/Karīmī, 1476-1479; Manz 1991, 97.

49 Petrushevsky 1968, 518-519.

50 Martinez 1986, 183-200; Amitai 2001, *passim*; Amitai 2016, *passim*.

룩군을 상대할 때는 약간의 전술 변화가 필요했다. 맘룩은 몽골군이 시리아에서 대규모 병력을 운용하는 데 필요한 목초지를 차단하고, 동시에 경보 장치 역할을 하는 요새를 연쇄적으로 설치했다. 이로 인해 몽골군은 여러 장애물에 직면했다.[51]

맘룩의 정교한 통신 체계로 인해, 국경 요새에 대한 포위 공격은 적의 증원군이 도착하기 전에 신속하게 수행돼야 했다. 목초지를 확보하지 못한 몽골군은 공성전과 증원군에 동시에 대응할 역량이 없었기 때문이다. 포위 공격에 여러 번 실패한 후, 몽골인들은 공성전 대신 적을 약화하기 위한 습격과 약탈에 집중했다.[52]

차가다이 울루스

차가다이 군대는 대부분 유목민으로 이루어져 있었다. 일부 공성 기술자와 체릭 부대가 있었지만, 차가다이 군대의 핵심은 여전히 몽골 제국 초기의 군대와 유사했다. 몽골 제국 전성기에는 천호와 만호가 차가다이군의 일부로 이 지역에 주둔했다. 칭기스 칸이 아들들에게 군대를 배분할 때 차가다이는 8000명의 병력을 받았다. 여기에 카라차르, 무게, 뭉케, 이도쿠다이 같은 노얀의 부대가 차가다이에게 배정되면서 군대가 증강됐고, 또한 쿠케 초스가 고문으로 동행했다. 그러나 이 지휘관들이 차가다이에 속한 8000명의 일부였는지 혹은 별도로 추가된 것인지는 분명하지 않다.[53] 차가다

---

51 Amitai-Preiss 1995, 202-212; Amitai 2016, *passim*; Raphael 2011, 210-211.

52 Raphael 2011, 70-73.

53 *SH*, §202, §243; *JT*/Thackston, 279-280; *JT*/Karīmī, 410.

이는 그 뒤 위구르, 카를룩, 캉글리, 킵착과 같은 지역의 집단과 오구즈 튀르크를 병합했다. 위구르는 체력 군대를 제공한 한편, 다른 유목민들은 몽골 군대의 십진법 체계에 편입되었다.

원조와의 전투나 일 칸국에 대한 몇 차례의 침략에서 볼 수 있듯이, 차가다이군이 제국의 전투 체계에서 벗어났다는 징후는 없다.[54] 차가다이 울루스의 몽골 군대는 14세기 후반에 이르러 쇠퇴했는데, 이 상황은 공성전과 지휘 체계에서 특히 두드러졌다.

차가다이인들이 초원으로 후퇴하고 점차 마와라안나흐르 지역을 재화 추출의 대상으로만 보면서, 그들과 공성 기술을 가진 정주 집단의 연결은 끊어진 것으로 보인다. 차가다이 울루스는 많은 카라반 도시들을 지배했지만, 복잡한 공성 기계를 정기적으로 사용했다는 증거는 거의 없다.[55] 그들은 분명히 계속 공성전을 했으나 14세기 중반에 이르면 차가다이 울루스가 치른 공성전에 대한 기록이 극히 적다. 더 중요한 것은 제국 분열 이전 시기와 비교할 때 차가다이 울루스의 공성전 능력이 더 쇠퇴한 것으로 보인다는 점이다.[56] 어째서 차가다이인들이 공성전을 중단했는지는 분명하지 않다. 티무르는 예외적으로 다양한 공성 무기를 사용했으나, 그 전문 기술이 차가다이 울루스에서 온 것인지 혹은 이전 일 칸국 영역에서 온 것인지 확실하지 않다. 어쩌면 차가다이 울루스는 공성 기계가 필요하지 않았을 수도 있다. 이 지역 내의 전쟁이 주로 들판에서 벌어진 것으로 보이며, 도시들은 방어군이 패배하면

---

54   Biran 2002, 192-212; Polo 2016, 193-197; Manz 1991.

55   Haydar 2013, 27; *JT*/Thackston, 526; *JT*/Karīmī, 754-755.

56   Biran 1997, 89-90; Biran 2002, 206.

피해를 줄이기 위해 곧바로 항복했기 때문이다.[57] 또한 승자는 승리 후의 정해진 약탈 이외에 자원을 파괴하는 것에 관심이 없었다. 그 지역의 군대는 주로 유목민으로 구성돼 있었기 때문에, 장기간 힘을 쏟아야 하는 공성전은 유용한 방법이 아니었다. 단순히 유목 군대가 특정 도시로 가는 길을 방해하고 봉쇄하는 방식으로도 효과를 낼 수 있었기 때문이다. 다만 16세기 초까지도 공성탑과 지하 굴착 전술은 여전히 사용되고 있었음을 덧붙여두어야 한다.[58]

군사적 쇠퇴는 지휘 체계에서도 분명히 드러났다. 케식은 오랫동안 군사 학교 역할을 했지만, 차가다이 울루스에서는 그 기능을 지속적으로 수행하지 못한 것으로 보이며, 유능한 장군들이 존재했음에도 전쟁 기술은 정체된 것으로 나타난다. 혁신적인 군사 지도자가 부족했기 때문에 차가다이 울루스는 티무르 왕조, 우즈벡, 카자흐, 오이라트 등 팽창하는 다른 세력을 상대로 열세에 놓였다. 결국 차가다이 칸들은 명목만 남아 있다가 16세기에서 17세기에 그 집단들에 흡수됐다.[59] 한편 군 지휘 능력과 공성 능력이 쇠퇴했는데도 그들의 병력에 대한 수요가 여전했던 상황은 차가다이인들이 전술적 수준에서 기마궁수로서 갖춘 능력은 쇠퇴하지 않았음을 보여준다. 실제로 이는 습격 작전에서 입증됐다. 그들은 단지 전략과 전술로 자신들을 효과적으로 이용해줄 누군가가 필요했을 뿐이다.

---

57 Haydar 2013, 7-12, 14-18, 27, 31; Biran 2002, 206.
58 Haydar 2013, 142.
59 Bregel 2009, 229; Millward 2009, 267-270.

주치 울루스

『몽골비사』에 따르면, 주치의 군대는 원래 칭기스 칸이 주치에게 물려준 9000명과 쿠난, 뭉케우르, 케테의 천호들로 구성돼 있었다.[60] 그러나 라시드 앗 딘은 주치가 9000명이 아니라 4000명을 받았다고 기록했다. 사령관은 뭉구우르(뭉케우르와 일치), 킹구타이 쿠난 노얀, 바이쿠 싱코르, 후쉬다이였다.[61] 그런데 몽골 15만 대군이 킵착초원을 지나 불가르, 킵착 튀르크, 루스, 알란을 격파하고 헝가리와 폴란드까지 진군했던 서방 원정(1236~1241)에서 흡수한 자들로 인해 주치 울루스계 병력은 크게 증가했다.

주치 울루스는 킵착초원을 장악함으로써 몽골 제국 전체에서 가장 중요한 자원이라 할 수 있는 킵착 튀르크인을 확보할 수 있었다. 이때 수천 명이 몽골을 피해 동유럽으로 도망쳤고 어떤 이들은 노예가 되어 중동의 노예 시장으로 팔려 갔지만, 대다수의 킵착 튀르크는 주치 울루스 영역에 남아 몽골군에 편입됐다.[62] 이들로 인해 차가다이 울루스와 우구데이 울루스 군대뿐 아니라 주치 울루스의 병력도 크게 늘어났다.[63] 14세기 초 무렵에는 주치 울루스가 43개 투멘을 보유하고 있었다고 추정된다. 각 투멘의 실제 군사 수를 65퍼센트로 보수적으로 추정하더라도, 주치 가문은 27만 9500명의 기마궁사를 소집할 수 있었다.[64] 이는 루스, 불가르, 알란

---

60 *SH*, §243.

61 *JT*/Thackston, 279; *JT*/Karīmī, 408–409

62 Golden 1992, 295–297; Vásáry 2005, 63–70.

63 Golden 1992, 292–293.

64 Allsen 1987, 198, 201, 204.

　　　　　　　　　　　　　　　　　　제2권 주제별 역사

의 체력군은 포함하지 않은 수치다.

주치 울루스의 군대는 십진법으로 구성됐고, 존속 기간 내내 이러한 조직을 유지한 것으로 보인다. 이 울루스는 우익과 좌익의 별개 오르도들로 나뉘었다. 볼가강 서안에 있던 백장 호르드(우익)는 후대의 연대기와 현대 학자들에 의해 일반적으로 금장 호르드로 알려진 바투의 울루스였다. 청장 호르드(좌익)는 우랄강, 즉 야익강 동쪽에 있었고, 주치의 장남 오르다의 울루스였다. 일부 페르시아 사료에서 이들의 위치를 다르게 비정하는 바람에 연구자들 사이에 오해가 생겨났다.[65] 주치 울루스는 대부분의 기간 동안 백장 호르드 칸에게 종속돼 있었다. 그러므로 청장 호르드의 군대도 동유럽 원정과 일 칸국 원정에 종군했다. 때로는 노가이(재위 1280~1299경), 마마이(재위 1370~1380), 에디구(재위 1398~1491) 같은 일부 노얀들(아미르 또는 벡)이 칭기스 후손들의 힘이 약할 때 추종 세력을 거느리기도 했지만 군사력은 칭기스 가문 제왕들의 오르도에 거의 집중돼 있었다.

사라이, 신(新)사라이, 불가르, 우르겐치, 카파 등의 상업 도시로부터 주치 후손들은 대장장이, 활 제조공, 화살 제조공 같은 기술자를 공급받을 수 있었다. 대부분의 무기는 유목민이 직접 제작했지만, 이 도시를 통해 다양한 자원과 보급품을 확보한 주치 울루스는 유목민 생활로 얻는 식량 외에도 군대에 필요한 물자와 장비를 충분히 공급할 수 있었다.

주치 울루스는 전략과 전술의 측면에서 제국 분열 이전의 몽

65　Golden 2009, 114.

골인들과 유사하게 전투했다. 그들은 차가다이 울루스와 마찬가지로 체릭 부대나 유목 기마궁수를 수급할 병력 풀을 충분히 가지고 있었다. 알란인(아스인)들은 필요할 때 중기병으로 싸울 부대를 제공했다. 루스 역시 특히 동유럽이나 리투아니아 원정에 병력을 제공했고, 일 칸과의 전쟁에도 참가했다. 루스 군대는 초기에는 보병과 중기병 중심으로 하고, 창·검·도끼를 강조하는 편이었으나, 몽골군이 그들의 도시를 정복한 이후에는 점차 기마궁수 중심의 군대로 전환되었다.[66] 루스 군대는 삼림 지역에서의 필요성 때문에 여전히 많은 보병을 포함하고 있었지만, 곧 몽골인에 맞서 싸우는 최고의 방식은 그들처럼 싸우는 것이라는 교훈을 얻었다.

차가다이 울루스가 14세기에 장기 공성전을 수행할 능력을 상실한 반면 주치 울루스는 14세기 내내 그 전통을 유지했다. 그 점은 1307~1308년, 그리고 1343~1347년의 카파 공성전에서 증명된다.[67] 두 전투 중 후자는 몽골이 투석기를 이용해 성벽 너머로 시체를 보냈다고 하여 더 유명하며, 전자인 1307~1308년의 전투는 몽골인들이 제노바인들과 분쟁하다 카파를 공격한 것이었다.[68] 제노바인들은 카파의 요새를 강화해 두 번째 공격에서 몽골인들의 약탈을 막았다. 그럼에도 첫 번째 예는 제노바인들이 주치 울루스의 공성 능력을 저지하기 위해 강력한 조치를 취해야 했음을 보여준다. 타나 공격(1343)과 타브리즈 공격(1357), 그리고 톡타미시의 모스크바 공격(1382)에서도 주치 울루스는 단순한 봉쇄를 넘어서

---

66 Ostrowski 1998a, 51.
67 Ciocîltan 2012, 164-165, 202.
68 Mussis 1994, 17.

는 공성 능력을 보여주었다.

불가리아는 주치 울루스의 가장 서쪽에 있는 속령으로, 주치 울루스가 유럽을 관통해 들어갈 수 있을지 그 능력을 가늠해볼 만한 지역이었다. 그러나 동유럽에 대한 주치 울루스의 여러 차례 급습(1277, 1285, 1286~1287)에도 불구하고, 그들이 유럽을 계속해서 정복하려고 했다는 증거는 없다. 더 중요한 것은, 리투아니아 세력이 점점 커져서 주치 울루스 영토를 침범했을 때도 몽골인들은 그들에게 관심이 없어 보였다는 점이다. 주치 울루스에게는 루스의 몇몇 도시를 잃은 것보다 아제르바이잔 수복이 더 중요했다. 캅카스 지역에서 일어난 많은 전투에 근거해보면 어느 쪽도 확실한 우위를 차지하지 못한 것이 분명하다. 실제로 주치 울루스는 일 칸국 해체 이후 오로지 타브리즈만 얻었을 뿐이다.

원 제국

원 제국, 즉 대칸의 칸국의 군대는 가장 복잡하고 다양한 민족과 체제로 구성되었다. 원은 다른 칸국과 완전히 다른 접근을 보였는데, 이는 지리적 요소와 더불어 중국 제도의 영향이었다. 유목 기마궁사의 우월성은 사라지지 않았고 전통적인 전략과 전술도 중요성을 잃지 않았으나, 군대의 조직과 지휘 측면에서 큰 변화가 일어났다.

이 시기 원 이외의 다른 칸국들은 군주가 칸국 내 여러 칭기스 가문의 제왕들과 지역 왕조들로부터 군대를 징발할 수는 있었으나 그 군사들은 원래의 제왕들과 관계를 유지했다. 그러나 원은 군대의 국유화를 시도했다.[69] 1262년 이단(李璮)의 반란 이후 쿠빌라이는 한인 군벌을 더 이상 신뢰하지 않았고 그들의 권위와 독립성을 제한하고자 했다. 다수의 한인 지휘관들, 특히 친인척으로 구성된 부하 집단을 소유하고 있던 이들이 대거 제거되었다. 그들의 군대는 몽골 군사 조직에 편입됐다. 한인 장수들은 몽골군에서 계속 복무했지만, 기존의 몽골 군사 제도와는 다른 관료 체제를 통해 엄격한 심사와 감시를 받았다.

기존의 몽골군에서 사령관들은 직접적으로는 그들의 상관에게, 그리고 궁극적으로는 칸에게 책임을 졌다.[70] 이제 칸은 새로운 체제 아래에서도 여전히 군대와 연결되어 있기는 했으나, 최고위 사령관들을 제외하고는 사적인 접촉을 모두 없앴다. 군대는 몽골 제국의 건설과 구성의 핵심 기관이었지만, 1263년의 조치로 이전 중국 왕조들에 존재했던 추밀원 관할하로 들어갔다.

그렇게 함으로써 군대는 제국 관료제의 일부가 됐다. 몽골 지휘관들은, 쿠빌라이가 자신의 영토 내에서 중국 왕조 출신의 한인 군벌을 제거하는 동안에도 세습직을 유지하였고 노얀이라는 칭호도 상속되었으나, 그들의 승진과 강등, 봉급과 장교들의 주둔지 등은 추밀원이 결정했다.[71]

추밀원의 창설로, 정부가 군인들에게 급료를 주는 방식도 바뀌었다. 약탈이 여전히 선택지 중의 하나였지만, 예케 몽골 울루스의 정복 전쟁들은 과거의 기억이 됐다. 다른 후계 칸국들과 마찬가

---

69   Hsiao 1978, 14-15.

70   Hsiao 1978, 14.

71   Hsiao 1978, 14.

지로 원 왕조는 1279년 이후에는 정복으로부터 더 이상의 혜택을 누릴 수 없었고 약탈도 점차 줄어들었다. 이에 따라 원 조정은 토지 사여나 둔전, 공납 제도와 같은 동아시아 모델을 기반으로 여러 보상 수단을 도입했다. 또한 신부군(新附軍, 남중국의 '새로 편입된 군대')에게 토지를 제공하지 않고 국고에서 급료를 지급했는데, 이는 이단과 같은 군벌의 재등장을 막기 위한 방책이었다.[72]

『원사』에 따르면, 몽골 병사들은 생계를 위해 농토를 받았다. 그러나 몽골인들이 정착민이 된 것은 아니었고, 실제로는 노비들이 농사를 지었다.[73] 이 방식은 여진 군대에게 토지를 주던 금 제국의 관행(훗날 청이 팔기군에게 한 것과 유사)에 기초했을 것이다. 샤오치칭(蕭啓慶)이 지적한 대로, 쿠빌라이를 비롯한 어떤 원 황제도 황허 중하류 계곡에 주둔한 몽골 병사들이 실제로 농사를 지을 거라고 기대했을 가능성은 낮다.[74] 그보다 토지의 분배는 그들에게 주둔할 장소를 제공하고 원이 중국에서 순수한 몽골 군사력을 유지할 수 있게 해주었다. 1295년 산동에서도 토지가 분배됐다.[75] 샤오치칭은 분배된 토지 기록에 몽골인들이 말을 먹이기 위해 이미 사용하고 있던 상당량의 목초지는 포함되지 않았다고 지적했다.[76] 할당된 토지와 초지를 통해 원은 운남과 북중국에 상당한 규모의 몽골 군대를 주둔시킬 수 있었다. 이는 군대를 자급자족하게 하면서

---

72 Hsiao 1978, 20; Rossabi 2009, 99.

73 Hsiao 1978, 17-18.

74 Hsiao 1978, 20.

75 Hsiao 1978, 21.

76 Hsiao 1978, 21-22.

정부에 묶어두려는 의도였다. 이를 보면 라시드 앗 딘이 논의한 이 크타 계획이 혹시 원의 아이디어에 기반한 것은 아닌가, 즉 볼라드 칭상(1313년 사망)을 통해 라시드 앗 딘에게 전해진 것은 아닌가 하는 의문이 들 수 있다.[77] 그러나 궁극적으로, 출정 요구가 너무 많아 병사들이 스스로 재정을 충당할 수 있는 수준을 넘어섰기 때문에, 완전한 자급자족은 불가능해졌다.[78]

샤오치칭이 말한 대로, 원 군대의 관료화는 천천히 진행되어 중국 너머 훨씬 멀리까지 확대됐다. 쿠빌라이가 아릭 부케, 나얀, 그리고 칭기스 칸 형제들의 후손 가문의 반란자들을 격파하면서 그들의 군대는 원의 군사 체계하에 체계적으로 편입됐다. 그러나 몽골 사령관들과 제왕들이 저항했기 때문에 이 과정은 쉽지도, 빠르지도, 완전하지도 않았다. 쿠빌라이의 양보는 불가피했으며 많은 몽골 제왕들은 여전히 자신의 분봉지를 유지하고 군대를 배치하기도 했다. 그러나 그들의 군사 역량은 크게 축소됐다.

몽골군은 전체적으로 몽골군, 탐마치군, 케식, 한군, 신부군이 다섯 부분으로 이루어졌다. 첫 번째는 주로 유목 기마궁사로 이루어진 전통적 몽골군이다. 탐마치군은 원래 무칼리의 탐마군인데, 잘라이르, 옹기라트, 이키레스, 우루우트, 망구트 군대로 이루어져 있었다. 이 다섯 부족을 합쳐서 5투하(投下)라고 불렀는데, 투하란 몽골 지도자 휘하의 영역을 말했다.[79] 그러나 모든 투하가 탐마치군에서 복무한 것은 아니다. 일부 부대는 1284년 황태자의 케

---

77 볼라드에 대한 자세한 내용은 Allsen 2001, 72–80 참고.

78 Hsiao 1978, 30–31.

79 Hsiao 1978, 16.

     제2권 주제별 역사

식이 됐다. 케식은 기존의 기능을 계속 유지했는데, 쿠빌라이 재위 시기에 1만 2000명이던 규모가 1311년경 1만 5000명으로 늘어났다.[80] 케식은 시위친군(侍衛親軍)에 의해 보강되었는데 시위친군은 대도와 상도 주변에 주둔하면서 이전 왕조들의 모델을 기반으로 하는 중앙정부 직속의 황실 군대를 형성했다.[81] 이 시위친군에는 알란, 킵착 등 여러 민족으로 구성된 부대들이 있었는데, 적어도 문서상으로는 그 수가 34만 명이었다.[82] 한군에는 북중국의 병력뿐 아니라 여진, 거란, 탕구트인도 포함됐다.

남송 정복과 함께, 몽골은 수천 명의 송 병사를 흡수하여 신부군을 편성했다. 이는 부분적으로 단순히 새로 확보한 영토를 통제하기 위해 병력이 필요했기 때문이다. 이 부대들은 송에 충성심이 남아 있을 수 있는 옛 송의 장교가 아니라 몽골인과 북부의 한인 장교들이 지휘했다.[83] 신부군의 창설로 몽골은 몽골군과 탐마치군을 초지가 충분한 화이허 이북에 계속 둘 수 있었다. 또한 이 방식은 새로 정복한 남중국 영토에서 긴장감을 완화했다. 송 영토를 확보함으로써 몽골은 공성전에 필요한 거의 무한한 보병과 인력을 손에 넣게 되었다. 몽골은 십진법 조직을 계속 유지하는 한편, 한인에 대하여는 10명이 아니라 20명에 한 명씩을 징발했다.[84] 또한 중국은 기술자, 물자, 그리고 생산 기반의 제공지이기도 했다.[85]

80　Polo 2016, 76; Polo 1993, 379-381; Hsiao 1978, 40.

81　Hsiao 1978, 44-47.

82　Hsiao 1978, 45.

83　Hsiao 1978, 15.

84　Hsiao 1978, 17-18, 73.

85　Wright 2007, 407.

다른 지역들도 또한 절실히 필요했던 군사 자원을 제공했다. 현대 신장의 일부와 몽골초원을 확보함으로써 원은 기마궁수 공급원과 말 사육지를 확보할 수 있었다. 그러나 몽골 지역에 점차 반란이 증가하면서 원 말기에는 말이 부족해졌다. 고려는 선박과 선박 건조 재료는 물론 말도 제공했다. 실제로 한때 어느 몽골 관리가 황제에게 고려에서 말과 여인을 계속 징발하다가는 반란이 일어날 것이라며 이를 중단할 것을 건의하기도 했다.[86] 다른 자원들은 운남, 즉 이전 대리왕국에서 왔다. 남중국과 달리 운남의 기후와 지형은 몽골인과 그들의 말에 잘 맞았다. 그러므로 몽골인들은 이 지역에 상당한 규모의 군대를 주둔시키고, 동남아시아 원정의 작전 기지로 삼았다. 이는 사이드 아잘의 아들 나시르 앗 딘이 버마 왕국(파간 왕조, 849~1297)으로 원정을 갈 때 분명히 입증됐다.[87]

기마궁사가 여전히 원 군대의 근간을 형성하고 있지만, 한편으로는 (종종 더 큰 규모의) 다른 부대도 필요했다. 남송 정복 과정에서 지형, 거대한 성채, 그리고 가끔은 기후 문제로 몽골 군대의 효율성이 발휘되지 않았다. 이에 몽골은 대규모 한인 보병을 편입시켜 해군을 창설했다. 이 군대는 남송이 무너진 뒤에도 활동을 계속했다. 또한 원 황제는 서쪽 변경에서 카이두와 싸울 때 그리고 몽골초원과 만주에서 반란이 일어났을 때 기마궁사에게 의지하는 동시에 보병으로 진영을 보강했다. 다른 지역에서는 반대 상황도 벌어졌다. 몽골은 일본, 자바, 동남아시아를 침략할 때 해군, 대

---

86 Duncan and Haboush 2009, 44-45.

87 Polo 2016, 110-112; Polo 1993, 2: 98-104; Rossabi 2009, 214-215.

규모 보병 부대와 더불어 몽골 기병을 이용했다. 즉 몽골은 상황에 적응해 필요에 따라 군대를 조정한 것이다.

다른 몽골 칸국들은 해군을 창설하지 않았다. 원의 경우 옛 금나라 지역이 약간의 해군력을 제공했고 송의 변절자와 투항자들도 해전에서 유용했으나, 더 중요한 것은 고려의 자원이었다. 고려 선박이 더 우수했고, 고려인의 항해술이 더 뛰어났다.[88] 몽골 함대에는 원양 항해용 선박뿐 아니라, 남송 정복에 필요한 강 전투용 대규모 함대도 포함하고 있었다. 나아가 중국을 정복하면서 몽골은 남송 해군을 병합하게 되었다.

실제로 남송 선박들이 1281년 일본 원정군의 다수를 차지했다. 고고학적 증거에 따르면, 몽골은 패배한 남송 해군을 통합한 뒤 그 선박들을 세심하게 검사하고 수리했다.[89] 1281년 일본 원정이 폭풍으로 좌절되었는데도 몽골이 다시 대월과 참파에 대한 해군 작전이나 자바 공격을 실행한 것은, 원의 해군이 기존의 평가보다 훨씬 중요했음을 보여준다. 사료의 수치가 부풀려진 점에 주의해야 하지만, 고고학적 증거들은 몽골이 일본 침략을 위해 보유한 함대는 4000척 정도였음을 보여주고 있다.[90]

원의 선박과 그 설계의 다양성은 쿠빌라이 칸의 해군 지휘관들이 해전에서 유연한 전술과 전략을 구사했음을 보여준다. 여기에는 바닥이 평평한 상륙정, 순찰선, 방호벽이 있는 전투용 정크선, 함대를 조망하고 전투 지휘를 할 수 있도록 상부 구조물을 설치한

---

88 Sasaki 2015, 37-40, 143-144; Delgado 2008, 152-155.

89 Sasaki 2015, 138-140; Delgado 2008, 147-151.

90 Sasaki 2015, 34.

누선(樓船), 그리고 다양한 습격선과 순찰선 등이 포함됐다.[91] 원의 해군은 1281년 일본 원정에서 원 해군이 '부유 요새(floating-fortress)' 진형을 사용한 것은 창의적인 작전 운용이 부족했음을 시사하며, 그로 인해 해군은 화공선(방화선)과 기습적 치고 빠지기식 공격에 노출되었다.[92] 그런데 해군 역사가 델가도가 지적했듯이, 이는 사무라이들이 탄 작은 배가 떼 지어 몰려와 몽골 선박을 파괴하거나 나포하는 것을 막아준 측면도 있다.[93] 배를 연결한 요새 진형은 화공의 표적이긴 했지만, 동시에 일본 선박들이 몽골 함대에 도달하기 전에 몽골군이 그들을 무력화할 수 있는 넓은 전장을 제공했다. 만약 배에 난 불을 진화할 수 없다면, 그 배를 분리해서 불이 번지는 것을 막을 수 있었다. 또한 이 요새 진형은 몽골군이 보병과 수적 우세를 활용해 방어할 수 있게 해주었다. 함대에 불리하게 작용한 것은 오직 태풍('가미카제')뿐이었다.[94]

몽골 해군이 남송 전투에서 선보인 작전의 독창성도 주목해야 한다. 몽골군은 해군을 요새 봉쇄와 수송에 활용했을 뿐만 아니라, 해군을 통해 고착전이 아닌 기동전을 전개할 수 있음을 빠르게 깨달았다. 남송 전쟁을 종결지은 애산(崖山) 전투(1279)에서, 몽골군은 조수의 흐름을 이용해 남중국해와 해안 양쪽에 전투선을 보냈다.[95] 또한 몽골군은 바다를 통해 참파 왕국을 침공했다. 몽골 장수 수게투는 소규모 군대를 이끌고 상륙해 참파를 장악했고, 이

---

91 Sasaki 2015, 34-35.
92 Conlan 2001, 268-269.
93 Delgado 2008, 106.
94 Delgado 2008, 110.
95 Davis 2009, 956-957.

를 발판으로 남쪽에서 대월을 침공했다.[96] 1293년 자바 침공이 계획대로 끝나지는 않았지만, 그럼에도 이는 원 해군의 작전 범위를 보여준다.[97]

해전이든, 카이두와 같은 초원의 적과 맞선 전투든, 또는 동남아시아 정글에서의 전투든 원의 지휘관들은 상황에 맞게 대처하는 능력과 적절한 전략을 찾는 순발력을 보여주었다. 전장에서 언제나 승리한 것은 아니지만 원 제국과 변경을 맞대고 있던 대부분의 세력이 즉시 조공을 바치려 하거나 화평 동맹을 맺으려 한 것은 원의 군대가 과거 몽골 군대의 명성을 이어가고 있었기 때문이다.

화약 무기와 몽골

몽골은 초원에서의 전통적인 전투 방식을 선호했지만 새로운 기술을 배척하지 않았다. 몽골은 금 정복 과정에서 처음으로 화약 무기를 접했다. 화약은 11세기부터 중국에서 사용됐지만 전쟁에서 효력이 있었는지는 평가하기 어렵다. 다만, 발화형(incendiary) 화약은 해전에서 분명히 효과가 있었다.[98]

1280년대 이전 원 제국에 총기는 존재하지 않았지만 다른 무기들은 있었다. 대포는 급속히 퍼져 원 제국이 설계한 형태로 14세기에 유럽에까지 전파됐다.[99] 몽골은 금이나 송을 상대로 폭탄 같

---

96 Polo 2016, 147-148; Polo 1993, 2: 266-267; Delgado 2008, 158.

97 Polo 2016, 149; Polo 1993, 2: 272-274; Bade 2013, *passim.*

98 Lorge 2008, 29-31.

99 Chase 2003, 32; DeVries and Smith 2012, 138-139.

은 화약 무기를 사용했다. 그들이 일본에서 화약 폭탄을 사용했을 가능성을 시사하는 증거도 있다.[100]

몽골이 화약 무기 전파를 간접적으로 촉진하고 이 무기를 자신들의 병기로 추가하기는 했으나, 몽골 전술에서 화약 무기의 역할은 미미했다.[101] 현재까지 몽골이 동아시아 외부에서 화약을 사용했음을 입증할 고고학적 증거는 없으며, 동아시아 외부에서 14세기 전에 화약을 사용했다는 사료 증거도 없다.

그럼에도 일부 학자들은 몽골이 훌레구의 원정에서, 어쩌면 그보다 훨씬 이른 시기에 화약을 사용했을 가능성을 제기한다. 그러나 이슬람 세계에서 화약이 제조된 것은 아무리 빨라도 1291년 이후였다.[102] 토머스 올슨은 화약 발사체(rocket)가 14세기 초 일 칸국에 드물지 않았다고 보았다.[103] 몽골이 13세기 후반 중앙아시아를 거쳐 인도로 화약을 전파했다는 주장도 있지만, 14세기 중반까지 이 지역에서 화약 무기가 사용된 증거는 없다.[104] 13세기에 도입된 것은 군사적 용도가 아니라 폭죽으로 밝혀졌다. 한 16세기 사료는 훌레구가 이것을 가지고 갔다(sih hazār ʿarrada-i ātishbāzī)고 말하나, 이 역시 사실로 입증된 것은 아니다.[105]

동아시아 이외의 지역에서 화약 무기를 사용했다고 기록한

---

100 Conlon 2001, 12, 73; Sasaki 2015, 69.

101 Allsen 2002, 285-286.

102 Haw 2013b, *passim*; Haw 2013a, 35-38; Needham 1981, 39; Needham et al. 1986, 325 n. F; Allsen 2002, 274, 278-283; Khan 2004, 3.

103 Allsen 2002, 282.

104 Khan 2004, 11, 191.

105 Khan 2004, 18.

사료들이 있지만 뒷받침할 근거는 없다. 예를 들면 올슨은 『원사』에 1220년 호레즘 원정 당시에 아무다리야강에서 선박을 향해 불화살(火箭)을 쐈다는 기록이 있는데, 이때의 불화살은 화약 발사체를 가리킨다고 주장했다.[106] 『원사』가 몽골 제국을 이해하는 데 필수불가결한 사료이기는 하나, 1220년 사건이 일어난 지 한 세기 뒤에 쓰인 책이고 그 어떤 이슬람 사료도 화약 관련 무기 사용을 입증하지 못하고 있다. 따라서 그런 일이 일어났을 수는 있으나, 결코 확실한 것은 아니다. 설령 사실이라 하더라도 매우 특수한 사례이며, 만약 이것이 화약 관련 무기였다면 우리는 몽골이 어째서 호레즘 원정에서 이후 이 무기를 계속해서 사용하지 않았는지 의문을 품을 수밖에 없다.

몽골의 화약 무기 사용과 관련해 가장 자주 인용되는 근거는 훌레구가 마이문디즈의 이스마일리 성채를 공격할 때의 일이다. 훌레구가 화약 무기를 사용했다고 주장하는 이들은 작성자 주베이니의 서술이 모호하다는 점을 인정하면서도 그 기록을 근거로 몽골군이 화약 발사체나 폭탄 형태로 화약을 사용했을 것이라고 주장한다.[107] 그들이 몽골이 화약 무기를 사용했다는 핵심 근거로 드는 것은 투석기(manjanīq) 운용과 나프타 투척(naft andāzān)을 담당하기 위해 배치된, 중국계로 보이는 공병 천인대(mingghan)의 존재 사실이다.[108] 이 주장을 옹호하는 이들은 이 기술자들이 화약 무기 전

---

106   Allsen 2002, 279.

107   Allsen 2002, 280-281; Lorge 2008, 39; Haw 2013a, 34-37; *JT*/Karīmī, 711; Khan 2004, 19.

108   *TJG*, 92-93; *HWC*, 608; *JT*/Karīmī, 686; *JT*/Thackston, 478; *JT*/Karīmī, 711; *JT*/Thackston, 496.

문가로서 화살과 발리스타 발사체를 화약으로 보강했다고 본다.[109]

그러나 화약을 첨가한 화살이 나프타를 사용한 화살을 어떻게 능가했는지 이해하기는 어렵다. 또한 주베이니가 '카마니 가브(kamān-i gāv)' 즉 '소의 활(일종의 발리스타)'에서 발사된 '유성과 같은 화살'을 화려하게 묘사한 것을 화약 관련 기술의 증거로 제시하는 이들은, 주베이니의 저술 전반에 나타나는 과장된 문체의 성향을 간과하고 있는 것이다.[110] 더욱이 주베이니나 라시드 앗 딘은 둘 다 기술 혁신을 알 수 있는 위치에 있었는데도, 화약이나 화약과 관련한 어떤 새로운 기술도 명확히 언급하지 않았다. 예를 들어 주베이니는 몽골군이 가져온, 아마도 균형추 방식(trebuchet)으로 보이는 투석기를 논할 때 이것이 이전의 투석기보다 더 큰 돌을 더 멀리 날려 보낼 수 있다는 정도만 말했다.[111] 일 칸국의 가잔 칸과 그 뒤를 이은 울제이투 칸의 재상이며 주베이니보다 수십 년 후에 활동한 라시드 앗 딘 역시 국가 기밀에 접근할 수 있었다. 만약 로켓 추진식 발리스타가 있었다면 당연히 주목했을 만한데, 주베이니나 라시드 앗 딘, 또는 일 칸국의 후대 저술가들과 맘룩 측 사관 중 어느 누구도 이를 언급하지 않는다.[112] 이러한 이유로, 여러 학자들은 화약이 동아시아 외부에서는 사용되지 않았으며 몽골의 전쟁 기술에서 중요한 요소가 아니었다고 결론지었다.[113] 고고학적 근거와

---

109 Allsen 2002, 278-279; Khan 2004, 202-203.

110 *HWC*, 630-631; *TJG*, 128.

111 *TJG*, 93; *HWC*, 608.

112 Raphael 2009, 362.

113 Raphael 2011, 61; Raphael 2009, 359-362; May 2007, 141; May 2012, 146-152.

같은 명확한 증거가 발견되기 전에는, 몽골군이 동아시아 외부에서 화약 무기를 사용했다는 주장은 추측에 불과하다.

결론

몽골군은 칭기스 칸의 개혁과 수베테이, 초르마간, 무칼리, 노가이, 바얀과 같은 유능하고 훈련된 장군들의 지속적인 등장을 통해 전통적 유목민 군대와 구별되는 특징을 갖추게 되었다. 초원의 기마궁사 체제가 제국 시대 내내 몽골 군대의 핵심으로 남아 있었지만, 새로운 기술 및 군사 체제와 조우하면서 몽골은 유용한 것은 받아들이고 그렇지 않은 것은 폐기했다. 또한 그들은 전쟁이 가변적이라는 사실을 깨달았고 자신들에게 가장 적합한 방식으로 군대를 운용했다. 그들은 한인 정주민을 기마궁사로 바꾸기보다는 보병으로 활용했다. 한편 루스는 자신들의 방식을 버리고 몽골의 병법을 채택해 군대를 정주형 기마궁사로 전환했다.[114] 이 변화가 즉각 이루어진 것은 아니었으나, 이 전환은 이들이 얻은 교훈을 잘 보여준다. 즉 몽골을 이기기 위해서는 몽골처럼 싸워야 한다는 것이다. 맘룩이 그러한 변화의 가장 좋은 예이며, 이와 같은 예를 제국의 반대편 끝에서도 찾아볼 수 있으니, 즉 일본은 몽골군과 싸운 뒤, 개인 단위의 전투 방식을 부대 전술로 전환했다.[115]

성공적 원정만큼이나 몽골이 정복을 갑자기 중단한 것도 주

---

114 Perfecky 1973, 61-62; May 2012, 143-144.
115 May 2012, 140-141, 145.

목할 만하다. 여기에는 많은 요인이 작용했다. 가장 중요한 요인은 뭉케가 사망한 뒤 예케 몽골 울루스가 분열된 사건이다.[116] 칭기스칸의 군대 개혁, 순식간에 전격 기동전을 펼치는 쓰나미 전략, 몽골 사회를 변화시킨 사회 변혁, 그리고 이어진 정복은 제국에 군사적 성공을 안겼고 몽골인들로 하여금 점령 임무에 발이 묶이지 않으면서도 군사력을 극대화할 수 있게 했다. 뭉케 재위기 동안 제국은 관료제와 군사력 면에서 모두 정점에 이르렀고, 중동과 남송 등 다방면으로 대규모 원정군을 보낼 수 있을 만큼 제국의 자원을 효과적으로 집중시킬 수 있었다.

제국 분열 후에도 군대는 기존의 능력을 유지하고 있었기 때문에, 몽골 군사력의 쇠퇴가 즉각 드러나지는 않았다. 쇠퇴의 핵심 요인은 처음에는 단일 초강대국이 독점했던 제국의 자원을 처음에는 다섯 개, 이후에는 네 개의 강대국이 분할했기 때문이다. 군대는 여전히 중요했지만, 몽골 국가들 간의 전쟁과 반란이 몽골인들의 주의를 분산시켰다. 주치 울루스는 서쪽으로 영토를 확장할 수 있었지만, 그보다 아제르바이잔을 일 칸국에게서 되찾는 일에 병력과 자원을 쏟아부었다. 원은 해군을 통한 원정에는 실패했지만 동아시아에서 조공 체제를 부활시켰고, 테무르 울제이투 재위 시기가 되자 원 황제는 군사적 영광보다 조공을 받는 것에 만족했다.

환경적 요인도 작용했다. 맘룩, 델리 술탄국, 그리고 파간, 대월, 참파 왕국의 군사적 저항이 모두 몽골을 멈춰 세운 중요한 요

---

116 Jackson 1978, *passim.*

인이었던 것은 분명하지만, 환경 조건 역시 몽골의 팽창을 막았다. 목초지 부족은 몽골이 시리아 병합에 실패한 원인 중 하나였다.[117] 남아시아와 동남아시아에서는 습한 날씨가 복합궁을 약하게 만들어 몽골군의 효율을 제한했다. 이 지역들은 대체로 기병 전술에 부적합했고 군대는 자주 전투 코끼리와 대면해야 했다. 무엇보다 실패의 가장 큰 요인은 기후였다. 몽골군과 몽골 말은 이 지역에서 초지 부족, 더위, 습기, 질병으로 곤란에 처했다. 몽골인들이 말과 자신의 안위를 얼마나 중시했는지를 고려하면, 그들이 장기 원정을 포기하고 조공과 약탈을 선택한 것은 놀라운 일이 아니다. 바로 이 환경 요인이 유럽이 몽골 정복을 피할 수 있었던 주요 원인이었을지도 모른다. 헝가리 지역의 습한 기후로 인한 목초지 감소가 몽골의 철수에 영향을 미쳤을 가능성이 있는 것이다.[118]

그러나 비록 기후 요인이 영향을 미쳤다고 해도 단일한 원인으로만 설명하면 전체 그림을 파악할 수 없다. 칭기스 칸과 몽골 제국이 부상한 시기에 비가 많이 오면서 몽골 초원의 목초지와 가축이 증가했으며, 전쟁을 위한 말뿐만 아니라 수송을 위한 낙타도 늘어난 것이 사실이다. 그러나 정복 전쟁 중단 배경을 보면 불리한 기후 조건이 실패의 유일한 원인은 아니었다.[119] 결국 칭기스 칸의 군사적, 조직적 천재성이 없었다면 몽골은 유라시아를 횡단하지 못하고 흉노나 위구르처럼 초원에 한정된 또 하나의 제국으로 남았을 것이다.

---

117   Morgan 1982, 231-233; Amitai 1999, 140-141; Amitai 2002, 258-260.

118   Büntgen and Di Cosmo 2016, 3-7.

119   Pederson et al. 2014, 4375-4379.

몽골은 남송을 상대할 때 그랬던 것처럼 유럽, 시리아, 동남아시아, 인도 원정에 체력 군대를 활용할 수도 있었을 것이다. 훌레구는 시리아 정복을 시도할 때 목초지가 부족해 현지 체력 부대에 의존할 수밖에 없었는데, 이들의 충성심 부족이 원정 실패의 한 원인이 되었다. 이러한 제약을 인식한 일 칸들은, 여러 유럽 군주들과 협력하여 침공을 모색하는 방식으로 자신의 한계를 보완하려 했다.[120]

몽골의 정복이 쇠퇴한 핵심 요인 중 하나는 카라추, 즉 세습군 지휘관의 등장이었다. 노얀들은 처음에는 실력을 기반으로 발탁됐지만, 많은 직위가 빠르게 세습화됐다. 예케 몽골 울루스 시기에는 지휘관 대부분이 케식 출신이었고 황금씨족에 대한 충성심이 강했다. 그런데 제국이 분열된 뒤에는 상황이 달라졌다. 제국이 분열하면서 황금씨족도 분열했고, 이로 인해 카라추가 영향력을 키울 수 있었다. 케식에서 계속 새로운 장군들이 나오기는 했지만, 카라추는 그들에 대한 질투심을 품고 자신들의 지위를 지켰다. 유능한 지휘관들이 계속 등장했는데도, 케식의 군사 학교 기능은 지속적으로 퇴보했고 그에 따라 지휘관들의 전반적 능력이 하락했다. 몽골이 세계 각지에서 얻은 정보를 공유하여 이룬 전략과 전술의 혁신도 이 저하를 상쇄하기에는 충분하지 않았다.

---

120 Jackson 2005, 165-186.

   제2권 주제별 역사

참고문헌

사료와 번역서

Bar Hebraeus. 1932. *The Chronography of Gregory Abu' l-Faraj 1225-1286, the Son of Aaron, the Hebrew Physician Commonly Known as Bar Hebraeus*, tr. E. A. W. Budge. London.

Haydar, Mirza. 2013. *Tarikh-i-Rashidi: A History of the Khans of Moghulistan* (Books 1 and 2), tr. Wheeler M. Thackston. London.

HWC. 일러두기 6번 참조.

JT/Karīmī. 일러두기 6번 참조.

JT/Thackston. 일러두기 6번 참조.

Jūzjānī, Minhāj-i-Siraj. 1963. *Ṭabaqāt-i-Nāṣirī*. 2nd ed, ed. ʿAbd al-Ḥayy Ḥabībī. Kabul. 2010. *Ṭabaqāt-i-Nāṣirī*. tr. H. G. Raverty. Kolkata.

Li, Chih-ch'ang. 1963. *The Travels of an Alchemist: The Journey of the Taoist, Ch'ang-Ch'un, from China to the Hindukush at the Summons of Chingiz Khan, Recorded by His Disciple, Li Chih-Ch'ang*, tr. Arthur Waley. London.

Nasawī, Muḥammad ibn Aḥmad. 1953. *Sīrah al-Sulṭan Jalāl al-Dīn Mankubirtī*. Cairo.

Perfecky, George, tr. and ed. 1973. *The Hypatian Codex II: The Galician-Volynian Chronicle*. Munich.

Polo, Marco. 1993. *The Travels of Marco Polo*, tr. Henry Yule, ed. Henri Cordier. New York. 2016. *The Description of the World*, tr. Sharon Kinoshita. Indianapolis.

SH. 일러두기 6번 참조.

Shīrāzī, Quṭb al-Dīn Maḥʾmūd ibn Masʿūd. 2010. *Akhbār-i Mughūlān dar Anbānah Mullah Quṭb*. Qom.

TJG. 일러두기 6번 참조.

William of Rubruck. 1990. *The Mission of Friar William of Rubruck: His Journey to the Court of the Great Khan Möngke 1253-1255*, tr. Peter Jackson, ed. Peter Jackson with David Morgan. London.

Zhao Gong. 1975. *Men-da bei-lu: Polnoe opisanie Mongolo-Tatar*, tr. N. Munkuev. Moscow.

연구서와 논문

Allsen, Thomas T. 1986. "Guard and Government in the Reign of the Grand Qan Möngke,

1251-1259." *HJAS* 46: 495-521.

1987. *Mongol Imperialism: The Policies of the Grand Qan Möngke in China, Russia, and the Islamic Lands*, 1251-1259. Berkeley.

2001. *Culture and Conquest in Mongol Eurasia*. Cambridge.

2002. "The Circulation of Military Technology in the Mongolian Empire." *Warfare in Inner Asian History(500-1800)*, ed. Nicola Di Cosmo, 265-293. Leiden.

2006. *The Royal Hunt in Eurasian History*. Philadelphia.

Amitai, Reuven. 1999. "Northern Syria between the Mongols and Mamlūks: Political Boundary, Military Frontier and Ethnic Affinity." *Frontiers in Question: Eurasian Borderlands c. 700-1700*, ed. Naomi Standen and Daniel Power, 128-152. London.

2001. "Turco-Mongolian Nomads and the iqṭā System in the Islamic Middle East (1000-1400 AD)." *Nomads in the Sedentary World*, ed. Andre Wink and Anatoly M. Khazanov, 152-171. London.

2002. "Whither the Ilkhanid army? Ghazan's First Campaign into Syria(1299-1300)." *Warfare in Inner Asian History*(500-1800), ed. Nicola Di Cosmo, 221-264. Leiden.

2016. "Continuity and Change in the Mongol Army of the Ilkhanate." *The Mongols' Middle East: Continuity and Transformation in Ilkhanid Iran*, ed. Bruno de Nicola and Charles Melville, 38-52. Leiden.

Amitai-Preiss, Reuven. 1995. *Mongols and Mamlūks: The Mamlūk-Īlkhānid War, 1260-1281*. Cambridge.

Atwood, Christopher P. 2006. "Ulus Emirs, Keshig Elders, Signatures, and Marriage Partners: The Evolution of a Classic Mongol Institution." *Imperial Statecraft: Political Forms and Techniques of Governance in Inner Asia, Sixth-Twentieth Centuries*, ed. David Sneath, 207-242. Bellingham, WA.

Aubin, Jean. 1969. "L'ethnogenèse des Qaraunas." *Turcica* 1: 65-95.

Bade, David. 2013. *Of Palm Wine, Women and War: The Mongolian Naval Expedition to Java in the 13th Century*. Singapore.

Biran, Michal. 1997. *Qaidu and the Rise of the Independent Mongol State in Central Asia*. Richmond.

2002. "The Battle of Herat(1270): A Case of Inter-Mongol Warfare." *Warfare in Inner Asian History(500-1800)*, ed. Nicola Di Cosmo, 175-220. Leiden.

Borbone, Pier Giorgio. 2009. "Hulegu's Rock-Climbers: A Short-Lived Turkic Word in 13th-14th Century Syriac Historical Writing." Studies in Turkic Philology: Festschrift in Honour of the 80th Birthday of Professor Geng Shimin, ed. Zhang Dingjing and Abdurishid Yakup, 290-298. Beijing.

Boyle, John A. 1963. "The Mongol Commanders in Afghanistan and India According to the Ṭabaqāt-i Nāṣirī of Jūzjānī." *CAJ* 9: 235-247.

Bregel, Yuri. 2009. "Uzbeks, Qazaqs and Turkmens." *CHIA*, 221-236.

Buell, Paul D. 1977. "Tribe, Qan, and Ulus in Early Mongol China: Some Prolegomena to

Yüan History." PhD dissertation, University of Washington.

1980. "Kalmyk Tanggaci People: Thoughts on the Mechanics and Impact of Mongol Expansion." *Mongolian Studies* 6: 41-59.

1992. "Early Mongol Expansion in Western Siberia and Turkestan(1207-1219): A Reconstruction." *CAJ* 36: 1-32.

Büntgen, Ulf, and Nicola Di Cosmo. 2016. "Climatic and Environmental Aspects of the Mongol Withdrawal from Hungary in 1242 CE." *Scientific Reports* 6: 25606, DOI: 10.1038/srep25606.

Chase, Kenneth. 2003. *Firearms: A Global History to 1700*. Cambridge.

CHIA. 일러두기 6번 참조.

Ciocîltan, Virgil. 2012. *The Mongols and the Black Sea Trade in the Thirteenth and Fourteenth Centuries*. Leiden.

Conlan, Thomas D. 2001. *In Little Need of Divine Intervention: Takezaki Suenaga's Scroll of the Mongol Invasions of Japan*. Ithaca, NY.

Davis, Richard L. 2009. "The Reign of Tu-Tsung and His Successors to 1279." *The Cambridge History of China*, vol. 5, ed. Denis Twitchett and Paul Jakov Smith, 913-962. Cambridge.

Dawson, Christopher, ed. 1980. *The Mongol Mission: Narratives and Letters of the Franciscan Missionaries in Mongolia and China in the Thirteenth and Fourteenth Centuries*. London and New York.

Delgado, James P. 2008. *Khubilai Khan's Lost Fleet: In Search of a Legendary Armada*. Berkeley.

de Rachewiltz, Igor, ed. 1972. *Index to the Secret History of the Mongols*. Bloomington, IN.

DeVries, Kelly, and Robert Douglas Smith. 2012. *Medieval Military Technology*. 2nd ed. Toronto.

Doerfer, Gerhard. 1963. *Türkische und Mongolische Elemente in Neupersischen*, vol. 1. Wiesbaden.

Duncan, John, and Jahyun Kim Haboush. 2009. "Memorials to the Throne." *Epistolary Korea: Letters in the Communicative Space of the Choson, 1392-1910*, ed. Jahyun Kim Haboush, 42-56. New York.

Golden, Peter B. 1992. *An Introduction to the History of the Turkic Peoples: Ethnogenesis and State-Formation in Medieval and Early Modern Eurasia and the Middle East*. Wiesbaden.

2009. "Migrations, Ethnogenesis." *CHIA*, 109-119.

Haw, Stephen G. 2006. *Marco Polo's China: A Venetian in the Realm of Khubilai Khan*. London.

2013a. "Cathayan Arrows and Meteors: The Origins of Chinese Rocketry." *Journal of Chinese Military History* 2: 28-42.

2013b. "The Mongol Empire: The First 'Gunpowder Empire'" *JRAS* 23: 441-469.

He Qiutao. 1985. "Sheng Wu Qin Zheng lu (Bogda Bagatur Bey-e-ber Tayilagsan Temdeglel)."
Bogda Bey-e-ber Tayilagsan Temdgelel, ed. Asaraltu, 3-95. Qayilar.

Hope, Michael. 2016. *Power, Politics, and Tradition in the Mongol Empire and the Īlkhānate of Iran*. Oxford.

Hsiao, Ch'i-Ch'ing. 1978. *The Military Establishment of the Yüan Dynasty*. Cambridge, MA.

Jackson, Peter. 1978. "The Dissolution of the Mongol Empire." *CAJ* 22: 186-244.

2005. *The Mongols and the West: 1221-1410*. Harlow.

2006. *The Mongols and the West*. London.

Jagchid, Sechin, and Charles R. Bawden. 1965. "Some Notes on the Horse-Policy of the Yüan Dynasty." *CAJ* 10.3: 246-268.

John of Plano Carpini. 1929. "Ystoria Mongalorum." *Itinera et Relationes Minorum Saeculi XIII et XIV*, ed. P. Anastasius van den Wyngaert, 27-130. Florence.

Khan, Iqtidar Alam. 2004. *Gunpowder and Firearms: Warfare in Medieval India*. Oxford.

Khudiakov, Iu. C. 1991. *Vooruzhenie Tsentral'no-Aziatskikh kochevnikov v epokhu rannego irazvitogo srednyevekov'ya*. Novosibirsk.

Kim, Hodong. 2004. "A Reappraisal of Güyüg Khan." *Mongols, Turks, and Others: Eurasian Nomads and the Sedentary World*, ed. Reuven Amitai and Michal Biran, 309-338. Leiden.

Lorge, Peter A. 2008. *The Asian Military Revolution from Gunpowder to the Bomb*. Cambridge.

Manz, Beatrice Forbes. 1991. *The Rise and Rule of Tamerlane*. Cambridge.

Martinez, A. P. 1986. "Some Notes on the Il-Xanid Army." *AEMA* 6: 129-242.

May, Timothy. 2006. "The Training of an Inner Asian Nomad Army in the Pre-modern Period." *Journal of Military History* 70.3: 617-635.

2007. *The Mongol Art of War: Chinggis Khan and the Mongol Military System*.(티모시 메이, 권용철 옮김, 『몽골 병법』, 코리아닷컴, 2009) Barnsley.

2012. *The Mongol Conquests in World History*(티모시 메이, 권용철 옮김, 『칭기스의 교환』, 사계절, 2020). London.

2015. "The Mongol Art of War and the Tsunami Strategy." *Zolotoordynskoe obozrenie tsivilizatsiia: Nauchnyi eshchegodnik* 8: 31-37.

2016. "Mongol Conquest Strategy in the Middle East." *Mongols' Middle East: Continuity and Transformation in Ilkhanid Iran*, ed. Bruno de Nicola and Charles Melville, 13-37. Leiden.

2018. *The Mongol Empire*. Edinburgh.

Millward, James. 2009. "Eastern Central Asia (Xinjiang): 1300-1800." *CHIA*, 260-276.

Morgan, David. 1982. "The Mongols in Syria, 1260-1300." *Crusade and Settlement*, ed. Peter Edbury, 231-235. Cardiff.

Mussis, Gabriele de. 1994. "Historia de Morbo." *The Black Death*, ed. Rosemary Horrox, 14-25. Manchester.

Needham, Joseph. 1981. *Science in Traditional China: A Comparative Perspective*. Hong Kong.

Needham, Joseph, Ho Ping-Yü, Lu Gwei-Djen, and Wang Ling. 1986. *Science and Civilisation in China*, vol. 5, Chemistry and Chemical Technology, part 7, Military Technology: The Gunpowder Epic. Cambridge.

Nicolle, David. 1995. *Medieval Warfare Source Book*, vol. 1, Warfare in Western Christendom. London.

Ostrowski, Donald. 1998a. *Muscovy and the Mongols: Cross-cultural Influences on the Steppe Frontier, 1304-1589*. Cambridge.

1998b. "The Tamma and the Dual-Administrative Structure of the Mongol Empire." *BSOAS* 61: 262-77.

Paris, Matthew. 1968. *English History*, 3 vols., tr. J. A. Giles. New York.

Pederson, Neil, Amy E. Hessl, Nachin Baatarbileg, Kevin J. Anchukaitis, and Nicola Di Cosmo. 2014. "Pluvials, Droughts, the Mongol Empire, and Modern Mongolia." *Proceedings of the National Academy of Sciences of the United States of America* 111.12: 4375-4379.

Perlee, Kh. 1957. "K istorii drevnikh gorodov i poselenii v Mongolii." *Sovetskaia arkheologiia* 10: 43-52.

1985-1986. "On Some Place Names in the Secret History," tr. L. W. Moses. *Mongolian Studies* 9: 83-102.

Petrushevsky, I. P. 1968. "The Socio-economic Condition of Iran under the Īl-Khāns." *CHI5*, 483-537.

Raphael, Kate. 2009. "Mongol Siege Warfare on the Banks of the Euphrates and the Question of Gunpowder(1260-1312)." *JRAS*, 3rd series 19.3, 355-370.

2011. *Muslim Fortresses in the Levant: Between Crusaders and Mongols*. London.

Rossabi, Morris. 2009. *Khubilai Khan: His Life and Times*. 2nd ed. Berkeley.

Sasaki, Randall J. 2015. *The Origins of the Lost Fleet of the Mongol Empire*. College Station, TX.

Schamiloglu, Uli. 1984. "The Qaraçi Beys of the Later Golden Horde: Notes on the Organization of the Mongol World Empire." *AEMA* 4: 283-297.

Shimo, Hirotoshi. 1977. "The Qarāūnās in the Historical Materials of the Īlkhanate." *Memoirs of the Toyo Bunko* 33: 131-181.

Sinor, Denis. 1971. "On Mongol Strategy." *Proceedings of the Fourth East Asian Altaistic Conference*, ed. Ch'en Chieh-hsien, 238-249. Taipei.

Steingass, Francis. 1996. *A Comprehensive Persian-English Dictionary*. New Delhi.

Vásáry, István. 2005. *Cumans and Tatars: Oriental Military in the Pre-Ottoman Balkans, 1185-1365*. Cambridge.

Vogel, Hans Ulrich. 2013. *Marco Polo Was in China: New Evidence from Currencies, Salts and Revenues*. Leiden.

Waterson, James. 2013. *Defending Heaven: China's Mongol Wars 1209-1370*. London.

Wing, Patrick. 2016. *The Jalayirids: Dynastic State Formation in the Mongol Middle East*. Edinburgh.

Wright, Tim. 2007. "An Economic Cycle in Imperial China? Revisiting Robert Hartwell on Iron and Coal." *JESHO* 50.4: 383-423.

제 4 장

경제 교류

: 몽골 유라시아의 화폐, 시장, 세금

구로다 아키노부

구로다 아키노부　　　　　　　Kuroda Akinobu

도쿄대학 아시아고등연구소의 동아시아사 교수이다.
주로 동아시아, 인도, 아프리카, 유럽 간 화폐의 상호 보
완성을 전문적으로 연구하며 2005년부터 2018년까지
『국제 아시아 연구 저널(*International Journal of Asian Stud-
ies*)』의 편집장을 역임했다.

유라시아 전역에 걸친 통용성

몽골 정권은 인류 역사상 처음으로 서로 다른 화폐를 잇는 다리를 놓았다. 13세기 후반까지 각자의 화폐 시스템을 유지해온 문명들을 서로 연결한 것이다. 산업화 이전(더 구체적으로, 은행 제도 확산 이전)의 화폐 체계는 하위 수준(지역 내) 시장과 상위 수준(지역 간) 시장의 교환 수단이 별도로 구성돼 있었다. 일반적으로 이 두 체계는 근거리와 원거리 교역의 규모, 빈도, 계절성의 상당한 차이로 인해 별도로 작동했다.[1] 몽골 정권은 하위 시장에는 크게 영향을 미치지 않았지만, 제국 전역의 공납 이동과 도량형 체계 통일을 결합해 원거리 교역에서의 화폐 통용성을 구축했고, 그 결과 전체 교역 시스템에서 일련의 글로벌한 변화를 이끌어냈다.

13세기 중반까지 유라시아 전역에는 상위 수준의 시장에서조차 공통적 교환 단위가 없었다. 금, 은, 동이 유통됐던 로마 제국이 몰락한 뒤, 서유럽의 주화 주조는 은에 의존했다. 비잔티움 세계를 포함한 동지중해에서는 로마의 체계가 지속된 반면, 서아시아와 남아시아에서는 귀금속이 일반 금속 재료들과 함께 화폐로 사용됐다. 지역마다 선호도는 달랐지만, 큰 틀에서 보면 서아시아에서는 은이 가장 대중적인 화폐이자 회계 단위로 사용됐다. 13세기 중반에는 "디르함"이라는 명칭을 공유하는 주화가 은과 구리의 합금이나 은으로 도금한 구리로 만들어져 널리 유통됐다. 화폐학자들이 "은의 기근"이라고 부르는 은 품질의 지속적 저하로 인

---

1   도시의 화폐화된 경제와 농촌의 자급자족 경제 간의 수평적 대비는 교환의 수직적 다양성과 서로 다른 화폐들의 상호 보완성을 간과하게 만든다. Kuroda 2008b.

해, 서아시아 일부 지역에서는 금이 화폐 단위로 부활하기도 했다. 몽골이 최초로 발행한 화폐가 1221년 사마르칸드에서 주조된 "카니 디르함(khani dirham)"이었다는 것은 주목할 만하다. 그러나 디르함이라 불렸음에도 이 화폐는 대부분 구리로 이루어져 있었다.[2] 13세기 후반까지 몽골은 그들이 지배하던 지역에서 기존 화폐 시스템에 큰 변화를 일으키지 않았다.

한편 유라시아 동부에서는 은을 화폐나 통화 단위로 사용하는 경우가 매우 제한적이었다. 중국 왕조들은 은화를 거의 주조하지 않았고 대신 지역 내 거래에 동전을 사용했으며 지역 간 거래에는 비단을 사용했다. 비단의 보완 수단으로 은정(銀錠)을 사용했을 뿐이다. 주변국들도 중국의 관행을 따랐으며, 동투르키스탄에서 나온 문서들은 그 지역의 과세와 상업이 직물이나 동전으로 이루어졌음을 강하게 시사한다.[3]

13세기에는 많은 사회가 물품을 주요 교환 단위로 사용했는데, 그중 뒤에 논의할 노브고로드는 모피에 의존했다. 특히 지역 시장에서 흔히 사용된 것은 특정 곡물이나 직물이었다. 예를 들어, 12세기 독일 해안의 뤼겐섬 주민들은 리넨을 화폐로 사용했다.[4] 13세기 중국 가흥(嘉興) 수주현(秀洲縣) 농민들은 쌀을 위당진(魏塘鎭)이라는 교역 도시로 가져가서 소금이나 기름과 교환했다.[5]

---

2 Kolbas 2006, 34.

3 유럽에 대해서는 Spufford 1988; 중국에 대해서는 Kuroda 2008a; 중앙아시아에 대해서는 森安孝夫 2004 참고. 나는 16세기 중반 이전의 중국 화폐를 청동으로, 이후의 화폐를 황동(예를 들어 가경통보(嘉慶通寶))으로 지칭하는 혼란을 피하기 위해 '청동화(bronze coin)' 대신 '동전(copper coin)'이라는 용어를 사용한다.

4 Sargent and Velde 2002, 11.

심지어 다수의 장거리 무역상이 귀금속보다 향신료 같은 휴대 가능한 상품을 화폐 대신 사용했다.[6]

그런데 13세기 마지막 사분기에 갑자기 유라시아대륙 전역에서 은 사용이 보편화했다. 은 유통은 14세기 전반기 동안 계속 증가했으며, 이 시기에는 은이 15세기보다 훨씬 풍부했던 것으로 보인다. 조세도 점차 은으로 거두기 시작했다. 유라시아 국가들이 과세를 전부 은으로 대체한 것은 아니지만, 대부분이 적어도 일부는 은으로 징수했다. 물론 과세 기준이 은으로 명시돼 있다고 해서 항상 은으로 지불했음을 의미하는 것은 아니다. 많은 경우 실제 지불은 은의 기준 가치에 따라 곡물, 직물, 동전, 또는 지폐로 대납했다. 한편 세금을 은으로 받지 않는 지역에서 상업에 은을 사용하는 경우는 드물었다.[7]

13세기 말부터 14세기 중반까지 은의 대중화는 교환 단위가 아니라 과세 수단으로 사용되면서 일어났지만, 이 은의 시대는 분명히 대륙 전역의 상업화를 촉진했다. 자료가 산발적이긴 하나, 16세기 이전 은을 포함한 화폐의 공급은 이 시기에 최고치에 도달한 것으로 나타난다. 화폐 공급의 확대와 함께 이전의 어떤 시기보다 밀도 높은 농촌 시장이 출현한 것으로 보인다. 시장의 확산은 유라시아 전역에서 과세의 화폐화가 증가한 것과 관련이 있음이 틀림없다. 그러나 전례 없는 장거리 무역의 확대와 농촌 지역 시

---

5 方回 1971, 698.

6 Lopez and Raymond 1955, 145.

7 아부 루고드는 몽골 정권 치하 은의 중요성을 입증했다. 그러나 그는 사용된 통화의 다중성과 지폐의 보완적 기능을 진지하게 고려하지 않았다. Abu-Lughod 1989 참고.

장의 급증은 아마도 별개의 현상이었을 것이다. 다시 말해 몽골 치하의 은 유통의 확대 과정은 주로 상위 수준의 시장에 영향을 미쳤다.

1570년대에 현재 볼리비아 포토시의 은이 갑자기 문자 그대로 전 세계적으로 유통되기 시작했다. 16세기 귀금속의 전 세계적 확산을 자본주의 세계의 부상을 예고하는 사건으로 보아야 한다는 주장도 있었다.[8] 그러나 금의 경우 유통이 증가하긴 했지만 화폐 사용은 제한적이었다. 오직 은만이 진정으로 전 세계적 규모로 확산된 것이다. 은이 왜 이렇게 광범위하게 유통됐을까? 이 장에서는 몽골 제국 전성기 동안 유라시아에서 일어난 은의 부상이 3세기 후 은의 세계적 부상의 길을 닦았음을 보여줄 것이다.

은이 물리적으로 유통되는 16세기 후반과 달리, 13세기 후반에 유라시아 전역에 걸쳐 은의 인기가 상승한 것은 실물 은이 광범위하게 유통되지 않았음에도 불구하고 은이 공통의 회계 단위로 사용되었기 때문이다. 이 시기에는 은이 회계 단위로 널리 사용된 것과 과세에 사용된 것 사이에 상호 의존성이 있었다. 은이 지역 시장이나 장거리 무역에서 일반적으로 사용되지 않았음에도 그러했다. 과세 단위로서 은의 인기와 실제 물리적 유통의 상대적 부족 사이의 간극이 3세기 후 은의 확산을 초래한다.[9]

---

8 케인스는 이 귀금속의 유입이 서유럽에서 이윤 혁명(profit revolution)을 일으켰다고 주장했다. Keynes 1971, 135-145.

9 이 장은 부분적으로 Kuroda 2009를 수정하고, 고고학적 발굴에서 도출된 자료를 포함한 새로운 사실들로 그 주요 가설을 뒷받침하는 것을 목표로 한다. 앞의 논문에서 나는 투하(投下) 영지로부터의 공납 전달과 역참에서의 통일된 도량형 체계의 중요성을 인식하지 못했다. 일찍이 Von Glahn 2010은 원이 은을 주요 회계 단위로 확립한 것이 결국

은의 시대 이전 유라시아: 비단 대체재로서의 은

비단의 화폐 역할을 이해하지 않고는 고대와 중세 시기 유라시아 동부에서 은이 수행한 기능을 이해할 수 없다. 동한(東漢, 25~220) 멸망 이후 비단의 주요 역할은 지방 당국으로부터 중앙정부로 세입을 옮기는 것이었다. 당대(618~907)에는 은이 제한적이나마 비단이 했던 화폐 역할을 대체하기 시작했다. 그리고 은에 장식재 이상의 역할이 부과된 것은 북송대(960~1127)에 이르러서였다. 북송대에는 이전보다 은정의 주조가 빈번해졌는데, 이는 은이 이전의 어느 때보다 화폐로 대중화됐음을 시사한다.

은 채굴량의 증가는 동전(copper cash) 주조의 확대와 맞물려 일어났다. 원풍 연간(1078~1085) 북송은 매년 600만 관(貫)의 동전(즉, 60억 개의 동전)을 발행했는데, 이는 중국 역사상 최대 규모이다. 이 시기의 동광들은 대개 은광석도 함께 생산했으며, 그 반대의 경우는 없었다. 이러한 사실과 함께 이 시기에 은 주조가 없었다는 점은, 북송대에 일어난 은 생산 증가가 계획된 결과가 아니라 동전 주조량 증대의 부산물이었음을 시사한다.[10]

은광은 주로 중국 남부에 위치했지만, 상당한 양의 은이 북부와 서부로 이동했다. 견마 무역과 더불어, 북방 유목 왕조의 힘이 송보다 강해지면서 은도 북쪽으로 이동했다. 1004년 송과 요가 맺

후대에 중국에서 은의 실제 사용량 증가를 이끌었다고 주장했다. 그러나 그의 논문은 원 이전 시기 비단과 은 사이의 경쟁적 관계에도, 지폐와 다른 가치 척도들 사이의 보완적 관계에도 초점을 맞추지 않았다.

10 16세기 후반에 간행된 책이긴 하나 과학 백과사전인 『천공개물(天工開物)』은 구리 광석이 은을 포함하고 있다고 묘사했고, 이는 은이 구리의 부산물로 여겨졌음을 시사한다. 宋應星 1978, 356 참고.

은 전연(澶淵)의 맹으로, 송은 요에 매년 20만 필의 비단과 10만 량의 은을 세폐로 바치게 됐다.[11] 유사하게 1044년 송과 서하가 맺은 경력(慶曆)의 화약으로 송은 서하에 매년 5만 량의 은, 13만 필의 비단, 2만 근의 차를 보내겠다고 약속했다. 이는 11세기 중반 매년 총 6톤의 은이 두 유목 왕조로 보내졌음을 의미한다.

금(1115~1234) 치하의 북중국에서 중국 역사상 처음으로 은이 회계 단위로 사용됐다. 그러나 은은 비단과 함께 세금 납부의 주요 수단으로 사용된 것이고, 금-몽골 전환기 동안에는 비단을 기준으로 가치를 표시한 지폐도 발행됐다.[12] 최근 북중국에서 1250년경에 제작된 것으로 추정되는 금속 판형이 발견됐는데, 한 지역에서 비단을 기준으로 가치를 표시한 지폐를 인쇄하기 위한 것이었다.[13] 이는 13세기 중반 중국에서 여전히 비단이 화폐 기능을 했음을 입증하며, 몽골이 오로지 은만 사용한 것이 아님을 시사한다.

19세기 말, 주조되지 않은 중국식 은 저장물이 중세 브란덴부르크 유적에서 출토됐다. 함께 발견된 유럽 동전의 연대는, 이 은이 늦어도 11세기 말경 그곳에 왔을 가능성을 시사한다.[14] 이를 보았을 때 상당한 양의 중국산 은이 이미 유라시아 무역로를 따라 이동하고 있었을 것이나, 은으로 지불하는 관행이 일반화된 것은 13세기 후반 상황이 급격히 변화한 이후의 일이었다.

---

11 1량은 40그램, 한 근은 640그램에 해당한다(松井太 2004, 158).

12 安部健夫 1972, 98.

13 高聰明 2016.

14 은 덩어리들이 작은 리넨 자루에 들어 있었는데, 이는 19세기 말 중국에서 볼 수 있던 모습이다. Friedel 1896, 5. 이 자료에 관심을 갖게 해준 린다 박사에게 감사드린다.

유라시아 은의 세기: 부상과 붕괴

런던의 왕립 조폐국은 1273년부터 매해의 은화 주조량을 꾸준히 기록했다. 표 4.1에서 보는 것처럼, 은화 발행의 정점이 1278~1288년, 1300~1314년, 그리고 1344~1355년에 나타났다. 이 시기에 매년 주조된 은의 양은 나폴레옹 전쟁 이전의 그 어느 시기보다도 많았다.[15] 자료의 일관성은 부족하지만 파리와 플랑드르 같은 서유럽 도시의 조폐국에서도 1350년 무렵에 은화 주조가 급증한 것으로 보인다.[16]

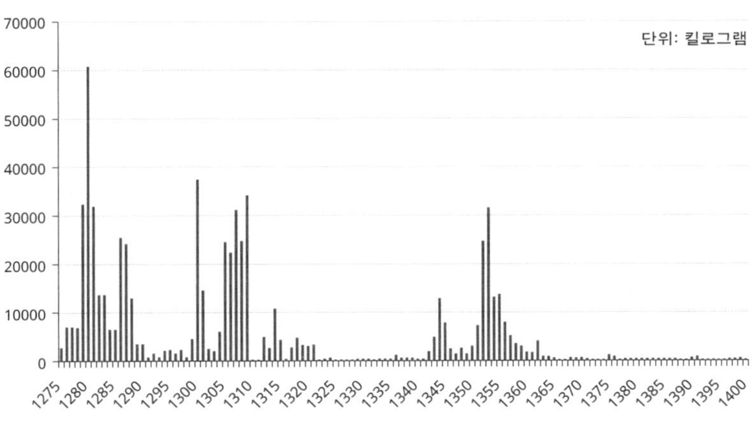

표 4.1　런던에서의 은화 주조량　　　　　출처: Miskimin, 1983, 90-92.

　　13세기 마지막 사분기에 발생한 은 사용의 확대를 서에서 동으로 이동하며 살펴보자. 튀니스에서는 1278년에 은이 금보다 저

15　Spufford 1988, 204-205.

16　Miskimin 1983, 87-89; Munro 1983, 136.

렘해졌는데, 이러한 은 가격 하락이 제노바에서도 동시에 일어난 것으로 보인다.[17] 이집트는 이 시기에 은 부족에서 벗어난 것으로 나타난다. 몰도바에서 발견된 보물에는 13세기 마지막 20년 동안 발행된 금장 호르드 은화와 비잔티움 금화가 포함돼 있었다.[18] 캅카스 지역에서 출토되는 13~14세기 매장물에서는 은이 주를 이루는 반면, 다른 시기 유적에서는 비잔티움에서 온 금화만 발견된다. 일 칸국에서는 1280년대부터 은 생산이 증가한 것으로 보인다.[19] 은 디르함이 지배적이었던 서아시아 일부 지역에서 아마도 더 중요한 부분은 양이 아니라 질적 변화였을 것이다. 13세기 말 순도가 높고 더 흰 은화가, 순도가 낮고 색이 더 검은 은화를 빠르게 대체했다. 트란스옥시아나의 경우는 변화의 시작 시점을 명확히 특정할 수 있다. 1271~1272년 총독 마수드 벡은 은 도금된 구리 디르함의 사용을 금지하고 높은 기준(80퍼센트[주화 내 은 함유율/순도])을 설정했다. 1280년대에는 은화 조폐소의 수도 증가했다.[20] 델리 술탄들은 1295년부터 은 루피를 대규모로 발행하기 시작했다.[21] 동투르키스탄에서 발굴된 문서들은 13세기 후반에 가장 일반적인 지불 형태가 직물과 구리 동전에서 은으로 극적으로 변화했음을 보여준다.[22] 『고려사』는 1287년 몽골의 원정 이후 주조하지 않은 은이 유통되었다고 기술했다.[23] 지역화된 변화들 중 어느 하나

---

17 Spufford 1988, 178-179.

18 Boldureanu 2007; Watson 1967, 18.

19 Martinez 1984, 155.

20 Davidovich and Dani 1998, 406.

21 Deyell 1983, 209.

22 森安孝夫 2004.

                                    제2권 주제별 역사

도 그 자체로는 결정적이지 않지만, 전체적으로 볼 때 13세기 후반에 은 사용이 유라시아 전역에서 대중화됐음을 시사한다. 이 변화는 중국 본토에서 시작되었다.[24]

주조된 은과 주조되지 않은 은의 사용 사이에 중요한 차이가 있음을 염두에 두어야 하는데, 주조되지 않은 은의 가치는 무게로 결정됐다. 몽골은 제국을 설립한 직후부터 은화를 발행했으며, 이는 고고학적으로도 입증됐다.[25] 주조된 은은 후에 서부 칸국에서 계속 사용했다.[26] 따라서 몽골은, 대체로 은화 발행을 꺼리고 은을 오직 무게로만 재던 이전 중국 왕조들과 뚜렷한 대조를 보였다. 그러나 남송을 정복하면서 원 왕조는 은에 대한 정책을 수정했다. 원 조정은 1276년 남송의 수도 임안(현재의 항저우)이 위치한, 중국에서 가장 번영한 창장 하류 지역을 점령하면서 대량의 은정을 몰수했음이 분명하다. 원의 재상 바얀이 병사들의 가방을 뒤져서 쿠빌라이가 쓸 은을 찾아내라고 명령했다는 이야기가 전해진다.[27] '몰수됨(搜刮)'이라고 새겨진 1276년경 은정의 존재는 이 이야기를 뒷받침하는 것으로 보인다.[28]

몽골이 남중국을 정복하는 과정에서 얼마나 많은 은정을 취했는지 알 방법은 없다. 그러나 원은 남송을 패퇴시킨 뒤 은화 주

23　鄭麟趾 1972, 736-739.

24　중국에서 금에 대한 은의 교환 비율은 13세기 전반 5:1에서 같은 세기 후반 10:1까지 떨어졌다. Von Glahn 1996, 60-61 참고.

25　Whaley 2001, 52.

26　汪海林·鍾昌文 2007, 16, 23.

27　陶宗儀 1959, 377.

28　Whaley 2001, 59.

조를 포기했다. 이후 원의 전체 영역에서 은은 무게 단위로 사용됐다. 이 전환은 정복의 해인 1276년에 원의 지폐 인쇄가 급속히 증가한 것과 일치한다. 이 시기에 원은 지폐 인쇄에 목판 대신 구리판을 사용하기 시작했으며, 그래서 지폐를 훨씬 더 많이 발행할 수 있었을 것이다.[29] 지폐의 액면가는 송대와 마찬가지로 동전을 기준으로 표시했지만, 원 조정은 이 가치를 은의 무게로 환산해 계산했다. 요컨대, 원이 은을 주로 사용한 목적이 증가된 화폐 발행을 뒷받침하는 담보로 삼는 데 있었던 만큼, 은괴를 녹여 은화로 다시 주조할 이유는 없었다. 더구나 은화는 중국 본토, 특히 옛 남송 지역에서는 애초에 그다지 널리 선호되지도 않았다.

1276년은 은 사용의 전환점이었다. 이 장에서 나중에 논의하겠지만, 지폐로 과세하는 일련의 제도가 대륙 전역에서 은 유통을 증가시켰다. 1263년부터 1311년까지(1284~1287년 제외) 원은 개인 간 거래에 은을 사용하는 것을 금했지만, 몽골 귀족들은 상업과 종교 활동에 은 사용을 허가받았다. 이러한 독점이 성공하려면 1282년의 금과 은 장인(匠人) 등록 정책이 분명 효과적이었을 것이나, 미등록 장인이 전혀 없었다고 상정하기는 어렵다.[30]

13세기 후반 원의 정책이 숨어 있던 은을 획득하는 데 집중되었다면, 14세기 전반에는 운남에서 새로 채굴된 은이 더 중요해졌다. 명대에 편찬된 『원사』에 따르면 1328년 운남은 은 735정(약 1.4톤)을 원 조정에 공납으로 바쳤는데, 이는 그해 제국 전체 은 공

---

29 前田直典 1973, 49-50.

30 Vogel 2013, 162.

납의 절반에 해당했다.[31] 원의 영향력은 1340년까지 운남을 통해 버마 깊숙이 뻗어 있었고, 그곳의 은 생산 증가는 벵골 술탄의 은 루피 주조 급증과 일치했다. 이는 벵골 술탄이 델리 왕조로부터 독립한 직후 시작됐고,[32] 벵골에는 은광이 없었기 때문에, 술탄이 주조한 은은 운남에서 왔을 가능성이 높다. 따라서 14세기 중반의 은화 증가에는 이전 시기보다 더 뚜렷한 지역적 편중이 있었을 것으로 보인다.

예멘 라술 왕조에서 중국산 상품에 부과한 세금을 기록한 자료에 따르면, 해당 시기에 중국 선박들이 적어도 아덴까지 항해했던 것으로 보인다.[33] 대량의 도자기가 아덴을 통해 이집트로 운반됐으며 그곳에서 많은 청화백자가 발굴됐다.[34] 1340년대에는 나폴리 왕이 사르데냐 은을 사용해 주조한 주화 유형인 '질리아테(gigli-ate)'의 모조품이 동지중해 지역에서 널리 유통됐다. 진짜 질리아테와 달리, 위조 주화들은 주로 지중해 동쪽 끝에 위치한 도시에서 주조됐다.[35] 몰도바 유적지에서 대량 발굴된 1340~1360년대 은괴는 동방에서 온 은으로 질리아테 위조 주화 생산이 가능해진 것을 시사하며, 이 이론은 아래에서 더 자세히 고찰할 것이다.[36] 더욱이 1337년부터 1353년 사이에 비잔티움 제국은 '스타브라톤(stavra-

---

31 宋濂, 2383-2384.

32 Jackson 2009, 26.

33 1279년 한 사절을 선물과 함께 중국 황제에게 보냈다. Al-Shamrookh 1996, 256-257, 321, 329-331.

34 三上次男는 수백 개의 고품질의 청화백자를 푸스타트Foustat 유적에서 목격했다. 三上次男 1969, 25.

35 Boldureanu 2007.

36 Grierson 1982, 315.

ton)'이라는 8~10그램짜리 대형 은화를 발행했다.[37] 표 4.1의 런던 조폐국 기록에 따르면, 1340년~1350년대는 유럽에서 중세 은화 발행의 마지막 정점이었다.

이 은의 시대의 종말은 비교적 명확하게 규정할 수 있다. 1350년대 말 반원 반란군이 창장 하류를 점령했는데, 이 지역은 대도에 곡물을 공급하고 수출용 비단과 도자기를 생산하던 곳이었다.[38] 이미 이 시기에는 수십 년간의 안정기를 지나 지폐의 가치가 급격히 하락하기 시작했다. 그리고 공식적으로 폐기된 동전이 다시 유통되기 시작했으며, 창장 하류의 지역 내에서도 지폐와 동전의 교환 비율이 달랐다.[39] 은은 1436년 명 왕조가 은납 제도인 금화은(金花銀)을 도입할 때까지 반 세기 이상 중국에서 사용되지 않았다.

같은 시기 다른 지역에서도 유사한 현상이 나타났다. 벵골에서는 1360년대 이후 은 루피 발행량이 증가하지 않았고, 델리도 14세기 후반부터 은 부족으로 고통받기 시작했다. 1359년 아덴에서는 은의 기본 단위 중량이 감소했으며,[40] 1360년대에 이집트는 은 부족이 심각해져 주화의 주 재료를 동전으로 바꿀 수밖에 없었다. 이탈리아 도시들은 레반트 무역으로 인해 은 유출 현상을 겪은 것으로 보이며, 런던에서도 은화 주조가 급격히 감소했다.[41]

---

37 Grierson 1982, 315.

38 前田直典 1973, 75.

39 孔齊 1987, 25.

40 Al-Shamrookh 1996, 304.

41 이집트에 대해서는 Bacharach 1983. 앨런은 잉글랜드의 은 유통량이 1351년 70만 ~90만 파운드에서 1422년 15만~20만 파운드로 떨어졌다고 추정했다. Allen 2001, 607.

이 시기 통화 공급의 변화와 일치하는 자료로, 그리스에서 출토된 베네치아 토르네셀로(tornesello) 주화의 연대별 분포를 들 수 있다. 토르네셀로 동전은 은을 거의 포함하지 않는 청동 합금으로 주조됐지만, 그 가치는 은으로 표시됐다. 14세기 중반 베네치아는 그리스 식민지에서만 사용하기 위해 토르네셀로를 발행했으며, 14세기 말에는 생산량을 늘렸다.[42] 따라서 이 시기에 에게해 지역은 은이 거의 없는 상황에서 주로 동 합금 주화에 의존하고 있었던 것으로 보인다. 페골로티가 언급했듯이 1350년 이전에 키프로스에서 여러 종류의 은화가 유통됐다는 점을 고려하면, 14세기 후반 그리스에서 은화가 급격히 퇴조한 현상은 앞서 언급한 이집트의 통화 가용성 변화와 그 원인이 같은 것으로 보인다.[43] 카파에서는 1380년 이후 생산된 은화의 일종인 아스페르(asper)의 품질이 조악해져서 지역 당국은 그 동전에 특별한 도장을 찍어 표시해야 했다.[44]

이와 같이 1360년 이후 유라시아대륙에서 갑작스럽게 일제히 은 공급의 붕괴가 일어난 것으로 보이며, 은 부족은 15세기 말까지 지속됐다.

위에서 설명한 것처럼 유라시아 전역에 은이 풍부하게 공급됐다가 사라졌고 이는 동시적으로 일어났다. 표 4.2에서 보듯이, 13세기 후반 원이 광범위하게 지폐를 발행하기 시작한 뒤 몇 년의 시차를 두고 런던에서 주조된 은의 산출량이 크게 증가했다. 14세

---

42 Stahl 1985, 24-25.

43 Grierson 1979, 491.

44 Di Cosmo 2005, 415.

기 중반에는 벵골 술탄들의 은 루피 발행이 정점을 찍었고 몇 년
뒤에 런던 조폐국에서도 비슷한 현상이 나타났다.[45]

표 4.2 원의 지폐 발행   자료: 『원사』 2371-2373

이를 밝혀줄 추가적인 증거가 될 수 있는 하나는 중국산 은에
비교적 높은 수준의 안티몬(antimony, 합금 제작에 흔히 사용하는 금속 원
소) 함량이 높았을 수 있다는 점이다. 만약 그렇다면 이를 통해 그
은이 어디에서 유통됐는지를 추적할 수 있을 것이다. 그러나 이러
한 가능성은 아직 과학적인 검증이 필요하다.[46] 몽골 정권하에서
보이지 않는 방식으로 작동한 하나의 기제가 유라시아대륙 전역

---

45 Kuroda 2009, 253-254.
46 Blake 1937, 328.

                              제2권 주제별 역사

의 은 사용량을 증가시켰다. 다음 절에서 보겠지만, 우리는 이러한 제도적 배경에 주목해야 한다.

유라시아 은화화(Silverization)의 배경에 있는 제도들
: 과세, 공납 송부, 도량형

몽골 제국의 과세와 공공 재정은 기본적으로 이전의 유목 세력들이 세운 중국 왕조들의 선례를 따랐다. 군사 조직의 기본 원칙은 100명, 1000명, 1만 명 단위였고, 병사들의 식량은 부대 지휘관을 통해 분배됐다. 한편, 과거 중국 왕조에 속했던 영토에서 몽골은 중국의 방식을 따라 호(戶) 단위를 기반으로 인구조사와 과세를 실시했다. 반면 금장 호르드, 차가다이 울루스, 일 칸국은 개인 단위로 인구조사를 실시했다.[47] 양쪽 모두 각 기본 단위에 부역 의무를 부과했다. 어떤 경우에는 생산량에 기반해 세금을 부과했는데, 모피를 생산하던 부족에게서 받은 공납이 그 예이다. 즉, 노브고로드는 모피를 생산하는 공납 집단들에게 생산량의 10분의 1을 내게 했다.[48]

몽골은 농경 지역에 대해서는 상황에 따라 토지세를 현물이나 현금으로 징수했다. 예를 들어, 일 칸국 치하에서 토지세는 대부분 현물로 거두었지만, 바그다드와 시라즈 주변 지역에서는 현금으로 징수했다.[49] 그런데 토지세를 주요 수입원으로 삼았던 이

---

47 인구조사 등록부는 분명히 존재했다. 1308년 사마르칸드와 다른 도시들에서 온 관리가 원 조정에 칭기스 칸 시대에 만들어진 호구 청책(靑冊)을 제출했다. 宋濂, 502-503.

48 安部健夫 1972 *passim*; Michell and Forbes 1914 *passim*.

전 중국 왕조들과 달리, 몽골 국가들은 주로 상세와 공납에 의존했다. 특히 원은 염세에 크게 의존했다. 예를 들면, 1309년 원의 연간 지출은 당시 사용되던 중통초(中統鈔)로 약 500만 정(실질 은 2500만 량에 해당)이었고, 1307년에는 전체 세입이 400만 정이었으며 지폐 발행량은 100만 정이었다. 1308년 원이 소금 전매로 얻은 수입은 325만 정으로, 이는 전체 현금 세입의 80퍼센트 이상의 비중이었을 것으로 보인다.[50]

탐가 등 상인에 대한 과세는 몽골 제국 전역에서 일반적이었다. 탐가라는 용어는 제국의 여러 지역에서 다른 형태의 과세를 지칭했을 수 있다. 투르판과 조지아에서는 판매세로, 일 칸국에서는 도시 거주자의 자본에 대한 보유세로, 노브고로드에서는 관세로 나타난다.[51] 그럼에도 그 기본 원칙은 지역에 상관없이 동일했으니, 상업 이익에는 세금을 부과해야 한다는 것이었다. 이는 아래에서 논의할 중국의 판매세인 아세(牙稅)와 유사했다. 상세는 당연히 화폐로 징수했다. 일 칸국 지배하의 아나톨리아에서 시장에 부과한 세금 역시 탐가라고 불렀다.[52] 상업 과세에 대한 의존이 몽골 치하에서 은화화를 장려했을 것이라고 보는 것은 충분히 타당하다. 그러나 훨씬 효과적인 방식은 모든 신민에게 부과한 징발형 세금으로, 중국 본토에서는 포은(包銀), 서부 칸국들에서는 쿱치르(qubchir),

---

49 Petrushevsky 1968, 531.

50 宮澤知之 2012, 58, 60. 중통초는 중통 연간(1260~1264) 이후에도 계속 발행됐고 지원 초와 함께 연계되어 원대 전체에 걸쳐 거래에서 주요 회계 단위로 남아 있었다.

51 松井太 2005, 75; Allsen 1987, 158-162; Michell and Forbes 1914, 95.

52 Köprülü 1992, 67.

노브고로드에서는 자프로스(zapros)라고 불렀다.[53]

몽골이 사마르칸드를 정복하고 시행한 과세 정책은 그들의 재정 행정 원칙을 잘 보여준다. 몽골은 상인은 금으로 거래하고 일반은 구리 기반 통화에 의존했던 기존의 교환 시스템을 유지해, 상인에게는 금으로, 일반인에게는 동전으로 과세했다.[54] 이 정책은 아마도 칭기스 칸이 "도시의 법과 관습에 능숙한" 현지 무슬림의 조언을 받아들인 결과였다고 생각된다.[55] 그러나 중요한 것은, 제국 통치자들이 몽골인들과 그들의 교역 네트워크를 위해 은을 기준으로 한 과세도 도입했다는 사실이다. 몽골 정부는 제국 전역에 걸쳐 공통의 교환 단위를 사용하면서도, 기존 지역 시스템은 일부 수정해 그대로 유지하게 하는 실용적인 유연성을 보여주었다.

여기서 우리는 고려에서 동유럽에 이르는 몽골 세계 전체의 역참 시스템에 적용된 도량형에 주목해야 한다. 이 체계는 다양한 지역 화폐들의 상호 환산성에 기여했다. 산업화 이전 시대에는 흔히 강력한 정치 행정하에서 과세 단위를 표준화했더라도 다양한 도량형, 저울, 무게 단위가 함께 사용됐다. 예를 들어, 1345년 사라이를 방문한 한 베네치아 상인은 상인들이 상품에 따라 다른 단위를 사용하는 모습을 보았다.[56]

몽골은 다양한 행정 구역에 걸쳐 있던 역참에 단일한 단위 체계를 적용했다. 이는 사신에게 제공되는 곡물과 술의 양이 역참마

---

53   Vernadsky 1953, 222.

54   Kolbas 2006, 68.

55   Allsen 2001a, 5.

56   Lopez and Raymond 1955, 152–153.

다 달라지는 것을 막기 위해서였는데, 그 양을 우구데이 카안이 표준화했다.[57] 이 규정에 따르면, 몽골 제국 전역에서 일인당 일일 배급량은 고기 한 근, 밀가루 한 근, 술 한 승(升), 쌀 한 승이었다.[58] 즉 지역 시장에는 도량형이 다른 경우가 있었지만, 역참과 같이 지역 행정 경계를 넘는 공식 업무에는 표준 도량형 체제를 사용했다. 제국 수준의 통일성과 지역 수준의 다양성은 과세와 통화에서도 발견할 수 있다. 역참로를 따라 이루어진 대륙 간 교역은 몽골 지배 시기에 전례 없이 번영했다.

몽골은 은(포은(包銀)) 또는 비단(사료(絲料))으로 징수하는 시스템을 금으로부터 물려받았다. '포은'의 '은'은 은을 의미하며, '포'는 아베 다케오의 해석에 의하면 통치자가 군인과 장인을 지원하기 위해 일반 가구에서 일회성으로 물자를 징발할 때 이에 응한다는 뜻이다.[59] 원래 포은이나 사료는 일 년에 한 번 은이나 비단으로 모든 징발 요구를 충당하는 공납 제도였을 것이다. 이름으로 볼 때, 포은제는 유목 군대의 비정기적이거나 추가적인 징수에서 비롯됐을 가능성이 높지만, '비정기적'이라는 말이 결코 사소하거나 부수적이라는 의미는 아니다. 이는 후에 고정 세금으로 변했다. 1255년 뭉케가 제국 전역에 쿱치르를 도입하는 칙령을 발표할 때까지는 지역적 차이가 있었던 것으로 보이는데,[60] 1255년의 칙령에

---

57 松井太 2004 *passim*.

58 松井太 2005, 197. 1승은 0.84리터에 해당한다(松井太 2004, 158).

59 安部健夫 1972, 148-149.

60 쿱치르는 몽골어로 "collecting"을 뜻한다. Doerfer 1963, 387. 마츠이 다이 박사의 가르침에 감사드린다.

   제2권 주제별 역사

따라 모든 호가 은 4량을 납부해야 했다.[61] 세금을 은으로 통일한 조치는 유라시아 전역에 화폐의 통용성을 확립하는 길을 열었다.

이 칙령은 러시아까지 영향을 미친 것으로 보인다. 1257년 몽골의 인구조사관들은 수즈달의 모든 토지와 랴잔, 무롬의 토지를 조사했으며, 납세자와 몽골 군대 징집 대상자 수를 파악하기 위해 국가의 인구를 십, 백, 천, 만 단위로 나누었다.[62] 『노브고로드 연대기』에 따르면, 1257년 몽골은 노브고로드에 몽골에 대한 탐가와 생산량의 10분의 1에 세를 부과하기 위해 가구 수 조사를 요구했다.[63] 노브고로드 사람들은 강하게 반발했지만 러시아의 통치자 알렉산드르 네브스키는 몽골의 뜻을 관철하는 데 성공해, 인구조사를 완료하고 세금을 징수했다.[64] 노브고로드는 처음에는 공물을 모피로 바쳤지만, 나중에는 은으로 납부했다. 이 변화 직후에 금장 호르드 통치하의 불가르에서 가장 이른 시기의 주화가 등장한 것은 우연이 아니다.[65] 한편 차가다이 칸국에서는 1253년부터 1254년까지 은 도금된 동전을 주조했다.[66] 토머스 올슨이 주장한 대로, 인구조사, 쿱치르 과세, 화폐 발행은 북중국에서와 마찬가지로 서로 긴밀하게 연결된 일련의 정책들의 일부였다.[67]

북중국 지배 초기의 징발은 주로 비단으로 이루어졌다. 그 후,

---

61 安部健夫 1972, 131.

62 Fennell 1983, 113.

63 Michell and Forbes 1914, 95.

64 Fennell 1983, 118.

65 Allsen 1987, 179.

66 Allsen 1987, 175.

67 Allsen 1987, 185.

위에서 언급한 대로 일부 지역에서 비단의 가치로 값이 표시된 지폐가 유통되기 시작했다. 1255년 쿱치르 제도 시행 이후 원칙적으로는 은으로 징발해야 했지만, 실제로는 그렇게 되지 않은 것 같다. 1260년 쿠빌라이 조정은 중통초라는 지폐를 발행했다. 1263년에는 가구마다 부과된 4량의 포은을 지폐로 납부할 수 있게 했다.[68] 중통초의 액면가는 동전의 가치로 표시됐지만, 은으로도 가치를 매길 수 있었다. 즉 세금을 납부할 때 2관(명목상 동전 1000개 한 꿰미)의 중통초는 주조된 은 2량과 동등하게, 또는 주조되지 않은 은 1량과 동등하게 간주됐다.[69] 원은 포은을 은으로 납부해야 한다는 원칙 자체를 폐기하지는 않았다. 그러나 지폐가 미주조 은을 대신하여 납부될 수 있도록 허용되면서, 중통초는 점차 표준 화폐로 유통되기 시작했다. 결국 중통초는 원에서 유통되는 화폐 중에서 (은 기준으로) 통화량이 가장 많은 화폐가 됐다. 시간이 지남에 따라 원의 총세입에서 포은이 차지하는 비중은 감소했지만, 이러한 징수 제도의 존재와 그것을 지폐로 납부할 수 있는 제도가 결합하여 결과적으로 은화화(silverization)를 촉진하는 효과를 낳았다.[70]

　　염인(鹽引, 소금 판매 허가서)의 가격을 통해서도 실물 은이 지폐로 전환됐음을 알 수 있다. 1263년에는 염인 가격이 실물 은으로 표기됐으나, 1277년에는 지폐 값으로 표기되고 있었다.[71] 원의 재정에서 염세의 중요성을 생각하면, 이 변화는 지폐의 전반적 수용

68　安部健夫 1972, 168.

69　安部健夫 1972, 167.

70　安部健夫 1972, 210-211.

71　宮澤知之 2012, 48.

을 더욱 증대시켰을 것이다. 1276년 이후 중통초 발행을 대폭 늘린 정책이 이 변화를 가속화했다는 설명은 의심할 여지가 없다.

중국 밖에서도 유사한 세금 체제가 나타났다. 투르판에서 나온 문서는 그곳의 주민도 토지세와 상세, 그리고 요역 외에 쿱치르를 냈음을 짐작하게 한다. 투르판에서 쿱치르는 역참 비용과 군사 원정 비용을 지원하는 데 쓰였다.[72]

그런데 원과 서부 칸국들 사이에 중요한 차이점이 있다. 원은 세금의 은납화와 지폐 지불을 병행한 반면, 서부 칸국들은 지폐를 발행하지 않고 실물 은으로만 세금을 징수했다. 일 칸국은 1294년 지폐를 도입하고자 했으나 실패했다.[73] 통화 제도의 차이는 지역 간 교역에 영향을 주었다. 페골로티가 이 과정을 묘사한 것을 보자. 일반적으로 이탈리아 상인들은 사라이나 우르겐치로 리넨을 가져와 은으로 교환했는데, 특히 금장 호르드의 소모(somo) 은정으로 바꾸었다. 그런 다음 중국으로 가서 은을 지폐로 바꾸어 비단과 도자기를 구매했다.[74] 마르코 폴로와 같은 유럽에서 온 방문객들은 한결같이 중국에서 지폐가 안정적으로 유통되고 있다고 언급한다. 우리는 이 대목에서 다음과 같은 질문을 해야 한다. 사라이나 우르겐치에서 받은 은은 어디에서 온 것일까?[75]

---

72 松井太 2005, 78.

73 금속 통화의 사용은 원과 동일하게 금지됐다. 지폐(초(鈔). 페르시아어로도 차오(chao)라고 불렀다)의 의무 사용은 일 칸국의 무역을 붕괴시켰고, 일 칸국은 단 두 달 만에 이 정책을 포기했다. Makhdumi 1988, 52-53; Jahn 1970. 같은 해에 은 생산량도 감소했다. Martinez 1984, 165.

74 Lopez and Raymond 1955, 358.

75 핼퍼린은 러시아인들이 해마다 3000~5000루블의 은을 납부했다고 주장했다. 그러나 이 수치가 은 가치로 환산된 모피 같은 물품 납부는 제외한 것인지는 분명하지 않다.

만약 유목민들에게 말을 구입했다면 은이 중국에서 서쪽으로 흘러갔겠지만, 중국의 말 수입에 관한 자료는 정확하지 않다. 아래에서 설명하겠지만, 어떤 물품의 수입 때문에 중국의 은이 서쪽으로 대량 이동했을 가능성은 크지 않다.

은을 서쪽으로 유입시킨 것은 상품 구매가 아니라 투자였을지 모른다. 원은 1311년까지 공식적으로 몽골 귀족들만이 개인 무역에서 은을 사용할 수 있게 했다. 몽골 귀족의 동업자(오르톡이라 불렸다)는 위구르, 무슬림 혹은 아르메니아인 상인들이었는데, 이들이 아마도 상당한 양의 은을 획득했을 것이다. 몽골 정부가 지원한 중앙아시아와 서아시아 상인들의 조합은 원 지배하의 비몽골 상인들에게 중국어로 천부사(泉府司)라는 이름으로 알려졌다.[76] 러시아 왕공들이 종종 타타르 상인들로부터 은을 빌렸기 때문에 유사한 제도가 서부 칸국에도 존재했으며, 지방 행정기관 역시 자본 투자의 대상이 되는 경우가 많았으며, 이러한 투자는 대개 세금 징수권을 위탁받아 세금을 거두는 방식, 즉 세금 징수권 임대를 통해 이루어졌다.[77] 서아시아에서는 많은 도시 귀족들과 관료들이 소득의 일부를 대형 도매 상인들에게 투자했다.[78] 일부 학자들은 오르톡 상인들에게 맡긴 은이 중국에서 서쪽으로 흘러갔을 가능성을 제시한다.[79] 그러나 이 상인들이 특히 1280년, 1300년, 1340년에

Halperin 1985, 77.

76 愛宕松男 1973, 200.

77 Moshenskyi 2008, 187; Martinez 2009, 99.

78 Petrushevsky, 1968, 509.

79 愛宕松男 1973; Allsen 1989, 121.

제2권 주제별 역사

상당한 양의 은을 중국에서 사라이와 우르겐치로 이동시켰다는 분명한 증거는 없다. 이 시기 가장 이윤이 많이 남는 물품이 비단과 도자기였다는 점을 감안하면, 동쪽에서 서쪽으로의 대규모 투자라는 것은 논리적으로도 맞지 않다.

은이 서쪽으로 흘러갔음을 시사하는 증거 중 하나는, 중국 본토에 있던 서부 칸국의 영지(투하(投下))로부터 칸국들로 공납이 송부된 일이다.[80] 이 제도는 몽골이 금에 승리해 북중국을 차지하면서 시작된 것으로 몽골이 제왕들과 귀족들에게 영지를 나누어 주고 그곳에서 말을 기르거나 요역과 곡식을 징발할 수 있게 했다. 1257년 제국 전체의 인구조사를 실시한 뭉케는 유라시아 전역의 토지를 왕족들에게 분배했다. 그 결과 몽골 칸국의 지배층은 몽골 세계 전체에 봉지를 갖게 됐다. 원은 이란에 분봉지가 있었고 서부 칸국들은 중국에 분봉지를 갖고 있었다.[81] 이것이 은이 장거리 이동한 가장 중요한 원인이었을 것이다.[82] 뭉케 재위 시기에는 이 시스템이 경제적 변화를 일으키지 않았으나, 1276년 몽골이 강남을 병합하고 투하 영지 소유자들이 그곳에서 대규모 은괴를 획득하자 전례 없이 많은 은이 지역 사이를 오고 갔다. 13세기 후반에서 14세기 중반까지의 기간은 북방과 중앙아시아에 기반을 둔 유목 군주들이 부유한 중국 남부의 영지로부터 세입을 직접 징발한 유일한 시기이다.

80　투하에 대한 가장 상세한 연구는 杉山正明 1993이다. 비문의 증거에 기반한 그의 분석에 따르면, 이 영지들의 행정은 원 중앙정부에서 완전히 독립해 있었다.

81　Allsen 2001b, 176-178.

82　Martinez 2011, 93.

중국의 봉지에서 서부 칸국으로 공납을 송부한 몇 개의 기록
이 남아 있다. 1281년 영녕왕(永寧王)이 관할하는 산서(山西) 태원(太
原)의 봉토에서 투르키스탄의 베쉬발릭으로 오호사(五戶絲)라는 공
납이 보내졌다.[83] 이 해는 역참이 베쉬발릭에서 캅카스 지역까지
확대된 해다.[84] 또한 같은 시기에 투하가 증가한 것도 우연이 아니
다. 같은 해 원은 104만 8107호가 포함된 중국 남부 지역의 봉지를
사여했다.

1281년 카이두는 신주(信州)의 6만 호를 분봉받았는데, 이
지역은 송대부터 은 생산지로 유명했다. 각 호가 칙령대로 지폐
0.5량(은으로 0.25량)을 냈다면[85] 카이두는 은 1만 5000량(600킬로그
램)을 받았을 것이다. 같은 해 차가다이계 칸은 풍주(灃州)에서 6만
7330호를 받았다.[86] 앞서 논의한 대로 당시는 포은을 지폐로 지불
하는 것을 허가했다. 그러나 원 영역 밖에서는 어떤 지폐도 유통되
지 않았으므로, 창장 하류의 봉토에서 나온 세입을 서부 칸국에
보낼 때는 은정으로 보냈음이 틀림없다. 그래야 그곳의 제왕들이
그 세입을 실제로 사용할 수 있기 때문이다.

중국 남부 분봉지 설립의 첫 번째 정점은 1276년에 시작됐으
며, 이는 남송 정복의 결과였다. 1276년부터 1285년 사이에 창장
하류에 총 124만 2000호에 이르는 새 분봉지가 생겼다. 호당 납부

---

83 村岡倫 2002, 158, 160. 1283년 화폐를 발행하는 관청이 그곳에 세워졌다. 前田直典
  1973, 77.

84 宋濂, 231.

85 宋濂, 2411.

86 李治安, 2007, 134.

액이 중통초 0.5량이므로, 납부 총액은 은으로 31만 량(12톤 이상)
에 달했다.[87] 새로운 분봉지의 설립은 1285년부터 1298년 사이에
중단됐다가 1296년 카이두의 중요한 동맹인 요무쿠르와 울루스
부카가 원 조정에 항복하면서 재개됐다.[88] 다음 해 원은 카이두 진
영의 투항을 유도하기 위해 그들의 봉지를 늘렸다.[89] 중요한 것은,
테무르 카안이 이미 1294년에 호당 납부액을 지폐 0.5량에서 2량
(은으로 1량)으로 인상하고,[90] 1298년에 창장 하류에서 새 투하 설립
을 재개한 것이다.

유라시아 서부에서 나타난 은화 주조의 두 번째 급증은, 새로
운 투하의 설치뿐 아니라 기존 투하로부터의 송부가 재개된 것도
그 원인이었을 가능성이 크다. 일 칸국의 가잔은 1297~1298년 원
에 사신단을 파견해 선물을 보냈고, 그 사신들은 중국에 있던 훌
레구의 봉토에서 비단을 가지고 돌아왔다.[91] 박물관의 주화 표본들
도 일 칸국의 은 주조가 1300년경 갑자기 정점에 이르렀음을 보여
준다.[92]

새 봉토 설립에 더해 1339년 이전에 중단됐던 투하의 공납 송
부가 재개되면서 금장 호르드로의 은 이동량이 급증했다. 금장 호
르드는 중국의 평양(平陽), 진주(晉州), 영주(永州)에 봉토를 소유하고
있었고, 원의 공식 사서에 따르면 1339년부터 매년 2400정 가치의

87　宋濂, 2411-2444.

88　松田孝一 1983.

89　宋濂, 408-409.

90　宋濂, 382.

91　Allsen 2001a, 49-50.

92　Martinez 1995-1997, 153.

중통초가 금장 호르드에 제공됐다.[93] 이것은 은 2300킬로그램에 해당한다.

2007년, 몰도바에 있는 금장 호르드의 요새 도시 오르헤이울 베키에서 65개의 은괴가 든 항아리가 발굴됐다. 항아리는 1340년에서 1360년 사이의 유물로 추정되며, 은괴들은 중국과의 연관성을 시사하는 두 가지 특징을 가지고 있다. 첫 번째는 그 무게이다. 약 200그램, 즉 5량인 이 은괴는 은 원보(元寶)의 10분의 1이다.[94] 이는 이 은괴들이 당시 사람들이 '소모'라고 불렀던 은괴의 사례임을 시사한다. 또 다른 특징은 은괴 표면에 기포가 있다는 점인데, 이는 중국 은괴의 표면과 유사하다.[95] 이러한 발견은 중국에서 보낸 은 공납이 금장 호르드에 도달했음을 강력히 시사한다.

한편 국제 무역 환경에서는 베네치아가 1345년에 맘룩과의 교역에 대한 교황의 금지 조치를 철회시키는 데 성공했고, 그 결과 베네치아 상인들을 매개로 하여 금장 호르드와 이집트를 연결하는 교역이 증가했다. 베네치아인들은 1335년 일 칸국이 정치적으로 분열된 이후 더 안전한 무역 경로를 찾으려고 애쓰고 있었다.[96]

이처럼 몽골 지배하에서 유라시아를 가로지르는 은의 흐름에서 두 가지 방향성을 찾을 수 있다. 일부는 동쪽, 즉 중국 본토로 이동해 비단, 도자기 및 기타 상품을 구매하는 데 사용됐다. 이 은

---

93 宋濂, 2906.

94 Boldureanu 2007.

95 필자는 2016년 9월 21일 몰도바 국립역사박물관에서 65개의 은괴를 조사하고 무게를 쟀다.

96 Martinez 2011, 102.

                          제2권 주제별 역사

은 중국에 도착하자마자 지폐로 교환됐다. 한편 서쪽으로 흘러간 은 가운데 일부는 코발트 같은 상품을 구매하는 데 사용됐을 수 있는데, 이 점에 관해서는 아래에서 설명할 것이다. 그러나 서쪽으로 향한 은의 주요 흐름은 상품 구매 대금이 아니라, 중국 본토에 있던 서부 칸 소유의 투하 영지에서 징수된 세금이 송부된 결과 나타난 것이었다.

1270년대에는 중국 본토에서 지폐가 확산함에 따라 서부 칸 국들의 화폐 체계와 원의 화폐 체계 사이에 차이가 생겼다. 은을 기준으로 하는 두 가지 서로 다른 화폐가 일반적으로 사용되었는데, 하나는 서방 칸국들에서 사용된 소모와 같은 은화였고, 다른 하나는 원에서 사용된 중통초와 같은 지폐였다. 몽골 제국 동부 지역에서 은을 기준으로 한 지폐가 실제 은을 대신할 수 있었던 한, 송부나 투자 어떤 방식으로든 은이 물리적으로 서부로 빨려 들어가는 것은 피할 수 없었다.

투하를 통한 전례 없는 규모의 공납 이동이 가능했던 것은 고액인 은괴의 존재 덕분이었다. 은괴는 이전에 유통되던 디르함이나 데나리우스 같은 은화와 완전히 다른 역할을 했다. 지역 간 무역과 지역 내 거래 모두에 사용된 은화와 달리, 은괴는 오로지 장거리 교환에만 사용됐다. 유라시아를 가로지르는 은괴의 대규모 이동은 인류가 문명의 경계를 뛰어넘어 지역 간 결제를 위한 회계 단위를 처음으로 갖게 됐음을 의미했다.

키예프 루스에는 무게가 140~160그램인 육각형 모양의 "그리브나(grivna)"라는 은괴가 이미 존재하고 있었다.[97] 그런데 노브고로드에서 유통된 그리브나의 무게는 약 200그램이었으며, 형태는 소모와 똑같은 긴 막대 모양이다. 이러한 은괴의 사용은 노브고로드가 금장 호르드에 내는 공납을 모피에서 은으로 전환했을 때 크게 확대됐다.[98] 그리브나는 루블의 원형이다. 루블이라는 용어는 "rubit(자르다)"에서 파생됐고 이것은 은괴를 지칭했다. 따라서 영국박물관이 소장한 노브고로드의 그리브나 두 점이 각각 소모 무게의 약 절반인 것은 우연이 아니다.

14세기 후반 이탈리아 상인들이 대금을 금으로 계산하기 전까지 은괴가 브뤼헤에서 가장 인기 있는 유동 자산 형태였다는 점을 감안하면, 소모가 유라시아 서부에서 은화 사용 확산을 주도한 것일 수 있다.[99] 실제로 독일의 한자 동맹은 무역 독점권을 바탕으로 노브고로드와 브뤼헤를 잇는 장거리 교역망을 구축했다.[100]

14세기 전반기 유라시아를 서쪽에서 동쪽으로 가로질러보면, 서로 환산 가능한 일련의 화폐 체계가 존재했다. 즉 서유럽의 금 플로린(florin)이나 대형 은화 그로스(gross), 서부 칸국들의 은 소모, 그리고 중국 본토의 은 원보(정(錠)으로 계산)가 있었고, 5플로린은 1소모와 등가였다. 서로마 제국 붕괴 이후 처음으로 서유럽에 다시 등장한 금화도 이 화폐 체계의 일부였다. 실제로 금화는 은화 주조의 세 번째 정점인 1340년대에 이미 유통되기 시작했다.[101] 지중해 동단에서 대형 은화의 발행이 증가하여 금 사용이 감소함에

---

97 Zubko 1999, 44-45.

98 Martin 1978, 406.

99 Murray 2005, 132.

100 Ogilvie 2011, 97; Abu Lughod 1989, 79.

101 금은 1340년 이후에야 중세 유럽의 재정 중심인 브뤼헤에서 중요해졌다. Murray 2005, 295-296.

따라 서유럽으로의 금 이동이 증가했을 수 있다.[102] 동시에 10소모는 1은정과 등가였다. 따라서 서유럽에서 한반도에 이르는 주요 장거리 교역로를 따라 서로 쉽게 환산될 수 있는 일련의 화폐 체계가 존재하였다. (표 4.3 참조) 이러한 지역 화폐와 광역 교역 화폐 사이의 환산을 매개하는 중개 화폐가 종종 등장했을 가능성도 있다. 예를 들어 1313년 일 칸국은 더 가벼운 아스페르를 주조했는데, 이것이 유럽 은화와 인도 금화의 교환을 촉진한 것으로 보인다.[103]

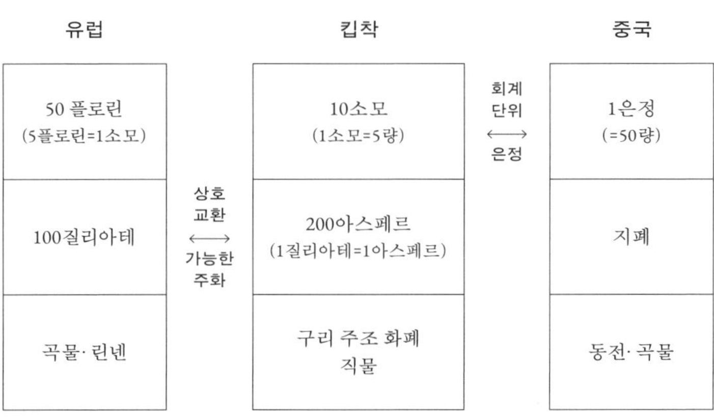

표 4.3   화폐의 여러 계층

　　말할 필요 없이, 200그램의 은괴는 약 3그램의 은화인 디르함과 매우 다른 역할을 했다. 다시 말해 은괴는 고가의 상품을 대규모로 거래하는 장거리 상인에게 필요했지, 일상적 거래에서는 전

102　킬리키아에 있는 루벤 왕조의 주조소는 외국 은에 대해 더 높은 금의 교환 비율을 제공했다. Martinez 1995-1997, 226-227.

103　Martinez 1995-1997, 190.

혀 실용적이지 않았다. 다음 절에서 볼 수 있듯이, 각 지역의 시장에는 매우 다양한 지역 통화가 그대로 유통되고 있었다.

우리는 유라시아의 동부에서 실물 은이 거의 사용되지 않았다는 사실을 이미 확인했다. 특히 북중국 지역에서는 주로 지폐를 사용했기 때문에 가격을 중통초로 표시하는 경우가 많았다. 은으로 표시된 세금도 지폐로 납부했고, 서쪽에서 온 상인들은 은괴를 지폐로 교환할 수 있었다. 그런데 중국 본토에서 지폐 사용이 제한되자 은괴가 유라시아 횡단 무역로를 따라 이동하던 제도적 기반이 무너졌다. 이 과정은 1360년대에 일어났다.

표 4.2는 실물 은 기준으로 원의 지폐 발행량 변화를 보여준다. 1311년의 정점은 무시해야 하는데, 이 수치는 2년 이내에 중단된 통화 시스템의 특별한 변화를 반영하기 때문이다. 첫 번째 정점은 1276년에 시작되며, 이미 논의한 바와 같이 몽골의 창장 하류 정복과 일치한다. 1276년과 1298년에 시작된 증가세는 새로운 투하 영지의 설립과 겹치며, 이 추세가 정점을 찍은 뒤 런던 조폐국의 은화 발행량이 증가했다.

13세기 말부터 14세기 중반까지 세 차례에 걸쳐 유럽에서 은 주조가 급증한 사건은 모두 투하로부터의 공납 송부 증가와 겹친다. 당시의 제도적 배경을 이해하면 이것이 단순한 우연이 아니라는 점이 분명해진다.

시장의 확산과 계층화

몽골 시대는 유라시아대륙을 가로지르는 육로의 대상 무역과 해

　　　　　　　　　　　제2권 주제별 역사

상 무역이 전례 없는 전성기를 맞이한 시기로 알려져 있다.[104] 마르코 폴로를 비롯한 수많은 여행자들이 무역로를 따라 여행하면서 자신들이 본 것을 기록했다.[105] 유라시아 서쪽 끝과 동쪽 끝을 잇는 장거리 무역이 번성하면서 발트해 무역과 중국해 무역을 비롯한 지역 해상 무역도 함께 증가했다. 13세기에 노브고로드와 금장 호르드의 모피 무역이 발전하면서 노브고로드의 상인이 두 배로 늘어났다.[106] 언급한 대로, 독일 한자 동맹은 무역 독점권을 바탕으로 노브고로드와 브뤼헤를 잇는 장거리 교역망을 구축했다.[107] 그리고 이 무역은 유라시아대륙 전역에서 일어나고 있던 발전의 일부였을 뿐이다.

이처럼 유라시아 양단의 소통이 전례 없이 발전했음을 보여주는 사례는 다수 있다. 원의 일본 침략 시도에도 불구하고 동중국해 무역은 이전에 볼 수 없던 번영을 누렸다. 이 시기 일본의 가장 중요한 수출품은 금이었는데, 몽골 엘리트들은 금사로 장식된 의상을 매우 좋아했다. 이 유행은 서쪽으로 전해졌다. 시에나의 시모네 마르티니가 1333년에 그린 〈수태고지〉의 가브리엘 천사는 백색과 금색이 섞인 몽골식 옷을 입고 있다. 시에나의 직물 산업은 몽골의 직물 유행으로부터 영향을 받았고, 마르티니는 자신의 그림에 이를 묘사했다.[108]

---

104 상인들은 군사 명령의 전달을 방해하지 않는 한 역참 시스템을 이용할 수 있었다. Allsen 1989, 97.

105 Vogel 2013는 폴로의 관찰이 대부분 현실을 반영한다고 확언했다.

106 Moshenskyi 2008, 182.

107 Ogilvie 2011, 97; Abu Lughod 1989, 79.

108 Finlay 2010, 155.

고품질의 코발트는 상품이 서에서 동으로 이동한 예이다. 잘 알려진 것처럼, 중국 경덕진은 코발트를 사용한 청화백자를 생산했다. 화학 분석을 통해 당시 사용한 코발트가 현재 중국 서북부의 신장과 간쑤뿐만 아니라 독일과 이탈리아에서 발견된 것과 동일하다는 사실이 확인됐다. 동일한 화학적 특성을 가진 코발트가 델리에서 발견된 중국 도자기에서도 검출됐다. 경덕진의 코발트 정제 기술은 1325년 이후 한 단계 발전하여 1350년경 정점에 이르렀다.[109]

하지만 어떤 상품이 유라시아 횡단 무역의 번영을 이끌었는지는 분명하지 않다. (주로 육로 대상 무역을 통해) 서쪽으로 이동한 상품 가운데 중국 비단이 가장 중요하고 수익성도 높았던 것으로 보이며, 이는 길란과 같은 서아시아 지역의 비단 산업을 변화시켰다. 그러나 그 양을 측정할 방법이 없고, 따라서 추세의 변화도 파악할 수 없다.[110] 반면에 서쪽으로 (이 경우 주로 해상 경로를 따라) 이동한 중국 도자기는 그 발전상을 설명할 수 있을 만큼 충분한 기록을 남겼다. 유라시아 서부에서 도자기 무역은 은 유통의 증가와 함께 정점에 이르렀다. 이집트와 이란에서 발굴된 대량의 도자기는, 홍해와 페르시아만 주변의 도자기 수입이 13세기 후반에 증가하여 14세기 전반 내내 지속되다가 14세기 후반에 감소했음을 보여준다.[111] 위에서 언급한 경덕진의 최고급 청화백자 외에도, 이 시기에

---

109 Chen, Guo, and Chen 1994, 14-19.

110 페골로티에 따르면, 제노바에서 온 상인들이 1소모 은으로 19~20파운드의 비단을 살 수 있었다. Lopez and Raymond 1955, 358. 길란의 비단 산업에 대해서는 Petrushevsky 1968, 504 참고.

111 三上次男 1969; 森達也 2012; Margariti 2007, 65, 137; 그리고 일반적으로는 Finlay 2010.

   제2권 주제별 역사

는 용천(龍泉)의 청자와 복건(福建)의 백자가 대량으로 서쪽으로 이동했다.[112]

동쪽으로의 상품 이동은 추적이 어렵다. 이탈리아와 노브고로드의 상인들은 사라이 같은 금장 호르드의 도시로 리넨과 모피를 가져갔지만, 중국 본토에서는 이러한 제품에 대한 수요가 거의 없었다. 이븐 바투타가 관찰한 것처럼, 아랍 상인들이 벵골의 쌀과 교환한 몰디브의 조개 화폐가 운남에서 유통됐지만, 그 가치는 높지 않았을 것이다.[113] 유럽산 코발트 중 일부가 중국 남부로 옮겨졌지만, 그 가치는 서쪽으로 이동한 도자기와 맞먹을 만큼 크지는 않았을 것이다.

이븐 바투타는 말이 흑해에서 아라비아를 거쳐 인도로 수출되는 모습이나 페르시아만을 따라 키시로 가는 모습을 목격했다.[114] 서부 칸국 관할의 초원 지역에서 사육된 말은 동쪽으로 향하는 무역의 주요 상품이었고, 금장 호르드의 우수한 말들이 아라비아반도를 거쳐 인도로 유입되어 그 지역에서 증가하는 전쟁 수요를 충족시켰을 가능성이 높다. 그러나 일 칸국이 원으로 보낸 선물을 제외하고는, 이 시기에 대량의 말이 중국으로 왔다는 증거는 없다.[115]

유라시아를 가로지른 무역에 대해 우리가 가진 데이터를 종합하면, 중국 본토의 영지(투하)에서 서부 칸국으로의 일방적 은 공납이 제국의 서부에 은 잉여를 발생시켰고, 이것이 남중국으로

112　森達也 2012, 2-4.

113　Baṭṭūṭa/Gibb, 827.

114　Chakravarti 1991, 170-174, 179; Digby 1971, 30.

115　Allsen 2001a, 44; Yokkaichi 2009.

부터의 비단과 자기 수입을 통해 결제되던 불균형 구조가 있었을 가능성이 높다. 원에서는 지폐, 서부에서는 은화를 사용했기 때문에, 중국에 도달한 은은 빠르게 다시 유출됐을 것이다.

우리는 이미 중국에서 지폐가 은을 대체한 장면을 보았다. 지폐의 인기가 높아지면서 은화뿐 아니라 동전도 지역 시장에서 사용하지 않게 됐다. 그 결과 남중국해와 동중국해 전역에서 전례 없는 사회적 변화가 일어났다. 동전의 흐름에 주의를 기울이지 않으면 이 시기 중국해에서 일어난 해외 무역의 규모를 파악하는 것이 불가능하다.

남송 영토를 병합한 원은 동전 과잉 문제에 직면했다. 원은 금보다 훨씬 더 큰 규모로 동전을 폐지했다. 그러나 그 정도는 지역에 따라 크게 달랐다. 예를 들어, 복건과 광동에서는 동전 사용을 계속 허용하고 지폐 유통에는 거의 노력을 기울이지 않았다. 이러한 타협은 아마도 이전 구리 생산지에서 유통되던 막대한 양의 동전 재고, 그리고 중국 남동부 지역의 매우 활발한 해상 무역 활동을 고려한 결과였을 것이다.[116] 예를 들어 천주는 도자기 수출의 주요 항구였으며, 몽골의 남송 정복을 도운 유명한 포수경(蒲壽庚)을 비롯한 많은 무슬림 상인이 이곳에서 사업을 했다.[117]

반면에 창장 하류에서는 동전 유통을 적극적으로 중단하려 했고, 그 결과 동전 사용이 확실히 감소했다. 창장 하류는 중국에서 가장 상업화된 지역일 뿐만 아니라 원 최대의 소금 수입원이었

---

116   前田直典 1973, 72-75.
117   桑原隲藏 1989.

                                          제2권 주제별 역사

다. 따라서 이곳에서는 지폐 사용이 불가피했고, 당시의 한 사료에 따르면 남송-원 전환기를 거치면서 이 지역에서 사람들의 동전 보유량이 90퍼센트 감소했다고 한다.[118] 한편, 동시대의 다른 사료는 원대에 유통된 화폐의 약 절반은 동전이고 나머지는 지폐였으며, 남송 영토에서는 동전이 여전히 중요한 역할을 했다고 주장하기도 한다.[119] 동전 감소량에 대한 통계가 없기 때문에 이러한 주장이 사실인지는 판단하기 어렵다. 다만 사찰의 종(鐘) 주조 현황을 통해 당시 상황을 짐작할 수 있다. 표 4.4에서 보다시피, 중국에서 청동 종 주조는 지폐가 유행하기 시작하자 절정에 이르렀다가, 원이 무너지고 동전 화폐가 다시 대세가 되면서 급격히 감소했다.[120]

중국에서 동전 화폐를 폐지하자 해외 수출, 특히 일본으로의 동전 수출이 증가했다. 10~14세기에 일본은 자체적으로 구리를 생산하지 않았다고 추정되는데, 그럼에도 이 기간 동안 일본 사찰의 청동 종 주조율이 높게 나타나는 것은 중국에서 폐기된 동전을 대량 수입했을 가능성을 시사한다. 즉 가마쿠라 대불의 구리, 납, 주석 비율이 북송의 원풍전(元豊錢)과 완벽하게 일치하는 것은 우연이 아니다.[121] 대불에 포함된 납 동위원소를 분석한 결과에 따르면 원산지가 중국 남부임이 더욱 명확하다.[122] 또한 중세 일본에서

118　前田直典 1973, 85. 前田直典는 정거부(程鉅夫)가 작성한 창장 하류 지역의 화폐 사용 상황에 대한 상주문을 인용했다. 정거부는 1286년 그곳을 방문했다.

119　前田直典 1973, 76.

120　坪井良平 1970. 坪井良平는 종 자체가 아니라 지역 지리지에 기록된 설명에 의존했기 때문에 중국과 일본을 정확하게 비교하는 것이 불가능했다.

121　馬淵和雄 1998, 16. 원풍통보(元豊通寶)의 구성에 대해서는 周衛榮 2004, 71-73.

122　平尾良光 2008b.

생산된 청동 물품의 납 동위원소 분석은 12세기 후반부터 남중국 산 납이 사용됐음을 증명하며, 이 역시 중국 동전이 일본에 대량 으로 유입되기 시작한 시기와 일치한다.[123]

	일본	한국	중국
1001년	0	3	9
1026년	0	4	2
1051년	0	3	5
1076년	0	1	9
1101년	0	1	13
1126년	0	0	18
1151년	4	1	11
1176년	6	2	12
1201년	9	7	10
1226년	9	9	5
1251년	22	2	18
1276년	31	3	20
1301년	33	6	20
1326년	36	0	30
1351년	36	0	8
1376년	42	1	9
1401년	26	0	5
1426년	28	0	11
1451년	26	0	9
1476년	25	0	16
1501년	16	0	9
1526년	17	0	4
1551년	18	1	4
1576년	15	2	5

표 4.4　일본, 한국, 중국의 청동 종 주조

출처: 일본은 坪井良平 1970, 305-355; 한국은 坪井良平 1974, 265-268; 중국은 坪井良平 1984, 462-550.

그러므로 원의 동전 폐지가 10세기부터 쌀과 직물을 화폐로 사용하던 일본에 종교적 수요를 충족시키는 데 필요한 재료를 공급한 것이다. 같은 시기에 일본의 많은 지역에서 동전이 점차 화폐로 사용되기 시작했다. 특히 수도에서 먼 지역에서는 귀족에게 바치는 공물이 현물 대신 동전 가치로 표시되기 시작했는데 이 과정을 "대전납(代錢納)"이라고 하며, 동전으로 가격을 매기는 관행도 유행했다. 또한 동전의 확산과 함께 주로 10일마다 열리는 지역 시장이 급증했다. 표 4.5에서 볼 수 있듯이, 새로운 시장의 출현은 14세기 전반에 정점에 이르렀다. 이를 통해서 청동 종의 생산이 증가한 데 이어 동전으로 지불하는 공물 납부가 늘어났으며, 이로 인해 시장의 성장이 일어났음을 알 수 있다.[124]

	새로운 정기 시장	주화 지불로 변환된 공물
1176년	1	
1201년	3	
1226년	4	5
1251년	8	9
1276년	8	30
1301년	8	81
1326년	21	43
1351년	16	31
1376년	10	26
1401년	12	
1426년	3	

---

123 平尾良光 2008a, 29.

124 이 인과관계는 시장의 발전이 화폐 공급의 증가를 불러온다는 일반적인 가정과 반대로 나타난다. 豊田武 1952; Segal 2011.

| 1451년 | 1 |
| 1476년 | 1 |

표 4.5 중세 일본의 새로운 시장과 공물의 화폐화
출처: 시장은 豊田武 1952, 112-118; 공물은 佐々木銀弥 1972, 352-362.

일본에는 비단이나 도자기 같은 중국 상품에 대한 강력한 수요가 항상 존재했다. 그러나 12세기 후반에서 14세기에는 동전이 가장 많이 수입된 것으로 보인다. 일본은 동전과 교환하기 위해, 사원 건축용 목재, 화약용 유황, 장식용 금(특히 직물 장식용) 등을 중국으로 수출했다.[125] 13세기 후반 두 차례에 걸친 몽골의 서일본 침략 시도로 원과 일본 당국은 정치적 적대 관계였는데도 무역은 전례 없는 수준으로 증가했다. 한국 서해안 남쪽에서 발견된 신안 침몰선은 1323년 영파(寧波)를 출발한 배로, 28톤의 동전, 주석 괴, 도자기를 싣고 있었으며, 이는 동중국해 무역 번성의 단면을 보여준다.[126]

동전이 갑자기 풍부해진 것이 일본에만 국한된 일은 아니었다. 1350년의 동판 명문이 보여주듯이, 자바에서는 토지 계약을 동전으로 표시하기 시작했다.[127] 말레이반도와 인도네시아에서는 13세기부터 간자(ganza, 주석·구리 합금)가 유통되기 시작했는데, 이것은 서부 칸국들의 소모 은괴를 닮은 배 모양의 비주조 은 덩어리였다.[128] 그러나 고려에서는 동전 수입이 훨씬 제한적이었고, 표

---

125 몽골 황실이 의례에 금직물을 사용하면서, 일본에서 생산되는 금에 대한 수요가 크게 늘어났다. Allsen 1997, 37, 65, 97, 101.

126 한국해양박물관 2006, 204.

127 Reid 1993, 96.

128 Mitchiner 1979, 397-398. 무게는 30그램으로 소모 하나보다 가볍다.

4.4에서 본 고려 사찰의 종 주조 경향은 고려가 원이나 일본과는 다른 상황에 있었음을 시사한다.

위의 증거를 통해, 중국에서 지폐가 동전을 대체한 것이 일본과 동쪽 및 남쪽의 다른 해외 지역에서 시장의 성장을 촉진했다고 추론할 수 있다. 만약 이 주장이 사실이라면, 중국에서 서쪽으로 유출된 은이 유라시아 서부의 시장 성장을 촉진했을 가능성도 있지 않을까? 표 4.6은 네덜란드의 시장 증가 추이를 보여주는데, 일본과 동시에 일어난 일로 보일 정도다. 두 곳 모두 시장 설립은 14세기에 정점에 달했다가 15세기에 정체됐다. 영국 역시 14세기에 시장 설립의 최고점을 경험했는데,[129] 이는 세 나라 모두에서 시장 설립이 원의 화폐 발행 비율과 밀접하게 연관돼 있었음을 의미한다.

	네덜란드	일본
1200년	1	1
1201 – 1250년	7	7
1251 – 1300년	13	16
1301 – 1350년	29	29
1351 – 1400년	27	26
1401 – 1450년	11	15
1451 – 1500년	8	2

표 4.6 네덜란드와 일본의 새로운 시장

출처: 네덜란드는 Dijkman 2011, 43; 일본은 豊田武 1952, 112-118.

---

129 웨스트 미들랜즈 지역의 조밀한 시장 분포가 보여주는 것처럼, 영국의 지역 시장은 14세기 초에 가장 많이 확산한 것으로 보인다.

안타깝게도 몽골이 직접 통치하던 지역의 시장에 대한 통계 자료는 없지만, 농민을 끌어들이는 시장이 여러 곳에 존재했다. 우리는 유라시아의 양 끝에서 동시에 농촌 시장의 수가 급증했고, 이 추세가 거의 동시에 끝났다고 분명히 말할 수 있다. 종류는 달랐지만(서쪽에서는 은, 동쪽에서는 구리) 제국의 동과 서 모두 중국 본토로부터 금속을 공급받았으며, 그 이유는 중국에서는 지폐가 우세했기 때문이다.

13세기 중반부터 14세기 중반까지의 기간 동안 광역적인 무역이 전례 없이 증가했고, 그러므로 우리는 이 시기를 유라시아 상업 시대라고 부를 수 있다. 무엇보다 지역 간 노예무역이 확대됐다. 기근이 발생했을 때 자녀를 파는 일은 중국 역사 전반에 걸쳐 흔한 현상이었다. 그러나 특히 이 시기에는 아이들이 먼 곳까지 팔려갔고 수도 대도에는 노예 시장이 열렸다.[130] 막대한 수의 포로들이 있었고 노예에 대한 수요도 늘어났기 때문에 몽골 제국 전역에 대규모 노예 시장이 존재했다. 일 칸국과 금장 호르드에서 채무 노예제를 도입한 것도 노예무역의 규모를 키웠을 것이며, 이집트와 델리의 맘룩(노예 병사) 수요로 인해 노예는 주요 수출 상품이 됐다. 특히 금장 호르드에서 더욱 그랬다.[131]

일부 지역에서는 장거리 무역의 발전과 함께 지역 시장도 성장했지만, 두 경향은 서로 다른 구조 아래에서 발생했기 때문에 완벽하게 일치하지는 않는다. 즉, 이 기간 동안 상업 활동의 확산은

---

130   Ebisawa 1983.

131   Martinez 2009, 94; Amitai 2008.

다양한 수준에서 개별적으로 일어났다. 지금부터 거래에 사용된 화폐의 종류에 따라 시장이 어떻게 상층부터 하층까지 계층화했는지 살펴보자.

앞에서 언급했듯이, 거대한 지역 단위의 무역에서는 주조되지 않은 은으로 가치를 교환했다. 중국 본토와 그 주변 지역에서는 원보 은정이, 투르키스탄에서 동유럽에 이르는 지역에서는 소모 은괴가 널리 유통된 것으로 보인다. 그러나 주조되지 않은 은의 무게는 동일하지 않았다.

오르헤이울 베키에서 출토된 65개의 은괴는 무게가 173~227 그램 사이에 걸쳐 있다.[132] 200그램 내외이긴 하나 편차가 상당히 크다. 원보 은정도 이와 비슷하게 50량을 중심으로 편차가 컸다.[133] 자바 부근 인탄에서 발견된 10세기 난파선에서 나온 은정 72개의 무게 분포가 불규칙한 것은 주조되지 않은 은이 중국에서 균일한 무게의 정(錠) 형태로 유통된 적이 없음을 시사한다.[134]

앞서 설명한 바와 같이, 은은 원래 비단의 대체품이었다는 점을 기억하는 것이 중요하다. 거래할 때 비단 한 필의 길이나 무게 차이를 걱정하는 사람은 거의 없었다. 마찬가지로, 동쪽의 원보나 서쪽의 소모도 정확한 표준으로 정의되지 않았다. 후대에 상업 국가들이 고정된 계량 체계에 따라 거래한 것과 달리, 몽골 정권하의 경제 활동은 은의 본질적 특성에 의존하지 않았다. 오히려 은은 회계상의 단위로서 개념적 역할을 수행했다. 14세기 중반 서유

132　은괴는 몰도바 국립역사박물관에 보관돼 있다. 유물번호 24875 (1-65).

133　50량짜리 원대 은괴의 실제 무게는 편차가 크다. Vogel 2013, 482-484.

134　Flecker 2002, 84-85.

럽에서 금이 화폐로 사용된 것도 같은 맥락이다. 상인들의 장부에 금으로 표시한 품목도 실제로는 실물 금으로 구매한 것이 아니었다.[135]

은이 회계 단위로서 수행한 이러한 개념적 기능은 대륙 전체에 걸친 통화의 호환 가능성의 기초가 되었으며, 지역 간 결제에 사용하는 통화와 지역 내 거래에 사용하는 통화를 구분하며 함께 발전했다. 13세기 후반에 제노바와 타브리즈 같은 유라시아 서부의 일부 도시에서 환어음 거래 사실이 확인된다 하더라도,[136] 소모는 여전히 다른 지역 화폐 간의 간극을 메우는 데 중요한 역할을 했을 것이다. 하지만 이와 같이 연결돼 있었다고 해서 은화를 매개로 거래하는 지역 시장의 상품 가격이 비슷해졌다는 것은 아니다. 지역 시장들은 서로 느슨하게 연결돼 있었고, 대부분의 상품은 지역마다 가격이 달랐다.

탐가는 금장 호르드에서 인기가 있었지만, 현지 거래에 사용된 유일한 통화는 아니었다. 노브고로드에서는 그리브나의 하위 단위인 뎅기를 사용했다. 1그리브나가 100뎅기의 가치가 있었는데, 차가다이 칸국에서 발견된, 13세기 후반의 날짜가 새겨진 무게 1.8~2.0그램(거의 질리아테의 절반 또는 1량의 20분의 1)의 은화는 탐가보다는 뎅기와 동등한 가치였을 가능성이 있다.[137] 이 은화는 탐가의 무게를 2.1그램으로 통일한 마수드 벡의 개혁 이후에 주조된 것임

---

135 이는 몽토방의 한 상인이 1339~1369년에 쓴 회계장부로 보인다. Lopez and Raymond 1955, 138.

136 Moshenskyi 2008, 197.

137 汪海林·鍾昌文 2007, 17-18.

  제2권 주제별 역사

이 틀림없다.[138]

　　아조프해의 타나의 경우, 소모는 장거리 무역에 사용했고, 조폐국은 소모 하나에서 나온 은으로 약 200개의 아스페르를 주조해 현지에서 사용했다. 한편, 흑해의 카파에서는 1소모가 120아스페르였다.[139] 1304년의 제노바 법령에 따르면, 금장 호르드의 아스페르는 제노바의 10드니에(denier)로 취급했다. 채소와 일상용품을 구매할 때는 아스페르의 16분의 1 가치를 지닌 비잔티움의 구리 동전 폴레리(folleri)를 사용했다.[140]

　　타나의 사례에서 알 수 있듯이, 상업 거래는 대개 세 층으로 나뉘었고 각각 특징적인 자체 통화를 사용했다. 최상위층에서는 지역 간의 무역에 소모와 같은 주조하지 않은 은을 사용했다. 지역 조폐국은 은괴를 녹여 만든 아스페르 같은 은화를 발행해 세금 납부 등의 용도로 사용했다. 한편, 가장 작은 단위의 은화조차도 대부분의 사람들이 일상생활에서 사용하기에는 여전히 너무 비쌌기 때문에, 소규모 거래에는 폴레리처럼 다른 금속으로 만든 다양한 동전들을 사용했다. 그러므로 이 세 가지 통화는 대체 관계가 아니라 상호 보완적인 관계였다.

　　일상용품의 거래는 공식적으로 인정된 통화를 매개로 한 거래와는 거의 독립적으로 이루어졌다. 각 계층 간 경계는 명확하지 않았으며 상황에 따라 달랐을 것이다. 1340년 고려에서 출판된 북중국 여행 안내서 『노걸대(老乞大)』는 여관에서 하룻밤 숙박비를

138　Davidovich and Dani 1998, 406.

139　1289년 카파에서의 교환 비율은 1소모가 112아스페르였다. Balard 1973, 52.

140　Lopez and Raymond 1955, 356; Yule 1914, 159.

내는 일부터 고려 인삼 판매에 이르기까지 다양한 거래의 단면을 보여주는데, 모든 대금을 중통초로 표시하고 있다. 이 책은 상인들이 판매세를 계산하고 지폐로 지불한 방식을 상세히 설명하고 있어, 이를 통해 지폐가 세금 징수에 사용됐음을 확인할 수 있다. 일화 중 가장 작은 비용을 지불한 거래는 돼지고기 한 근을 구입한 것이었는데, 그 가격은 1량이었다. 이를 통해 북중국에서 지폐로 모든 종류의 일상 거래를 처리하지는 못했을 것이라 판단할 수 있다.

지폐가 광범위하게 쓰였다고 해서 사적 거래를 완전히 장악한 것은 아니었다. 『노걸대』는 상인들이 종종 지폐의 액면가를 무시하고 그 외관에 따라 지폐의 가치를 흥정했으며, 현지 관행이 공식 규정보다 우선하는 경우가 많았음을 보여준다.[141] 원대의 비문에 남은 거래 기록들은 북중국 사람들조차도 자주 동전으로 거래했음을 드러낸다.[142] 따라서 소규모 거래뿐 아니라 대규모 민간 상업에서도 종종 조세와 행정의 원칙과는 무관하게 자체 원칙이 작동했다. 동전 사용을 반세기 이상 금지했는데도 원 지배 붕괴 이후 창장 하류에서 동전 사용이 빠르게 부활한 것도 바로 이 때문이다.[143]

요약하면 몽골 시대에는 유라시아 전역에서 다양한 유형의 통화를 사용하는 다층적 상업 활동이 나타났다. 원 영역에서는 공식 규정에 따라 지폐가 광범위하게 유통된 것으로 보이지만 지

141　舩田善之 2001.
142　市丸智子 2008, 97-99.
143　孔齊 1987, 25.

역 통화를 사용하는 하위 계층의 거래가 여전히 존재했다. 앞서 언급했듯이, 구 남송 영토와 중앙아시아 및 서아시아 전역의 도시에서 동전이 계속해서 중요한 역할을 수행한 반면, 운남에서는 몰디브의 조개 화폐인 조가비가 더 중요하게 사용됐다. 한편 북중국과 같이 일상생활에서 쓸 소액 통화가 없던 지역에서는, 상인들이 제공하는 목패와 교환증을 포함한 다양한 화폐 대용품이 공식 지폐를 보완했다.[144] 또한 농촌 지역에서는 곡물을 계속 화폐로 사용했다.

세계적인 은의 세기를 향해

이 장에서 다룬 화폐, 시장, 과세라는 측면에서 보면 14세기 유라시아와 현대 세계 사이에 직접적 연관성은 거의 없다. 다만 러시아 국가가 몽골의 과세 방식을 계승했고,[145] 그 결과 탐가와 같은 특정 몽골 용어들이 러시아, 이란, 중앙아시아에서 수 세기 동안 사용됐다.[146] 직접 연결하기는 어렵지만, 14세기는 이후 전 세계적 변화를 이끌 주요 흐름들이 싹튼 시기였다고 할 수 있다.

13세기 이전의 여러 국가에서도, 비록 실제 납부는 대부분 현물로 이루어졌더라도, 과세는 화폐 단위로 정하는 일이 흔했다. 몽골의 과세 체계는 예외적으로 넓은 영토를 포괄했다는 점을 제외하면 이전의 조세 제도와 크게 다른 것은 아니었다. 그러나 중요한

144　方齡貴 2001, 437; Kuroda 2009.

145　Vernadsky 1953, 358.

146　Halperin 1985, 91; Halperin 1983; Fragner 1997.

것은 몽골 치하에서 과세의 회계 단위가 대륙 간 및 지역 간 무역의 회계 단위와 일치하게 됐다는 사실이다.

몽골 지배가 무너진 후, 대륙 간 무역 상품의 최대 생산자였던 중국은 15세기 초 명의 통치 아래 은을 기반으로 한 과세 체계를 다시 확립했다. 중국 상품을 구매하는 외국인도 중국과의 무역에서 은을 사용해야 했다. 이처럼 몽골 정권 붕괴 후 공통 회계 단위로 은을 사용하는 관행은 한 공통 회계 단위는 사라졌지만, 이는 16세기 후반 남아메리카에서 시작되어 중국에서 종결되는 전 세계적 은의 행진을 위한 길을 열었다.

참고문헌

사료와 번역서

孔齊. 1987.『至正直記』. 上海.
陶宗儀. 1959.『南村輟耕錄』. 北京.
方齡貴. 2001.『通制條格校注』. 北京.
方回. 1971.『古今攷』. 臺北.
宋應星. 1978.『天工開物』. 香港.
鄭麟趾정인지. 1972.『高麗史고려사』, vol. 2. 서울, 2nd ed.
YS. 일러두기 6번 참조.
Baṭṭūṭa/Gibb. 일러두기 6번 참조.

연구서와 논문

高聰明. 2016.「淄州交會考」『中國錢幣』 2016.1: 9-12.
宮澤知之. 2012.「元朝の財政と鈔」『佛教大學歷史學論集』 2: 43-64.
馬淵和雄. 1998.『鎌倉大佛の中世』. 東京.
舩田善之. 2001.「元代史料としての舊本『老乞大』―鈔と物價の記載を中心として―」『東洋學報』 83: 101-130.
三上次男. 1969.『陶磁の道』. 東京.
森達也. 2012.「ペルシア灣北岸發見の中國陶磁」『愛知縣陶磁資料館紀要』 17: 1-18.
杉山正明. 1993.「八不沙大王の令旨碑より」『東洋史研究』 52.3: 435-484.
森安孝夫. 2004.「シルクロード東部における通貨」『中央アジア出土文物論叢』, ed. 森安孝夫. 1-40. 京都.
桑原隲蔵. 1989.『蒲壽庚の事績』. 東京.
松田孝一. 1983.「ユブクル等の元朝投降」『立命館史學』 4: 28-62.
松井太. 2004.「モンゴル時代の度量衡: 東トルキスタン出土文獻からの再檢討」. 『東方學』 107: 153-166.
市丸智子. 2008.「元代における銀・鈔・銅錢の相互關係について―使用單位の分析を中心に」『九州大學東洋史論集』 36: 88-122.
安部健夫. 1972.『元代史の研究』. 東京.
愛宕松男. 1973「斡脫錢とその背景―十三世紀モンゴル=元朝における銀の動向(上)・(下)」

『東洋史研究』32.1: 1-27, 32.2: 163-201.

王菱菱. 2005.『宋代礦冶業研究』. 保定.

汪海林·鍾昌文. 2007.「對疏附縣發現察合台汗國窖藏銀幣的研究」『內蒙古金融研究錢幣增刊』1: 16-23.

李治安. 2007.『元代分封制度研究』. 北京.

前田直典. 1973.『元朝史の研究』. 東京.

佐々木銀弥. 1972.『中世商品流通史の研究』. 東京.

周衛榮. 2004.『中國古代錢幣合金成分研究』. 北京.

村岡倫. 2002.「モンゴル時代の右翼ウルスと山西地方」『碑刻等史料の總合的分析によるモンゴル帝國·元朝の政治·經濟システムの基礎的研究』, ed. 松田孝一. 151-70. 東京.

彭信威. 1965.『中國貨幣史』. 2nd ed. 上海.

平尾良光. 2008a.「鎌倉大佛の素材は中國錢」『Isotope News』656: 22-27.

　　　 2008b.「材料が語る中世―鉛同位体比から見た經筒」,『經筒か語る中世の世界』. ed. 小田富士雄·平尾良光·飯沼賢司, 21-34. 京都.

坪井良平. 1970.『日本の梵鐘』. 東京.

　　　 1974.『朝鮮鐘』. 東京.

　　　 1984.『歷史考古學の研究』. 東京.

豊田武. 1952.『日本中世商業史の研究』. 東京.

Abu-Lughod, Janet L. 1989. Before European Hegemony: The World System A.D. 1250-1350. Oxford.

Allen, Martin. 2001. "The Volume of the English Currency, 1158-1470." Economic History Review 54.4: 595-611.

Allsen, Thomas T. 1987. *Mongol Imperialism: The Policies of the Grand Qan Mongke in China, Russia, and the Islamic Lands, 1251-1259*. Berkeley.

　　　 1989. "Mongolian Princes and Their Merchant Partners, 1200-1260." *Asia Major*, 3rd series 2.2: 83-126.

　　　 1997. *Commodity and Exchange in the Mongol Empire: A Cultural History of Islamic Textiles*. Cambridge.

　　　 2001a. *Culture and Conquest of Mongol Eurasia*. Cambridge.

　　　 2001b. "Sharing out the Empire: Apportioned Lands under the Mongols." *Nomads in the Sedentary World*, ed. Anatoly M. Kazanov and André Wink, 172-190. Richmond.

Amitai, Reuven. 2008. "Diplomacy and the Slave Trade in the Eastern Mediterranean: A Re-examination of the Mamlūk-Byzantine-Genoese Triangle in the Late Thirteenth Century in Light of the Existing Early Correspondence." *Oriente Moderno* 88: 349-68.

Asimov, Mukhamed S., and C. Edmund Bosworth, eds. 1998. *History of Civilizations of Central Asia*, vol. 4, part 1, The Age of Achievements: 750 AD to the End of the Fifteenth Century. Paris.

Bacharach, Jere L. 1983. "Monetary Movements in Medieval Egypt, 1171-1517." In Richards 1983, 159-181.

Balard, Mitchel. 1973. *Gênes et l'outre-mer, vol. 1, Les Actes de Caffa: Du notaire Lamberto di Sambuceto, 1289-1290*. Paris.

Blake, Robert P. 1937. "The Circulation of Silver in the Moslem East Down to the Mongol Epoch." *HJAS* 2.3-4: 291-328.

Boldureanu, Ana. 2007. "Some Remarks on the Metrology of the Golden Horde Silver Ingots in the Light of a Hoard Found at the Orheiul Vechi." www.arheomet.ro/ro/evenimente/simpozion2007/rezumate/boldureanu.html (accessed April 21, 2015).

Chakravarti, Ranabir. 1991. "Horse Trade and Piracy at Tana(Thana, Mahrashtra India)." *JESHO* 34.2: 159-182.

Chen, Yaocheng, Guo Yanyi, and Chen Hong. 1994. "Sources of Cobalt Pigment used on Yuan Blue and White Porcelain Wares, Shanghai Institute of Ceramics, Chinese Academy of Sciences." *Oriental Art* 40.1: 14-19.

CHIA. 일러두기 6번 참조.

Davidovich, Elena A., and A. H. Dani. 1998. "Coinage and the Monetary System." Asimov and Bosworth, 1998, 391-419.

Deyell, John. 1983. "The China Connection: Problems of Silver Supply in Medieval Bengal." In Richards 1983, 207-227.

Di Cosmo, Nicola. 2005. "Mongols and Merchants on the Black Sea Frontier in the Thirteenth and Fourteenth Centuries: Convergences and Conflicts." *Mongols, Turks, and Others: Eurasian Nomads and the Sedentary World*, ed. Reuven Amitai and Michal Biran, 391-424. Leiden.

Digby, Simon. 1971. *War-Horse and Elephant in the Delhi Sultanate: A Study of Military Supplies*. Oxford.

Dijkman, Jessica. 2011. *Shaping Medieval Markets: The Organisation of Commodity Markets in Holland, c. 1200-c. 1450*. Leiden.

Doerfer, Gerhard. 1963. *Türkische und mongolische Elemente im Neupersischen*, vol. 1. Wiesbaden.

Ebisawa, Tetsuo. 1983. "Bond servants in the Yüan." *Acta Asiatica* 45: 27-48.

Fennell, John. 1983. *The Crisis of Medieval Russia, 1200-1304*. London and New York.

Finlay, Robert. 2010. *The Pilgrim Art: Cultures of Porcelain in World History*. Berkeley and Los Angeles.

Flecker, Michael. 2002. *The Archaeological Excavation of the 10th Century Intan Shipwreck*. Oxford.

Fragner, Bert G. 1997. "Iran under Ilkhanid Rule in a World History Perspective." *L'Iran face à la domination mongole*, ed. Denise Aigle, 121-131. Tehran.

Friedel, Ernst. 1896. *Hervorragende Kunst- und Alterthums-Gegenstände des Märkischen Provinzial-Museums in Berlin*, vol. 1, Die Hacksilberfunde. Berlin.

Grierson, Philip. 1979. "The Coin List of Pegolotti." *Later Medieval Numismatics* (11th-16th Centuries), collected by Philip Grierson, XI, 485-492. London.

1982. *Byzantine Coin*. Berkeley.

Halperin, Charles J. 1983. "Russia in the Mongol Horde in Comparative Perspective." *HJAS* 43: 239-261.

1985. *Russia and the Golden Horde*. Bloomington, IN.

Hilton, Rodney. 1983. *A Medieval Society: The West Midlands at the End of the Thirteenth Century*. Cambridge.

Jackson, Peter. 2009. "Delhi: The Problem of a Vast Military Encampment." *Studies on the Mongol Empire and Early Muslim India*, collected by Peter Jackson, X II, 18-33. London.

Jahn, Karl. 1970. "Paper Currency in Iran: A Contribution to the Cultural and Economic History of Iran in the Mongol Period." *Journal of Asian History* 4: 101-135.

Keynes, John M. 1971. *A Treatise on Money: The Applied Theory of Money*. London.

Kolbas, Judith. 2006. *The Mongols in Iran: Chingiz Khan to Uljaytu, 1220-1309*. London and New York.

Köprülü, Mehmet Fuat. 1992. *The Origins of the Ottoman Empire*, tr. and ed. Gary Leiser. Albany, NY.

Kuroda, Akinobu. 2008a. "Locating Chinese Monetary History in Global and Theoretical Contexts: From Multiple and Complementary Viewpoints." 『基調與變奏: 七至二十世紀的中國』, vol. 2, 黃寬重 編, 33-50. 臺北.

2008b. "What Is the Complementarity among Monies? An Introductory Note." *Financial History Review* 15.1: 7-15.

2009. "The Eurasian Silver Century, 1276-1359: Commensurability and Multiplicity." *Journal of Global History* 4.2: 245-269.

Lopez, Robert S., and Irving W. Raymond. 1955. *Medieval Trade in the Mediterranean World: Illustrative Documents*. New York.

Makhdumi, Rafiuddin. 1988. "Mongol Monetary System." *Perspectives on Mongolia*, ed. R. C. Sharma, 49-54. Delhi.

Margariti, Roxani E. 2007. *Aden and the Indian Ocean Trade*. Chapel Hill.

Martin, Janet. 1978. "The Land of Darkness and the Golden Horde: The Fur Trade under the Mongols XIII-XIVth Centuries." *Cahiers du monde russe et soviétique* 19.4: 401-421.

Martinez, Arsenio P. 1984. "Regional Mint Outputs and the Dynamics of Bullion Flows through the Il-Xanate." *Journal of Turkish Studies* 8: 121-173.

1995-1997. "The Wealth of Ormus and of Ind." *AEMA* 9: 123-252.

2009. "Institutional Development, Revenues and Trade." *CHIA*, 89-108.

2011. "The Il-Khanid Coinage: An Essay in Monetary and General History Based Largely on Comparative Numismatic Metrology." *AEMA* 17: 59-164.

Matsui Dai 2005. "Taxation Systems as Seen in the Uigur and Mongol Documents from Turfan: An Overview." *Transactions of the International Conference of Eastern Studies* 50:

67-82.

Michell, Robert, and Nevill Forbes. 1914. *The Chronicle of Novgorod, 1016-1471*. London.

Miskimin, Harry A. 1963. *Money, Prices, and Foreign Exchange in Fourteenth-Century France*. New Haven.

1983. "Money and Money Movements in France and England at the End of the Middle Ages." In Richards 1983, 79-96.

Mitchiner, Michael. 1979. *Oriental Coins and Their Values*. London.

Moshenskyi, Sergii. 2008. *History of Weksel: Bill of Exchange and Promissory Note*. Xlibris.

Munro, John. 1983. "Bullion Flows and Monetary Contraction in Late Medieval England and the Low Countries." In Richards 1983, 97-158.

Murray, James M. 2005. *Bruges, Cradle of Capitalism, 1280-1390*. Cambridge.

National Maritime Museum of Korea. 2006. *The Shinan Wreck*. Mokpo.

Ogilvie, Sheilagh C. 2011. *Institutions and European Trade: Merchant Guilds, 1000-1800*. Cambridge.

Petrushevsky, I. P. 1968. "The Socio-economic Condition of Iran under the Īl-khāns." *CHIA*, 483-537.

Reid, Anthony. 1993. *Southeast Asia in the Age of Commerce 1450-1680*, vol. 2. New Haven.

Richards, John F., ed. 1983. *Precious Metals in the Later Medieval and Early Modern World*. Durham.

Sargent, Thomas J., and François R. Velde. 2002. *The Big Problem of Small Change*. Princeton.

Segal, Ethan I. 2011. *Coins, Trade and the State: Economic Growth in Early Medieval Japan*. Cambridge, MA.

al-Shamrookh, Nayef Abdullah. 1996. *The Commerce and Trade of the Rasulids in the Yemen, 630-858/1231-1454*. Kuwait.

Spufford, Peter. 1988. *Money and Its Use in Medieval Europe*. Cambridge.

Stahl, Alan. 1985. *The Venetian Tornesello: A Medieval Colonial Coinage*. New York.

Vernadsky, George. 1953. *The Mongols and Russia*. New Haven.

Vogel, Hans U. 2013. *Marco Polo Was in China: New Evidence from Currencies, Salts and Revenues*. Leiden.

Von Glahn, Richard. 1996. *Fountain of Fortune: Money and Monetary Policy in China, 1000-1700*. Berkeley.

2010. "Monies of Account and Monetary Transition in China, Twelfth to Fourteenth Centuries." *JESHO* 53.3: 463-450.

Watson, Andrew M. 1967. "Back to Gold-and Silver." *Economic History Review*, 2nd series 20.2: 1-34.

Whaley, Mark A. 2001. "An Account of 13th-Century Qubchir of the Mongol 'Great Courts'." *AOH* 54.1: 1-84.

Yokkaichi, Yasuhiro. 2009. "Horses in the East-West Trade between China and Iran under Mongol Rule." *Pferde in Asien: Geschichte, Handel und Kultur*, ed. Bert G. Fragner,

Ralph Kauz, Roderich Ptak, and Angela Schottenhammer, 87–97. Vienna.

Yule, Henry. 1914. *Cathay and the Way Thither*, vol. 3. London.

Zubko, Andriy. 1999. "The Mystery of the Kyiv Hryvnia Emergence." *Ukrainska Numizmatyka i Bonistyka* 99.2: 42–52.

제 5 장

종교의 교류

요한 엘버스콕

요한 엘버스콕　　　　　　　　　Johan Elverskog

미국 서던메소디스트대학의 석좌교수이자 종교학 교수
이며, 역사학 교수도 겸임하고 있다.『귀중한 요약: 칭기
스 칸에서 청나라까지 몽골의 역사(*The Precious Summary: A
History of the Mongols from Chinggis Khan to the Qing Dynasty*)』를 포
함해 다수의 저서와 편집서를 출간했다.

몽골 제국은 세계 역사상 전례 없는 수준으로 종교 교류를 촉진했다. 실제로 몽골인들은 몽골의 종교적·정치적 국가 이론과 제국이 조성한 유라시아 내 이동의 용이성 등 여러 요인들을 통해 유라시아의 종교 지형을 영구적으로 바꾸어놓았다.

대부분의 독자는 위 문단을 어렵지 않게 이해했을 것이다. 하지만 "종교 지형을 영구적으로 바꾸어놓았다"라는 단순해 보이는 구절에 대해 잠시 생각해볼 필요가 있다. 모든 이들이 "종교적" 또는 "종교"라는 말이 무엇을 수반하는지 알고 있다고 생각하지만, 사실 "종교", "종교들", "종교적"이라는 용어의 의미는 결코 명확하지 않기 때문이다.[1] 실제로, 종교가 무엇인지, 더 나아가 그것이 예술, 문화, 경제, 정치, 사회 등 인간 경험의 다른 측면들과 어떻게 상호 작용하는지는 학계에서 여전히 논쟁 중인 주제다. 예를 들어, 많은 학자들은 종교라는 범주가 근대의 산물이라고 주장한다.[2] 더욱이 이 개념은 대체로 식민지 시대에 개신교가 다른 문명들을 만나면서 형성됐다.[3] 따라서 오늘날 일반적으로 정의되거나 이해되는 "종교" 혹은 "종교적"이라는 개념은, 많은 경우 19세기 유럽 지식인들의 제한적이고 협소한 상상 속에서 만들어진 것이다.

사실 과거에는 이러한 구분이 거의 이루어지지 않았다. 오히려 자주 지적되듯, 실제로 '종교(religion)'라는 개념에 정확히 대응하는 용어를 갖고 있는 언어는 많지 않다.[4] 더욱이 전근대 세계의

---

1 Smith 1998.

2 Dubuisson 2003; Nongbri 2013.

3 Chidester 2014.

4 Josephson 2012.

누군가가 "종교"를 정치, 국가, 점성술, 의학, 경제 또는 인간 활동의 다른 측면들로부터 분리했다고 생각하는 일 자체가 의문시될 수 있다. 한 학자가 간결하게 표현했듯이, 이러한 다른 영역들로부터 종교를 분리하는 것은 "진토닉에서 진을 빼내는 것"과 같았을 것이다.[5]

그럼에도 종교는 자주 인간의 사유와 행동 중에서 다른 삶의 영역들과 분리된, 독립적이고 식별 가능한 분야로 간주된다.[6] 그리고 이렇게 규정된 특정한 사상과 실천의 결합체들은 다시 불교, 기독교, 도교와 같은 식별 가능한 단위들, 이른바 '세계 종교(world religions)'로 분류된다.[7] 그 결과 우리는 이러한 틀 안에서 종교 교류에 대해 이야기를 시작할 수 있게 된다. 불교도가 무슬림을 만나거나 혹은 기독교인이 유교인과 교류하는 것과 같은 만남이 이른바 다양한 형태의 "종교 교류"를 가능하게 했다고 상상하게 되었다.

그러한 만남들이 몽골 제국 시기에 일어난 것은 분명하다. 그럼에도 그 만남의 과정에서 정확히 무슨 일이 일어났는가, 또는 그러한 만남의 실제 결과가 무엇이었는가 하는 것은 완전히 다른 문제이다. 사실, 서로 다른 신앙 공동체에 속한 집단들이 만나서 교류하는 과정에서 "종교"를 다른 형태의 지적 교류와 분리하는 것이 적절하거나 가능한지에 대해서조차 의문을 제기할 수 있다. 예를 들어 무슬림이 유교를 믿는 사람에게 천문학, 광학, 지도 제작,

---

5 Armstrong 2014, 12.

6 Strenski 2015.

7 King 1999; Masuzawa 2005. 불교의 현대적 창조에 대해서는 Almond 1988; Walters 1998; Lopez 1995; McMahan 2008 참조.

역법에 대해 가르친 경우를 우리는 어떻게 인식해야 할까?[8] 그것은 종교적 교류인가, 과학적 교류인가? 대부분의 경우, 당시 이러한 실천이 불가피하게 종교적 세계관 안에 포함돼 있었더라도, 오늘날의 학자들은 그 교류를 과학사 범주에 포함할 것이다.

이 연구에서는 종교를 다른 활동들과 인위적으로 분리하는 방식을 취할 것이다. 즉 상업적, 과학적, 기술적인 많은 교류들이 대부분의 경우 필연적으로 종교의 경계를 넘어 이루어졌지만, 이것은 본서의 다른 부분에서 다룰 것이다. 이 점을 서두에서 강조하는 이유는, 몽골 제국 시대의 종교 교류사를 탐구할 때 이러한 문제들을 염두에 두어야 한다는 점을 상기시키기 위해서다. 여기서 종교를 인위적으로 분리하는 목적은 단순히 몽골 제국 내에서 이루어진 종교 교류에 대한 이해를 심화시킬 뿐만 아니라 종교란 무엇이며, 그것이 어떻게 작용하고, 어떤 위치를 차지하는지를 과거와 현재 모두의 관점에서 다시 생각해볼 기회를 제공하는 데 있다.[9]

몽골인들과 종교

현재 남아 있는 사료에 기초해 보면, 초기 몽골인들에게 현대적 의미의 "종교" 개념과 유사한 독자적인 범주나 인식 체계가 있었을 가능성은 낮다. 실제로 그들에게 "종교"를 의미하는 특정한 단어는 존재하지 않았던 것으로 보인다.[10] 그렇다고 해서 그들이 종교적

---

8   Isahaya 2009, 2013.

9   Calhoun, Juergensmeyer, and Van Antwerpen 2011; Gorski et al. 2012.

10   de Rachewiltz 1972; Kara 2009.

이라고 식별될 수 있는 방식으로 믿거나 행동하지 않았던 것은 아니며, 그러한 활동이 인간 활동의 다른 영역들과 다르다는 것을 인식하지 못했음을 의미하는 것도 아니다. 실제로, 몽골인들도 적극적으로 도입한 것으로 유명한 고대 내륙 아시아의 종교 논쟁 전통은, 여러 초원 사회에서 오늘날 우리가 "불교도", "도교도", "기독교도"로 식별하는 사람들의 활동이 명확히 구분되는 인간 활동의 영역이었다는 사실을 반증한다. 그리고 오늘날과 마찬가지로, 몽골인들은 그러한 지식이 통화 정책이나 공성전과는 분명히 다르다는 점을 인식하고 있었다. 그와 동시에, 몽골인들은 기독교, 불교, 도교, 샤머니즘 등 다양한 종교 전문가들이 중요한 지식과 실천을 보유하고 있으며, 이는 강력한 힘을 가졌다고 여겼다.

몽골인들이 종교 전문가들의 독특한 지식을 실제로 어떻게 이해했는지는 가늠하기 어렵다. 다만 몽골인들이 그들에게 자신들을 위해 기도해줄 것을 원했다는 점, 그리고 실제로 그렇게 한 이들에게는 면세 특권이 부여되었다는 점은 분명하다. 우리는 이를 통해 몽골인들의 종교관을 엿볼 수 있는데, 그들에게는 모든 종교가 잠재적으로 효험이 있을 뿐만 아니라 종교 현상 자체가 보편적인 것이었다. 뭉케 카안은 이렇게 말했다.

우리 몽골인들은 오직 한 분의 신이 있다고 믿소. 우리는 그에 의해 살고 그에 의해 죽으며 우리의 마음은 그분께로 향해 있소. … 그러나 신은 손에 여러 개의 손가락을 주신 것처럼 인류에게도 여러 가지의 길을 주셨소. … 당신들에게는 경전을 주셨는데 당신들은 그것을 지키지 않고 있소. 반면 우리에게는 점술가들을 주

셨으며 우리는 그들이 말하는 대로 행하며 평화롭게 살고 있소.[11]

종교적 구분이 존재했다는 점만큼이나, 모든 종교가 동등한 가치를 지닌다는 보편적 인식이 있었음은 주목할 만하다. 요컨대 뭉케 카안은 모든 인간이 종교를 가지고 있을 뿐만 아니라, 모든 종교는 제대로 따르기만 하면 효험이 있다는 점에서 유사하다고 말하는 것으로 보인다.

어떤 면에서 이러한 관점은 매우 현대적이다. 실제로 뭉케의 설명은 상당히 범종교적이며, 심지어 융(Jung)적인 방식의 종교 해석이기도 하다. 사실 이러한 보편주의적 선언들이 몽골이 종교의 자유, 더 나아가 종교적 관용을 장려했다는 인식이 근대 초기에 만들어지는 데 중요한 역할을 했을 것이며, 이는 에드워드 기번의 저작에서도 잘 드러난다.[12] 그리고 다른 사료들, 특히 아브라함 계통의 일신교 세계에 속하는 개인들이 쓴 내용에 기초해 볼 때, 몽골인들은 실제로 급진적 형태의 종교 상대주의를 장려한 것으로 보이기도 한다.

(칭기스 칸은) 편협함이나 한 신앙을 다른 신앙보다 선호하는 일, 그리고 어떤 것들을 다른 것들 위에 두는 일을 배척했다. 그는 모든 종파의 학식 있고 경건한 자들을 공경하고 존중했다. … 그는 무슬림들을 존중의 눈으로 바라보는 것과 마찬가지로, 기독교도

---

11   William of Rubruck 1990, 236-237.
12   Atwood 2004.

들과 우상 숭배자들(즉, 불교도들) 또한 높이 평가했다. 그의 후손
들에 대해 말하자면, 그들 중 몇몇은 자신들의 성향에 따라 종교
를 선택했다. … 하지만 그들이 어떤 종교를 채택했다 하더라도
대부분은 … 칭기스 칸의 야사(yasa, 법)에서 벗어나지 않았으니,
즉 모든 종파를 동일하게 여기고 그들을 구별하지 않은 것이다.[13]

하지만 뭉케의 앞선 언급에서 분명히 보이듯이, 그리고 몽골
의 종교 정책이 확인해주듯이, 종교적 위계는 존재했다. 몽골인들
에게는 진정한 하나의 신, 그들 자신의 신인 텡그리가 있었고, 다
른 종교와 그 전문가들 역시 텡그리에게 기도하는 조건으로 방해
하지 않고 그대로 두었기 때문이다.

이러한 신학적 주장은 일 칸국의 아르군(재위 1284~1291)이 교
황 니콜라오 4세의 세례 요구를 거부할 때 분명히 드러났다.

당신은 이런 메시지를 보냈다. " … 세상의 다른 민족들, 그들 자
신의 종교와 경전에 따라 기도하는 사람들은 잘못 기도하고 있
다. 메시아의 종교야말로 신을 숭배하는 진정한 종교이다. 일 칸
은 이제 메시아의 종교에 들어오라." 우리 칭기스 칸의 후손들은
말한다. 우리 몽골 신민들이 기꺼이 세례를 받을 것인지 아닌지
는 오직 영원한 하늘만이 [결정한다] … 이제, 내가 세례를 받지 않
으니 당신은 화가 나서 머릿속에서 여러 생각을 하고 있다. 만약
누군가가 오직 영원한 하늘에게 기도하고 올바르게 생각한다면,

---

13 *HWC* 1958, 26.

그것이 세례를 받는 것과 다른가?[14]

『몽골비사』가 잘 입증하듯이, 텡그리 없이는 몽골인들에게 어떠한 일도, 칭기스 칸의 부상과 몽골 국가의 성립 자체도 일어나지 않았다.[15]

제국 시기 동안 이러한 정치신학은 널리 알려져 있었다. 기독교와 이슬람 학자들은 몽골인들의 하늘 숭배와 자신들의 신 사이의 유사점을 끌어냈고,[16] 불교도들은 텡그리 숭배를 그들 자신의 의례 관행에 포함시킬 정도였다.[17] 물론 수많은 여행기가 입증하듯이 몽골인들은 불을 통한 의례적 정화와 같은 다양한 활동을 수행했는데, 이는 단순히 한 신에 의해 통제되는 세계보다 훨씬 더 복잡한 종교적 세계를 반영한다.[18] 몽골인들은 승려, 사제, 점성가, 샤먼, 온갖 종류의 기적 행자들과 관계를 맺었고, 이는 그들이 일신교적 천국 개념보다 우주와 그것의 작동, 그리고 궁극적으로 그것의 통제를 훨씬 복잡하게 이해하고 있었음을 보여준다.[19]

하지만 이 모든 다양한 관행들이 어떻게 통일된 전체로 (실제로 그러했다면) 맞물려 있었는지는, 안타깝게도 오늘날 우리가 파악

---

14 Mostaert and Cleaves 1952, 450-451.

15 예를 들어 칭기스 칸은 "이런 이유로 영원한 하늘이 내게 '문을 열어주고 고삐를 풀어 주었다'"(*SH*, 139절)고 선언하며 모든 일이 하늘이라는 유일한 신의 뜻에 따라 이루어 졌음을 확인했다. 하늘의 힘을 간구하거나 확인하는 다른 구절들은 『몽골비사』의 8, 19, 22, 43, 52, 64, 66, 82, 85, 117, 128, 139, 140, 165, 173, 176, 185, 209절 참고.

16 *JT*/Boyle 1971, 295.

17 Kapstein 2011.

18 John of Plano Carpini 1966, 8-14; Roux 1984.

19 Bira 2003.

할 수 없다. 사실, 제국 성립 이전에 몽골인들이 가졌던 종교 체계를 일종의 통합된 신앙 체계로 재구성하려는 시도(예를 들어 '샤머니즘'으로 규정하려는 시도)는 잘못된 접근으로 보인다.[20] 특히 그러한 범주 자체가 본질적으로 문제가 있다는 점에서 더욱 그렇다.[21] 그러나 더욱 우리의 흥미를 끄는 것은, 몽골인들이 실제로 14세기 중반에 '종교'의 의미를 가진 단어(다르마(dharma)를 뜻하는 위구르 불교의 용어에서 기원한 'nom')를 습득하고 그것을 정책 실행에 사용하기 시작하면서 몇 가지 흥미로운 결정을 내렸다는 사실이다.[22] 사실 그들이 만든 몇몇 구분들은 현대와 유사한데, 예를 들어 불교, 기독교, 도교, 이슬람교 등은 종교로 인정하면서도[23] 유교와 같은 종류는 인정하지 않았다. 유교가 종교인지 아닌지는 오늘날에도 여전히 커다란 논쟁거리이며,[24] 몽골의 종교 정책에 반영된 다른 몇몇 지적 범주들도 마찬가지다. 예를 들어 그들은 자신들의 종교 전문가인 "샤먼들"과 그들의 실천은 종교가 아니라고 여겼을 뿐만 아니라, 중국의 점성가들, 점쟁이들, 음양사들도 종교가 아니라고 판단했다.[25]

물론 무엇을 "종교"로 간주할 것인가, 혹은 "사이비 종교"나 "미신" 또는 "민속 관습"이나 "대중 종교"로 볼 것인가 하는 문제

20　물론 이는 현대 몽골에서 많은 사람들이 그러한 시도를 하고 있지 않다는 의미는 아니다(Humphrey and Onon 1996; Pedersen 2011; Buyandelger 2013).

21　Tomášková; 2013 Alberts 2015.

22　Poppe 1957, 47, 50, 55.

23　Allsen 1987, 121–122.

24　Jensen 1998; Sun 2013.

25　Endicott-West 2000.

는 오늘날까지도 논쟁거리이며, 이러한 구분을 뒷받침하는 논거
들은 각각 분명한 지적, 도덕적, 신학적, 법적 함의를 지니고 있다.
몽골인들과 그들의 신민들에게도 이 상황은 다르지 않았다. 불행
히도 몽골인들이 도교는 종교로 여기면서 조로아스터교는 그렇게
여기지 않은 이유는 불분명하다. 다만 우리는 오늘날과 마찬가지
로 단순한 인구 통계뿐만 아니라 경제적·정치적 권력이 그와 같은
결정에 어떤 역할을 했을 것이라고 상상할 수 있다.[26] 여기에 더해,
몽골의 사회정치적 조직 단위인 울루스와 종교들 간의 교차점도
역할을 했을 수 있다.[27] 어쨌든 이러한 범주화 과정에서 특정 종교
전통의 특정한 신학적 주장들이 중요했을 것 같지는 않아 보인다.
왜냐하면 정의상 모든 민족은 종교, 혹은 종교적 실천을 행하고 있
을 뿐만 아니라, 그들과 그들의 전통 역시 하늘의 권위 아래에 있으
며 그러므로 몽골의 권력에도 종속되어 있다고 이해되었기 때문
이다.[28]

그러나 한 국가 체제가 형성되는 과정에서 흔히 그렇듯이, 어
떤 집단이나 민족, 언어는 그들이 지닌 것으로 여겨진 능력이나 새
로 등장한 정권에 제공할 수 있는 역할 때문에 우선적인 지위를 차
지하기 마련이다. 결국 이러한 과정 속에서 특정 집단이 종교로 인
정받을 자격이 있는지 여부가 결정됐을 것이다. 더 나아가 이러한
범주화와 맞물려 있던 것은, 특정 집단을 이런 방식으로 규정하는

---

26 몽골의 종교 정책은 서요와 서하와 같은 이전 왕조들의 영향을 받은 것이 분명하다(예
    를 들면 Biran 2005; Dunnell 1996 참고).
27 Elverskog 2003; Elverskog 2006.
28 Vogelin 1940-1941.

행위 자체가 본질적으로 통제를 수반한다는 사실이었다. 이는 해당 집단들을 제국의 중심 권력 범위 안으로 편입시키는 효과를 가져왔기 때문이다. 즉 일부 집단은 제국의 체제 내에서 정치적 권리를 박탈당했으며, 반면 공식적으로 '종교'로 인정받은 집단은 특정 요구 사항(예를 들어 텡그리에게 기도하는 것)을 수용하는 대가로 지역 통치의 도구가 되는 구조를 형성했다. 따라서 원이 중국에서 공인된 모든 종교를 대표하는 별도의 관청들을 만들었을 뿐만 아니라, 법적 문제에서도 각 종교 집단이 자신들의 전통을 대표하는 인물을 내세워 법정에서 변론하도록 규정한 일은 놀랍지 않다.[29] 이러한 정책은 몽골 제국이 다양한 종교적 전통을 구분할 수 있었을 뿐만 아니라, 동시에 이를 효과적으로 통제할 수 있는 정책을 시행했다는 사실을 드러낸다.

그럼에도 불구하고, 몽골인들의 정책은 제국 통제의 문제를 넘어서 다양한 종교 전통들을 동등한 위치에 놓음으로써 그들을 상대화(relativize)했다. 즉, 이러한 집단들을 다룰 때 모든 신학적 주장과 진리 주장을 배제함으로써 몽골인들은 제국의 광범위한 다양성을 관리하는 동시에, 종교 간의 전례 없는 교류를 촉진할 수 있었다. 몽골 제국 체제하에서 모든 종교는 공식적으로 동등한 기반 위에서 만났기 때문이다.[30]

---

29 Cho 2014.

30 Elverskog 2013.

　　　　　　　　　　　　　　　　　　제2권 주제별 역사

종교의 상호 작용

팍스 몽골리카 시대에 유라시아 전역에서 이루어진 전례 없는 종
교 교류에 가장 중요한 이론을 제공한 것은 종교에 대한 몽골의 개
념화와 이를 바탕으로 한 제국 정책의 시행이었지만, 다른 여러 요
소들도 항상 중요한 역할을 했다. 실제로 몽골 제국 시기의 종교 교
류와 관련된 다양한 요소들과 그 실제 모습에 대해서는 이미 많은
연구가 이루어져 있다.[31] 이들 연구에서 자주 강조되는 한 가지는
몽골의 지식 추구였다. 지식은 곧 권력과 직결됐기 때문이다. 이제
는 잘 밝혀진 사실이지만, 몽골인들은 13~14세기 상업적, 기술적,
그리고 지적 교류의 주요 매개자였으며,[32] 이 과정들은 필연적으로
대규모 종교 교류를 촉진했다.

그러나 이러한 종교 교류가 국가 정책의 일부였는지 또는 특
정한 목표를 가지고 있었는지는 불분명하다.[33] 그럼에도 확실한 것
은 몽골인들의 통치 방식, 세상과 세상의 작동에 대한 그들의 왕
성한 호기심 덕분에 다양한 신앙을 가진 사람들이 접촉할 수 있는
환경이 자연스럽게 조성됐다는 점이다. 예를 들어 1203년의 발주
나 맹약에서 분명히 알 수 있듯이 칭기스 칸의 조정에는 몽골 전통
을 추종하는 자들뿐만 아니라 불교도, 기독교도, 그리고 무슬림도
있었다.[34] 더욱이 칭기스 칸은 이후 도사 장춘(長春)과[35] 탕구트 지

31　May 2012, 172-198.

32　Allsen 1997; Allsen 2001; Allsen 2002.

33　Jackson 2005a.

34　Cleaves 1955.

35　Waley 1931.

역의 밀교승들을[36] 궁에 초청했다. 그리고 이러한 종류의 지적 호기심 또는 지식과 권력에 대한 갈망이 제국 초기 전반에 걸쳐 발견된다. 예를 들어 뭉케 카안은 티베트의 라마 까르마 박시를 조정으로 초청했다. 마찬가지로 쿠빌라이 카안은 불교와 기독교 선교사들을 수도 대도에 초청했고, 불·도 논쟁을 개최했으며, 원에 광혜사(廣惠司, 1270), 회회천문대(回回天文臺, 1271), 페르시아어를 가르치는 회회국자학(回回國子學, 1289) 등 이슬람 지식인 엘리트를 위한 기관을 설립했다.[37] 초기 몽골 통치자들은 모두 범종교주의 모델을 따랐다. 예를 들어 이란의 훌레구는 시아파 학자 나시르 앗 딘 앗 투시와 티베트 불교, 기독교를 모두 지원했다.[38] 또한 동방의 형제들과 마찬가지로 그도 자신의 궁정에서 다종교 토론을 주최했으며, 이는 그의 후계자들에게 계승되어 유명한 전통이 됐다.[39]

몽골 국가 권력의 후원 아래에서 이루어진 토론은 종교 교류를 촉진할 수밖에 없었다. 실제로 이러한 관행들은 우리가 몽골의 종교적 관용과 이를 통해 이루어진 종교 교류를 이해하는 중요한 토대가 됐다. 그런데 교류 가능성은 단순히 제국의 궁정에서만 만들어진 것이 아니었다. 팍스 몽골리카가 만들어낸 놀라운 이동성도 교류를 가능하게 했다. 잘 알려진 대로 제국 시기의 유명한 여행기들은 다른 종교와 그들의 관행에 대한 묘사, 그리고 비난으로 가득 차 있다. 동방이나 서방의 기독교도든,[40] 중앙아시아와 몽골

---

36 Sperling 1987; Dunnell 1992.

37 Rossabi 1988, 36–43.

38 Sperling 1990; Lane 2003; Elverskog 2010; Prazniak 2014.

39 DeWeese 2014.

의 유교도든,[41] 중국의 일본 불교 신자든,[42] 또는 중국의 무슬림이든,[43] 모두 종교적 차이를 경험하고 그것을 기록으로 남겼다.

따라서 이런 기록들을 읽으면 종교적 만남의 실상을 생생하게 체감할 수 있다. 이 기록들의 다수에서 두드러지는 특징은 대단히 직설적이라는 것, 다시 말해 비판적 성찰이 없다는 점이다. 물론 다른 전통들에 대한 묘사의 기저에는 저들의 사상과 관행이 본질적으로 잘못됐다는 전제가 분명히 깔려 있다. 그렇기는 하지만 당시의 기록에는 타자와의 만남이 갖는 함의에 대한 성찰이 거의 없다. 이 같은 현상의 예로, 두 명의 아르메니아 기독교도가 이란의 몽골 궁정에서 목격한 불교 수행을 묘사한 것을 들 수 있다. 첫 번째는 키라코스 간자케치(1203~1271)의 기록이다.

그(훌레구)는 또한 거대한 우상들을 위한 큰 거처를 짓기 위해 석공, 목공, 화공 등 모든 종류의 숙련된 장인을 그곳에 모았다. 그들 중에는 토인(toyin, 道人)이라는 계보가 있다. 이들은 마법사와 주술사로, 마술을 부려 말과 낙타, 시체들과 펠트로 만든 형상들이 말을 하게 한다. 그들은 모두 사제이며, 머리카락과 수염을 깎고 가슴에 노란 법의를 걸치고, 모든 것을 숭배하지만 특히 삭모니(Sakmoni, 석가모니)와 마드린(Madrin, 미륵)을 숭배한다.

그들은 불멸을 약속하여 훌레구를 속였고, 훌레구는 그들의 명

---

40   de Rachewiltz 1971; Rossabi 1992.

41   de Rachewiltz 1962; Olbricht and Pinks 1980.

42   Robinson 2009, 206.

43   Baṭṭūṭa/Gibb, 4: 888-910.

령에 따라 살고 움직이고 말을 탔으며, 그들의 뜻에 자신을 완전히 내맡겼다. 하루에도 여러 번 그는 그 사제들의 지도자 앞에 엎드려 땅에 입을 맞추었으며, 이교도들의 사원에서 축성된 (음식)을 먹고, 다른 누구보다 그들의 신을 더 높이 찬양했다. 이러한 이유로 그는 그들의 우상을 위해 특별히 웅장한 사원을 세울 계획을 세웠다.[44]

두 번째는 바르단 아레웰치의 기록이다.

그는 점성가들과 삭모니아(Sakmonia, 석가모니)라는 어떤 우상의 사제들에게 속았는데, 그들이 말하길 그(석가모니)는 3040년 동안 신이었다고 한다. 그에게는 아직 37토만(toman)의 해가 더 남았다고 하는데, 1토만은 1만이다. 그 후에 그들이 말하길, 몬드리(Mondri, 미륵)라는 존재가 그를 데려갈 것이라고 한다. 그들을 토인이라 불렀으며, 전쟁에 나가거나 나가지 않는 것도 이들의 말을 따랐다. 그들은 말했다. "당신은 당신의 몸에 오래 머물 것이며, 늙으면 새로운 육신을 얻을 것이다." 그들은 그에게 그 우상들을 위한 사원을 짓게 했다. 그는 기도하러 그곳에 가곤 했으며, 그들은 그를 주술로 마음대로 조종했다.[45]

이 두 구절은 여러 면에서 주목할 만하다. 기독교 독자들을

---

44 Grupper 2004, 31–32.
45 Thomson 1989, 221.

위해 불교를 정확하게 묘사(즉 윤회, 대승불교의 부처 신격화, 그리고 미륵 숭배)했을 뿐 아니라, 몽골 시기의 민족지적(ethnographic) 객관주의를 포착했기 때문이다. 따라서 불교나 기독교 관행에 대한 실질적인 해석은 없으며, 이러한 특별한 만남이 갖는 함의에 대한 비판적 성찰은 더더욱 없다. 우리는 이러한 만남들이 실질적인 의미의 종교 교류를 수반했다고 할 수 있는지 의문을 제기할 수밖에 있다.

우리가 말하는 "종교 교류"란 무엇인가? 단순히 다른 종교의 존재를 인식하고 기록하는 행위를 종교 교류의 한 형태로 간주할 것인가? 아니면 그러한 교류가 실제로 변화를 수반해야 하는가? 다시 말해 자신의 전통에 대한 교리적, 지적, 혹은 의례적 재평가가 있어야 하는가? 혹은 어떤 수준의 종교 간 대화나 재해석을 촉진하는 대화가 있어야 하는가?

오늘날에는 아마도 이러한 수준 높은 교류야말로 진정한 종교 교류라고 여길 것이다. 그렇다면 이런 관점에서 우리는 아르메니아 기독교도들을 어떻게 보아야 하는가? 그들은 다른 종교 전통들과의 상호 작용에 대한 주목할 만한 기록을 우리에게 남겼지만, 의미 있는 교류는 강하게 거부했다.[46] 그렇다면 우리는 기록에 남아 있는 상호 작용들을 종교 교류의 예로 인정해야 하는가, 아니면 다른 무언가로 보아야 하는가?

이러한 정황이 기독교도들에게서만 나타난 것은 아니며, 모든 전통의 추종자들 사이에서, 특히 종교 교류에 직접 관여했던 이들 사이에서 유사한 예를 찾을 수 있다. 일 칸국 궁정에서 종교 토

46　Jackson 2005b, 256-289.

론에 참여한 일을 자서전적 저작에 기록한 알라 앗 다울라 앗 심나니의 경우가 바로 그랬다. 그는 상대방의 전통을 상당히 잘 알았음에도 불구하고 다음과 같은 점을 상기시킨다.

> 심나니가 생애 초기 어느 시점에서 다른 종교들을 얼마나 탐구했든 간에, 이것이 그를 모든 영적인 길이 진리라고 믿는 자유 사상가로 이끈 것은 아니다. 오히려 그는 무슬림으로서, 몽골 궁정에서의 경험을 통해 자신의 종교 공동체가 가진 우월성과 최고의 영적인 성취에 대한 배타적 접근성을 더욱 확신했을 뿐이다.[47]

그러나 이런 현상이 반드시 무슬림들에게만 나타난 것은 아니다. 이 점은 바그다드의 유대인 학자 사드 이븐 만수르 이븐 캄무나(1215~1285)가 쓴 『세 가지 신앙에 대한 질문의 검토(*Tanqīḥ al-abḥāth li-l-milal al-thalāth*)』를 보면 잘 알 수 있다.[48] 그렇다면 몽골 제국 시기의 종교 교류 현실에 대한 성찰에서, 심나니와 이븐 캄무나의 사례는 우리에게 무엇을 말해주는가?

마찬가지로, 다양한 형태의 종교 교류에 대해 생각할 때 우리는 상호 작용이 부정적이거나 심지어 폭력적인 반응으로 이어질 수도 있다는 점을 인식해야 한다. 예를 들어, 러시아 기독교도 저자들은 내부로만 시선을 돌리고 몽골 제국에서 일어난 종교 교류의 실상은 완전히 무시했다.[49] 오늘날 우리는 흔히 몽골 제국의 소

---

47 DeWeese 2014, 72.

48 Perlmann, 1971.

49 Halperin 1985.

위 종교적 보편주의를 이상화하지만 당시 기독교 유럽과 이슬람 중동에서는 몽골인의 등장과 그들의 종교 통합적 정책이 오히려 종말론적 비전을 부추겼다.[50] 마찬가지로 몽골 통치의 도래는 종교적 관용의 징후를 만들어내기도 했지만, 이란과 티베트에서 입증되듯이 몽골인과 다른 종교 전통들에 대한 종교적 저항과 적대감도 초래했다.[51] 더욱이, 많은 종교 교류를 가능하게 한 바로 그 이동성이 토착주의적 정서를 불러오기도 했다. 예를 들어 중국에서는 한족이 이슬람을 공개적으로 조롱했고,[52] 중국 불교도들은 티베트 불교도들을 비방했다.[53] 부정적 감정들은 피지배 민족만의 전유물이 아니었다. 뭉케 카안은 이스마일리파의 절멸을 명령했고, 쿠빌라이 카안은 도교 서적과 할랄(halal) 방식으로 죽인 동물 고기를 모두 금지했다.[54]

종교 교류에 대해 생각할 때, 우리는 이러한 행동, 반응, 그리고 반작용들을 반드시 함께 고려해야 한다. 실제로 바로 그런 주고받음이야말로 여러 면에서 모든 형태의 종교 교류와 그 결과의 핵심에 놓여 있다. 이러한 역동성에는 몽골인들과 이슬람의 경우와 같이 개종의 가능성뿐만 아니라[55] 전통의 변형도 필연적으로 포함되는데, 이는 몽골 제국 이후 이슬람교가 겪은 급진적 변화에서 잘

---

50 DeWeese 1978; Lerner 1983.

51 Bausani 1968, 548; Fiey 1975, 90-95; Gentry 2010.

52 Franke 1967. 무슬림 사료에 따르면, 우구데이 카안은 그러한 공연들을 금지했을 뿐만 아니라, 이를 시행하면서 한인(漢人)들이 당나귀보다 나을 것이 없다고 선언했다(*HWC*, 1958, 207).

53 Inaba 1975; Franke 1981.

54 Thiel 1961; Cleaves 1992.

55 Richard 1967; Pfeiffer 1999; Amitai 2001; DeWeese 2004; Pfeiffer 2006.

드러난다.[56]

　그러나 동시에 이러한 사건들이 대부분 제국 권력의 중심지에서 멀리 떨어진 곳에서 일어나 후대에 기록으로 남지 못했을 가능성을 염두에 둘 필요가 있다. 몽골 제국 시기 대부분의 종교 교류는 필연적으로 더 세속적인 영역에서 일상적인 상호 작용 중에 일어났다. 이 시기의 종교 교류에 대한 증거 자료 대부분이 엘리트 집단 내의 "타자"를 기록한 문헌에서 나오는 것은 어쩔 수 없지만, 그러한 경험들이 나타날 수 있는 또 다른 경로와 장소가 분명 존재했다. 일상적 교류의 한 단면이 윌리엄 루브룩이 악마를 쫓아내달라는 요청을 받은 일화에서 잘 포착된다.

　루브룩과 그의 일행이 가파르고 울퉁불퉁한 바위들을 지나갈 때, 그의 안내인은 "이곳에서는 사람들이 무슨 일이 일어나는지도 모른 채 마귀에게 끌려간다고 알려져 있으니, 그 마귀들을 쫓아낼 수 있는 기도를 해달라"고 요청했다. 루브룩은 안내자의 이러한 두려움을 비난하여 따지거나, 사실 범인은 도적들일 것이라고 말하지도 않았다. 광야에서는 마귀가 나타나는 것이 당연한 일로 여겨졌기 때문이다. "그때 우리는 '하느님을 믿나이다(Credo in unum Deum)'를 큰 소리로 불렀고, 하느님의 은혜로 우리는 안전하고 무사하게 통과했다." 감명받은 안내인과 그의 무리는 점쟁이에게 부탁하듯이 머리에 쓸 부적을 써달라고 요청했다. 루브룩은 부적 대신 사도신경과 주기도문을 가르쳐주겠다고 제안했다. 그의 통역이 둘 중 어느 것도 통역하지 못하자 루브룩은 직접 기도문을

56　Moin 2012; Pfeiffer 2014.

　　　　　　　　　제2권 주제별 역사

써주었다.[57]

물론 특정한 상호 작용이 심오한 역사적 결과를 가져왔을 가능성은 낮지만, 그럼에도 그것은 더 관습적이고 엘리트 중심적인 준거 틀 너머에서 종교 교류의 현장을 찾는 일이 가치 있음을 보여준다. 이러한 점은 리콜도 다 몬테크로체의 덜 알려진 저작들을 통해 알 수 있다. 그는 바그다드에 살면서 무슬림과 교류한 후, 종말론과 관련해 이슬람의 우월성을 인정했을 뿐 아니라 무슬림의 실천을 칭찬했다.[58]

하지만 그와 같은 일상적 대면을 통한 상호 작용들은 몽골 제국 내에서 일어난 종교 교류의 한 측면일 뿐이다. 이러한 교류, 나아가 지적 협상(intellectual negotiations)이 이루어진 또 하나의 중요한 장은 제국 내의 많은 이주민들 집단 내에서 펼쳐졌다. 사실 오늘날에도 전 세계의 이민자들은 오래된 전통을 지키는 것과 새로운 사회적 현실에 적응하는 것 사이에서 긴장한 채 씨름하고 있다. 몽골 제국에서도 마찬가지였고, 중국 남부로 이주한 무슬림들 사이에서도 그러한 타협의 한 단면을 엿볼 수 있다. 그들은 이슬람 신앙을 새로운 중국·유교적 주류 사회와 어떻게 조화시킬지를 놓고 치열하게 고민했다.

타협은 무슬림만의 일이 아니었으며, 중국인들도 관련돼 있었다. 예를 들어 유교적 가치와 씨름하는 무슬림 화숙(和叔)에 대한 허유임(許有壬)의 묘사에서, 이러한 역동적인 적응 과정을 엿볼 수

57　Barnes 2005, 32[김호동 역주, 274~275].
58　George-Tvrtković 2012.

있다.

우리 원이 처음 서북의 나라들을 원정할 때, 서역이 가장 먼저 내부했다. 그러므로 그 나라 사람들이 무척 많이 등용됐다. 큰 상인(大賈)들은 육지와 바다의 이익을 마음대로 하고 천하의 유명한 지역과 큰 도시에서 요지에 거하며 기름진 것을 독차지한다. 그런데 잘 변화한 자는 거의 없다. 그들은 중국 땅에 살면서 입고 먹는 것을 해결하지만, 오직 자신들 나라의 관습에만 집착한다. 그런데 화숙은 "나는 감히 우리의 풍속을 바꾸어 동류(同類)를 배척하려는 것이 아니다. 도(道)에 어긋나는 것을 바꾸는 것이다. 나는 이 땅에 살고, 이 땅에서 입고 먹으며, 이 땅의 사람들과 함께 살고 있다. 나는 우리의 풍속을 바꾸는 것을 즐거워하면서 이 땅의 풍속을 따르고자 하는 것이 아니다. 여기에 살면서 보게 된 것이니, 또한 그 옳은 것을 가려 따를 뿐이다. 우리 조상이 사신이 되어 중국에 들어와 이곳에 뼈를 묻은 이래로, 시서와 예악을 어찌 따르지 않을 수 있겠는가? (다만) 풍속이 다르고 이치가 크게 다른 것은 내가 따를 수 있겠는가?"라고 말했다. 아! 화숙과 같은 자가 바로 맹자가 말한 '잘 변화하는 자'이다(이는 가르침을 받지 않고도 시신을 매장하지 않는 관습을 개혁한 사람들에 관한 맹자의 이야기를 참조한 것). 그(무슬림) 풍속에는 원래 비석을 세우지 않으나 그는 세웠도다![59]

---

59 Ch´ên 1966, 243.

  제2권 주제별 역사

그러나 많은 이민자들이 공통으로 던진 질문처럼, 더 유교적이 되거나 '중국적'으로 변하는 게 과연 좋은 일이었을까?[60]

종교적, 문화적 적응은 언제나 깊은 고민을 수반하는 힘든 과정이다. 그러나 이 난제는 이민자들뿐만 아니라 모든 종교 신자들의 운명이기도 하다. 필연적으로 자신의 신앙을 재평가해야 하는 순간이 오기 때문이다. 실제로 여러 면에서 이것이 앞서 언급한 좀 더 심오한 종교 교류의 기반이다. 그리고 어떤 이들은 그러한 발전을 긍정적으로 보기도 한다. 예를 들어 중국 학자 왕례(王禮, 1314~1389)는 종교적 얽힘이 세상을 더 나은 곳으로 만들었다고 생각했다.

> 서역은 중하(中夏, 중국)와 언어와 기호(嗜好)가 다르다. 한당(漢唐) 이래로 혼인관계가 있었으나, 각자 옛 종족을 그리워했고 남의 땅에서 섞여 살지 못했으니 어찌 서역에서 태어나 강남에 묻힐 수 있겠는가. 생각건대 우리 원이 북방에서 기초를 세우고 나라를 세워 통치하기 시작할 때, 서역이 여기에 공헌했다. 세조 황제에 이르러서는 사해(四海)가 한 집안이 되어 교화가 점차 퍼지니 이 경계 저 경계가 없어졌다. 명성과 이익을 좇아 서로 남북을 왕래하는 것이, 천 리 길도 마당 안과 같이 여기고, 만 리 길도 이웃집 나들이하듯 하게 됐다. 이에 서역 사람들이 중조(中朝)에서 벼슬하고 남하(南夏)에서 배우며 강호(江湖)를 즐겨 고향을 잊은 자

---

60 "중국인"/한인이 누구였는지/무엇이었는지, 혹은 현재 누구인지/무엇인지는 완전히 다른 문제이다(Mullaney et al. 2012; Vasantkumar 2012).

가 많아졌다. 세월이 오래되어 집안을 이루었으니, 날은 저물고 길은 먼데 어찌 굳이 고향 언덕을 찾을 필요가 있겠는가. 아아! 일시동인(一視同仁)이 오늘날보다 융성했던 적이 없도다.[61]

물론 어떤 이들은 교류와 그로 인한 변화를 문제로 보거나 혹은 "진정한" 전통의 왜곡으로 보아 저항해야 한다고 생각했다. 실제로 원대 무슬림의 "중국화"는 이슬람 학자들과 유교 학자 모두에게 문제였다.

종교 교류가 일어날 때마다 항상 중요한 요소는 순수성 고수와 현실적인 변화 가능성이었다. 그리고 이러한 역학 관계가 몽골 제국에서 어떻게 전개됐는지를 산서(山西)에서 태어난 중앙아시아 출신 무슬림 사둘라(薩都剌, 약 1300~1380)의 흥미로운 저술을 통해 파악할 수 있다. 그는 아버지와 할아버지가 모두 유명한 군인이었지만, 전통적인 유교 교육을 받았고 1327년에 과거 시험에 합격했다. 이후 몇몇 하급 관직을 역임했지만 정치적 수완보다는 중국 문인들의 평범한 관심사인 풍경, 여가, 은거, 종교적 초월 등을 주제로 한 시로 더 유명해졌다. 종교적 초월은 사둘라가 친한 친구 도사 냉겸(冷謙, 약 1310~1371)과 길게 논의했던 주제였고, 또한 그가 용문석굴을 묘사할 때 전면에 내세운 문제이기도 했다.

사둘라는 용문의 10만 불상에 대해 우상과 우상 숭배를 비난하는 무슬림의 관점에서 접근하지 않았으며, 많은 불상이 파괴된 것을 한탄하며 서술을 시작한다. 그는 유감이거나 슬퍼서가 아니

                                   제2권 주제별 역사

라, 불교에 대한 유교의 전형적인 비판이 돈 낭비라는 점을 제기하기 위해 그렇게 했다. 사둘라의 비판은 거기서 그치지 않는다. 그는 불교도들이 실제로 부처의 초월적 진리를 왜곡했다고 주장한다.

> 나는 석가모니가 … 엄격한 수행을 통해 깨달음을 얻었다고 들었다. 그는 '나라는 실체는 없다(無人我相),' '색은 즉 공(色卽是空)'이며 '적멸이 곧 즐거움이다(寂滅爲樂)'라고 했다. 그의 마음은 완전히 욕망이 없는데, 어찌하여 남의 재물을 허비하고 남의 힘을 소진하며 산의 뼈대를 깎아내어 그들의 원기(元氣)를 훼손하고, 무의미한 돌을 가져다가 황금으로 장식하고 색을 칠해 사람들을 놀라게 하는 것인가?
> 불교를 배우는 자들은 망상에 젖어 진리를 잃고, 이미 자신을 미혹에 빠뜨리고 있다. … 만약 불성이 세상에 영광스럽게 나타난다면 그것을 성취하는 이들은 분명 보상을 받을 것이고, 해치는 이들은 업보를 받을 것이다. … 그러므로 내가 이 대략을 기록하고 다시 설명해 불교를 좋아하는 자들의 미혹을 풀어주고, 또한 불교를 배우는 자들에게 경계하노니, 그들은 스승의 가르침을 등지고, 밖에서 부처를 찾으면서 안에서는 부처를 찾지 않고 있도다. 마음을 밝히고 본성을 보는 것, 그것이 부처의 제자가 되는 데 한 걸음 더 다가가는 길이다.[62]

이는 여러 면에서 주목할 만한 구절이다. 그러나 무슬림 사둘

---

62 Strassberg 1994, 267-268.

라가 유교와 불교의 관점에서 불교에 대해 이토록 설득력 있게 비판할 수 있었다는 사실은 몽골 제국 내에서 종교 교류가 존재했을 가능성을 잘 보여준다.

이처럼 비판적으로 교류하고 서로에게 영향을 미치는 현상은 중국의 무슬림에게만 국한된 것이 아니었다. 오히려 제국에 의해 촉발된 대규모 인구 이동과 제국의 인구 이전 정책으로 인해, 다양한 종교 전통을 가진 사람들이 원하든 원하지 않든 서로 접촉했다. 이러한 만남이 반드시 우호적인 것은 아니었다. 예를 들어 몽골이 5만 명의 무슬림을 불교도 위구르인들의 수도 베쉬발릭으로 이주시켰을 때,[63] 두 집단 간의 긴장은 매우 격렬했다. 주베이니는 "동방의 우상 숭배자들(불교도)보다 더 편견이 심하고 이슬람에 적대적인 자들은 없다"고 주장했고,[64] 윌리엄 루브룩은 무슬림들에 대해 "그들(불교도)에 대해 이야기하는 것조차 꺼릴 정도로 그들을 피한다. 내가 사라센인들에게 이 사람들의 종교에 대해 물을 때마다 그들은 분개했다"고 말했다.[65]

그러나 이러한 긴장이 존재했음에도 주베이니가 불교에 대해 꽤 정통한 설명을 제공했다는 사실은 분명 그들 사이에 어느 정도는 대화가 있었음을 보여준다.

토인들(고귀한 승려들)은 그들의 (성)경을 '놈'이라고 부른다. 놈은 신학적 사색을 담고 있으며 헛된 이야기들과 전통들로 구성돼 있

---

63 Biran 2005, 177 n. 53.

64 *HWC*, 60.

65 William of Rubruck 1990, 151.

                                          제2권 주제별 역사

다. 하지만 그 안에는 모든 예언자의 법과 신앙에 부합하는 훌륭한 설교들도 있어서, 사람들에게 상해와 압제를 피하고 악을 선으로 갚으며 동물을 해치지 말라고 권고한다. 그들의 교리와 교설은 다양하며, 가장 대표적인 것은 윤회설이다. 그들은 오늘날의 사람들이 수천 년 전에도 존재했다고 말한다. 즉 선행을 하고 예불에 참여했던 이들의 영혼은 그들의 행위에 따라 왕이나 왕자, 농부, 거지와 같은 지위를 얻게 되고, 반면 방탕과 방종, 살인, 비방, 동류(同類)에 대해 위해를 저지른 이들의 영혼은 해충이나 맹수, 다른 동물로 다시 태어나게 되니, 즉 전생의 행위에 대한 벌을 받는 것이라고 한다.[66]

이는 사둘라의 저작에서 본 것만큼 세련된 불교 교리와의 교류는 아닐지 모르나, 그럼에도 몽골 제국 내에서 종교들이 일상적으로 교류했을 가능성을 다시 한번 확인시켜준다.

대부분의 경우, 이러한 상호 작용들은 예외 없이 역사 기록에서 사라졌다. 그러나 윌리엄 루브룩의 악마 퇴치처럼, 현존하는 사료들에서 이러한 가능성들과 그 함의를 짐작하게 하는 흥미로운 단서들을 발견할 수 있다. 한 예로 마르코 폴로가 부처의 이야기를 전하고 나서 "진실로 그가 기독교인이었다면 우리 주 예수 그리스도와 함께하는 위대한 성인이 됐을 것이다"라고 선언한 것을 들 수 있다.[67] 또 다른 예는 불교에 대한 라시드 앗 딘의 긴 탐구에서

---

66 *HWC*, 60.
67 Polo 1976, 409.

발견되는데, 그는 부처는 경전이 있는 예언자이므로 무함마드와 유사하다는 주장까지 했다.[68] 이 두 예시는 몽골 제국의 상대주의 적 특성이 이전에는 상상할 수 없었던 수준의 종교 비교를 가능하 게 했음을 잘 보여준다.

실제로 라시드 앗 딘의 다르마 설명을 보면 그가 무슬림 독자 에게 다르마를 이해하기 쉽게, 그리고 어쩌면 받아들일 만하게 만 들려고 진지하게 노력했다는 점을 알 수 있다. 그는 불교 용어를 설 명할 때 공통점을 부각시키기 위해 이슬람 용어를 자주 사용했다. 예를 들어, 부처를 유혹하는 불교의 악마 마라(Mara)는, 인간을 기 만하여 악을 저지르도록 선동하는 이슬람 전승의 악마 이블리스 (Iblīs)로 지칭됐다. 마찬가지로, 마라/이블리스가 부처를 유혹하기 위해 보낸 그의 딸들은 후리(huri)라고 불렸는데, 이는 이슬람 전승 의 아름다운 젊은 여성들이다. 라시드 앗 딘은 불교 세계를 설명할 때도 무슬림 요소들을 대입했으니, 예를 들어 지옥의 한 영역을 마드라사나 리바트(ribāt)를 파괴한 자들이 떨어지는 곳으로 묘사 한 경우가 그렇다. 또한 불교에서 유명한 기원정사는 "이슬람 학교 (madrasa), 수피 수도원(khanqah), 수행자 은거처(sauma'a), 그리고 병원" 을 포함할 뿐만 아니라 모든 "수피, 박시(불교 승려), 그리고 데르비시 (dervish, 이슬람 수행자)"에게 개방돼 있는 곳이라고 말했다.[69] 불교의 극락을 에덴동산의 개념으로 설명했으며, 열반의 경험을 수피 개 념과 관련지어 설명한 것도 두 종교를 유비한 예였다.[70]

---

68 Elverskog 2010; Akasoy 2013.
69 Rashīd al-Dīn, 1980, 78.
70 Rashīd al-Dīn, 1980, 94.

또한 라시드 앗 딘은 불교를 이해하기 쉽게 이슬람 용어를 사용하려 했을 뿐 아니라, 불교 수행을 정확하고 객관적으로 묘사하려고 노력했다.

석가모니는 지고한 창조주가 사원을 짓고 그 안에 석가모니상을 모시라고 명했다고 말했다. 기도 시간에는 (상 앞에) 촛불을 밝히고 향을 피우며, 사람들이 와서 기도해야 한다. "진실로 나는 그때 거기에 분명히 나타날 것이다. 그러므로 자선 기관에 선물을 하고 아낌없이 보시하라. 내가 그것들을 모두 받을 것이다! 또한 (속세와의) 연결을 끊은 이들이 청결한 공양만을 그곳에 가져오는 것이 마땅하다. 내가 그곳에 나타나서 그들의 기원을 듣고 그들의 기도를 들어줄 수 있다. 그리고 이 사원들에서 기도하는 각각의 사람마다 얼마나 공덕을 쌓았는지를 나는 알고 있다. 참으로 그것은 계산할 수도, 측정할 수도 없다."[71]

물론 라시드 앗 딘이 불교 의식에 대해 이토록 정확하고 심지어 공감하며 설명을 할 수 있었던 이유는 그가 일 칸국 이란의 불교도들과 접촉할 수 있었기 때문이다. 그의 기록에서 더욱 분명한 것은, 아르메니아 기독교인들이 이미 밝혔듯이 서로 다른 불교 전통에서 온 이 불교도들은 미륵 숭배와 같은 광범위한 수행에 참여했다.[72] 잘 알려진 대로 이란의 몽골 궁정은 티베트 불교를 후원했

---

71 Jahn 1965, lxxiv.
72 Schopen 1982.

지만 이란에는 중국 불교도들도 있었다. 예를 들어 라시드 앗 딘은 중국 정토종의 핵심 경전인 『관무량수경(觀無量壽經)』 관점에서 아미타불 숭배를 다음과 같이 설명했다.

> 매일 브름타이('b.r.m.tay)의 경전을 독송하고, 깨끗한 흰 모슬린 옷을 입으며, 매일 목욕재계하는 모든 사람은 오래 살 것이다. 죽을 때는 이미 언급된 낙원의 아미타-부르칸(Amita-Burkhān)에게 인도될 것이라고 한다. 그리고 이 경전 낭독을 들은 모든 사람이 죽어서 극락에 갈 것이다.[73]

라시드 앗 딘은 자비의 보살인 관음에 대한 중국인들의 숭배를 "1000년에 천식재(天息災)가 번역했고, 관음 찬양이 절정에 이른 모습을 보여주는" 『불설대승장엄보왕경(佛說大乘莊嚴寶王經, *Kāraṇḍavyūha Sūtra*)』의 관점에서 다음과 같이 설명했다.[74]

> 이 경전에서는 석가모니-부르칸(Shākamūnī-Burkhān)이 예언자가 됐을 때, 위에서 언급된 이를 지옥(ḥajīm)으로 보내어 그곳에 있는 자들을 정화하라고 명했다고 한다. 그는 지옥의 거주자들을 정화했다. 그곳으로 가는 길에 그의 발이 닿은 지옥불이 장미와 꽃으로 변했다. 지옥의 거주자들이 그의 얼굴을 보자 그들은 모두 지옥의 고통에서 벗어나 극락으로 들어갔다. 지옥의 수호자들은

---

73 Jahn 1965, lxxi.

74 Yü 2001, 324.

제2권 주제별 역사

그들의 수장에게 가서 지옥을 구원하고 그들을 극락으로 데려갈
수 있는 누군가가 왔다고 말했다. 이에 지옥의 수호자 수장들이
지옥으로 가서 쿤시(Khv.nshī, 관음)를 보았고, 그들은 그의 앞에 엎
드려 기뻐하며 그의 명령에 복종했다.[75]

한편 중국 불교가 이란에 미친 영향을 입증해주는 가장 놀라
운 예는 라시드 앗 딘의 북두칠성 숭배에 대한 상세한 설명에서 나
타난다.

이 경전을 독송하고 등불과 촛불을 켜고 별들에게 도움을 구하
는 자는, 그것이 사람에 관한 것이든 사물에 관한 것이든 신속하
게 소원을 이룰 것이며, 지고하신 알라의 선함으로 인해 미래의
시련과 불행을 면하게 될 것이라고 한다.[76]

이는 원의 다종교 궁정 문화의 중요한 부분이 된 불교와 도교
신앙이 이란에서 알라의 관점으로 설명된 것이며,[77] 몽골 제국 내
에서 가능했던 종교 교류의 실상을 다시 한번 보여준다.

무슬림들이 다양한 불교 전통을 놓고 고심한 현실은 제국 내
종교 교류의 또 다른 중요한 차원, 즉 하나의 특정한 전통 내에서
일어난 교류를 보여준다. 이란에서의 티베트, 카슈미르, 위구르, 중
국, 인도의 불교도들의 뒤섞임이 라시드 앗 딘의 저작에 반영돼 있

75　Jahn 1965, lxxii.

76　Jahn 1965, lxxiii.

77　Elverskog 2007.

기는 하지만, 이 집단들 간의 상호 작용이 실제로 자신의 종교적 관념과 수행에 어떤 영향을 미쳤는지, 혹은 그것을 어느 정도로 변화시켰는지는 알 수 없다. 그러나 중국에서는 여러 불교 전통이 증가하는 상호 작용을 통해 변화하고 발전했다는 풍부한 증거가 있다. 예를 들어 선종(禪宗)의 주요 학자들은 중세 불교학자 종밀(宗密) 및 다른 철학 학파들의 선구적 사상과 교류하기 시작했다.[78] 마찬가지로 쿠빌라이 카안 치하에서 중국 불교 대장경을 다국어로 재간행하려고 노력했는데, 중국 대장경에 티베트 자료를 편입시켰을 뿐만 아니라 티베트 대장경에 중국 자료를 포함하는 결과도 가져왔다.[79] 이러한 교류는 중국 불교도와 티베트 불교도들이 반목만 한 것이 아니라 서로 다른 두 전통을 융합하기 위해 흥미로운 시도를 할 수도 있었다는 사실을 보여준다.[80] 이러한 융합은 한 전통 내부의 발전에만 국한되지 않고 다른 전통에도 영향을 미쳤는데, 가장 유명한 사례는 불교도, 유교도, 도교도들 간의 상호 작용이 이후 중국 지성사에서 중요한 역할을 하게 될 "삼교합일" 사상의 발전을 촉진한 것이다.[81]

그러나 교류와 그로 인한 변화를 모든 사람이 긍정한 것은 아니다. 특정 인물과 집단들은 필연적으로 세계주의적이고 다원적인 전통의 혼합을, 그들 상상 속의 "진정한" 또는 "순수한" 전통이 왜곡된 결과라고 보았다. 예를 들어 불교계에서 쫑카빠(1357~1419)

---

78 Jan 1982; Yü 1982.

79 Franke 1994.

80 Linrothe 2009.

81 Sun 1981; Liu and Berling 1982.

의 청교도적 전환은 분명히 몽골 제국이 일으킨 정치적, 종교적 격변 양쪽 모두에 대한 반응이었다. 이슬람 세계에서는 이븐 타이미야(1263~1328)의 경우에서 이와 유사한 반응을 찾을 수 있다.[82] 그는 막 개종한 무슬림 몽골인들을 비난했는데, 그들이 비이슬람적 몽골 의식뿐만 아니라[83] 샤리아에 위배되는 몽골 법에 집착하는 것을[84] 불경함의 증거라고 보았다. 더욱이 이븐 타이미야는 몽골인들이 진정한 신자가 아니기 때문에 그들과 싸우는 것이 정당하다고 주장했다. 심지어 몽골인들과 거래한 사람은 누구든, 그가 무슬림이라 해도 죽일 수 있다고 주장하기까지 했다.[85]

모든 무슬림이 이븐 타이미야의 견해에 동의한 것은 아니며, 무고한 사람들을 죽이는 일이 정당하다는 주장 외에도 그의 견해는 많은 부분이 배척되었다. 음악, 춤, 유물 숭배에 대한 거부 등 이븐 타이미야의 청교도적 이슬람 해석에도 반대가 많았다.[86] 이런 이유로 1304년 다마스쿠스에서 이븐 타이미야가 사람들의 무함마드 발자국 숭배를 막으려 하자, 군중은 그를 불경스럽다고 비난하며 쫓아냈다.[87] 이슬람 전통 내부에서 그리고 전통들을 가로질러 일어난 이와 같은 다양한 반응들은 몽골 제국으로 인해 발생한 종교 교류의 가능성과 잠재적 결과를 잘 보여준다.

---

82 Raff 1973, 38–59; Aigle 2014, 283–305.

83 Amitai 1996, 9.

84 Aigle 2014, 134–158.

85 Michot 1994; Michot 1995a; Michot 1995b.

86 Menon 1976; Michot 1991; Olesen 1991.

87 Hassan 1993, 341; Little 1975.

종교적 결과

쫑카빠와 이븐 타이미야의 비판은 여러 면에서 옳았다. 몽골인들과 그들의 제국은 유라시아 전역에서 종교가 실천되는 방식과 장소뿐만 아니라, 인간 활동의 더 넓은 틀 안에서 종교가 이해되는 방식도 영구적으로 바꿔놓았다. 전자의 예는 이슬람 세계를 보면 충분한데, 그곳에서 아바스 칼리프조의 파괴와 그에 이은 몽골인들의 이슬람 개종은 수피즘의 부상뿐만 아니라 시아파 정치 권력이 부상하는 길을 열었다[88] 이 두 가지 발전은 근대 초기 이슬람 세계의 역사를 크게 변화시켰으며, 그 파장이 현재까지 이어지고 있다. 마찬가지로 몽골인들은 유럽 기독교인들의 종교적 상상력을 자극하고 변화시켰을 뿐만 아니라, 그렇게 함으로써 인류에 대한 완전히 새로운 관점을 열었으며, 이는 초기 근대 세계의 형성과 창조에 근본적인 역할을 했다.[89]

제국이 촉진한 종교 교류의 심오하고 지속적인 영향은 서부 유라시아의 아브라함계 종교들에만 국한되지 않았다. 몽골이 주희의 성리학을 제도화한 것은 한국에서 베트남에 이르는 동아시아의 종교·정치 세계를 영구적으로 변화시켰다.[90] 마찬가지로, 원은 중국 지역에서 "삼교합일" 사상의 발전을 촉진했는데, 이러한 활발한 지적 활동은 오늘날까지 이어지는 동아시아의 종교 관행을 형성했다. 중국에서 브라질에 이르기까지 실천되고 있는 티베트

---

88 DeWeese 1994; Amitai 1999; Green 2012.

89 App 2010; Abate 2013; Ristuccia 2013.

90 Dardess 1973, 35-37; Dardess 1983; Woodside 2006; Muller 2015.

불교 또한 원이 이 종교를 지원하여 남긴 유산임이 분명하다.[91] 사
실상 오늘날의 종교 세계는 몽골 제국 시기에 가능해지고 촉진된
종교 교류를 통해 형성됐다고 해도 과언이 아니다.

---

91   Franke 1996; Van der Kuijp 2004; Tuttle 2005.

참고문헌

사료와 번역서

Baṭṭūṭa/Gibb. 일러두기 6번 참조.

de Rachewiltz, Igor. 1962. "The Hsi-yu lu by Yeh-Lü Ch'u-Ts'ai." *Monumenta Serica* 21: 1-128.

Elverskog, Johan. 2003. *The Jewel Translucent Sūtra: Altan Khan and the Mongols in the Sixteenth Century*. Leiden.

HWC. 일러두기 6번 참조.

Jahn, Karl. 1965. *Rashid al-Din's History of India*. The Hague.

John of Plano Carpini. 1966. *Mission to Asia: Narratives and Letters of the Franciscan Missionaries in Mongolia and China in the Thirteenth and Fourteenth Centuries*, ed. Christopher Dawson. New York.

JT/Boyle. 일러두기 6번 참조.

Polo, Marco. 1976. *The Description of the World*, tr. A. C. Moule and Paul Pelliot, 2 vols. New York.

SH. 일러두기 6번 참조.

Rashīd al-Dīn, Faḍlallāh. 1980. *Die Indiengeschichte des Rasid ad-Din*, tr. Karl Jahn. Vienna.

William of Rubruck. 1990. *The Mission of Friar William: His Journey to the Court of the Great Khan Möngke 1253-1255*, tr. Peter Jackson. London.

연구서와 논문

Abate, Mark T. 2013. "The Reorientation of Roger Bacon: Muslims, Mongols, and the Man Who Knew Everything." *East Meets West in the Middle Ages and Early Modern Times: Transcultural Experiences in the Premodern World*, ed. Albrecht Classen, 523-73. Berlin and Boston.

Aigle, Denise. 2014. *The Mongol Empire between Myth and Reality: Studies in Anthropological History*. Leiden.

Akasoy, Anna. 2013. "The Buddha and the Straight Path. Rashīd al-Dīn's Life of the Buddha: Islamic Perspectives." *Rashīd al-Dīn as an Agent and Mediator of Cultural Exchanges in Ilkhanid Iran*, ed. Anna Akasoy, Ronit Yoeli-Tlalim, and Charles Burnett,

173-196. London.

Alberts, Thomas Karl. 2015. *Shamanism, Discourse, Modernity*. Williston.

Allsen, Thomas T. 1987. *Mongol Imperialism: The Policies of the Grand Qan Möngke in China, Russia, and the Islamic Lands, 1251-1259*. Berkeley.

1997. *Commodity and Exchange in the Mongol Empire: A Cultural History of Islamic Textiles*. Cambridge.

2001. *Culture and Conquest in Mongol Eurasia*. Cambridge.

2002. *Technician Transfer in the Mongolian Empire*. Bloomington, IN.

Almond, Phillip C. 1988. *The British Discovery of Buddhism*. Cambridge.

Amitai, Reuven. 1996. "Ghazan, Islam and Mongol Tradition: A View from the Mamlūk Sultanate." *BSOAS* 59: 1-10.

1999. "Sufis and Shamans: Some Remarks on the Islamization of the Mongols in the Ilkhanate." *JESHO* 42, 1: 27-46.

2001. "The Conversion of Tegüder Ilkhan to Islam." *Jerusalem Studies in Arabic and Islam* 25: 15-43.

App, Urs. 2010. *The Birth of Orientalism*. Philadelphia.

Armstrong, Karen. 2014. *Fields of Blood: Religion and the History of Violence*. New York.

Atwood, Christopher P. 1996. "Buddhism and Popular Ritual in Mongolian Religion: A Re-examination of the Fire Cult." *History of Religion* 36.2: 112-139.

2004. "Validation by Holiness or Sovereignty: Religious Toleration as Political Theology in the Mongol World Empire of the Thirteenth Century." *International History Review* 23.2: 237-256.

Barnes, Linda L. 2005. *Needles, Herbs, Gods, and Ghosts: China, Healing, and the West to 1848*. Cambridge.

Bausani, A. 1968. "Religion under the Mongols." *CHI* 5, 538-549.

Bira, Sh. 2003. "Mongolian Tenggerism and Modern Globalism: A Retrospective Outlook on Globalisation." *Journal of the Royal Asiatic Society* 14: 3-12.

Biran, Michal. 2005. *The Empire of the Qara Khitai in Eurasian History: Between China and the Islamic World*. New York.

Buyandelger, Manduhai. 2013. *Tragic Spirits: Shamanism, Memory, and Gender in Contemporary Mongolia*. Chicago.

Calhoun, Craig, Mark Juergensmeyer, and Joseph van Antwerpen. 2011. *Rethinking the Secular*. New York.

Ch'ên Yüan. 1966. *Western and Central Asians in China under the Mongols: Their Transformation into Chinese*, tr. Ch'ien Hsing-hai and L. Carrington Goodrich. Los Angeles.

Chidester, David. 2014. *Empire of Religion: Imperialism and Comparative Religion*. Chicago.

Cho, Wonhee. 2014. "The Mongol Rule of Taoists and Buddhists in Southern China: A Comparative Review." *Unpublished paper presented at Mobility, Empire, and Cross-cultural Contacts in Mongolia Eurasia*. Hebrew University. June 30, 2014.

Cleaves, F. W. 1955. "On the Historicity of the Baljuna Covenant." *HJAS* 18: 357-421.

1992. "The Rescript of Qubilai Prohibiting the Slaughtering of Animals by Slitting the Throat." *Journal of Turkish Studies* 16: 67-89.

Dardess, John W. 1973. *Conquerors and Confucians: Aspects of Political Change in Late Yüan China*. New York.

1983. *Confucianism and Autocracy: Professional Elites in the Founding of the Ming Dynasty*. Berkeley.

de Rachewiltz, Igor. 1971. *Papal Envoys to the Great Khans*. London.

1972. *Index to the Secret History of the Mongols*. Bloomington, IN.

DeWeese, Devin. 1978. "The Influence of the Mongols on the Religious Consciousness of Thirteenth Century Europe." *Mongolian Studies* 5: 41-78.

1994. *Islamization and Native Religion in the Golden Horde: Baba Tükles and Conversion to Islam in Historical and Epic Tradition*. University Park.

2004. "Problems of Islamization in the Volga-Ural Region: Traditions about Berke Khan." Proceedings of the International Symposium on Islamic Civilisation in the Volga-Ural Region, Kazan, 8-11 June 2001, ed. Ali Çaksu and Radik Mukhammetshin, 3-13. Istanbul.

2014. "'Alā' ad-dawla as-Simnānī's Religious Encounters at the Mongol Court Near Tabriz." *Politics, Patronage and the Transmission of Knowledge in 13th-15th Century Tabriz*, ed. Judith Pfeiffer, 35-76. Leiden.

Dubuisson, Daniel. 2003. *The Western Construction of Religion: Myths, Knowledge, and Ideology*, tr. W. Sayers. Baltimore.

Dunnell, Ruth W. 1992. "The Hsia Origins of the Yüan Institution of Imperial Preceptor." *Asia Major* 5: 85-111.

1996. *The Great State of White and High: Buddhism and State Formation in Eleventh-Century Xia*. Honolulu.

Elverskog, Johan. 2006. *Our Great Qing: The Mongols, Buddhism, and the State in Late Imperial China*. Honolulu.

2007. "The Mongolian Big Dipper Sūtra," *Journal of the International Association of Buddhist Studies* 29.1: 87-124.

2010. *Buddhism and Islam on the Silk Road*. Philadelphia.

2013. "Fuzzy Pluralism: The Case of Buddhism and Islam." *Common Knowledge* 19.3: 506-517.

Endicott-West, Elizabeth. 2000. "Notes on Shamans, Fortune-Tellers, and Yin-Yang Practitioners and Civil Administration in Yüan China." *The Mongol Empire & Its Legacy*, ed. Reuven Amitai-Preiss and David O. Morgan, 224-239. Leiden.

Fiey, Jean Maurice. 1975. *Chrétiens syriaques sous les mongols*. Louvain.

Franke, Herbert. 1967. "Eine Mittelalterliche chinesische Satire auf die Mohammedaner." *Der Orient in der Forschung: Festschrift für Otto Spies zum 5 April 1966*, ed. Wilhelm Hoenerbach, 202-208. Wiesbaden.

1981. "Tibetans in Yüan China." *China under Mongol Rule*, ed. John D. Langlois Jr., 326-328. Princeton.

1994. "A Note on the Multilinguality in China under the Mongols: The Compilers of the Revised Buddhist Canon, 1285-1287." *Opuscala Altaica: Essays Presented in Honor of Henry Schwarz*, ed. Edward H. Kaplan and Donald W. Whisenhunt, 286-298. Bellingham, WA.

1996. *Chinesischer und Tibetischer Buddhismus im China der Yüanzeit.* Munich.

Gentry, James. 2010. "Representations of Efficacy: The Ritual Expulsion of Mongol Armies in the Consolidation and Expansion of Tsang (Gtsang) Dynasty." *Tibetan Ritual*, ed. José Ignacio Cabezón, 131-164. New York.

George-Tvrtković, Rita. 2012. *A Christian Pilgrim in Medieval Iraq: Riccoldo da Montecroce's Encounter with Islam.* Turnhout.

Gorski, Philip, David Kyuman Kim, John Torpey, and Joseph van Antwerpen. 2012. *The Post-secular in Question: Religion in Contemporary Society.* New York.

Green, Nile. 2012. *Sufism: A Global History.* West Sussex.

Grupper, Samuel M. 2004. "The Buddhist Sanctuary-Vihara of Labnasagut and the Il-Qan Hülegü: An Overview of Il-Qanid Buddhism and Related Matters." *AEMA* 13: 5-78.

Halperin, Charles J. 1985. *Russia and the Golden Horde: The Mongol Impact on Medieval Russian History.* Bloomington, IN.

Hassan, Perween. 1993. "The Footprint of the Prophet." *Muqarnas* 10: 335-343.

Humphrey, Caroline, and Urgunge Onon. 1996. *Shamans and Elders: Experience, Knowledge, and Power among the Daur Mongols.* Oxford.

Inaba, Shoju. 1975. "An Introductory Study on the Degeneration of Lamas: A Genealogical and Chronological Note on the Imperial Preceptors in the Yüan Dynasty." *A Study of Klesa: A Study of Impurity and the Purification in the Oriental Religions*, ed. G. H. Sasaki, 19-57. Tokyo.

Isahaya, Yoichi. 2009. "History and Provenance of the Chinese Calendar in the Zīj-i Īlkhānī." *Tarikh-e Elm: Iranian Journal for the History of Science* 8: 19-44.

2013. "The Tārīkh-i Qitā in the Zīj-i Īlkhānī: The Chinese Calendar in Persian." *SCIAMVS: Sources and Commentaries in Exact Sciences* 14: 149-258.

Jackson, Peter. 2005a. "The Mongols and the Faith of the Conquered." *Mongols, Turks and Others: Eurasian Nomads and the Sedentary World*, ed. Reuven Amitai-Preiss and Michal Biran, 245-290. Leiden.

2005b. *The Mongols and the West 1211-1410.* Harlow.

Jan, Yün-hua. 1982. "Chinese Buddhism in Ta-tu: The New Situation and New Problems." *Yüan Thought: Chinese Thought and Religion under the Mongols*, ed. Hok-lam Chan and Wm. Theodore de Bary, 375-418. New York.

Jensen, Lionel M. 1998. *Manufacturing Confucianism: Chinese Traditions and Universal Civi-*

lizations. Durham.

Josephson, Jason Ananda. 2012. *The Invention of Religion in Japan*. Chicago.

Kapstein, Matthew T. 2011. "The Dialectic of Eternal Heaven: A Tibetan Defense of Mongol Imperial Religion." *Mahāmudrā and the Kagyü Tradition*, ed. Matthew T. Kapstein and Roger Jackson, 259-316. Andiast.

Kara, György. 2009. *Dictionary of Sonom Gara's Erdeni-yin Sang: A Middle Mongol Version of the Tibetan Sa skya Legs bshad*. Leiden.

King, Richard. 1999. *Orientalism and Religion: Post-colonial Theory, India, and the "the Mystic East."* New York.

Lane, George. 2003. *Early Mongol Rule in Thirteenth-Century Iran: A Persian Renaissance*. London.

Lerner, Robert E. 1983. *The Powers of Prophecy: The Cedar of Lebanon Vision from the Mongol Onslaught to the Dawn of the Enlightenment*. Berkeley.

Linrothe, Robert. 2009. "The Commissioner's Commission: Late-Thirteenth-Century Tibetan and Chinese Buddhist Art in Hangzhou." *Buddhism between Tibet and China*, ed. Matthew T. Kapstein, 73-96. Somerville.

Little, Donald P. 1975. "Did Ibn Taymiyya Have a Screw Loose?" *Studia Islamica* 41: 93-111.

Liu, Ts'un-yan, and Judith Berling. 1982. "The 'Three-Teachings' in the Mongol Yüan Period." *Yüan Thought: Chinese Thought and Religion under the Mongols*, ed. Hok-lam Chan and Wm. Theodore de Bary, 479-512. New York.

Lopez, Donald S., Jr. 1995. *Curators of the Buddha: The Study of Buddhism under Colonialism*. Chicago.

McMahan, David L. 2008. *The Making of Buddhist Modernism*. New York.

Masuzawa, Tomoko. 2005. *The Invention of World Religions*. Chicago.

May, Timothy. 2012. *The Mongol Conquests in World History*(티모시 메이, 권용철 옮김, 『칭기스의 교환』, 사계절, 2020). London.

Menon, Muhammad U. 1976. *Ibn Taimīya's Struggle against Popular Religion*. The Hague.

Michot, Jean R. 1991. "Musique et danse selon Ibn Taymiyya: Le Livre du Sama' et de la Danse(Kitab al'Sama 'wa'l-Raqs)." *compilé par le shaykh Muḥammad al-Manbijī*. Paris.

Michot, Yahya. 1994. "Textes spirituels d'Ibn Taymiyya: XI. Mongols et Mamlûks: L'état du monde musulman vers 709/1310." *Le musulman* 24: 26-31.

    1995a. "Textes spirituels d'Ibn Taymiyya: X I I. Mongols et Mamlûks: L'état du monde musulman vers 709/1310 (suite)." *Le musulman* 25: 25-30.

    1995b. "Textes spirituels d'Ibn Taymiyya: XI I I. Mongols et Mamlûks: L'état du monde musulman vers 709/1310 (fin)." *Le musulman* 26: 25-30.

Moin, A. Azfar. 2012. *The Millennial Sovereign: Sacred Kingship & Sainthood in Islam*. New York.

Mostaert, Antoine, and Francis W. Cleaves. 1952. "Trois documents mongols des Archives secrètes vaticanes." *HJAS* 15: 419-506.

Mullaney, T. S., J. P. Leibold, S. Gros, and E. A. Vanden Bussche. 2012. *Critical Han Studies: The History, Representation, and Identity of China's Majority*. Berkeley.

Muller, A. Charles. 2015. *Korea's Great Buddhist-Confucian Debate: The Treatises of Chŏng Tojŏn (Sambong) and Hamhŏ Tŭkt'ong (Kihwa)*. Honolulu.

Nongbri, Brent. 2013. *Before Religion: A History of a Modern Concept*. New Haven.

Olbricht, Peter, and Elisabeth Pinks. 1980. *Meng-Ta pei-lu und Hei-Ta shih lüeh: Chinesische Gesandtenberichte über die frühen Mongolen 1221 und 1237*. Wiesbaden.

Olesen, Niels Henrik. 1991. *Culte des saints et pèlerinage chez Ibn Taymiyya*. Paris.

Pedersen, Morten Axel. 2011. *Not Quite Shamans: Spirit Worlds and Political Lives in Northern Mongolia*. Ithaca.

Perlmann, Moshe. 1971. *Ibn Kammūna's Examination of the Three Faiths: A Thirteenth-Century Essay in the Comparative Study of Religion*. Berkeley.

Pfeiffer, Judith. 1999. "Conversion Versions: Sultan Öljeytü's Conversion to Shi'ism (709/1309) in Muslim Narrative Sources." *Mongolian Studies* 22: 35-67.

  2006. "Reflections on a 'Double Rapprochement': Conversion to Islam among the Mongol Elite of the Early Ilkhanate." *Beyond the Legacy of Chinggis Khan*, ed. Linda Komaroff, 369-389. Leiden.

  2014. "Confessional Ambiguity vs. Confessional Polarization: Politics and the Negotiation of Religious Boundaries in the Ilkhanate." *Politics, Patronage and the Transmission of Knowledge in 13th-15th Century Tabriz*, ed. Judith Pfeiffer, 129-168. Leiden.

Poppe, Nicholas. 1957. *The Mongolian Monuments in hP'ags-pa Script*. Wiesbaden.

Prazniak, Roxann. 2014. "Ilkhanid Buddhism: Traces of a Passage in Eurasian History." *Comparative Studies in Society and History* 56.3: 650-680.

Raff, Thomas. 1973. *Remarks on an Anti-Mongol Fatwa by Ibn Taimiya*. Leiden.

Richard, Jean. 1967. "La conversion de Berke et les debuts de l'islamisation de la horde d'or." *Revue des Études Islamiques* 35: 173-84.

Ristuccia, Nathan J. 2013. "Eastern Religions and the West: The Making of an Image." *History of Religions* 53.2: 170-204.

Robinson, David. 2009. *Empire's Twilight: Northeast Asia under the Mongols*. Cambridge.

Rossabi, Morris. 1988. *Khubilai Khan: His Life and Times*. Berkeley.

  1992. *Voyager from Xanadu: Rabban Sauma and the First Journey from China to the West*(모리스 로사비, 권용철 옮김, 『랍반 사우마의 서방견문록』, 사회평론아카데미, 2021). New York.

Roux, J. P. 1984. *La religion des turcs et des mongols*. Paris.

Schopen, Gregory. 1982. "Hīnayāna Texts in a 14th Century Persian Chronicle." *CAJ* 26: 228-235.

Smith, Jonathan Z. 1998. "Religion, Religions, Religious." *Critical Terms for Religious Studies*, ed. Mark Taylor, 269-284. Chicago.

Sperling, Elliott. 1987. "Lama to the King of Hsia." *Journal of the Tibet Society* 7: 31-50.

1990. "Hülegü and Tibet." *AOH* 44: 145-157.

Strassberg, Richard E. 1994. *Inscribed Landscapes: Travel Writing from Imperial China*. Berkeley.

Strenski, Ivan. 2015. *Understanding Theories of Religion: An Introduction*. Oxford.

Sun, Anna. 2013. *Confucianism as a World Religion: Contested Histories and Contemporary Realities*. Princeton.

Sun, K'o-k'uan. 1981. "Yü Chi and Southern Taoism during the Yüan Period." China under *Mongol Rule*, ed. John D. Langlois, 212-253. Princeton.

Thiel, Joseph. 1961. "Der Streit der Buddhisten und Taoisten zur Mongolenzeit." *Monumenta Serica* 20: 1-81.

Thomson, Robert W. 1989. "The Historical Compilation of Vardan Arewelc'i." *Dumbarton Oaks Papers* 43: 125-226.

Tomášková, Silvia. 2013. *Wayward Shamans: The Prehistory of an Idea*. Berkeley.

Tuttle, Gray. 2005. *Tibetan Buddhists in the Making of Modern China*. New York.

van der Kuijp, Leonard W. J. 2004. *The Kālacakra and the Patronage of Buddhism by the Mongol Imperial Family*. Bloomington, IN.

Vasantkumar, Chris. 2012. "What Is This 'Chinese' in Overseas Chinese? Sojourn Work and the Place of China's Minority Nationalities in Extraterritorial Chineseness." *Journal of Asian Studies* 71.2: 423-446.

Vogelin, Eric. 1940-1941. "Mongol Orders of Submission to European Powers, 1245-1255." *Byzantion* 15: 378-411.

Waley, Arthur. 1931. *The Travels of an Alchemist*. London.

Walters, Jonathan S. 1998. *Finding Buddhists in Global History*. Washington, DC.

Woodside, Alexander. 2006. *Lost Modernities: China, Vietnam, Korea and the Hazards of World History*. Cambridge.

Yü, Chün-fang. 1982. "Chun-feng Ming-pen and Ch'an Buddhism in the Yüan." *Yüan Thought: Chinese Thought and Religion under the Mongols*, ed. Hok-lam Chan and Wm. Theodore de Bary, 419-478. New York.

2001. *Kuan-yin: The Chinese Transformation of Avalokitesvara*. New York.

제 6 장

과학의 교류

모리스 로사비 · 로버트 모리슨

모리스 로사비　　　　　　　　Morris Rossabi

뉴욕시립대학 역사학과 석좌교수이며, 컬럼비아대학에서 중국사, 몽골사, 내륙아시아사 전공 겸임교수를 맡고 있다. 메트로폴리탄미술관, 클리블랜드미술관, 로스앤젤레스주립미술관의 전시 기획과 카탈로그 제작에 참여한 바 있으며, 몽골국립대학에서 명예 박사학위를 받았다. 아홉 가지 언어를 활용해 광범한 지역의 역사를 연구했다.

로버트 모리슨　　　　　　　　Robert G. Morrison

이슬람 천문학으로 박사학위를 받은 과학사학자이자 이슬람학자로, 보딘칼리지에서 종교 및 중동·북방학 교수, 종교학과 학과장, 중동·북아프리카 연구 프로그램 책임자를 역임했다. 또한 이슬람사회과학기술사위원회의 회장을 맡고 있다.

몽골인들은 자신들에게 이익이 되고 자신들이 정복한 주민들을 통치하는 데 도움이 되는 외래 문화 혁신을 열정적으로 받아들였다. 그러나 마찬가지로 중요한 것은, 몽골인들이 본질적으로 실질적인 결과를 가져오는 과학 기술적 발견을 추구했다는 점이다. 추상적인 과학 사변(思辨)은 몽골의 지원을 받기 어려웠다. 그들은 이론보다 구체적인 것을 선호했다. 그럼에도 13~14세기에 원, 금장 호르드, 차가다이 울루스, 일 칸국의 통치하에서 몽골의 후원을 누렸던 여러 사회에서는 중요하고 흥미로운 과학 활동과 교류가 이어졌다. 네 칸국에서 일어난 몇몇 과학 활동은 명백히 보편적이고 중요한 의미를 갖는다. 예를 들어 이란 북서부 마라가 천문대와 관련한 다양한 학자들의 업적은 천문학사 서술에서 빠지지 않고 언급되는 예이다. 이 천문대는 1259년 초에 건설됐으며, 처음에는 일 칸국의 건국자이자 제1대 일 칸이며 쿠빌라이의 형제인 훌레구의 후원을 받았다.[1] 마라가 천문대는 많은 외국 방문객들을 끌어들였는데, 특히 그레고리 키오니아데스(1320경 사망)의 방문은 많은 학술적 관심을 받았다.[2] 이들 사회의 전반적인 과학 문화는 각 칸국 내의 모든 문화적 측면과 칸국들 간의 관계에 대해 많은 것을 전해준다.

이 시기 과학의 발전과 칸국들 간의 과학 교류는 무엇보다 비몽골 학자들에 대한 몽골 군주들의 후원을 바탕으로 이루어졌기 때문에, 이 장의 초점을 이전의 이슬람 사회와 동아시아, 그리고

---

1 Dreyer 1906, 248; North 2008, 205-211.
2 Tihon 2008.

내륙 아시아 간의 접촉과 완전히 분리해서 다루는 것은 불가능하다. 종이를 가리키는 페르시아어 '카가드(kāghadh)'는 중국어 '고지(古紙)'에서 유래했으며, 제지술은 수 세기에 걸쳐 중국에서 중앙 아시아로 전해지다 8세기에 널리 전파됐다.[3] 이슬람 사회와 동아시아의 초기 과학 교류를 보여주는 예는 더 있다.[4] 이븐 안 나딤의 『목록의 서(Fihrist)』에는 무함마드 이븐 자카리야 알 라지(925 사망)가 한 중국인 학자에 대해 보고한 내용이 있는데, 이 학자는 그와 약 1년간 함께 지냈고 아랍어를 5개월 만에 배웠다고 한다. 이 학자는 갈렌의 『의학 16서』의 아랍어 판본을 필사했거나 혹은 중국어로 번역했는데, 그 텍스트가 중국에 전해졌는지는 알려지지 않았다. 사실 8세기부터 몽골 정복 이전까지 이슬람 세계와 중국의 접촉은 증가하고 있었다.[5] 그럼에도 몽골의 정복은 서아시아의 이슬람 사회들을 동아시아와 연결하고 양자의 관계를 변화시켰다는 점에서 전례가 없는 일이었다. 몽골이 방대한 영토를 연결했다는 사실에 더해 그들이 행한 이주 정책은 인간의 이동을 일으켰고, 토머스 올슨은 이것이 학문적 교류의 매개체가 됐다고 보았다.[6]

일 칸국은 금장 호르드나 차가다이 울루스, 즉 이슬람 지역의 다른 몽골 칸국들을 능가했다. 그러나 금장 호르드와 차가다이 울루스의 문화는, 이곳에서의 과학 생활에 관한 정보를 얻기가 어렵다는 사실에도 불구하고 다른 지역에서 발견되는 과학 교류

---

3 Bloom 2001, 47.
4 Chemla 1994를 보라.
5 Park 2012.
6 Allsen 2009, 142-143.

의 동일한 특징들의 일부를 드러낸다.[7] 14세기 흑사병의 참화는 금장 호르드의 문화 생활을 위축시켰을 것이나,[8] 그럼에도 이븐 바투타가 구(舊)사라이를 설명하는 대목에 한 의료 구호소가 등장하며, 그곳은 바투타가 그곳에서 만난 의학자 누만 앗 딘 알 호라즈미가 관리하는 시설이었다.[9] 또한 14세기 중반 금장 호르드의 수도 신(新)사라이는 수로와 급수 망을 갖추고 있었다.[10] 이러한 건설 활동이 지적 생활을 위한 토대를 만들어냈다. 또한 이븐 바투타는 당시 금장 호르드의 일부였던 호레즘(즉 쿠니야 우르겐치)에서[11] 시리아 사흐윤 출신인 앗 사흐유니라는 인물이 관할하는 병원을 본 것을 기록하고 있다.[12] 금장 호르드는 자연과학과 관련 있는 철학과 칼람(kalām, 사변신학) 분야의 저명한 학자들을 받아들였다. 쿠틉 앗 딘 알 라지(1365 사망)는 금장 호르드의 조정에서 활발히 활동했고, 후라산 출신의 사드 앗 딘 앗 타프타자니(1389 사망)는 자신의 저작 『열쇠의 요약(*Talkhīṣ al-Miftāḥ*)』을 자니벡 칸(재위 1342~1357)에게 헌정했다.[13] 자니벡은 또한 카이로 출신의 카말 앗 딘 앗 투르크마니가 알 자그미니의 『기초 천문학 개요(*al-Mulakhkhaṣ fī al-hay'a al-basīṭa*)』에 관하여 쓴 주석서도 받았는데, 이 책은 프톨레마이오스 천문학에 대한 이슬람권의 입문서로 다른 지역 학자들로부터 많은 관심

---

7   Spuler 1943, 425.

8   Schamiloglu 1993, 448-452.

9   Baṭṭūṭa/Gibb, 2: 516.

10   Balodis 1926, 21.

11   Bosworth 2014.

12   Baṭṭūṭa/Gibb, 3: 541-542.

13   Von Hammer-Purgstall 1840, 305; Ibn 'Arabshāh 1979, 82-84.

을 받은 저작이다.[14] 타 지역 출신 학자들이 금장 호르드에 존재했다는 것은 칸국의 문화 수준을 반영할 뿐 아니라 지역 간 지적 교류의 수준도 증명한다.

일 칸국이 서아시아에서 지적 생활의 중심지가 된 이유는 몽골의 정복이 기존의 종교 위계를 뒤집었기 때문이다. 훌레구는 1253년 몽골초원을 출발해 1256년 알라무트의 이스마일리 집단을 격파하고 1258년 초에 바그다드를 정복해 아바스 칼리프조를 몰락시켰다. 시아파의 박학다식한 학자 나시르 앗 딘 앗 투시(1274 사망)는 이스마일리의 사절이었는데, 알라무트에서 훌레구의 눈에 들어 그의 고문이 됐다. 이는 투시의 정치적 기술 덕분이었다. 투시의 재능은 분명 통치자들에게 도움이 됐고, 그 덕분에 그는 일 칸국의 독특한 지적 환경에서 학자로서 큰 성취를 이룰 수 있었다. 몽골 통치자들은 종종 그들이 정복한 민족의 종교를 받아들였으며, 일 칸국이 수니파와 시아파 사이에서 동요하자 종교 이념들 간에 경쟁이 일어났다.[15] 이 시기에 궁정에서 종교가 토론의 주제가 되었던 만큼, 투시를 비롯한 일 칸국의 무슬림 학자들은 자신의 과학 연구를 칼람, 피크흐(fiqh, 율법학), 타프시르(tafsīr, 쿠란에 대한 주석) 같은 분야와 대화하는 통합 작업으로 이해했다.[16] 투시는 마라가 천문대에서 과학과 철학 이론 분야의 가장 유명한 시아파 학자로서 자신의 명성을 확고히 했다.[17] 투시는 훌레구 혹은 아바카를

---

14 Fazlıoğlu 2007a.
15 Pfeiffer 2006.
16 Morrison 2007.
17 Ragep 2000.

위해 준비한 재정 보고서에서, 이전의 이슬람 과세 방식을 새 몽골 군주의 관행과 조화시키려 했다.[18] 과학자를 후원한 훌레구에 대한 투시의 찬양은 몽골의 이슬람 세계 정복 이전 초원 문화에서 빌려온 상투적 표현이었으나, 동시에 현실에 근거한 것이기도 했다.[19] 투시의 다방면에 걸친 학문적 성취와 이후 일 칸국과 관련 있는 학자들의 업적은 이슬람 사회에서 이어져온 다분야 학습의 전통을 계승했다. 투시의 마지막 스승들 중 한 사람인 모술의 학자 카말 앗 딘 이븐 유누스(1242 사망)는 피크흐부터 알마게스트(Almagest) 연구, 그리고 암호학에 이르는 다양한 분야에 능통했다. 이와 같은 과학 활동과 교류를 다음 몇 가지 주요 항목으로 분류할 수 있다.

신체와 의학

거칠고 때로는 위험한 생활을 했던 몽골인들은 신체에 관심이 많았다. 넓은 영역을 이동하고 사냥과 전투를 준비하고 수행하며, 육체적 고난을 겪다 보니 자주 부상을 입고 장애가 생겼다. 본래 그들은 치료나 치유를 주로 샤먼에 의존했다. 그러나 몽골에서 벗어나면서 의사에 대해 알게 되자 그들의 조언을 구했다. 또한 자신들이 정복하고 점령한 정주 국가로 이주하면서, 몽골인들은 그곳의 사치스러운 생활 방식을 모방하기 시작했다. 그러한 쾌락주의의 결과로 몽골인들은 엄청난 양의 음식과 술을 소비하게 됐다. 마르

---

18   Minorsky and Minovi 1940.

19   Amitai-Preiss 2014, 16.

코 폴로와 플라노 카르피니를 비롯한 몽골 영역을 방문한 외국인들은 심각한 건강 문제를 일으키는 호화로운 연회와 주지육림의 잔치를 반복적으로 서술했다. 이런 관습은 심각한 건강 문제를 일으키기도 했다. 한 학자는 방탕한 식단이 특히 칸들을 비롯한 엘리트 계층이 요절한 원인이라고 주장했다.[20]

일찍이 칭기스 칸 시기부터 시작해 적어도 그의 손자 쿠빌라이에 이르기까지 몽골인들은 질병을 치료받고자 했고 장수를 약속받고자 했다. 칭기스 칸은 장춘이라는 인물이 생명 연장의 비밀 처방을 알고 있다는 이야기를 듣고 이 유명한 도교 사제를 중앙아시아 원정에 동행하게 했다. 장춘은 몽골 군주에게 자신은 그러한 처방을 알지 못한다고 밝히고, 대신 더 나은 삶인 양생(養生)을 추구하고 동물이든 인간이든 타자에 대한 살생을 금하라고 조언했다.[21] 칭기스 칸은 또한 면세 지위를 주어 의사들을 고용하고자 했다. 칭기스 칸의 후손들도 질병의 원인과 치유법을 알기 위해 곳곳을 수소문했다. 칭기스 칸의 아들이자 계승자인 우구데이의 심각한 병에 대해 『몽골비사』는 다음과 같이 말한다.

그(우구데이)는 입과 혀가 마비되어 견딜 수 없게 되자 여러 무당과 점쟁이를 불러 무꾸리를 했다. 무꾸리를 해보니 "키타드 사람들의 땅과 물의 귀신들이 자기네 백성이 약탈당하고 성들, 도시들이 파괴당하자 단단히 달라붙었다"고 했다.[22]

---

20 Smith 2000, 46-49.
21 Waley 1931, 101, 109, 114.
22 *SH*, §203.

     제2권 주제별 역사

아마도 우구데이가 죽기 전에, 그리고 분명히 몽골이 바그다드를 정복하기 전에 몽골어로 쓰였을『몽골비사』는 우구데이의 질병을 이전의 저주와 연결시켰다. 이 병의 실체는 아마 몽골이 북중국에서 일으킨 대규모 학살로 창궐한 발진티푸스였을 것이다.[23] 또한 정복 이후 뒤따른 경제적 파괴는 회복을 위한 가장 정교한 방안을 모색하게 만들었는데, 그 과정에는 정밀 과학과 의학, 그리고 응용 과학에 대한 관심도 포함되어 있었다. 쿠빌라이는 식습관과 음주 과다로 통풍을 앓았고, 자신과 몽골인들을 치료하기 위해 고려, 실론, 티베트, 인도에서 의사를 모집하려 했다.[24] 그 외의 몽골인들과 한인들은 위구르 의사들의 진료와 약물을 구할 수 있었다.

외래의 의약 관행 및 의학이 기반하고 있는 교의, 그리고 약품들을 몽골과 중국 세계에 도입하는 데 중요한 역할을 한 것은 네스토리우스파 기독교와 페르시아 무슬림 세계의 의사 및 약제사들이었다. 네스토리우스파 의사인 이사 켈레메치('통역관 예수'라는 뜻)가 다른 이들과 함께 서역의약사(西域醫藥司, 또는 경사의약원(京師醫藥院)) 건립을 도왔다. 이 기관은 1273년 이름을 광혜사(廣惠司)로 바꾸고 대도와 상도의 몽골인들을 치료했으며 그들에게 필요한 약을 제공했다. 이 기관에는 태의원(太醫院)의 감독을 받던 무슬림 의사들도 관여했지만 주로 네스토리우스파 기독교인들이 원 말까지 주도했다.[25] 1262년 원 조정은 의학 학교 건립을 시작하고 관련 규

---

23 *SH*, §995.

24 원과 인도의 관계에 대해서는 Sen 2006, 299-326; 鄭麟趾 1909, 3: 519; *SH*, §148.

25 Allsen 2001, 149-150.

정을 만들었다. 태의원은 의료 행정 관료를 선발하는 의료 시험과 의사와 의호(醫戶)를 위한 규정을 만들었는데, 쿠빌라이는 이들의 노역을 면제해주었다. 쿠빌라이와 허국정(許國禎)이라는 명의가 태의원 지원자들을 면접하는 관행을 시작했다.[26] 태의원은 황실 서고에 36부의 무슬림 의학서를 가지고 있었다. 14세기 초에 일부 의사들은 튀르크어 화자였던 것으로 보이는 궁정 의사 홀사혜(忽思慧)의 『음선정요(飮膳精要)』를 열람할 수 있었는데, 이 책에는 건강 식단을 위한 조리법이 담겨 있다.[27] 몽골 시대 이후 늘어난 지식을 추가한 명 초기의 문헌 『회회약방(回回藥方)』을 통해 중국의 이슬람 의약 지식은 더욱 확장됐다.[28]

의학 연구와 실행은 일 칸국에서도 번창했다. 칭기스 칸이 정복 전쟁에 자신의 의사들을 데려간 것처럼 훌레구도 동아시아의 의사들과 함께 도착했다. 라시드 앗 딘(1318 사망)은 훌레구의 계승자 아바카 휘하에서 일 칸들을 위해 복무하기 시작했고 나중에 공동 재상의 자리까지 올랐는데, 의사들로부터 배운 것을 『보물지(寶物志, *Tanksūq-nāma*)』에 정리했다. 『보물지』는 중국 의학 서적들을 페르시아어로 번역한 것으로, 라시드 앗 딘이 중국 의학 지식을 통해 이슬람 의학을 부흥시키고자 했음을 보여준다.[29] 이 책은 서아시아 최초로 중국 의학 고전이 번역된 예이다.[30] 몽골인들은 맥을

---

26 Shinno 2016, 36.

27 Anderson and Buell 2000. 의료 시험에 대해서는 Shinno 2016, 72.

28 Franke 1970, 12-13; Buell 2007, 283-286.

29 Allsen 2009, 139; Lo and Wang 2013.

30 Klein-Franke 1998, 427.

통한 진단에 관심이 많았는데, 이는 중국 의학에서 건강이 기(氣)
와 신체의 상호 작용에 달려 있다고 보았기 때문이다.[31] 『보물지』
의 주요 출처는 『맥결(脈訣)』이라는 문헌이고, 『난경(難經)』과 『소문
(素問)』이라는 의학 서적에서 인용한 내용도 포함했다.[32] 마지막으
로 『보물지』는 과학 분야에 대한 일 칸의 포부가 얼마나 컸는지 라
시드 앗 딘이 인식하고 있었음을 보여주는 중요한 증거이기도 하
다. 이 책의 서문에서 그는 번역을 통해 지적 환경을 변혁하고자
한 자신의 의도를 아바스 왕조 치하에서 번성했던 번역 운동과 나
란히 비교했다.[33]

중국 의학에 관심이 많았던 라시드 앗 딘은 중국 약재를 구
입하고 중국인 요리사를 고용했다.[34] 그는 중국 지역에서 온 사신
이자 행정 경험이 풍부한 볼라드와 협력해서 인도와 중국에서 온
종자 및 동아시아의 농사 기술을 이용해 페르시아의 농업 생산을
회복시키려 했다.[35] 농업 발전은 일 칸 가잔이 일 칸국의 경제 위기
를 타파하기 위해 세운 계획의 일부였다.[36] 의학 지식의 이동은 더
욱 폭넓은 교류의 일부였다. 중국 내 네스토리우스파의 영향력과
일 칸국과 원의 정치적 동맹 덕분에 서아시아의 의학 지식이 동쪽
으로 전파됐다.[37] 앞에서 언급한 대로 중국 지역에는 쿠빌라이 시

---

31 Allsen 2009, 148.

32 Klein-Franke 1998, 440, 443.

33 Berlekamp 2010, 210-222.

34 Lambton 1999, 17.

35 Allsen 1996, 14-15.

36 Lambton 1999, 128-152.

37 Allsen 2001, 146-151.

기부터 원 말까지 서역의약사가 있었으며, 13세기 후반에는 이븐 시나의 『카눈(*Qānūn*, 의학전범)』이 중국어로 번역된 것으로 보인다.[38] 중국 의학이 이슬람 사회에서 이슬람 의학을 대체했다는 증거는 거의 없지만[39] 가잔 칸은 중국 의학 쪽으로 더 기울었고, 그 중요한 이유 중 하나는 라시드 앗 딘의 문화적 영향력 때문이었을 것이다.[40]

서아시아에서 중국으로 온 중요한 의료 혁신은 의약품 형태로 나타났다. 무슬림 의사들이 중국 여러 지역을 다니며 지배층과 일반인에게 약을 조제해주었다. 또한 1292년 원은 대도와 상도에 회회약물원(回回藥物院)을 설립했다. 그전에도 몽골은 일반인에게 의약을 제공하기 위해 여러 성(省)과 도시에 혜민약국(惠民藥局)을 설치한 바 있다. 유학자들과 불교·도교 사제들도 부분적으로 이 약국들을 통해서 약을 배포했다. 이들은 또한 의료 활동에도 참여했다. 약품은 서아시아와 중앙아시아에서 온 다양한 약재로 구성돼 있었다. 당시 어떤 사람이 언급한 대로 "서북에서 온 약들이 병을 대단히 잘 치료"했다.[41] 그중 다수는 원대 이전에도 중국에 수입됐던 것이나, 이 약에 대한 지식과 이용이 더욱 증가한 것은 몽골 시기이다.

그러한 약 중 하나가 아랍에서 다른 약과 혼합해 복용하는 달콤한 액체인 샤르바트(sharbat, 셔벗)였다. 이 약은 지사제 또는 배

---

38 Allsen 2001, 151.

39 Berlekamp 2010, 213-214.

40 Allsen 2001, 143.

41 Schottenhammer 2013, 80에서 재인용.

  제2권 주제별 역사

앓이 치료제로 쓰였는데, 결국에는 약으로서뿐 아니라 청량음료로서도 인기를 얻었다. 이러한 약재 수입에서는 위장약이 가장 큰 비중을 차지했고 배앓이, 기침, 호흡기 증상에 대한 약도 많았다. 당연히 (역시 위장 질환에 처방된) 대황을 비롯한 중국의 약재도 서아시아에 전해졌다.[42]

중국의 약재와 의료 행위에 서아시아와 중앙아시아가 영향을 미친 일이 전통 중국 의약 체제에 전환을 가져왔다고 해석되지는 않는다. 두 의학은 접근법이 완전히 달랐으니, 서아시아는 고대 그리스적 교의가, 중국 의학은 음양오행 이론이 중심이었다. 그러므로 중국이 몽골 시대에 무슬림 의학을 차용하는 것에는 한계가 있었고 그 반대도 마찬가지였다. 그러한 전환은 애초에 불가능했다.[43] 원대의 변화 중 하나는 중국 지역에서 의료인의 지위가 더 높아진 것인데, 이는 관료가 되는 전통적 통로인 과거 시험이 중지되고 의사의 지위가 높아졌기 때문이다. 이 발전에도 외국인들이 중요한 역할을 했다. 의학 실무 지식을 가진 사람들을 지원함으로써 몽골인과 색목인(주로 무슬림)은 중국인과 협력해 전근대 중국 역사상 엘리트 의료인들에게 가장 우호적인 왕조를 만들어냈다.[44] 일부 공자 사당에는 삼황묘(三皇廟)라는 의학 교육 기관이 있었고,[45] 의사들은 이 사당들과 연계되어 더 높은 지위를 얻었다. 동시에 몽골은 대도에 네 곳의 무슬림 의학 교육 기관을 세웠고 이 기관들은

---

42 Foust 1992.

43 Allsen 2001, 156-157.

44 Shinno 2007, 95; Hymes 1987, 9-66.

45 Shinno 2016, 56-61.

페르시아식 교육 과정을 강조했다. 이와 같이 의학이 확산함에 따라 의사들은 "새로운 음식과 약재와 의학 이론을 접하게" 됐다.[46]

제국의 공간

몽골인들의 관심은 자신들의 신체와 질병에 대한 즉각적인 관심에서 더 나아가, 그들이 정복한 공간으로 확대되었다. 그다지 발전되지 않은 어느 초원에 거주하던 그들은 이제 자신들이 오아시스와 대도시, 비옥한 경작지, 험준한 산악과 불모의 사막을 아우르는 광대한 영역의 지배자가 되었음을 깨닫게 되었다. 이 영토를 성공적으로 통치하려면, 자신들이 정복한 새로운 공간에 대한 상당한 지식이 필요했다. 그들은 각 지역을 연결하는 교통로뿐 아니라, 특정 지역으로의 접근을 막는 자연적 장벽에 대해서도 이해해야 했다. 군사 원정을 시작하기 전에 비밀 정탐 혹은 여행자 심문을 통해 적과 공격 대상의 정보를 수집해야 했다. 이 과정에서 그들은 장소에 대한 상세한 설명과 약도가 중요하다는 사실을 깨달았고, 한 지역을 장악하면 즉시 적군이 제작한 지도를 수집해 자신들의 목적에 사용했다. 몽골은 군사 정보의 신속한 전달과 조율을 용이하게 하는 중국 내의 역참 지도를 보유하고 있었다. 더 넓은 세계를 다스리게 된 그들은 먼 바깥 세계뿐만 아니라 직접 다스리는 영토를 그린 지도 제작에도 큰 관심을 기울였다.

중국과 달리 이슬람 세계는 오랜 지도 제작 전통을 가지고 있

었다. 중국은 원대 이전에는 세계지도를 제작하지 않았으나, 무슬림들은 다수의 세계지도를 제작해왔다. 특히 아바스 왕조의 전성기 때 그들이 보여준 지리에 대한 관심과 지식은 잘 알려져 있다. 지금은 전하지 않지만 9세기에 이미 아바스 칼리프는 세계지도 제작을 의뢰했고, 13세기 이슬람 세계에서 함달라 무스타우피 알 카즈위니가 지리서 하나를 만들었는데, 여기에도 세계지도가 들어갔다. 격자로 구획된 지도들은 경도와 위도에 기반해 각 장소들의 위치를 표시했다. 경도와 위도는 이전의 지도들에서도 발견되지만, 함달라 무스타우피 알 카즈위니는 격자를 활용하는 방식에서 혁신을 이룩했다. 『원경세대전(元經世大典)』에 포함된 중국 지도는 격자 사용, 경위도 좌표를 이용한 장소 배치, 그리고 전체적인 지형 구성과 개별 장소들의 위치 표시 방식에서 함달라 무스타우피 알 카즈위니의 지도와 유사한 모습을 보인다. 이 지도는 또한 중앙아시아와 서아시아의 주요 도시들을 나열하고 몽골 지배 영역의 네 칸국 즉 원, 중앙아시아의 차가다이 울루스, 금장 호르드, 서아시아의 일 칸국을 상세히 묘사했다.[47] 그런데 누가 먼저 영향을 미쳤는지는 아직 풀리지 않고 있다. 어느 쪽이 선행하여 다른 쪽에 영향을 준 것인가? 이 문제에 대해서는 전문가들의 의견은 일치하지 않고 있다.

답이 될 수 있는 하나는, 중국에 이주하여 지리학과 지도 제작 분야에서 자신들의 기술과 지식을 전한 무슬림들의 수가 매우 많았다는 사실이다. 일찍이 중앙아시아에서 일한 자말 앗 딘은 중

47　Park 2013, 141-143.

국으로 온 외부인들 중 가장 잘 알려진 인물이다. 그는 천문학자로 알려졌지만 지리학에도 관심이 있었다. 그는 1267년 쿠빌라이 카안에게 일곱 개의 천문 의기(儀器)를 선보였는데 그중 하나는 목제 지구의였다.[48] 이 특별한 기구는 구 모양으로 세계를 표현한 도구가 중국에 들어온 최초의 사례였으며, 전체의 70퍼센트를 초록색으로 칠해 바다를 표현하고, 30퍼센트를 흰색으로 칠해 육지를 나타냈다. 비록 중국인의 세계 인식을 바꾸지도, 즉시 세상을 구형으로 묘사하도록 이끌지도 못했지만, 격자로 나뉘고 특히 경도와 위도를 표시한 이 구는 마침내 중국 지도 제작자들에게 이러한 개념을 소개했을 것이다. 더욱이 자말 앗 딘과 그를 따라온 다른 실력 있는 무슬림들은 중국인 동료들에게 세계 각지에 대한 풍부한 정보를 전해주었고, 이는 중요한 제안으로 발전했다.

1286년 비서감(秘書監)을 관할하던 자말 앗 딘은 쿠빌라이에게 중국 너머의 땅들을 포함하여 제국 전체를 다루는 저작의 편찬을 제안했다. 쿠빌라이는 광대한 몽골 영토를 다스리는 대칸으로서 이 제안을 기쁘게 받아들인 것으로 보이며 이를 신속히 승인했고, 그 결과 『대원대일통지(大元大一統志)』라고 알려진 1300장(章)에 달하는 방대한 저작이 탄생했다. 1303년에 완성된 이 책은 오늘날 서문만 전해지고 그 내용이나 지도는 사라졌지만, 서문은 이 책에 외국의 지역들 특히 이슬람 세계에 관한 내용이 수록되었음을 강하게 암시하고 있다.[49] 자말 앗 딘과 그의 무슬림 동료들이 이

---

48 宋濂, 999.

49 Park 2013, 134-135.

　　　　　　　　　　　　　　　　제2권 주제별 역사

작업에 참여했다는 사실은 이 문헌이 이슬람 세계를 포함하고 있었다는 점을 분명히 한다. 또한 그들은 이슬람의 지리서와 지도책을 중국에 가지고 왔다. 이처럼 이슬람과 중국 지식의 융합이 지도 제작을 이끌어냈고 이는 세계지리에 대한 지식을 한층 높이는 계기가 됐다.

두 문화 간의 놀라운 교류의 정점은 1402년 조선에서 완성된 세계지도 〈혼일강리역대국도지도〉이다. 이 지도는 원대의 지도와 지식을 바탕으로 아프리카의 해안과 서아시아의 윤곽을 그려냈으며 여러 이슬람 도시의 위치를 표시했다.[50] 페르시아만과 아라비아반도는 정확하게 묘사하지 못했지만, 이슬람 세계와 멀리 떨어진 조선에서 이러한 세계지도를 제작했다는 사실 자체가 지도 제작의 역사에서 중요한 진전이었다.[51]

그 너머

몽골인들은 자체 천문학 체계는 없었지만, 하늘에 대한 연구를 진지하게 받아들였다. 훌레구는 중국인 천문학자들을 이란으로 데려갔는데, 이는 그가 마라가 천문대를 후원하기 이전부터 이 주제에 관심이 있었음을 시사한다.[52] 그러나 그가 여기에 끌린 더 큰 이유는 역시 실용적인 고려에서였다. 그는 천문학 연구가 주로 유목민이며 일부는 농경민인 몽골인들이 직면하는 자연환경과 기후에

---

50 Kauz 2013, 162-164.

51 Allsen 2001, 103-114; Park 2012.

52 Allsen 2001, 161-162.

대한 실질적 정보를 제공한다는 것을 알고 있었다. 또한 훌레구는 점성술을 미래에 대한 필수적이고 신뢰할 만한 지침이라고 보았으며, 따라서 천문학에 대한 관심의 일부는 점복을 중심으로 한 것이었다. 천문학과 점성술은 원의 몽골인들이 이슬람 세계와의 교류를 지원하는 배경이었다.

쿠빌라이가 즉위하기 전에도 몇 명의 서아시아 천문학자가 중국에 온 적이 있지만, 천문학에 대한 중요한 발전과 지원의 대부분은 쿠빌라이 치세에 일어났다. 유병충(1216~1274)을 비롯한 그의 가장 중요한 고문 몇 사람은 국가가 천문학을 지원해야 한다고 주장했다. 아마도 쿠빌라이의 가장 영향력 있는 조언자였던 유병충은 중국 내 천문대 건설을 적극적으로 추진했다. 유병충은 불교 승려였지만 불교와 유교뿐 아니라 세속 문제를 해결할 때도 오랫동안 쿠빌라이의 가장 가까운 측근 가운데 한 사람이었다.[53] 그러나 서아시아인들도 원의 천문학 발전에 결정적인 역할을 했다. 1267년 자말 앗 딘은 일곱 개의 천문 관측 기구를 제작해 조정에 바쳤다. 4년 뒤 쿠빌라이는 회회사천대(回回司天臺)를 세웠고 유능한 자말 앗 딘을 제점(提点)으로 임명했으며, 몇 년 내에 이전의 중국식 사천대를 회회사천대에 편입시켰다. 1274년에는 합병된 기구가 비서감의 일부가 됐으며 자말 앗 딘이 비서감의 임시 책임자가 됐다. 이 기관은 조정 내에서 지위가 높았는데, 이는 몽골인들이 천문학을 중시했음을 보여준다.[54]

53　Chan 1967, 102-103.
54　Park 2013, 133.

원 조정은 서아시아 천문학의 우월성을 분명 알았을 것이다. 마라가 천문대는 활기 넘치는 연구 중심지가 됐다. 훌레구와 가까웠기 때문에 마라가 천문대의 책임자로 임명된 앗 투시와 시리아에서 마라가로 와서 이 천문대의 기구 제작 책임을 맡은 무아야드 앗 딘 알 우르디(1266 사망)는 각각 프톨레마이오스 천문학 이론의 중대한 문제들에 대해 최초로 성공적인 해결책을 제시했다. 프톨레마이오스는 천구가 제자리에서 회전함에도 불구하고, 그 일부 운동이 천구의 중심을 기준으로 균일하지 않다는 사실을 발견했다. 즉, 균일한 회전의 축이 중심을 통과하지 않고 다른 한 지점을 지나가는 것이다. 이 지점은 후대에 '이퀀트 점(equant point)'이라 불린다. 프톨레마이오스는 이퀀트 점을 수학적으로 규정했으나, 천구가 중심을 지나지 않는 축을 기준으로 균일하게 회전한다는 그 발상은 물리적으로 모순된 것이었다. 이에 대해 투시와 우르디는 새로운 방식의 천구 배치를 제안했는데, 이는 매우 혁신적이었다. 그들은 오직 천구의 중심을 지나는 축을 기준으로 균일하게 회전하는 천구만을 가정했지만, 여러 운동을 결합함으로써 결과적으로 이퀀트 점을 중심으로 한 균일한 회전을 재현할 수 있었다. 투시와 우르디의 해법은 단순히 관측을 수학적으로 설명하는 데 머무르지 않고 실제 물리적 세계에서도 성립했는데, 이 점이 프톨레마이오스의 모델과의 차이점이었다.

투시의 해법은 현대 학자들이 '투시 쌍(Tūsi couple)'이라고 부르는 혁신적 방법에 기반을 두고 있었다. 서로 반대 방향으로 회전하는 두 개의 구가 있는데, 하나는 다른 하나의 두 배 크기이고, 작은 구는 큰 구보다 두 배 빠른 각속도(角速度)로 회전한다. 두 구의 결합 운동은 한 점이 평면에서 직선으로, 또는 구 표면에서는 거의 호를 그리듯 진동하게 만들었다. 이러한 '투시 쌍'을 더 큰 구 안에 넣고, 이 큰 구를 '투시 쌍' 중 큰 구와 같은 속도로 균일하게 회전시키면, 그 진동하는 점의 운동은 이퀀트 점을 기준으로 볼 때 균일한 운동처럼 나타나게 된다. '투시 쌍'은 투시가 마라가로 오기 전에 저술한 페르시아어와 아랍어 문헌들에서 처음 등장했다. 그가 마라가에서 집필한 『천문학 비망록(*al-Tadhkira fi ʿilm al-hayʾa*)』은 그의 이론을 가장 상세하게 제시한 저작이다.[55] 『천문학 비망록』은 교재로도 영향력이 컸다. 13세기 초 알 자그미니는 『기초 천문학 개요(*al-Mulakhkhaṣ fi al-hayʾa al-busiṭa*)』에서 『천문학 비망록』의 수치를 반영하고 갱신했다.[56]

우르디의 해법은 지금은 '우르디 보조 정리(ʿUrdi lemma)'라고 불리는 그의 통찰에 기반을 두고 있었다. 이 정리에서 그는 큰 회전 구 안에 추가적인 주전원(周轉圓)을 배치하고, 두 구를 동일한 각속도로 움직이게 하였으며, 그 큰 구의 중심을 우주의 중심과 프톨레마이오스의 이퀀트 점 사이의 중간 지점에 위치시켰다.[57] 그 결과, 그 주전원 위 한 점의 운동은 기존 프톨레마이오스의 이퀀트 점을 기준으로 볼 때 거의 균일한 운동처럼 나타났다. 코페르니쿠스 또한 이퀀트 문제로 고민하였으며, 그의 모형과 마라가 천문학자들의 모형 사이에는 '투시 쌍'의 사용과 '우르디 보조 정리'의 활용을 포함하여 수많은 유사점이 존재한다.[58]

---

55 Ragep 1993.

56 Ragep 2007.

57 Saliba 2007, 151–155.

　　마라가 천문대는 이론천문학 성과로 유명하지만, 이곳의 관측
천문학 또한 과학 교류의 뛰어난 사례를 보여준다. 관측천문학에
서 가장 중요한 지표는 천문표가 포함된 천문학 편람인 '지즈(zīj, 복
수형은 azyāj)'였는데, 투시는 마라가에서 『지제 일카니(Zīj-i Īlkhāni)』
라는 일 칸국 천문표 편람을 만들었다. 『지제 일카니』는 여러 천문
표 편람들의 중요한 참고 자료가 됐지만, 여기에 마라가에서의 직
접 관측 내용이 포함됐다는 증거는 없다. 그러나 『지제 일카니』는
중국-위구르 역법 체계를 설명한 적어도 세 종의 마라가 천문대
관련 천문표 편람들 중 하나였다.[59] 중국-위구르 역법은 송과 금
역법의 특징(윤달 삽입)과 위구르 역법의 특징('칭기스 칸 즉위 8800만 년
전'과 같은 먼 과거의 대합(大合)을 기준으로 하지 않고 최근의 기점을 계산에 사
용하는 것)을 담고 있었는데, 아마 몽골인들은 이를 1209년경 위구
르인들이 몽골을 위해 일하기 시작했을 때 발견했을 것이다.[60] 중
국 천문학의 전통이 이슬람 세계의 가장 위대한 천문학자 중 한 명
의 관심을 끈 것은 주목할 만하다.[61]

　　이슬람 세계의 서쪽 끝에서 마라가로 온 무히 앗 딘 알 마그리
비(1283 사망)의 천문표 또한 중국-위구르력에 대한 정보를 담고 있
다. 사실 그는 이 주제에 대해 별도의 논문을 쓰기도 했다.[62] 마그리
비의 관측천문학은 전반적으로 매우 수준 높았는데, 특히 행성과

58　Saliba 1984.

59　Kennedy 1964, 442-443.

60　Van Dalen 2002, 334-336.

61　Van Dalen, Kennedy, and Saiyid 1997, 112-113.

62　Comes 2007.

달의 운동 모델에 대한 변수들을 정교하게 계산했다.[63] 중국-위구르 역법에 대한 정보는 마라가 천문대가 세워지기 전부터 일부 전해지고 있었다. 이는 1258년에 완성된 자말 앗 딘 알 바그다디의 천문표에 이 역법에 대한 정보가 표시된 것을 통해 알 수 있다.[64] 그러나 투시와 마그리비의 천문표 편람들에 포함된 정보의 대부분은 아마도 마라가 천문대에서 앗 투시 밑에서 일했던 중국 학자 부맹질(傅孟質)로 추정되는 인물에게서 비롯됐을 것이다. 전체적으로 마라가에서는 천문표 제작과 실용 천문학 연구가 매우 활발했다.[65]

중국 학자들이 마라가에 간 것처럼 이슬람 학자들도 동쪽으로 진출했다. 훌레구와 함께 이란에 온 천문학자 후삼 앗 딘은 본래 서아시아에서 몽골까지 여행한 인물이었다.[66] 앞서 1285년 쿠빌라이가 교황 호노리오 4세에게 파견한 사절이자 볼라드와 함께 일 칸국의 아르군 조정에 갔던 네스토리우스파 의사 이사 켈레메치 역시 천문학자였다.[67] 가장 중요한 것은 쿠빌라이가 자말 앗 딘 (1255~1291 활동)을 대도의 회회사천대에서 일하게 한 점이다.[68] 앞에서 언급한 대로 자말 앗 딘은 쿠빌라이에게 여러 천문 기구와 중요한 아랍어 과학 저작들을 헌상했다.[69] 자말 앗 딘이 사망한 뒤인

---

63 Saliba 1983; Mozaffari 2014.

64 King and Samsó, with Goldstein 2001, 44.

65 Van Dalen 2002, 334; Isahaya 2020; Rashīd al-Dīn 1971, 22; Haddad and Kennedy 1971, 100.

66 Allsen 2001, 166.

67 Jackson 2005, 169.

68 Yang 2017; Sivin 2009, 144는 자말 앗 딘이 실제로 이 관청의 수장이었는지에 대해 의문을 제기했다.

69 Van Dalen 2004, 24-25.

1383년에 페르시아의 한 천문표가 '회회력'이라는 제목으로 중국어로 번역됐는데,[70] 원문은 전하지 않는다.

마라가 천문대의 활동은 1283년 알 마그리비가 사망한 후 점차 쇠퇴했으나, 일 칸국의 천문학 사업은 계속됐다.[71] 일 칸 가잔은 그 자신도 과학을 연구했고, 저자 미상의 페르시아어 논문 『가잔 관측 기구론(*Risālat al-ghāzāniyya fī al-ālāt al-raṣadiyya*)』에 따르면, 마라가 천문대에서 사용했을 것으로 추정되는 12개의 기구를 직접 고안했다.[72] 가잔은 또한 아바카 시대 이래 일 칸국의 수도였던 타브리즈에 새로운 천문대 건설을 명령했다. 이 천문대는 전 세계까지는 아니더라도, 적어도 몽골 제국 내에서는 천문학 활동의 중심지가 됐다. 더욱이 라시드 앗 딘은 『집사』에 가잔 시기에 의학과 점성학에 대한 지식을 가진 중국인 천문학자들이 타브리즈 천문대로 더 많이 왔다고 기록하고 있다.[73]

투시의 제자이며 마라가 천문대와 이후 타브리즈 천문대에서 활동한 쿠틉 앗 딘 앗 시라지(1311 사망)는 다수의 천문학 저작을 남겼는데, 그 내용이 복잡해서 현대에도 완전히 파악하지 못했을 정도다. 시라지는 마라가를 떠나 타브리즈로 돌아가기 전 소아시아에서 완성한 두 저작 『천체 이해의 정수(*Nihāyat al-idrāk fī dirāyat al-aflāk*)』와 『군주를 위한 선물(*al-Tuḥfa al-shāhiyya*)』에서 투시도 해결하지 못한 수성의 운동에 관한 프톨레마이오스 이후 최초의 모델

---

70 Van Dalen 2007.

71 Ragep 2014, 233-234.

72 Mozaffari and Zotti 2012.

73 Rashīd al-Dīn 1971, 23.

과 함께 새로운 달 운동 모델을 제시했다. 다른 행성들에 대한 시라지의 모델은 그의 또 다른 스승 우르디의 주장과 동일한 것으로 밝혀졌다. 14세기 첫 10년 동안 완성한 시라지의 마지막 천문학 저작 『네가 한 일이니 (나를) 비난하지 말라(Fa'alta fa-lā talum)』는 『천문학 비망록』의 주석가로 알려진 알 히마디(실제로는 알 와브카나위일 수도 있음)를 비판한 논쟁적 저작이었다. 시라지는 그가 『군주를 위한 선물』을 표절했으며, 심지어 그 내용을 잘못 이해했다고 비난했다.[74] 마라가와 타브리즈에서 활동했던 와브카나위는 『술탄을 위한 정확한 천문표(al-Zij al-Muḥaqqaq al-Sulṭānī)』를 저술했는데, 이 책의 내용은 현재까지도 연구가 진행 중이다.[75] 『네가 한 일이니 (나를) 비난하지 말라』에는 우리가 잘 모르는 동시대 천문학자들의 이름이 등장하는데, 이는 마라가와 일 칸국 시대 타브리즈의 과학적 성과가 현재까지 전해진 유명 학자들의 저작을 넘어 더 널리 퍼져 있었음을 보여준다.

천문학에 정통한 학자들은 다른 과학 분야에서도 주목받았다. 기하학 분야에서 투시의 가장 잘 알려진 업적은 유클리드의 (제5) 평행선 공준(公準)에 대한 증명 시도였다. 이 공준은 한 직선이 두 직선과 만날 때, 그 교점에서 생기는 두 각의 합이 180도보다 작으면 두 직선은 그쪽에서 서로 만나게 된다는 것이다. 이전에도 오마르 하이얌을 비롯한 학자들이 이 공준을 증명하려 노력했는데, 만약 이에 성공한다면 유클리드의 전제가 옳음을 보이는 동

---

74 Ragep 2014, 244.
75 Mozaffari 2013.

시에, 이 공준이 더 이상 공준이 아님을, 다시 말해 다른 명제들로부터 증명될 수 있는 것임을 밝히게 되기 때문이었다.

실용적인 면에서 투시는 유클리드의 『원론』과 여러 수학 교과서의 아랍어 번역본을 교정했는데, 이는 그가 『알마게스트』의 아랍어 번역본을 교정했을 때와 마찬가지로 원전을 훨씬 더 이해하기 쉽게 해주었다. 시라지는 투시가 개정한 『원론』을 페르시아어로 번역하고 새로운 내용을 추가했다.[76] 사피 앗 딘 알 우르마위(1294 사망)는 이븐 시나 이후 이슬람 사회 최초의 주목할 만한 음악 이론가였다. 우르마위는 자신의 두 번째 음악 이론서인 『샤라프를 위한 서신(al-Risāla al-Sharafiyya)』을 일 칸국의 바그다드 총독이었던 삼촌의 지위를 계승한 샤라프 앗 딘 주베이니(1286 사망)에게 헌정했다.[77]

시라지는 제자 카말 앗 딘 알 파리시(1319 사망)에게 이븐 알 하이삼(1040경 사망)의 『광학(Kitāb al-Manāẓir)』을 연구할 것을 제안했다. 파리시는 이븐 알 하이삼이 주장한 것과 달리 무지개는 반사가 아닌 이중굴절에 의해 만들어진다는 것을 실험을 통해 보여주었다.[78] 파리시의 『광학』 교정본(Tanqīḥ)은 이슬람 사회에서 이븐 알 하이삼의 대작을 본격적으로 다룬 최초의 연구였으며, 이후 이븐 알 하이삼의 이론을 연구하는 출발점이 됐다.[79] 파리시는 또한 수론(數論)에 대해서도 저술했다.[80] 시라지의 또 다른 제자 잘랄 앗

---

76 Brentjes 1998; De Young 2001.

77 Neubauer 2012.

78 Rashed 2008.

79 Sabra 2007, 120.

딘 알 우바이디(1350 사망)는 투시의 『천문학 비망록』과 자그미니의 『기초 천문학 개요』에 대한 주석서를 썼다.

마라가 천문학자들이 이룩한 이론적 혁신이 폭넓고 시간적으로도 광범위했다는 점은 주목할 만하다. 예를 들면 사드르 앗 샤리아 앗 사니 알 부하리(1347 사망)와 이븐 앗 샤티르(1375 사망) 같은 중요한 학자들이 이들의 성과를 더욱 발전시켰는데, 이들의 활동 거점은 각각 일 칸국의 경쟁자인 차가다이 칸국(부하리의 경우)과 적국인 맘룩(이븐 앗 샤티르의 경우)이었다. 시라지는 투시처럼 현대적 의미의 과학과 종교를 아우르는 분야에서 탁월한 능력을 발휘했다. 그는 아나톨리아 셀죽 왕조 치하의 시바스에서 카디(법관)를 지냈으며, 방대한 쿠란 주석서와 수흐라와르디의 『조명의 지혜(*Ḥikmat al-ishrāq*)』에 대한 주석서를 저술했다. 이처럼 다방면에 걸친 시라지의 업적은 1303년 시라지와 공동 연구를 한다는 명분으로 타브리즈에 왔던 그의 또 다른 제자 니잠 앗 딘 안 니사부리(1330경 사망)의 경력에서도 나타났다.[81]

13세기 말, 부하라와 사마르칸드 같은 도시들이 다시 학문의 중심지로 거듭나면서, 차가다이 칸국에서는 다분야학(polymaths)이 번성했다. 더욱이 다른 지역에서 왕성하게 활동하던 학자들도 이 도시들 출신이었다. 예를 들면 대도의 회회사천대에서 일한 자말 앗딘 무함마드 이븐 타히르 이븐 무함마드 알 자이디 알 부하리(1255~1291 활동)는 부하라 출신이다.[82] 마라가에서 활동했던 샴스

---

80 Brentjes 1991.

81 Morrison 2007.

82 Sivin 2009, 142는 자말 앗 딘 알 부하리를 쿠빌라이와 관련 있는 자말 앗 딘과 동일 인물

   제2권 주제별 역사

앗 딘 무함마드 이븐 알리 알 와브카나위(와브카나는 부하라에서 20킬로미터 거리에 있는 도시. 1316 사망)[이는 지명이나 집단 명 뒤에 장모음 '이'(남자)나 '이야'(여자)를 붙여 출신지나 출신 집단을 표시하는 니스바(nisbah)라는 아랍어 관행에 대한 설명이다. 예를 들어 투시는 투스 출신을 뜻한다]와 샴스 앗 딘 앗 사마르칸디(1302 사망)는 차가다이 칸국의 영역에서 태어났다. 사마르칸디의 생애에 대해서는 알려진 것이 거의 없으나, 그는 투시의 『천문학 비망록』에 대한 초기 주석가였으며, 현재는 전하지 않는 천문학 관련 저술의 저자였다.[83] 사마르칸디의 기하학 관련 저서 『근본 정리들(Ashkāl al-ta'sīs)』은 유클리드의 『원론』에서 가져온 35개의 명제로 이루어져 있다.[84] 이 문헌은 (제5) 평행선 공준 문제에 대해 새로운 증거를 제공한다. 부하라 출신이며 약간 후대의 학자인 샴스 앗 딘 미라크 알 부하리(1340경 사망)는 『근본 정리들』에 주석을 달았다. 미라크는 나즘 앗 딘 알 카티비(1276 사망)의 『존재의 지혜(Ḥikmat al-'ayn)』에 대한 샤르흐(주석서)를 썼는데 여기에서 쿠틉 앗 딘 앗 시라지를 여러 번 호평했다. 카티비는 마라가 천문대 설립에 기여한 논리학자였다.[85] 즉 우리는 칸국들 사이에 다툼은 있었지만 그것이 이러한 지적 교류를 막지는 못했음을 다시 한번 확인할 수 있다.

마라가와 마찬가지로 타브리즈도 먼 곳의 학자들을 끌어들였다. 라시드 앗 딘의 『집사』의 한 기사는 "이슬람의 제왕(즉 울제이

로 보는 것에 대해 신중한 입장을 취하고 있다. 또한 Sayılı 1960, 191 참고.

83 Fazlıoğlu 2007b.
84 De Young 2001.
85 Al-Bukhārī 1974.

투)의 눈 아래에 모든 종교와 교파에서 철학자, 천문학자, 학자, 역사가, 그리고 카타이(북중국)인, 마친(Machin, 남중국)인, 인도인, 카슈미르인, 티베트인, 위구르와 다른 튀르크 국가 사람들, 아랍과 프랑크인이 모였다"고 적고 있다.[86] 이러한 폭넓은 교류가 가능했던 배경이 있다. 일 칸국이 이란을 장악하기 전부터 이미 모술의 학자들은 신성 로마 제국 황제 프리드리히 2세 호엔슈타우펜(1250 사망)과 학문적으로 교류하고 있던 것이다.[87] 일 칸국과 라틴 서방의 기독교도들은 맘룩이라는 공동의 적이 있었으며, 이러한 공동의 대의로 수십 년간 접촉을 이어갔다.

13세기 말에 이르러 타브리즈는 상업의 중심지이자 이탈리아 상인들의 활동 거점이 되었다.[88] 콘스탄티노플에서 태어나 1295년 트레비존드에서 타브리즈로 온 그레고리 키오니아데스는 일 칸국의 중요한 기독교 커뮤니티를 위해 타브리즈의 주교로 임명됐다.[89] 의사이자 학자였던 키오니아데스는 일 칸국의 후원을 받는 천문학자들의 활동에 깊은 관심을 가졌다. 키오니아데스가 이란에 머물면서 수집한 내용은, 천문표(azyāj) 형태로, 그리고 아마도 이론서인 『스케마타(*Schemata*, 도식론)』의 형태로 우리에게 전해진다. 비록 『스케마타』를 키오니아데스가 직접 서술하지 않았을 가능성도 있으나, 이슬람의 자료가 전달된 사실은 확인된다. 이 비잔티움 학자에게 아랍어보다는 페르시아어가 더 편했을 것이므로, 아마도 페

---

86 Sayılı 1960, 230의 번역.

87 Hasse 2000.

88 Jackson 2005, 297.

89 Tihon 2008.

                                        제2권 주제별 역사

르시아어 저작인 투시의 『무이니 논고(*Risāla-i mu'iniyya*)』에서 그 내용을 취했을 것이다.[90] 키오니아데스는 『스케마타』 외에도 천문표들을 그리스어로 옮겨 전한 것으로 알려져 있다. 특히 『지제 일카니』가 유명하며, 『지즈 알 알라이』와 『알 지즈 앗 산자리』도 전했다. 키오니아데스에게 정보를 준 사람은 샴스 앗 딘 알 부하리인데, 그는 앗 시라지의 『네가 한 일이니 (나를) 비난하지 말라』에서 비판의 대상이 된 인물로, 안 니사부리의 과학적 능력을 비판했던 알 와브카나위와 동일인으로 여겨지고 있다.[91] 샴스 앗 딘의 이름으로 전해지는 그리스어 천문서는 알 와브카나위가 페르시아어로 쓴 천체관측의에 대한 논문을 바탕으로 작성된 것으로 보인다.[92]

중국, 맘룩, 라틴 서방, 그리고 다른 몽골 영역들과의 이러한 교류 외에, 훌레구의 조정과 알 안달루스가 접촉한 증거도 있다.[93] 유대인 학자들은 몽골과 직접 접촉하지 않았더라도 앗 투시의 저작에 대해 알게 됐다.[94] 수학적으로 '투시 쌍'과 동일한 정리가 1400년경 이베리아반도에서 제작된 유대-아랍어 이론 천문학 텍스트에 등장했다. 프로방스의 유대인 학자 게르소니데스(1344 사망)는 유클리드의 『원론』에 대한 투시의 주석서 위본을 알고 있었으며, 아마 진본에 대해서도 알았을 것이다.[95] 14세기의 알 안달루스와 일 칸국 간의 지적 교류는 후에 '투시 쌍'이 오스만 제국에서 베

---

90 Ragep 2014, 242-243.

91 Ragep 2014, 243-244.

92 Ragep 2014, 243-244.

93 Comes 2004.

94 Langermann 2011, 444.

95 Lévy 1992, 90-91.

네토로 전달되는 경로를 이해하는 데 도움이 된다.[96]

　1333년 이븐 바투타의 기록에 묘사된 황폐한 상황에도 불구하고, 차가다이 칸국 시대의 부하라에서 학문 활동이 다시 활발해졌음을 보여주는 증거를 사드르 앗 샤리아 앗 사니 알 부하리(1347 사망)의 저작에서 볼 수 있다.[97] 사드르 앗 샤리아 앗 사니는 마라가 천문대에서 발전한 이론을 바탕으로 혁신적 천문 모델을 만든 것으로 잘 알려져 있다. 연구에 따르면 그는 종교학자들의 오랜 계보를 이어받아 부하라에서 교육받았을 뿐만 아니라, 나중에는 당시 일 칸국이 직접 지배하지 않은 카르트 왕조 치하의 헤라트에서도 가르쳤던 것으로 밝혀졌다.[98] 그는 투시, 우르디, 그리고 시라지 모델의 구성 요소를 결합하여 달과 수성의 운동, 그리고 행성들의 위도상 운동에 대한 새로운 모델을 제안했다. 그가 상층 행성을 설명한 이론은 알 우르디(그리고 시라지)를 따른 것이었다. 그의 주요 저작 『학문에 대한 조정(Ta'dil al-'ulūm)』은 천문학, 논리학, 칼람(사변신학) 세 부분으로 나뉜다. 그러므로 이 책의 구성 자체가 마라가의 많은 학자들의 사상을 특징지었던 종교와 과학 사이의 대화를 반영한다.

　차가다이 칸국과 관련된 과학 교류의 특히 흥미로운 예는 1366년 티베트에서 아부 무함마드 아타 이븐 아흐마드 이븐 무함마드 호자 가지 앗 사마르칸디 앗 산주피니가 아랍어로 작성한 『앗 산주피니의 천문표(Al-Zij al-Sanjufini)』이다. 그의 호칭을 통해 그

96　Morrison 2014, 51–56.

97　Baṭṭūṭa/Gibb, 3: 550.

98　Dallal 1995, 9–10.

가 사마르칸드와 관련 있음을 알 수 있다.『앗 산주피니의 천문표』
는『회회력』과 그 출처가 동일하며 20개의 표를 공유하고 있다.[99]
이슬람 천문학에서 완성된 형태의 천문표 중 프톨레마이오스의
전통을 따르지 않은 것은 이 책의 천문표가 유일하다.[100]

마라가와 마찬가지로 타브리즈에서도 후원이 과학적 발전의
기반이었다. 라시드 앗 딘은 의학에서든 정밀 과학에서든 과학자
들의 후원자이자 교신자로서 과학 교류에 공헌했고, 그가 교류한
인물 중에는 니사부리, 시라지, 그리고 키오니아데스로 추정되는
'유럽인 의사(ḥakīm-i firangī)'가 있었다. 라시드 앗 딘은 이들 모두와
철학적, 신학적 문제를 토론했다.[101] 학자들은 후원자의 지위 변화
에 적응해나갔다. 예를 들면 시라지의『사드에게 바치는 선물(Tuḥfa
al-Sa'diyya)』은 이븐 시나의『카눈(Qānūn)』1부에 대한 주석서로, 동
부 이슬람에서는 드물게도 이븐 루시드의 저작을 인용한 것이었
다.[102] 그런데 시라지는 이 중요한 문헌을 라시드 앗 딘이 아니라, 라
시드 앗 딘과 공동 재상이었다가 1312년 라시드 앗 딘의 명령으로
처형되는 사드 앗 딘 사바지에게 헌정했다. 그럼에도 시라지는 이
후 라시드 앗 딘과도 서신 교류를 시작했는데, 이는 그가 재상들
사이의 정치적 갈등에 능숙하게 처신하여 라시드 앗 딘의 주목을
받았음을 보여준다.

원 조정은 아마도 마라가의 영향을 받아, 대도와 하남의 고성

99　Van Dalen 2000, 148; Van Dalen 2002, 336-339.

100　Van Dalen 2000, 150.

101　Van Ess 1981, 52.

102　Mimura 2013.

(告成) 지역에 천문대 건설을 승인했다. 대도의 천문대는 중국식 건축 원칙을 따랐고 도서관, 천문학자와 점성가를 위한 사무실, 교육과 연구를 위한 공간, 지도와 천문 기구를 갖추고 있었다.[103] 그 구조는 마라가 천문대와 달랐지만 서아시아의 천문대로부터 영감을 받은 것으로 보인다. 대부분의 천문 기구는 중국에서 기원한 것이었으나 반구형 해시계는 이슬람 세계에서 온 것이었다. 확실히 천문대 건설과 천문 기구 제작은 중국인의 손으로 이루어졌고 대부분 중국의 전통 모델을 따른 것이었으나, 몽골의 후원과 서아시아인의 존재는 천문학과 점성술에 대한 관심을 한층 높이는 데 기여했다.

곽수경(郭守敬, 1231~1316)은 대도 천문대의 건설을 계획하고 이에 참가한 뛰어난 중국 학자들 가운데 한 명이다. 저명한 유학자 허형(許衡, 1209~1281)과 다른 분야의 유명 학자들도 천문대 건설을 위해 노력하거나 실제로 건설에 참여했다.[104] 곽수경은 천문대의 기구 제작을 대부분 책임졌다. 한문 사료들은 이 천문대와 이슬람의 관계를 언급하지 않으나, 그런 전통적인 설명들은 종종 외래의 공헌에 대한 언급을 생략하곤 한다. 쿠빌라이의 신임을 받던 자말 앗 딘과 그의 무슬림 동료들이 이 천문대 계획에 관여하지 않았다고 주장하는 것은 납득하기 어렵다.

원대 천문학에서 이루어진 가장 중요한 성과는 수시력(授時曆)이다. 1276년 쿠빌라이는 천문 데이터에 대한 분석을 토대로 기존

103　Steinhardt 2013, 109.
104　Sivin 2009, 151-170.

의 계산법과 개념을 혁신하는 새로운 천문 보고서를 편찬하도록 명했다. 그 결과 수시력이 1280년 그에게 제출됐으나 완성되지 않은 형태였다. 저자들은 이전의 계산 체계에 대한 논의를 포함하고 자신들의 분석을 더했다. 뛰어난 중국 과학사 연구자로서 이 보고서를 역주한 네이선 시빈은 역법과 일식·월식에 대한 설명 및 주석이 이전 중국 문헌들보다 더 정확하다는 것을 확인했다. 또한 동지, 달과 태양의 운동, 그리고 수많은 현상에 대한 관찰이 중국의 지식을 증진했다고 지적했다. 하지만 시빈의 연구에 따르면, 당시 천문학자들은 행성 관측에 큰 비중을 두지 않았기 때문에 행성에 대한 이해는 거의 진전되지 않았다. 그래서 그들은 송대에 작성된 행성에 대한 설명을 그대로 베꼈다.[105] 수시력 체계는 17세기 예수회 수도사들이 도래할 때까지 지배적인 위치를 유지했다.

이슬람이 역법과 수시력의 다른 요소들까지 포함해 원조의 천문학에 미친 영향력을 두고 논쟁이 계속되고 있다. 한쪽에서는 중국 사료에 중국인과 협업한 무슬림에 대한 언급이 없으므로 이슬람의 영향이 미미했다고 주장한다. 천문대의 기구 거의 대부분이 무슬림의 선례 없이 중국 전통에 따라 제작된 점도 그 근거로 제시한다. 그러나 원대에 설립한 회회사천대는 명대에 회회사천감(回回司天監)으로 계승되었다.[106] 만약 이 기관들이 쓸모없고 이슬람 지식을 중국 천문학에 전파하는 데 어떤 역할도 하지 않았다면, 왜 이들을 존속시켰겠는가? 게다가 쿠쉬야르 이븐 랍반(971~1029)

---

105   Sivin 2009, 558.

106   Ho 1969, 137-157.

이 쓴 『별의 규칙에 관한 원리 개요(*Mujmal al-uṣul fi aḥkām al-nujūm*)』와 같은 이슬람의 점성학 주요 저작이 명 초(1283)에 중국어로 번역됐는데, 이는 원대에 중국인과 무슬림 사이에 이루어진 천문학·점성술 분야의 협력이 오랫동안 영향을 미쳤다는 또 하나의 증거이다.[107] 명은 『회회력』도 번역했는데, 페르시아어 월명(月名)에 대한 중국어 음차가 페르시아어 발음을 상당히 정확하게 반영하고 있다.[108] 동아시아에 대한 이슬람 천문학의 영향력을 입증하는 더 큰 증거는 『회회역법(回回曆法)』의 전파로, 이 책은 이슬람 천문표를 중국어로 번역한 것이다. 1348년의 원본은 중국에서 사라졌으나, 사본이 세종(재위 1418~1450) 치세에 조선에 전해졌고, 중국보다 조선에서 더 오랫동안 활용됐다.[109]

서아시아에서는 과학 교류가 다른 방향으로 전개됐다. 차가다이 칸국과 금장 호르드에서 활동했던 학자들은, 일 칸국의 과학과 후대의 티무르 왕조 치하의 사마르칸드에서 일어난 과학 융성을 연결하는 지적 가교 역할을 했다. 사드르 앗 샤리아가 수학했던 헤라트의 마드라사에서의 지적 활동은, 사마르칸드의 마드라사와 천문대를 이전의 마라가와 타브리즈의 기관들과 연결해주었다.[110] 정치적 상황과 후원 체계가 변화했음에도, 15세기 사마르칸드의 학자들은 이전의 학문적 전통을 이어갔다. 예를 들면 사마

---

107 Yano 1997는 중국어로 번역된 『명역천문서(明譯天文書)』에 대해 전체적으로 정확한 영어 번역을 제공한다.

108 Ho 1969, 148-149.

109 Shi 2003, 51.

110 Fazlıoğlu 2003.

르칸드 천문대와 마드라사에서 활동한 카디자다 루미(1440 이후 사망)가 쓴 자그미니의 『기초 천문학 개요』에 대한 주석서는 앗 시라지의 제자 알 우바이디와 금장 호르드에서 일한 앗 투르크마니의 관심을 끌었다. 이러한 학문적 연계는 사마르칸드의 학자 알리 쿠시지(1474 사망)의 경력에서 가장 분명히 나타난다. 그는 중요한 천문학 저작들과 투시의 칼람 저술인 『신학의 정수(*al-Tajrid fi 'ilm al-kalām*)』에 대한 주목할 만한 주석서를 남겼다. 칼람 연구에서 쿠시지는 천문학은 오로지 수학과 관측에만 기초할 수 있으며, 아리스토텔레스의 철학에 의존할 필요가 없다고 주장했다. 수성에 대한 쿠시지의 모델도 기술적으로 인상적이지만, 그가 천문학에 남긴 공헌 중 가장 오래 지속된 것은 역행 운동에 대해 쓴 짧은 저작이다. 역행 운동에 대한 두 설명이 사실은 서로 같다는 이 중요한 증명은 이후 유럽의 천문학자 레기오몬타누스(1476 사망)의 저작에서 다시 나타난다.[111] 코페르니쿠스도 자신의 저작에 이 증명을 사용했는데, 만약 쿠시지의 증명이 없었다면 그는 태양 중심 행성 배치 이론을 수학적으로 입증할 수 없었을 것이다.

쿠시지가 말년에 오스만의 정복자 메흐메드(재위 1444~1446, 1451~1481)의 조정에서 활동한 사실은 몽골 제국 시기의 과학과 오스만 제국의 과학 사이의 연결을 보여준다. 이슬람 과학사의 큰 흐름에서 볼 때 몽골 칸국들의 과학 문화가 특별히 중요한 것은 바로 칸국들 사이에서, 그리고 나아가 몽골 제국 이후의 여러 통치자들과도 과학 교류가 가능했기 때문이다.

111　Ragep 2005.

요약하면, 몽골인들은 중국-이슬람 과학의 상호 교류를 촉진했다. 의학, 지도, 지리적 지식, 천문학과 점성학이 모두 영향을 받았다. 중국은 이슬람의 혁신으로부터 이익을 얻었으나 중국의 과학, 이론, 치료의 기저에 있던 기본 원칙은 바꾸지 않았다. 중국은 이슬람 세계로부터 특정한 기술, 치료법, 지식을 받아들였는데, 있는 그대로 수용하기보다는 중국의 경제나 중국인의 건강에 부합하거나 도움이 되는 관습, 사상, 신념을 선택적으로 수용했다. 더욱이 중국 관료들은 회회력, 즉 이슬람력과 같은 이슬람 생산품을 장려했지만, 중국 내에서 개발한 수시력을 공식 역법으로 지정했다. 일 칸국의 학자들은 중국의 역법과 의학 지식을 습득했는데, 여기에는 특히 라시드 앗 딘이『보물지』를 저술할 때 참고한 중국 문헌들이 중요한 역할을 했다.

참고문헌

사료와 번역

柯劭忞. 1962-1969.『新元史』.『二十五史』. 臺北.

鄭麟趾정인지. 1909.『高麗史고려사』. 東京.

陳邦瞻. 1979.『元史紀事本末』. 北京.

Anderson, Eugene, and Buell, Paul. 2000. *A Soup for the Qan*. London.

al-Bukhārī, Mīrak. 1974. *Sharḥ Ḥikmat al-'ayn*, ed. Ja'far Zāhidī. Mashhad.

Baṭṭuṭa/Gibb. 일러두기 6번 참조.

Rashīd al-Dīn, Faḍlallāh. 1971. *Die Chinageschichte des Rašid ad-Din: Übersetzung, Kommentar, Facsimiletafeln* 3, tr. Karl Jahn. Vienna.

SH. 일러두기 6번 참조.

연구서와 논문

陳高華. 2010.『元大都上都研究』. 北京.

Allsen, Thomas T. 1996. "Biography of a Cultural Broker." *The Court of the Il-Khans, 1290-1340*, ed. Julian Raby and Teresa Fitzherbert, 7-19. Oxford.

2001. *Culture and Conquest in Mongol Eurasia*. Cambridge.

2009. "Mongols as Vectors for Cultural Transmission." *The Cambridge History of Inner Asia: The Chingissid Age*, ed. Nicola Di Cosmo, Allen J. Frank, and Peter B. Golden, 135-54. Cambridge.

Amitai-Preiss, Reuven. 2014. "Hülegü and His Wise Men." *Politics, Patronage, and the Transmission of Knowledge in 13th-15th Century Tabriz*, ed. Judith Pfeiffer, 15-34. Leiden and Boston.

Armijo-Hussein, Jacqueline. 1997. "Sayyid 'Ajall Shams al-Din: A Muslim from Central Asia, Serving the Mongols in China and Bringing Civilization." Harvard University PhD dissertation.

Balodis, Franz A. 1926. "Alt-Sarai und Neu-Sarai, die Hauptstädte der Goldenen Horde." *Latvijas universitātes raksti* 13: 3-82.

Bloom, Jonathan. 2001. *Paper before Print: The History and Impact of Paper in the Islamic World*. New Haven.

Bemmann, Jan, Ulambayar Erdenebat, and Ernst Pohl. 2010. *Mongolian-German Karakorum Expedition*, vol. 1. Wiesbaden.

Berlekamp, Persis. 2010. "The Limits of Artistic Exchange in Fourteenth-Century Tabriz: The Paradox of Rashid al-Din's Book on Chinese Medicine." *Muqarnas* 27: 209-250.

Bosworth, C. E. 2014. "Khwārazm." *In EI2*, online ed.

Brentjes, Sonja. 1991. "On Some Theorems to Elementary Number Theory by Kamal al-Din al-Farisi." *Pakistan Archaeology* 26.2: 96-107.

1998. "On the Persian Transmission of Euclid's Elements." *La science dans le monde iranien: À l'époque Islamique*, ed. Živa Vesel, H. Beikbaghan, and Bertrand Thierry de Crussol, 73-94. Tehran.

Buell, Paul. 2007. "How Did Persian and Other Western Medical Knowledge Move East, and Chinese West? A Look at the Role of Rashīd al-Dīn and Others." *Asian Medicine* 3:279-295.

Chan, Hok-lam. 1967. "Liu Ping-chung劉秉忠 (1216-74): a Buddhist-Taoist Statesman at the Court of Khubilai Khan." *T'oung Pao* 53.1-3: 98-146.

Chemla, Karine. 1994. "Similarities between Chinese and Arabic Mathematical Writings: (I) Root Extraction." *Arabic Sciences and Philosophy* 4: 207-266.

Ch'en, Yuan. 1966. *Western and Central Asians in China under the Mongols*, tr. Ch'ien Hsing-hai and L. C. Goodrich. Los Angeles.

Comes, Mercè. 2004. "The Possible Scientific Exchange between the Courts of Hulaghu of Maragha and Alphonse 10th of Castile." *Sciences, techniques et instruments dans le monde iranien*, ed. Nasrallah Pourjavady and Živa Vesel, 29-50. Tehran.

2007. "Muḥyī al-Milla wa-'l-Dīn Yaḥyā Abū 'Abdallāh ibn Muḥammad ibn Abī al-Shukr al-Maghribī al-Andalusī." *The Biographical Encyclopedia of Astronomers*, ed. Thomas Hockey et al., 548-549. New York.

Dallal, Ahmad, ed., trans., and comm. 1995. *An Islamic Response to Greek Astronomy*. Leiden, Boston, and Cologne.

De Young, Gregg. 2001. "The Ashkāl al-ta'sīs of al-Samarqandī: A Translation and Study." *Zeitschrift für Geschichte der arabisch-islamischen Wissenschaften* 14: 57-117.

2006. "Quṭb al-Dīn al-Shīrāzī and His Persian Translation of Naṣīr al-Dīn al-Ṭūsī's Taḥrītuṣūl Uqlīdus." *Farhang* 20: 17-75.

Dreyer, J. L. E. 1906. *A History of Astronomy from Thales to Kepler*. Cambridge.

Fazlıog lu, İhsan. 2003. "Osmanlı felsefe-biliminin arkaplanı: Semerkand matematikas-tronomi okulu." *Dîvân İlmî Arastırmalar*, 14: 1-66. English translation: "The Samarqand Mathematical-Astronomical School: A Basis for Ottoman Philosophy and Science." *Journal for the History of Arabic Science* 14: 3-68.

2007a. "Kamāl al-Dīn Muḥammad ibn Aḥmad ibn 'Uthmān ibn Ibrāhīm ibn Muṣṭafā al-Māridīnī al-Turkmānī al-Ḥanafī." *The Biographical Encyclopedia of Astronomers*, ed. Thomas Hockey et al., 609. New York.

2007b. "Shams al-Dīn Muḥammad ibn Ashraf al-Ḥusaynī al-Samarqandī." *The Biographical Encyclopedia of Astronomers*, ed. Thomas Hockey et al., 1008. New York.

Foust, Clifford. 1992. *Rhubarb: The Wondrous Drug*. Princeton.

Franke, Herbert. 1970. "Additional Notes on Non-Chinese Terms in the Yuan Imperial Dietary Compendium Yin-shan Cheng-yao." *Zentralasiatische Studien* 4: 7-16.

Haddad, Fuad, and Kennedy, E. S. 1971. "Geographical Tables of Medieval Islam." *al-Abḥāth* 24: 87-100.

Hasse, Dag Nikolaus. 2000. "Mosul and Frederick II Hohenstaufen: Notes on Atīraddīn al-Abharī and Sirāg addīn al-Urmawī." *Occident et Proche-Orient: Contacts scientifiques au temps des croisades*, ed. Isabelle Draelants, Anne Tihon, and Baudouin van den Abeele, 145-163. Turnhout.

Ho, Peng-yoke. 1969. "The Astronomical Bureau in Ming China." *Journal of Asian History* 3.2: 137-157.

Hymes, Robert. 1987. "Not Quite Gentlemen? Doctors in Sung and Yuan." *Chinese Science* 8: 9-76.

Ibn ʿArabshāh, Aḥmad ibn Muḥammad, ed. ʿAlī Muḥammad ʿUmar. 1979. *ʿAjāʾib al-maqdūr fī nawāʾib Tīmūr*. Cairo.

Isahaya, Yoichi. 2020. "Fu Mengzhi: 'The Sage of Cathay' in Mongol Iran and Astral Sciences along the Silk Roads." *Along the Silk Roads in Mongol Eurasia: Generals, Merchants, and Intellectuals*, ed. Michal Biran, Jonathan Brack, and Francesca Fiaschetti, 238-254. Berkeley.

Jackson, Peter. 2005. *The Mongols and the West: 1221-1410*. Harlow.

Kauz, Ralph. 2013. "Some Notes on the Geographical and Cartographical Impacts from Persia to China." *Eurasian Influences on Yuan China*, ed. Morris Rossabi, 159-167. Singapore.

Kennedy, E. S. 1964. "The Chinese-Uighur Calendar as Described in the Islamic Sources." *Isis* 55: 435-443.

King, David, and Julio Samsó with Bernard R. Goldstein 2001. "Astronomical Handbooks and Tables from the Islamic World (750-1900): An Interim Report." *Suhayl* 2: 9-105.

Klein-Franke, Felix. 1998. "Rashīd al-Dīn and the Tansūqnāma." *Muséon* 111: 427-445.

Lambton, Ann. 1999. "The Āthār wa-Aḥyāʾ of Rashīd al-Dīn." *The Mongol Empire and Its Legacy*, ed. Reuven Amitai-Preiss and David Morgan, 126-154. Leiden.

Langermann, Y. Tzvi. 2011. "Science in the Jewish Communities of the Byzantine Cultural Orbit: New Perspectives." *Science in the Medieval Jewish Communities*, ed. Gad Freudenthal, 438-453. Cambridge.

Lévy, Tony. 1992. "Gersonide, commentateur d'Euclide." *Studies on Gersonides, a Fourteenth-Century Jewish Philosopher-Scientist*, ed. Gad Freudenthal, 83-147. Leiden.

Lo, Vivienne, and Yidan Wang. 2013. "A comparative study of Rashīd al-Dīn's Tanksūqnāma and Its Chinese sources." *Rashīd al-Dīn: Agent and Mediator of Cultural Exchanges in Ilkhanid Iran*, ed. Ronit Yoeli-Tlalim, Charles Burnett, Anna Akasoy, and Warburg Institute, 127-172. London and Turin.

Mimura, Taro. 2013. "Quṭb al-Dīn al-Shīrāzī 's Medical Work, al-Tuḥfa al-Saʿdiyya (Commentary on vol. 1 of Ibn Sīnā's al-Qānūn fī al-Ṭibb) and Its Sources." *Tarikh-e Elm* 10.2: 1-13.

Minorsky, V., and M. Minovi. 1940. "Naṣīr al-Dīn Ṭūsī on Finance." *BSOAS* 20: 755-789.

Morgan, D. O. 2014. "Rashīd al-Dīn Ṭabīb." EI2, online ed.

Morrison, Robert G. 2007. *Islam and Science: The Intellectual Career of Niẓām al-Dīn al-Nīsābūrī*. London and New York.

2014. "A Scholarly Intermediary between the Ottoman Empire and Renaissance Europe." *Isis* 105: 32-57.

Mozaffari, S. Mohammad. 2013. "Wābkanawī's Prediction and Calculations of the Annular Solar Eclipse of 30 January 1283." *Historia Mathematica* 40: 235-261.

2014. "Muḥyī al-Dīn al-Maghribī's Lunar Measurements at the Maragha Observatory." *Archive for History of the Exact Sciences* 68: 67-120.

Mozaffari, S. Mohammad, and Georg Zotti. 2012. "Ghazan Khan's Astronomical Innovations at Marāgha Observatory." *JAOS* 132: 395-425.

Needham, Joseph. 1961. *Science and Civilisation in China*, vol. 1. Cambridge.

Neubauer, E. 2012. Ṣafī al-Dīn al-Urmawī", *EI2* online ed.

North, John. 2008. *Cosmos: An Illustrated History of Astronomy and Cosmology*. Chicago and London.

Olschki, Leonardo. 1946. *Guillaume Boucher: A French Artist at the Court of the Khans*. Baltimore.

Park, Hyunhee. 2012. *Mapping the Chinese and Islamic Worlds: Cross-cultural Exchange in Premodern Asia*. Cambridge and New York.

2013. "Cross-cultural Exchange and Geographic Knowledge of the World in Yuan China." *Eurasian Influences on Yuan China*, ed. Morris Rossabi, 125-158. Singapore.

Pfeiffer, Judith. 2006. "Reflections on a 'Double Rapprochement': Conversion to Islam among the Mongol Elite during the Early Ilkhanate." *Beyond the Legacy of Genghis Khan*, ed. Linda Komaroff, 369-389. Leiden.

Ragep, F. Jamil (with Hans Daiber). 1993. *Naṣīr al-Dīn al-Ṭūsī's Memoir on Astronomy (al-Tadhkira fī ʿilm al-hayʾa)*, edition, translation, commentary and introduction, 2 vols. New York.

2000. "Naṣīr al-Dīn Ṭūsī." *EI2*, 10: 750-752.

2005. "Alī Qushjī and Regiomontanus: Eccentric Transformations and Copernican Revolutions." *Journal for the History of Astronomy* 36.4: 359-371.

2014. "New Light on Shams: The Islamic Side of ΣΑΜΨ ΠΟΥΧΆΡΗΣ." *Politics, Patronage, and the Transmission of Knowledge in 13th-15th Century Tabriz*, ed. Judith Pfeiffer, 231-247. Leiden and Boston.

Ragep, Sally. 2007. "Sharaf al-Dīn Maḥmūd ibn Muḥammad ibn ʿUmar al-Jaghmīnī al-Khwārizmī." *The Biographical Encyclopedia of Astronomers*, ed. Thomas Hockey et al., 584-585. New York.

Rashed, Roshdi. 2008. "Kamāl Al-Dīn Abuʾl Ḥasan Muḥammad Ibn al-Ḥasan Al-Fārisī." *Complete Dictionary of Scientific Biography*, vol. 7, 212-219. Detroit.

Rossabi, Morris. 1981. "The Muslims in the Early Yuan Dynasty." In China under Mongol *Rule*, ed. John Langlois, 257-295. Princeton.

    1988. *Khubilai Khan: His Life and Times*. Berkeley.

Sabra, A. I. 2007. "The Commentary That Saved the Text." *Early Science and Medicine* 12: 117-133.

Saliba, George. 1983. "An Observational Notebook of a Thirteenth-Century Astronomer." *Isis* 74: 388-401.

    1984. "Arabic Astronomy and Copernicus." *Zeitschrift für Geschichte der arabisch-islamisch Wissenschaften* 1: 73-87.

    1994. A *History of Arabic Astronomy: Planetary Theories during the Golden Age of Islam*. New York.

    2007. *Islamic Science and the Making of the European Renaissance*. Cambridge, MA.

Sayılı, Aydin. 1960. *The Observatory in Islam*. Ankara.

    1981. *The Observatory in Islam*. New York.

Schamiloglu, Uli. 1993. "Preliminary Remarks on the Role of Disease in the History of the Golden Horde." *Central Asian Survey* 12.4: 447-457.

Schottenhammer, Angela. 2013. "Huihui Medicine and Medicinal Drugs." *Eurasian Influences on Yuan China*, ed. Morris Rossabi, 75-102. Singapore.

Sen, Tansen. 2006. "The Yuan Khanate and India: Cross-cultural Diplomacy in the 13th and 14th Centuries." *Asia Major*, ser. 3 19.1-2: 299-326.

Shi, Yunli. 2003. "The Korean Adaptation of the Chinese-Islamic Astronomical Tables." *Archive for the History of the Exact Sciences*, 57: 25-60.

Shinno, Reiko. 2007. "Medical Schools and the Temples of the Three Progenitors in Yuan China: A Case of Cross-cultural Interactions." *HJAS* 67.1: 89-133.

    2016. *The Politics of Chinese Medicine under Mongol Rule*. London.

Sivin, Nathan. 2009. *Granting the Seasons: The Chinese Astronomical Reform of 1280*. New York.

Smith, John Masson. 2000. "Dietary Decadence and Dynastic Decline in the Mongol Empire." *Journal of Asian History* 34.1: 35-52.

Spuler, Bertold. 1943. *Die goldene horde: Die Mongolen in Russland: 1223-1502*. Leipzig.

Steinhardt, Nancy. 1983. "The Plan of Khubilai Khan's Imperial City." *Artibus Asiae* 44.2-3: 137-158.

    1988. "Imperial Architecture along the Mongolian Road to Dadu." *Ars Orientalis* 18:59-93.

2013. "Eurasian Impacts on the Yuan Observatory in Haocheng." *Eurasian Influences on Yuan China*, ed. Morris Rossabi, 103–124. Singapore.

Tihon, Ann. 2008. "Chioniades, George (or Gregory)." *Complete Dictionary of Scientific Biography*, vol. 20, 120–122. Detroit.

van Dalen, Benno. 1999. "Tables of Planetary Latitude in the Huihui Li (II)." *Current Perspectives in the History of Science in East Asia*, ed. Yung Sik Kim and Francesca Bray, 316–329. Seoul.

2000. "A Non–Ptolemaic Islamic Star Table in Chinese." *Sic Itur ad Astra*, ed. Menso Folkerts and Richard Lorch, 147–176. Stuttgart.

2002. "Islamic and Chinese Astronomy under the Mongols: A Little–Known Case of Transmission." *From China to Paris: 2000 Years Transmission of Mathematical Ideas*, ed. Yvonne Dold–Samplonius, Joseph W. Dauben, Menso Folkerts, and Benno van Dalen, 327–356. Stuttgart.

2004. "The Activities of Iranian Astronomers in Mongol China." *Sciences, techniques, et instruments dans le monde Iranien; X-XIX siècle*, ed. Nasrallah Pourjavady and Živa Vesel, 17–28. Tehran.

2007. "Zhamaluding: Jamāl al–Dīn Muḥ·ammad ibn Ṭāhir ibn Muḥammad al–Zaydī al–Bukhārī." *Biographical Encyclopedia of Astronomers*, ed. Thomas Hockey et al., 1262–1263. New York.

van Dalen, Benno, E. S. Kennedy, and Mustafa K. Saiyid. 1997. "The Chinese–Uighur Calendar in Ṭūsī's Zīj-i Īlkhānī." *Zeitschrift für arabisch-islamischen Wissenschaften* 11:111–152.

van Ess, Josef. 1981. *Der Wesir und seine Gelehrten*. Wiesbaden.

von Hammer–Purgstall, Joseph. 1840. *Der Goldenen Horde in Kiptschak, das ist: Der Mongolen in Russland*. Pesth.

Waley, Arthur. 1931. *The Travels of an Alchemist*. London.

Yabuuti, K. 1987. "The Influence of Islamic Astronomy in China." *From Deferent to Equant*, ed. David King and George Saliba, 547–559. New York.

Yang, Qiao. 2017. "From the West to the East, from the Sky to the Earth: A Biography of Jamāl al–Dīn." *Asiatische Studien/Études asiatiques* 71.4: 1231–1245.

Yano, Michio, ed. and trans. 1997. *Kūšyar ibn Labbān: Introduction to Astrology*. Tokyo.

제 7 장

예술의 교류

로잔 프라즈니악

로잔 프라즈니악　　　　　　　　Roxann Prazniak

오리건대학 로버트 D. 클라크 아너스칼리지 역사학 교
수로, 예술적 창조와 정치적 변혁이 강력하게 작동한
13세기와 14세기 유라시아 전역의 몽골 시대와 그 이
후에 남은 예술적 유산을 연구한다. 이를 통해 몽골 제
국에 의해 확장된 지리적, 사회적 세계관과 그에 따른
시각적, 정서적 자극들을 조명한다.

서문

몽골 제국의 부상은 정치 면에서뿐만 아니라 문화적인 면에서도 극적인 사건이었다. 몽골 권력은 군사적, 행정적 정복을 통해 제국을 세웠지만 제국의 문화 건설은 예술 교류를 통해 이루어졌다. 몽골 제국이 추구한 아름다움, 권력, 욕망에 대한 예술적 표현, 그리고 이러한 예술 작품을 만드는 데 사용한 다양한 재료들은 몽골 제국의 광범한 팽창을 뒷받침한 이데올로기적 기획에 필수적이었다. 그 영향력은 실로 막대했다. 1206년부터 1368년까지 칭기스 가문의 통치 아래 대몽골국(Yeke Mongol Ulus)은 지리적으로 다양한 문화들이 교류하는 접점이었으며, 이곳에서 이루어진 예술 활동은 정복자, 피정복자, 그리고 우연한 여행자들에 이르기까지 문화적 변화를 일으키는 매개체가 됐다.

몽골 군주들은 유라시아 전역에 걸친 상업 제국의 지배자로서, 자신들의 권력을 다양한 신민이 쉽게 이해하게 만드는 효과적인 시각적 상징을 갖고자 했다. 이를 위해서는 물질문화의 광범위한 전파와 통합이 필요했으며, 이미 잘 알려진 상징을 정치적 목표에 맞게 변형하고 재사용하는 것이 편리하면서도 효과적인 방법이었다. 오랫동안 중앙유라시아 정치에서 중요한 역할을 해온 왕실의 정교한 예복 사여 관행은, 이러한 물질적·시각적 정치 담론에 익숙한 기존 지지자들과 잠재적 지지자들에게 몽골의 권위를 전달하는 수단으로 활용될 수 있었다. (그림 7.1)

제국 당국은 중앙아시아와 동아시아에서 숙련된 기술자들을 신속하게 동원하여 직조 기술과 문양의 결합으로 몽골 정체성과 위상을 나타내는 새로운 방식의 직물을 생산할 수 있었다. 이

그림 7.1　가즈나 왕조의 마흐무드가 칼리프 알 카디르가 사여한 예복을 입고 있다. 라시드 앗 딘, 『집사』 세밀화. 에딘버러대학 도서관.

직물들은 현지의 취향에 맞게 변화했으며, 제국 전역 및 그 너머에 걸친 유행과 연결되면서 예술의 장을 통합시켰다. 예술에 몽골의 영향력이 확대되는 과정에서도 상업 제국으로서 지닌 특성과 정치적 명령 체계가 필수적이었다. 몽골은 도로와 역참을 관리해서 상인과 상품이 더 자유롭게 이동하게 했고, 수천 명의 장인을 국영 작업장으로 이주시켜 물품의 양과 질을 비약적으로 발전시켰다. 이러한 생산과 유통의 규모는 전례 없는 것이었고 독특한 역사적 결과를 낳았다. 1220년 몽골의 사마르칸드 점령 후 약 1만 명의 장인과 공예가가 대도 북쪽의 집단 거주지로 이동됐고, 이후 이들은 원 조정의 납실실국(納失失局) 관할하에 들어갔다. 1221년 아프가니스탄 헤라트의 직공들은 몽골의 명령에 따라 베쉬발릭으로 이주했으며, 일 칸은 1258년 바그다드를 정복했을 때 그 도시의 작업장을 접수하고 현지 직조공, 유리 제작자, 금속 세공인들을 통제했다.[1] 이런 방식으로, 통합됐으나 획일화되지 않은 예술의 장이 몽골 시대의 특별한 상징으로 등장했다. 여러 모티프와 주제가 직물, 금속 세공, 그림을 포함한 다양한 장르에서 순환했고, 이들은 특정한 지역의 이념적, 미적 취향을 반영하는 동시에 서로 영향을 주고받았다. 종이 보급이 확대되면서 한 예술 장르에서 다른 예술 장르로 문양의 전파가 광범위하게 이루어졌고, 디자인이 지리 경계를 넘어 이동하는 것도 가능해졌다. 장인들은 복잡한 문양과 염색 비법을 자주 리듬감 있는 구술로 견습생들에게 전수했다.

우수한 예술에 대한 몽골의 애호는 기존의 종교적·철학적 성향에 의해 제약받지 않았다. 따라서 몽골 통치자들은 회화, 직물, 조각 등의 이미지를 거리낌없이 수용하였으며, 이를 다양한 집단 간의 문화적 소통 수단으로 활용했다. 그들은 내부 제약이 거의 없고 재정 지원은 풍부한 상태에서, 정치적 목적에 봉사하면서도 혁신을 추구하는 예술 활동을 장려했다. 초기 몽골인들과 튀르크계 유목 집단은 샤머니즘 신앙과 조상 숭배를 따랐다. 문자에 기반한 종교 전통이 부재하였기에, 신성한 존재나 신성에서 영감을 받은 대상을 어떻게 재현할 것인가를 둘러싸고 언어와 이미지 사이에 긴장이 발생할 여지가 거의 없었다. 국가 재정을 배분할 때, 원조와 일 칸국은 국가 세입의 상당량(어떤 해에는 절반에 달하는 액수)을 예술과 건축에 지출했으며 그중 대부분은 불교와 관련된 것이었다.[2] 정치적 후원 관계에 따라 하사품으로 제작된 고급 직물과 예

---

1   Allsen 2002, 4, 6.
2   Boyle 1968, 380; Jing 2004, 216-217.

복의 규모는 엄청났는데, 이는 세계 제국으로서의 권위와 책임에 대한 비전을 보여주기 위한 일이었다.

재료와 관념의 상호 작용은 예술적 창의성의 혁신에 대단히 중요한 역할을 했다. 몽골 시대에 상업화의 가속화와 때를 맞추어 종이 생산이 급증했고, 이는 공예나 예술의 모든 측면에 영향을 미쳤다. 조너선 블룸은 13세기에 "삽화가 수록된 서적이 더 큰 판형으로 더 많이 등장하기 시작했고, 예술가들은 종이를 정교한 회화와 드로잉의 매체로만 사용하는 것이 아니라 다른 매체의 예술 작품을 창작하기 위한 중간 작업에 사용하기 시작했다"고 말한다.[3] 이제 예술적인 서예를 포함한 복잡한 디자인을 종이 위에서 구상해 그것을 다시 건축, 회화, 직물, 도자기, 금속 공예에 적용할 수 있게 됐다. 이러한 상업적이고 정치적인 환경에서, 문양과 디자인은 한 예술 형식에서 다른 예술 형식으로, 그리고 한 지역에서 다른 지역으로 쉽게 이동했다. 그 결과 짝을 이룬 동물 문양이나 별 문양이 직물이나 도자기, 금속 공예품에서 똑같이 발견됐다. 실라 블레어는 몽골 시대에 "작품을 제작하는 화가 및 장인이 디자이너와 분리되는 현상"이 나타났으며, 그 결과 전문 디자인 공방의 중요성이 커졌음을 상세히 설명한다.[4] 이러한 체제에서는 예술 활동이 특정 공예나 기술의 경계로 인한 제한을 덜 받았고 과거와 현재의 디자인을 서로 다른 재료를 활용하는 다양한 장르에 적용할 수 있었다. 몽골 예술의 특징이 된 직물 모티프들은 중앙

---

3 Bloom 2006, 289.

4 Blair 2014, 287.

　　　　　　　　　　　　　　제2권 주제별 역사

아시아의 금속 공예 디자인에서 차용된 것으로, 대표적인 것이 원조가 후원한 국영 작업장에서 재현된 셀죽 양식의 서로 얽혀 있는 동물 문양이다.[5] 원대 이전에도 알려져 있던 봉황 문양은 예술적 변용을 통해 더욱 생동감 있고 매력적으로 변했고, 원 통치자들이 조성한 작업장 생산 체제와 상업적·외교적 경로를 통한 광범위한 전파로 더욱 인기를 얻었다. 이러한 재료와 이미지의 교류는 주로 궁정과 귀족층 사이의 공식적 선물 교환을 통해 이루어졌지만, 이 시기 또 하나의 중요한 발전으로 고급 예술품과 공예품을 거래하는 중간급 시장의 성장에 주목해야 한다. 예를 들어, 도자기는 "중산층" 소비자를 위해 생산됐지 궁정 예술의 한 형태로 여겨지지는 않았다.[6] 왕실 공방의 제품들이 사회적 지위를 보여주는 상징이었기에, 중간층의 상업 활동은 왕실 공방과 상호 보완의 관계로 발전했다. 신분 상승에 대한 열망과 그로 인한 새로운 부는 개인 서재에 놓을 사치스러운 도자기와 장식이 들어간 책부터 궁정용 직물을 모방한 상품까지 다양한 사치재의 수요를 자극했다. 이러한 과정에서, 예를 들어 중앙아시아의 모티프들은 이탈리아에서 새로운 도시 상업 엘리트를 위해 제작된 비단 디자인에까지 스며들었다.[7] 재료와 디자인은 각 지역의 특색에 맞게 변형되어 퍼져나갔는데, 이는 궁정의 공식 교류가 아닌 다른 경로를 통해 이루어졌다. 데이비드 자코비가 지적했듯이, 상인들은 '동양풍' 문양의 소비와 그 현지 모방품의 수요를 부추겨 더 많은 이윤을 얻고자 했다.[8]

---

5   Wardwell 1988-1989, 109.

6   Watson 2006, 325.

7   Wardwell 1988-1989, 113.

금속 공예

금장 호르드 영토에서 발굴된 금속 공예품은 몽골 시대 예술 교류의 범위와 시각 예술에서 나타나는 문화적 통합의 수준을 가장 분명하게 보여주는 증거이다. 심페로폴에서 출토된 유물은 금장 호르드의 공동체들이 이란, 인도, 원의 영토, 홍해, 레반트, 베네치아, 제노바와 광범위하게 접촉했음을 보여준다. 기도서 상자, 주화, 구슬 외에도 허리띠 버클, 허리띠에 차는 음료 용기, 그리고 동물과 꽃 문양이 있는 은 도금 안장 장식이 발견됐다. 이런 물품들은 유목민들의 일상용품이므로 대량 생산되었으나 정치적 위계와 지위를 나타내는 지표로도 사용됐다.

오늘날 상트페테르부르크의 국립 에르미타주박물관에 소장되어 있는 13세기의 음각 장식 잔에는 송 황실의 용 문양, 불교의 연꽃과 식물 문양, 그리고 튀르크-타타르 문자가 새겨진 히즈라(Hijra) 관련 문양이 새겨져 있다.[9] 이 잔 역시 몽골 시대 예술 전파의 또 다른 일반적 특징을 보여준다. 장인들은 새로운 이미지를 풍부하게 접할 수 있었고, 제국의 권력 비전 자체가 다양한 문화적 준거를 하나의 시각적 표현으로 통합하는 것을 요구하였기에, 눈길을 끄는 문양을 뛰어난 미적 감각으로 차용하고 혼합했다. 하지만 그들은 이러한 문양이 세속적·신성한 권위와 결부된 지위의 상징이라는 표면적인 이해 외에, 그 맥락의 의미에 대해서는 거의 알

---

8 Jacoby 2016, 109.

9 State Hermitage Museum in St. Petersburg 2001. 모스크바 국립역사박물관과 보로네즈 지역 역사문화유산감독국이 공동 주최한 이 전시회는 금장 호르드의 예술 생활에 초점을 맞춘 최초의 행사로, 19세기와 20세기에 고고학 유적에서 발굴한 1000개 이상의 유물을 전시했다.

지 못했다. 따라서 잔을 연꽃 문양으로 장식했다고 해서 반드시 그
것이 불교와의 연관성이나 그에 대한 선호를 의미하는 것은 아니
었다. 히즈라에 관한 문구 역시 잔의 제작자나 소유자 누구도 읽지
못했을 수도 있다. 때로 이러한 문양은 고귀한 신분을 과시하기 위
해 새긴 엘리트 취향의 장식일 뿐이었다. 또한 다양한 문화의 요소
를 모두 포함하되 전체 구성에서 특정 문양이 더 부각되는 경우도
있었다. 이는 정치적 변동과 현지 장인들의 기술 수준에 따라 변화
한 지역의 취향을 반영한 것이었다.

13세기 말~14세기 초에 제작된 또 다른 정교한 술잔은 허리
띠에 달기 위한 것이 아니라 축제 자리의 식탁에서 사용하는 용도
로, 은잔 둘레에 여덟 개의 꽃잎 모양 장식이 있고 낮은 받침대를
갖추고 있어서 마치 연꽃이 피어나는 듯한 모습을 하고 있다. 제
작자는 중동에서 유행하던 앉아 있는 스핑크스, 동아시아 양식의
뿔 달린 사슴, 불교와 관련된 연꽃과 다마사슴(fallow deer), 그리고
지난 세기 이란 예술을 떠올리게 하는 독수리 머리를 한 그리핀을
술잔의 형태를 이루는 꽃잎 모양 장식을 따라 새겨넣었다. 금속 공
예는 이란 지역에서도 번창했다. 일 칸국의 금속 공예품들은 『대
몽골 샤나메(*Great Mongol Shānāma*, 왕들의 책)』 같은 이란 문학의 내용
을 묘사하기도 했지만, 분명히 이란과 요·금에서 유래한 동물과
식물 문양을 통합해 구성했다.[10] 이 지역에서도 마찬가지로 구름
문양, 용, 연꽃, 나무 등 공통적인 문양 주제들이 활용되었다.

유라시아 전역에서 일어난 누금 세공(filigree)의 부활과 발전은

10　Kadoi 2009, 79~87.

몽골 제국과 주변 영토의 외교와 상업 중심지들을 통해 퍼져나간 예술 교류를 보여주는 최고의 증거이다. 이 섬세한 은 장식 세공은 종종 보석이나 다른 금속 장신구에 사용됐는데, 몽골 시대 이전에 이미 비잔티움에서 전통을 이루고 있었다. 1204년 십자군이 콘스탄티노플을 점령하면서 생산이 중단됐다가 1261년 십자군 철수 이후 기술이 부활하였으며, 그 직후 이슬람 및 서유럽의 누금 세공 예술과 접촉하며 혁신이 촉진된 것으로 보인다. 또한 14세기 초 비잔티움 예술의 특징을 이루는 구성상의 특정한 변화들이 금장 호르드, 중앙아시아, 원의 영토에서도 발견된다. 새로운 구성에서 가장 독특한 것은 "나선형 문양의 중심부에 점으로 찍어 만든 장미 문양이 나타난 것"이다.[11] 연꽃이나 서로 얽힌 문양과 같은 모티프들은 동아시아 디자인과 관련이 있었다. 이 시기의 누금 세공에서 발견되는 세 잎 꽃잎 문양과 같은 패턴은 이슬람의 타일 패턴, 아르메니아의 삽화가 들어간 필사본, 그리고 13~14세기에 특화된 이란 도자기에서도 발견된다.[12] 에르미타주박물관의 금장 호르드 유물 소장품 중에는 14세기 초의 여성용 흉식(가슴 장식)이 있는데, 금판에 문양을 새기고 작은 금 알갱이를 붙이고 누금 세공을 더했으며 수정으로 장식했다. 지배 엘리트의 국제주의를 보여주는 예인 14세기 중반의 러시아 왕관인 "모노마흐(Monomakh)의 관"은 진주가 만개한 관목을 연상시키는 장식을 하고 있는데, 이것은 송 황실 궁정의 여성용 연꽃 문양 머리 장신구와 놀라울 정도로 비슷하

---

11   Marshak 1992, 184, 188.

12   Marshak 1992, 188-189.

다.[13] 이처럼 몽골의 부와 권력을 상징하는 매력적인 이미지들이 몽골 통치자들에 의해 유포되면서 이 이미지들은 자동적으로 문화적 권위를 획득했다.

도자기

예술 생산에서 재료와 모티프가 대륙을 넘어 영향을 주고받은 증거는 도자기 분야에서도 풍부하게 발견된다. 몽골 제국의 독특한 창작물인 청화백자는 이전에는 문인화에서나 볼 수 있었던 최고 수준의 붓놀림 기술을 자기에 구현했다. 장인들은 연극 이야기와 화본의 문양을 소재로 대중적 매력을 갖춘 복합적인 이미지를 만들어냈다. 청화백자 외에도 자주요(磁州窯)의 채색 도기 베개와 안후이성(安徽省)에서 발견된 조립식 도기 베개도 있는데, 모두 연극 장면을 놀라울 정도로 정밀하게 묘사하고 있다.[14] 안후이성의 작품은 무대까지 입체적으로 구현한 점에서 건축 디자인을 연상시킨다. 여기에 사용한 선명한 청색은 1330년대에 이란 상인들이 카샨에서 수입한 코발트 광석에서 유래한 것이다. 원 조정이 후원한 경덕진의 요가 청화백자 생산의 중심지였고, 이곳에서 만든 자기는 국내 시장뿐만 아니라 동남아시아와 페르시아만으로도 판매됐다.

일 칸국과 차가다이 칸국 이슬람 공동체들의 도자 예술은 당

---

13 Kramarovsky 1992, 195–196.
14 Sun 2010, 62, 그림 87; Watt 2010, 272, 그림 294.

시의 용기와 접시에서도 나타났으며 모스크와 주거지를 포함한 공공 건물과 개인 건물의 타일에서 가장 두드러졌다. 몽골 제국 이전부터 널리 사용된 도기 타일 생산은 13세기와 14세기에 크게 번성했다. 타일 생산의 전통적 중심지였던 이란의 카샨에서 1301년에 작성된 필사본에 고품질의 석영, 점토, 유약 혼합물인 파이앙스(faience) 제조 과정이 상세히 적혀 있다.[15] 이 재료는 가소성이 커서 장인들이 더 복잡한 형태와 정교한 표면 장식을 만들 수 있었고, 우아한 주구와 손잡이, 촛대, 그리고 작은 부착 장식이 가능해졌다. 일 칸국의 도자기 제작 중심지에서도 원의 문양과 양식이 생산에 반영됐고, 이후 타브리즈를 거쳐 비잔티움과 이베리아반도로 전해졌으며, 그곳에서 서유럽 지역으로 들어가 엘리트 계층이 탐내는 희귀품이 됐다. 맘룩 왕조의 황동 장식 패턴도 원조의 청화백자 제품에 유입됐다.[16]

건축

몽골 제국의 팽창과 정복의 초기에는 도시 파괴가 광범위하게 일어났다. 진군해 오는 몽골 부대의 명령에 복종하지 않으면 주민들과 도시 자체가 완전히 궤멸했다. 사마르칸드는 웅장한 건축물 다수를 잃었고 개봉과 바그다드도 포위와 항복 이후 큰 손실을 겪었다. 이후 적극적인 재건 사업으로 대부분의 도시가 부흥했지만, 니

---

15 Watson 1985, 32.

16 영국박물관 이슬람 예술관 상설 전시 안내; Vainker 1991, 137-140.

샤푸르 같은 일부 도시는 그렇지 못했다. 반면 카슈가르 같은 도시들은 몽골군이 정복했으나 파괴하지 않은 경우였고 일찍 항복한 베쉬발릭도 대체로 온전히 보존됐다. 몽골 지배자들은 제국 전역에 궁성과 도시 구조물을 지었지만 자신들은 어느 정도 유목 생활을 유지했고, 계절마다 가축과 함께 목영지를 옮기며 대개 도심 주변부의 궁장(Palatial Yurts)에서 거주했다.

정복 시기를 끝내고 통치를 시작한 몽골 제국 통치자들은 세계 제국에 걸맞은 건축물을 갖춘 화려한 도시를 만드는 대규모 건설 사업에 착수했다. 그들은 카라코룸을 최초의 수도로 정하고 통치를 시작했다. 오르혼강 계곡에 위치한 이 도시는 세대를 이어 초원 민족들의 성스러운 정신적 고향이었다. 비록 윌리엄 루브룩 같은 일부 여행자들은 호의적으로 기록하지 않았지만, 많은 이들은 번영하는 농촌 마을들과 상업 도시들에 둘러싸여 초원 한가운데 우뚝 솟은 이 도시의 모습에 멀리서부터 감탄했다. 금 정복 1년 후인 1236년 우구데이 카안은 카라코룸에 만안궁(萬安宮) 건설을 명령했는데, 그 웅장한 건축물의 아름다움은 사람들의 시적 감성을 자극할 정도였다.[17] 현지의 도자기 가마에서는 당시 그 도시에서 지배적이었던 것으로 보이는 금과 요의 "중국풍" 건축 설계에 맞는 물품들을 생산했다. 고고학적 발견을 통해 14세기 초 카라코룸에서 청화백자를 제작했음이 밝혀졌다. 헝가리에서 포로로 잡혀온 파리 출신 은세공 장인 기욤 부셰가 설계한 인상적인 음료 분수대도 카라코룸의 중앙 뜰을 장식하고 있었다. 이 분수에는 날개

17　宋濂, 2.34.

를 펼치고 트럼펫을 부는 천사상 아래에 네 개의 주둥이가 있었고 이를 통해 포도주, 발효 쌀 음료, 증류한 마유주, 벌꿀 술이 흘러나왔다.[18] 몽골이 번영함에 따라 카라코룸은 더욱 웅장해졌다.

1260년 쿠빌라이는 수도를 카라코룸에서 상도('위쪽 수도', 유럽에서는 제나두(Xanadu)라고 부름)로 옮기는 작업에 착수했는데, 1272년 대도를 제국의 수도로 선언하면서 상도는 여름 수도로 삼았다. 대도와 상도는 둘 다 당시 제국들의 표준이었던 송, 요, 금 건축 양식의 영향을 받았다. 상도는 내성과 외성으로 둘러싸여 있었고 황실의 휴양과 사냥을 위한 공원과 야생 동물 구역이 많았다. 카안의 거처는 두 곳이었는데 하나는 목재로 짓고 다른 하나는 황금빛 나무 줄기로 만들어서, 그가 명령하면 해체해 이동시킬 수 있었다. 1267년 대칸 쿠빌라이는 대도의 궁성 단지를 성벽으로 둘러싸고 여러 개의 성문을 설치하여 새로운 황성을 구획하도록 명령했다.[19] 그는 유병충과 무슬림 관료인 이흐티야르(也黑迭兒)에게 제국의 새로운 중심을 만들라고 명령했다. 건축물 자체는 요와 금의 궁궐 구조를 본떠 높은 기단, 공포(栱包) 시스템, 지붕 장식과 같은 특징을 포함하고 있었다. 1279년에는 네팔의 장인들이 티베트 불교 건축 양식으로 묘응백탑(妙應白塔)을 건설했다. 새 건축물들은 몽골의 유목 생활 방식을 수용하면서도, 다양한 종교와 철학, 건축 양식을 바탕으로 한 제국의 건축 기준에도 부합했다.

일 칸국 술타니야의 돔은 몽골 시대의 주목할 만한 건축적

18　William of Rubruck 1990, 209–210.

19　Masuya 2013, 236, 239.

성취 중 하나로 꼽힌다. 1302~1312년에 일 칸 울제이투의 영묘로 지어진 이 건축물은 기단으로부터 49미터 높이로 솟아 있으며 200톤 무게의 거대한 돔으로 유명한데, 세계에서 세 번째로 큰 벽돌 돔이다. 모자이크, 채색 도기, 벽화 등 이슬람 건축 요소가 건물 내부와 외부 설계에 반영됐다. 정교한 기하학적 문양, 예술적인 글자들, 그리고 빛의 효과를 고려해 만든 형태는 이슬람 건축 장식 모티프의 핵심이었다. 신은 빛이자 아름다움이었다. 그들은 이러한 믿음을 바탕으로 벌집 모양 돔 장식(muqarnas)과 아라베스크 같은 복잡한 건축 요소로 신성을 표현하려고 노력했고, 그 과정에서 정교한 수학적·광학적 원리를 탐구하는 풍부한 학문 전통이 동시에 형성됐다.[20] 한스 벨팅에 따르면, 이슬람은 신을 물리적 세계 전체에 퍼지는 빛으로 인식했기 때문에 신의 존재는 오직 반사된 문양으로만 표현할 수 있었으며, 그 방법이 이슬람 건축에서 매우 정교한 수준으로 발전했다.[21] 한편 이슬람화 이전에 일 칸들은 서부 티베트와 위구르의 건축 양식을 융합한 대규모 불교 사원 건설도 추진했다.[22]

금장 호르드와 차가다이 칸국 영역의 몽골 통치자들은 건축 사업을 추진해서 계절별 숙영지와 정교한 천막군, 그리고 성벽에 둘러싸인 도시를 만들어냈다. 무덤과 사당도 세워 전설적인 군주들과 시인들을 기렸다. 사라이의 도시 건축은 이슬람 양식의 영구 건축물과 몽골식으로 설계된 궁궐형 천막 구조물을 함께 세워 유

---

20   Vesely 2008, 225 n. 3, 228.

21   Belting 2011, 4, 244, 260.

22   Prazniak 2014, 661-666.

목 궁정의 문화적 특징을 담아냈다. 이븐 바투타와 여러 여행자들이 기록으로 증명하듯이, 이런 건축물들은 다양한 민족이 어우러져 번영한 도시 중심부의 핵심이었다. 위대한 도시 사마르칸드는 1220년 몽골의 도시 파괴 이전까지 화려한 타일 장식과 넓은 정원을 갖춘 이슬람 건축 양식의 주요 중심지였다. 차가다이 칸국이 세워지고 몇 가지 복원 작업이 이루어진 이후 이 도시는, 이전의 영광에는 미치지 못하지만 여전히 사람들에게 깊은 인상을 주고 있었다. 이븐 바투타는 다음과 같이 말했다.

> 나는 세계에서 가장 크고 완벽하게 아름다운 도시 중 하나인 사마르칸드를 방문했다. 이 도시는 강가에 지어졌고, 주민들은 오후 기도가 끝나면 강변을 거닐곤 했다. 예전에는 강변을 따라 웅장한 궁전들이 있었으나, 대부분이 폐허가 됐다. 도시의 상당 부분이 그런 상태이며, 성벽이나 성문도 없었다.[23]

거대한 규모의 궁전과 능묘 재건축은 후에 티무르(1336~1405)가 사마르칸드를 자신의 제국을 대표하는 찬란한 수도로 만들고자 하면서 이루어졌다.

직물

직물은 아마 가장 널리 유통된 공예품일 것이다. 이는 직물의 지리

23　Ibn Baṭṭūṭa 1957, 174.

　제2권 주제별 역사

적 분포의 측면에서뿐만 아니라, 다양한 사회경제적 계층에 도달한 그 물량과 품질의 다채로움 측면에서도 그러했다. 본래 천막과 궁전을 위해 제작된 자수가 놓아진 고급 직물, 태피스트리, 비단 등이 유행에 민감한 엘리트층과 신분 상승을 꿈꾸는 집단이 후원하는 교회와 사원에도 풍부하게 비치되었다. 직물은 또한 외교에서 중요한 교환품으로 기능했고 후원 관계와 지위를 인정하는 의미로 사여됐다. 『원전장(元典章)』에 기록된 법령들은, 각기 다른 신분의 가문과 특정 행사에 맞는 직물 디자인, 문양, 색상을 세심하게 규정해 신분에 어울리지 않는 직물 사용을 제한했다. 여성이 규정에 맞지 않는 옷을 입고 공식 행사에 나타나면 공개적으로 "안장 없는 소"를 타는 벌을 받거나 혼인 자격을 박탈당할 수도 있었다.[24] 쿠빌라이 카안은 해, 달, 호랑이, 용 문양을 황실용 비단에만 쓸 수 있게 제한했다.[25]

이와 유사하게, 토스카나 지역의 일부 도시에서는 사치금지법을 통해 고급 비단 의복과 가구 장식품을 특정 사회 계층만 사용하도록 제한했지만, 이러한 조치는 급격한 상업적·정치적 교류의 시대에 제대로 작동하지 못했다.[26] 당시의 다른 공예품과 마찬가지로, 다양한 기술, 디자인, 문양이 작업장들 사이에서 제한 없이 유통됐다. 이러한 대륙 간 교류의 증거는 1295년 교황의 물품 목록에 포함돼 있던 타브리즈산 비단이나 합스부르크 황제 루돌프 4세(1365 사망)의 의상에서도 보인다. 루돌프 4세는 1319년에서

---

24   Allsen 1997, 21.

25   Allsen 1997, 108.

26   Prazniak 2010, 197.

1335년 사이에 타브리즈에서 직조된 비단 직물에 싸여 매장됐다.[27] 칸그란데 델라 스칼라라는 베로나의 귀족은 1329년 중앙아시아의 작업장에서 생산한 비단과 금실 직물에 싸여 무덤에 묻혔다.[28] 유목민의 텐트 생활 필수품이던 양탄자와 방석도 정주 지역 궁의 장식품이나 모스크 장식으로 인기를 얻었는데, 여기에도 이란 양식과 요·금 양식이 혼합되었다.

직조 기술의 전파와 혁신은 몽골 시대의 직물 교류에 대해 많은 것을 말해준다. 이미 언급한 대로, 직조공들이 국가 후원 작업장으로 이동하면서 기술과 제작 방식의 혼합이 이루어졌다. 원의 통치자들은 중앙아시아 동부의 위구르인들에게서 차용한 케시(kesi, 자른 비단)라는 비단 태피스트리 직조를 불교 예술품 제작에 활용하도록 독려했다. 이 기법을 사용하면 반드시 일정한 간격으로 줄을 맞추지 않아도 되는 문양을 만들 수 있었고, 개인의 초상화처럼 복잡한 작품도 세부 묘사를 원하는 대로 배치할 수 있었다. 반복되는 패턴으로 직조된 케시는 긴 상의의 소매나 스커트 같은 특별한 의상으로 사용할 수 있었다. 태피스트리에는 대개 사자나 종려나무 잎 같은 중앙아시아 서부에서 영감을 받은 문양이 사용됐다. 금실로 문양을 짜는 데는 여러 가지 기술적 선택이 필요했다. 먼저 아주 얇게 가공한 금박이나 금실을 서부 이란에서처럼 비단에 감거나, 혹은 중앙아시아 동부와 요·금 지역에서처럼 종이에 감아서 더 튼튼한 금실을 만들었다. 일 칸국 치하에서는 직조와

---

27 Jacoby 2010, 72–73.
28 Watt and Wardwell 1997, 129, 132.

   제2권 주제별 역사

자수 사업장의 금실 수요가 공급을 초과해 제노바, 루카에서 수입해야 했다.[29] 원의 작업장들은 마침내 금나라와 동부 중앙아시아의 기술을 결합해 나시즈(nasij)라는 최고 품질의 금사 비단을 생산하게 됐고, 이것이 장인의 기술과 만나서 놀라운 품질의 혁신적 직물이 탄생했다. 13세기 중반에 만들어져 지금도 전해지는 원의 직물은 원형 문양, 날개 달린 사자와 용, 구름 소용돌이, 포도 덩굴, 종려 잎 문양으로 장식되어 있어, 페르시아 디자인에 요와 금의 요소가 융합된 예를 잘 보여준다. (그림 7.2 참조) 어떤 금사 비단은 단색 바탕에 금실로 문양을 넣은 반면, 나시즈는 동부 이란에서 유래한 람파스(lampas) 기법을 활용했다. 람파스는 기본 직조에 추가로 날실과 씨실을 더해 짜는 복합 직조 방식이다. 이때 금실을 씨실로 사용하되, 문양이 없는 부분은 실을 뒷면으로 감추었다. 금실은 바탕이 되는 비단의 날실과 씨실 사이에 넣어서 문양을 단색 비단 바탕에 규칙적으로 혹은 불규칙하게 배열하는 등 다양한 선택이 가능했다.

나시즈는 유라시아 전역에서 최상품의 기준이 됐다. 13세기 후반경에는 이탈리아 루카의 직조공들이 고급 직물의 제작 과정을 역으로 분석해서, 몽골 스타일의 람파스 직물을 생산하여 토스카나와 지중해 지역의 현지 시장에 내다 팔았다.[30]

당시 유럽의 중심지들은 고급 직물을 대량으로 확보할 자원이 상대적으로 부족했기 때문에, 패널화와 프레스코화를 이용해

---

29 Jacoby 2014, 104-105.

30 Cantelli 1996, 64, 68.

그림 7.2　날개 달린 사자인 그리핀이 있는 금직물. 13세기. 클리블랜드미술관 소장 (J. H. Wade Fund로부터 구매. 1989).

비교적 저렴하게 유라시아 교역품의 물질적 풍요를 차용하는 방법을 택했다. 청빈을 서약한 프란체스코회는 성인을 기릴 때 고급 직물처럼 보이면서도 돈은 덜 쓰고자 그것을 그림으로 그렸다. 이 그림 속 직물들은 종종 보는 사람이 특정 직조와 기법을 알아볼 수 있을 정도로 정교했다. 예를 들면 시에나의 예술가 시모네 마르티니의 1333년작 〈수태고지〉에서 대천사 가브리엘은 나시즈 직물로 만든 찬란한 망토를 걸치고 있다. (그림 7.3 참조) 프랑크 지역에서는 나시즈를 타타르 천이라 불렀다. 마르티니는 어떻게 이 직물의 찬란함을 그림에 옮길지 고민했고, 실험을 통해 혁신적인 회화 기법을 개발했는데, 나시즈의 구성과 시각적 효과, 특히 빛을 여러 방향으로 반사하는 특성을 그대로 모방하는 것이었다.[31] 이처럼 복잡한 직물을 그림으로 모방하고자 하는 열망은 몽골 제국 시기에 특히 강했다.

그림: 초상화

몽골 통치하에서 인간의 능동성과 인간과 자연의 관계를 강조하는 새로운 관점이 나타났다. 이 변혁의 시대가 시작될 때 제국의 각 지역들은 그들만의 문화적 표현 방식이 있었지만, 동시에 문화 창작자들과 선구자들은 동시대의 '현대적' 표현 양식이라는 감각을 공유했다. 13세기 이슬람 문학에서 이전에는 드물었던 저자의 초상이 갑자기 유행하며 혁신적으로 발전했다. 원대의 초상화는

31　Hoeniger 1991, 154.

그림 7.3 시모네 마르티니, 〈수태고지〉(1333). 우피즈갤러리. 1890 nos. 451, 452, 453.

예술적 창의성 면에서 새로운 길을 걸었으며, 이는 송대(960~1279)의 예술 전통과는 선명하게 구별되는 것이었다. 그리고 이 시기 서유럽에서도 개성 있는 초상화와 자연주의적 양식이 귀족층 사이에서 갑자기 유행하기 시작했다.

초상화의 매력은 상당 부분 동아시아 예술 전통이 가져다준 사실적 표현력에서 비롯됐다. 초기 동아시아의 예술가들은 관상(相術 또는 相看)을 믿었기 때문에, 뼈의 생김새나 피부에 드러나는 특징을 통해 위대한 운명을 암시하는 얼굴을 그리고자 했다.[32] 문

---

32 Seckel 1993, 16.

헌 자료에 따르면, "중국" 초상화 예술의 창시자는 고개지(顧愷之, 344~406)로, 그는 누군가를 기리는 초상화에서 단순한 닮음을 넘어 그 인물의 개성을 드러내고자 했다. 쿠빌라이 카안의 특별한 후원을 받은 조맹부(趙孟頫, 1254~1322)는 고개지의 예술 세계를 귀감으로 삼았다. 그는 고개지의 예술에 대한 자신만의 이해를 바탕으로 독특한 작품을 만들어냈다. 한족 문인이었던 그는 티베트풍 미술이 영향력을 얻고 있던 때에 몽골 궁정에 합류했으며, 고개지의 전통에 따른 고전적 초상화를 고수하면서도 동시에 유목민인 몽골 정복자를 받드는 한족 학자이자 예술가로서 당대적 자의식을 표현하기 위해 그 전통을 재해석했다.[33] 한편 통치를 위해 한족 문인들의 지지를 얻고자 했던 쿠빌라이 카안은, 회화의 미학과 조상(祖上)들에 대한 사실적 재현을 높이 평가했다. 14세기 원의 미술 평론가 왕역(王繹, 1333~?)은 저서 『사상밀결(寫像密訣)』에서 다음과 같이 조언했다.

그들(초상화의 대상)의 표정과 안색은 계절에 따라 달라진다. 오직 활기찬 대화가 오고 갈 때만 그들이 가진 본래 성격이 드러난다. … 요즘의 교양 없는 화가들은 … 변화와 움직임의 법칙을 무시한다. 그들은 (살아 있는 인간에게) 흙으로 만든 상처럼 옷을 반듯이 정돈하고 꼿꼿이 앉아 있으라고 요구한 다음 그림을 그리기 시작한다.[34]

---

33   McCausland 2014, 114-115.
34   Franke 1950, 29-30.

그림 7.4　바즈라바이라바 만달라. 메트로폴리탄미술관, 뉴욕(Lila Acheson Wallace gift 로부터 구입, 1992).

왕역은 정적인 윤곽선 대신 생동감 있는 필치로 얻을 수 있는 주관성을 강조했다.

원 궁정에서는 대도의 인장총관부(人匠總管府)가 종교적 이미지와 어용전(御容殿)의 황실 초상화 작업장을 감독했다. 최고의 기량을 가진 장인들이 원의 모든 황제와 그들의 주요 황후의 초상화를 그렸다. 대도의 궁정에서 가장 뛰어난 예술가였던 아니게(1245~1306)는 네팔 출신의 화가이자 건축가, 조각가였다. 그는 네팔, 중국, 인도 팔라 왕조 양식을 통합한 양식을 발전시켰다.[35] 황실의 후원 아래 아니게는 대도에서 명망 높은 네팔과 티베트 예술가들의 대규모 공동체를 지원했다. 네팔 예술가들은 카트만두 계곡에 집중돼 있던 장인들의 세습 카스트에 속해 있었다. 1294년 쿠빌라이 카안이 사망했을 때, 아니게는 쿠빌라이와 그의 부인 차비의 사후 초상화를 그렸는데, 나중에 3년이라는 시간과 많은 비용을 들여서 이 초상화를 케시 비단 태피스트리로 다시 제작했다. 케시는 더 수준 높은 기술이 필요한 직조 방식으로, 불교 초상화에 주로 사용되던 것이다. 아니게의 혁신은 불교 미술과 황실 초상화를 통합했다. 그의 작업은 "황실 초상화를 원 이전과 이후로 나누는 분수령을 상징"[36]한다. 원 황실 구성원들의 초상화가 포함된 〈바즈라바이라바(Vajrabhairava) 만달라〉(1330~1332)는 비단 태피스트리로 제작됐는데, 티베트 불교의 영향을 받은 초상화의 또 다른 예시이다. (그림 7.4 참조) 원대의 초상화는 인물이 관람자와 눈을 마주치

---

35   Jing 1994, 49, 53.

36   Jing 1994, 77.

도록 그렸고, 전통적인 4분의 3 측면 자세가 아닌 정면을 바라보게
했다. 이런 방식이 초상화 속 인물과 보는 사람 사이에 특별한 교
감을 만들어냈고, 인물의 개성도 더 잘 드러냈다. 그러나 원대 이
후 초상화는 좀 더 형식적이고 덜 주관적인 표현 양식으로 되돌아
갔다.

몽골 엘리트층은 조각상 형태의 입체 초상을 매우 선호했다.
그 결과 동몽골에서는 사망한 귀족들을 표현한 실물 크기의 이 시
기의 석상 수백 점이 발견됐다. 이들의 예복, 장화, 모자, 자세는 몽
골 엘리트 구성원들을 표현한 벽화나 필사본 그림과 매우 유사하
다.[37] 상(像)을 제작한 기록도 문헌에는 남아 있는데 몽골 통치자들
의 실제 상이 현전하는 것은 없다. 1246년 금장 호르드의 바투 진
영을 방문한 폴란드인 베네딕트는 마차 위에 칭기스 칸의 황금상
이 서 있었으며 예배 시간이 되면 다른 곳으로 옮겼다고 전했다.[38]
이듬해 카르피니도 중앙 몽골에서 비슷한 광경을 묘사했는데, 거
기서는 황실 게르 밖에 칸의 상이 있었고 사람들이 매일 의식을
갖추어 음식을 바쳤다고 한다.[39]

금장 호르드와 차가다이 칸국에서 만든 초상화와 삽화가 있
는 필사본은 전해지지 않는다. 아마도 애초에 그러한 작품이 많지
않았을 수도 있는데, 이 점에 대해 현재로서는 확정적인 결론을 내
리기 어렵다. 반면 일 칸국의 초상화는 주로 필사본의 삽화로 전해
지고 있다.

---

37 Charleux 2010, 2-3.
38 Benedict 2008, 80.
39 John of Plano Carpini 1996, 9.

그림: 필사본의 삽화

1200년에서 1350년 사이에 페르시아어권, 아랍어권, 중국어권, 프랑스어권 등 유라시아의 다양한 지역에서 삽화가 들어간 필사본의 수가 늘고 그 품질이 극적으로 좋아졌다. 몽골의 개방적 상업정책이 도서 제작자와 구매자에게 새로운 기회를 제공했고, 이것이 삽화가 포함된 대중 서적의 확산과 책 소유 인구 증가에 기여한 것이다. 예술의 교류는 민족과 종교의 경계를 쉽게 넘어섰는데, 8세기에 불교 관련 아랍 문헌을 번역한 『빌라우하르와 부다사프(*Bilawhar Wa Budhasaf*)』의 13세기 삽화본에서 그런 측면을 잘 볼 수 있다. 당시 시리아 북부의 아랍 기독교도들이 일 칸국 타브리즈 필사본 공방의 양식에서 영감을 받아 이 책의 삽화를 그렸고, 이를 통해 기독교화된 부처의 생애 이야기가 다시 인기를 얻었다.[40]

서사 예술 분야에서 일 칸국의 타브리즈 공방은 필사본의 삽화 제작에 전념해 다민족, 다종교적 지식 활동의 중심지가 됐다. 일 칸국의 재상 라시드 앗 딘(1318 사망)의 공방에서 제작된 삽화를 포함한 세계사 『집사』와 『대몽골 샤나메(왕들의 책)』(1330)는 당대 최고의 예술 작품 가운데 하나였다. 왕자다운 처신에 대한 지침서로 기획된 『대몽골 샤나메』는 모범적인 통치자들의 이야기를 전해 젊은 왕자들을 교육하는 페르시아 고전이다. 『대몽골 샤나메』는 이전까지 삽화가 거의 없었던 텍스트에 이미지를 만들어 넣었을 뿐 아니라, 지난 역사와 일 칸국의 그 당시 정치 사이에 시각적 대화를 만들어냄으로써, 기존의 시각적 표현의 범위를 확장했다.

---

40 Smine 1993, 205, 207.

아볼랄라 수다바르는 『대몽골 샤나메』의 삽화들이 당시 몽골의 역사적 사건들과 관련 있는 장면을 선별한 것이라고 주장한다.[41] 반면 새롭게 편찬한 저작 『집사』는 당시 알려진 모든 민족들의 역사를 서술하면서 그 역사적 서사가 최종적으로 몽골의 통치로 귀결되도록 구성하고자 했다. 예술적 측면에서 삽화의 과제는 시각적으로 통일성과 역사적 연속성을 표현하는 것이었다. 이는 불교도 혹은 네스토리우스파 기독교도 혹은 무슬림이었던 일 칸들이 다수의 무슬림 인구를 다스렸던 당시의 다양하고 불안정한 사회 상황에서 특히 중요한 의미를 가졌다. 『집사』의 삽화는 기독교, 불교, 기타 신앙들의 전통 가치를 시각적으로 강조하면서, 일 칸들이 다양한 관점을 융합한 포괄적 접근 방식으로 이들을 뛰어넘었다는 이념적 메시지를 전달했다. 역사적 인물인 부처는 아랍 복장을 하고 등장하며, 무함마드의 탄생은 그리스도의 탄생을 연상시키는 이미지와 공명한다. 알렉산드로스 대왕과 로마 교황들은 모두 몽골인 특유의 얼굴 생김새와 복장을 공유하고 있다. 이렇게 민족적 정체성을 흐릿하게 만듦으로써 몽골은 시각적인, 나아가 이념적인 통합을 시도한 것이다. 또한 다수의 아랍어와 페르시아어 문헌에 처음으로 삽화가 그려졌으며, 특히 궁정에서 인기를 끌었다. 몽골 시대 이전에는 삽화가 대체로 과학 필사본에 한정돼 있었다. 『칼릴라(Kalila)와 딤나(Dimna)』라는 동물 우화집의 삽화본이 일찍부터 존재했다는 언급이 있지만, 현존하는 가장 오래된 사본이 13세기의 것이라는 점은 일 칸국 지배기에 더 많은 사본이 제작됐

---

41 Soudavar 1996, 97.

고 보존율도 높았음을 시사한다.[42]

초상화는 이슬람 문학과 연계되면서 새로운 방식으로 받아
들여졌다. 일반적인 이슬람 필사 전통에서는 역사 전기에 초상화
가 포함되지 않았다. 독자들은 텍스트를 묵상의 대상으로 삼아 그
인물을 마음속으로 그려야 했다.[43] 무함마드는 형상화하지 않는
것이 원칙이었고, 인간이 아니라 신의 손으로 그려진 예언자의 모
습을 사람들이 알아보았다는 이야기가 이슬람 서사문학의 일부
로 존재했다.[44] 현존하는 가장 오래된 무함마드의 도상은 아유키
의 11세기 로맨스 작품 『와르카(Warqa)와 굴샤(Gulsha)의 시』의 페
르시아어 필사본(1250경)에서 발견된다. 톱카프사라이의 도서관
에 소장된, 이란의 후이 출신 압둘 무민 알 후와이가 셀죽 아나톨
리아에서 삽화를 그린 이 필사본의 70/69b 면은, 불운한 연인이
었던 와르카와 굴샤의 무덤에 나타난 무함마드를 보여준다. 다음
71/70a 면에는 무함마드가 그들의 무덤에서 기도를 올리고, 이로
인해 두 연인이 즉시 부활해 기쁘게 재회한 후 행복한 삶을 사는
장면이 묘사돼 있다.[45] 이러한 구성과 묘사는 모두 유례가 없는 것
이었다. 라시드 앗 딘의 『집사』는 무함마드의 생애를 여러 삽화로
옮긴 최초의 작품으로, 메카의 카바 신전에 흑석을 다시 봉헌하
는 장면도 포함돼 있다. 이전까지는 고대 그리스 문헌의 아랍어 번

---

42 Rice 1959, 207-209.

43 Cooperson 2001, 17.

44 Soucek 1972, 9.

45 'Urwa b. Huzām al-'Udhrī의 Romance of Varqa and Gulshah, 그림은 'Abd al-Mū'min
    al-Khuwayyi, Topkapi Palace Library, Haz. 841.

역본에 소크라테스나 소포클레스의 초상이 실렸는데, 일 칸국 시기에 이르러 처음으로 이 관행이 무슬림 저자들의 저작으로 확대됐다. 1287년 일 칸국이 지배하던 바그다드에서 제작된 이크완 앗사파의 『라사일(Rasā'il)』 필사본 서두의 삽화는, 13세기 이슬람 초상화의 예술적 혁신을 잘 보여주는 유명한 작품이다. 이 그림의 두드러진 인문주의적 특징을 로버트 힐렌브랜드는 이렇게 설명했다. "이 모든 것이 추상적인 진공 상태가 아닌, 신뢰할 만한 건축 공간과 인간적 환경 속에서 이루어졌다. 이는 학문의 권위와 카리스마는 그대로 유지하면서도 학문을 인간적으로 만드는 효과를 가져왔다."[46] 이 시대의 사회적 환경은 일부 계층에서만 그려지던 작가 초상화가 더 널리 퍼지는 동기를 마련했다. 몽골이라는 상업 제국에서 생성된 광범위한 시장 기반 네트워크로 아랍어와 페르시아어 삽화 필사본의 광범위한 제작과 유통이 가능해졌고 수요도 증가했다.[47] 그러나 몽골 제국 쇠퇴 후 200년 동안 이슬람 사회에서 초상화에 대한 관심은 사라졌고, 몽골 시대 필사본에 있던 무함마드와 다른 인물들의 얼굴은 지워졌다. 하지만 니자미의 『일곱 개의 초상(Haft Paykar)』과 같은 페르시아 궁정 문학의 삽화는 계속 이어져 남아시아까지 전파됐다.

몽골의 중심지와 외교적, 상업적으로 연결돼 있던 유럽의 프랑스어권에서도 같은 시기에 초상화와 삽화 필사본에 대한 관심이 급증했다. 9세기 수도원 운동에서 시작되어 성가로 불렸던 프

---

46 Hillenbrand 2006, 211; Hoffman 1993, 8, 15.

47 Robinson 2001, 87.

랑스의 시간 기도서(Books of Hours, 시도서)는 1200년까지 대개 삽화가 없거나 최소한의 장식만 있었다. 이 책을 사용하는 사람도 주로 성직자였다. 그런데 13세기부터는 상류층 평신도를 위한 시도서가 제작되어, 그리스도와 자신의 관계를 상기시키는 묵상 도구로 사용됐다. 루이 9세의 손녀이자 사부아 백작 부인인 블랑슈 드 부르고뉴(1296~1348)가 1330년에 의뢰해 제작한 삽화 시도서를 본 로저 위크는 "이전의 어떤 시도서와도 비교할 수 없는 경이로운 작품으로, 백과사전처럼 방대하며 서사시에 버금가는 성격을 지녔다"고 평가했다. 이 필사본은 187점의 세밀화를 포함하고 있었으며(보통은 14~20점 정도), 80점에 달하는 블랑슈의 초상화를 포함한 광범위하고 혁신적인 편집으로 유행을 선도했다. 위크는 "블랑슈는 자신을 묘사한 초상화들로 책을 채움으로써 단순히 전통을 깨뜨린 것에 그치지 않고 대담하게 신성한 영역까지 침범했다. … (이 책은) 필사본의 극적인 기능 변화와 새로운 비전을 보여준다"고 말한다.[48] 초상화를 강조한 혁신적인 작품을 블랑슈가 의뢰한 시기와 그의 가족 관계를 고려하면, 그가 타브리즈의 공방을 포함한 예술 및 지식의 중심지와 교류했을 가능성이 있다. 대단히 화려하게 채색된 이 고가의 책들은 엘리트 계층에서 유행한 과시 욕구를 충족시켰으며, 이를 위해 때로는 모든 쪽에 정교한 이미지가 들어가기도 했다.[49]

회화에서는 "창문형 구도" 같은 장치들이 새로운 공간감과

48　Wieck 1991, 159, 166.

49　Perkinson 2008, 142.

물리적 실재감을 만들어냈으며, 여러 시점을 통합하거나 단일 시점을 제시할 수 있는 주관적이고 자율적인 인간의 '시선'이 도입됐다. 바그다드 공성전을 묘사한 『집사』의 한 장면은 하나의 그림 안에 다양한 시선을 표현하여 관람자와 관찰 대상 간의 전통적 구분을 모호하게 만들었다. 프랑스의 시간 기도서들은 성서 이야기를 친근하게 보여주기 위해 자주 "창문형 구도"와 단일 소실점 원근법을 사용했다. 역사적 공간과 자연 공간의 회화적 구성에 대한 관심은 몽골 시대에 광범위한 예술가들의 흥미를 끌었다. 올렉 그라바르의 설명에 따르면, 이슬람은 실제 그림을 보여주기보다 그림을 말로 묘사하는 것을 선호하는 전통이 있기 때문에, "이미지의 실재성이 두 개의 층위로 나뉘게 됐다." 하나는 물리적이고 실체적인 존재의 층위이고, 다른 하나는 정신적 인식의 층위이다. 그리고 이 둘 사이에 중요한 대조가 존재했다.[50] 세이드 호세인 나스르는 몽골 시대 이후에도 지속된 페르시아 세밀화의 '상상계(âlam al-khayâl)'를 설명하면서 "인공 원근법(perspective artificialis)"과 "자연 원근법(perspective naturalis)"을 구분했다.[51] 인공 원근법은 2차원 평면에 3차원 공간의 환영을 만들어내려 시도한다. 반면 자연 원근법은 기하학적 관계를 사용해 동일한 2차원 공간을 변형하는데, 이는 관람자를 단일 기준점으로 구성된 시각으로 이끄는 것이 아니라, 성(聖)과 속(俗)을 매개하는 평면으로 이끈다. 이러한 평면은 물리적 현실을 닮되 이를 초월하는 더 높은 차원의 실재를 보여주며,

---

50 Grabar and Natif 2003, 36.

51 Nasr 1969, 133.

                    제2권 주제별 역사

적어도 두 가지 시점을 동시에 담아냄으로써 공간에 대한 다층적
경험을 만들어낸다. 한편 단일 소실점 원근법이 지닌 환영적 특성
은 역적 서사를 더욱 사실적으로 재현하는 경향을 보였다.

그림: 자연 속의 초상화

동물 표현과 풍경 요소는 몽골 제국을 관통한 광범위한 예술 교류
의 또 다른 증거이다. 1317년에서 1335년 사이에 타브리즈에서 제
작된 일 칸국의 『칼릴라와 딤나』는 몽골 시대에 삽화 예술에서 일
어난 특별한 변화들을 잘 보여준다. 질 산치아 코웬은 『칼릴라와
딤나』의 그림들을 "일 칸국의 역동적인 자연 초상화"라고 불렀으
며, 더 나아가 "인간보다 동물에 더 공감하는 이슬람과 동방의 경
향을 고려하더라도, 『칼릴라와 딤나』의 동물들은 생동감 있는 힘
과 표현의 강렬함 면에서 특별하다"고 언급했다.[52] "자연 초상화
(portraits of nature)"는 중앙아시아와 동아시아의 예술 전통에서는 그
역사가 오래됐다. 텍스트에 들어갈 아름다운 삽화를 직접 제작했
던 마니(216~276)의 작업 이래로 가장 중요한 요소는 뛰어난 예술
과 종교적 실천의 연관성이었다. 유목민들은 자연과 모든 생명체
에는 영적인 본질과 고유한 특성이 깃들어 있다고 보았으며, 존재
의 상호 연관성을 강조하는 불교 사상 역시 이와 비슷하게 자연 현
상에 담긴 우주의 생명력을 시각화하고자 했다. 기원이 튀르크계
유목민족으로 이어지는 당 왕조(618~907) 시기에, 화가 한간(韓幹)

52　Cowen 1989, 27, 29.

은 말들마다 지니는 독특한 성격과 구체적인 신체 특징을 생생하게 포착한 "초상화들"을 제작했다. 그리고 몽골 제국 시기의 문화 교류로 인해 자연 요소들의 생동을 그릴 수 있는 감수성과 양식이 시작됐다.

이러한 맥락에서 산수화와 초상화는 당시 정치적, 사회적 주제를 예술적으로 표현하는 지적 공간에 함께 자리하고 있었다. 1287년 조맹부는 정치적 주제와 자연주의적 양식을 담은 고개지의 그림 〈사유여구학도(謝幼輿丘壑圖)〉를 문헌 자료를 바탕으로 해석하고, 원 왕조 궁정 정치의 맥락에서 도덕과 선정에 대한 자신의 견해를 제시했다. 조맹부는 나무숲에 둘러싸여 있는 한 문사(文士)를 그렸는데, 거기에 원 궁정에서 올곧은 문사가 가져야 할 "광야 정신"을 담았다. 문사는 본질적으로 조정 '내부'에 있으면서도 적절한 거리를 두고 비평적 관찰자의 위치를 유지해야 한다는 뜻이었다.[53] 이러한 이미지는 나무를 긍정적인 기운을 지닌 존재로 여긴 몽골인들의 미학에도 부합했다. '연리목(連理木)', 즉 천리(天理)가 합일된 나무 문양은 위로부터의 조화로운 통치와 선정이 결합했을 때 생기는 힘을 강조했다. 탕후(湯垕, 1250년대~1310년대)의 〈고금화감(古今畵鑒)〉(1280년대)은 조맹부의 작품에 영향을 준 관점을 잘 보여준다. 만약 예술이 현실을 반영할 정치적, 윤리적 책임이 있다면, 몽골 지배라는 새로운 상황은 과거의 예술 형식과 새로운 관계를 맺을 것을 요구했다. 조맹부는 몽골 이전의 과거와 연결되면서도 동시에 현재에 대한 비평을 표현하는 기반을 창조했다.

53　McCausland 2003, 174.

이 시기 페르시아, 이탈리아, 프랑스의 삽화는 몸짓과 얼굴 표정에서 감정 표현이 두드러졌다. 시선과 몸짓을 통해 인물들 사이의 심리적 접촉을 만들어내는 혁신적인 방식은 『대몽골 샤나메』에서도 찾아볼 수 있는데, 〈알렉산드로스 대왕의 관 앞에서의 애도〉와 〈이스판디야르의 장례식〉 속 인물들은 강렬한 감정을 분출하고 있다. 특히 〈이스판디야르의 장례식〉에서는 불교 도상처럼 정교하게 묘사된 세 마리의 거위가 천국으로 영혼을 운반하고 있다. 1200년 이전의 유럽 미술에서는 감정적으로 중립 상태였던 이미지가 14세기 초에 갑자기 강한 감정적 연결을 표현하기 위해 몸짓과 표정을 강조하기 시작했다. 오르시니(Orsini) 다폭 회화 중에서 시모네 마르티니가 그린 〈십자가형(Crucifixion)〉(1335)은 기절한 성모 마리아는 물론, 근처 병사들의 얼굴에 나타난 불신과 혼란, 그리고 이를 가리키는 아이의 표정에 이르기까지 다층적인 감정들을 보여준다. 마르티니의 또 다른 작품 〈십자가를 지고 가는 그리스도〉에서 마리아 막달레나가 두 팔을 치켜든 모습은 조용한 기도의 순간을 나타내던 중세 유럽 미술과 달리, 극도의 비탄을 전달한다.

물, 안개, 구름, 나무, 산을 표현하는 관습은 오랫동안 불교 풍경화의 일부였다.[54] 그런데 이러한 요소들이 몽골 시대에 이란과 유럽에서 점차 인기를 얻었다. 궁정의 후원을 받는 장인으로, 그리고 점차 독립적인 장인으로 활동하면서, 삽화가와 화가들은 불, 연기, 물의 투명성, 구름의 형태, 물의 흐름, 안개, 심지어 눈과 같은

---

54 Jungeon Oh 2005, 107.

자연 현상을 표현하고자 했다. 특히 바위와 물을 표현하는 방식에 대한 실험이 광범위하게 이루어졌다. 요나(Jonah)가 바다에 던져지는 장면에서는 사실적인 재현에 대한 기대 없이 상징으로만 묘사했던 이전과 달리, 물속에 그의 몸이 보이도록 표현하려는 시도가 이루어졌다. 『집사』의 인도사 부분에 나오는 인더스강 합류점에서 헤엄치는 물고기들은 분명히 시장에서 파는 물고기들과 닮아 있다. 대기 현상에 대한 새로운 관심은 벽화 예술로 옮겨갔다. 암브로지오 로렌제티는 시에나의 팔라초 푸블리코에 있는 〈겨울의 상징〉(1338)에 눈 내리는 모습과 눈 뭉치를 모두 묘사했다.[55] 심지어 이 세기에 유라시아의 예술 현장 전반에 철학적 성찰과 자연환경의 환기라는 혁신적인 목적으로 꽃과 풀도 등장했다.

서예

몽골 제국 시대의 예술 교류를 논하면서 서예를 언급하지 않을 수 없다. 도자기, 금속 공예, 직물, 건축 등 앞에서 다룬 모든 예술 형태에 아름다움을 더하기 위해 글자를 써서 넣었기 때문이다. 우리는 앞에서 특정 물품들을 논의하면서 이미 이를 확인했다. 13세기까지 아랍어/페르시아어, 산스크리트어, 티베트어, 고전 중국어 등의 문자 체계는 오랜 문학적 전통을 바탕으로 높은 문화적 가치를 지니고 있었다. 문자로 쓰인 단어는 보이는 세계와 보이지 않는 세계를 이어주는 독특한 존재감을 가졌다. 학자들이 글로 기록한 텍

---

55 Meoni, Luzi, and Muzzi 2005, 28.

  제2권 주제별 역사

스트는 그것의 생산 비용과 지위 가치 때문에, 때로는 글 자체를 신성한 것으로 여겼기 때문에 폐기되지 않았다. 라틴어와 그리스어 문화권에서도 문자는 중요한 요소였다. 그러나 몽골은 거대한 제국의 지배자가 되기 전, 강력한 문자 전통을 가지고 있지 않았다. 위구르문을 기반으로 한 몽골 문자는 구어와 잘 맞지 않았다. 1269년경 쿠빌라이 카안은 제국의 통치에 더 적합한 몽골어 문자 개발에 착수하여, 티베트 라마 팍빠로 하여금 티베트·인도 문자 체계를 바탕으로 몽골어를 위한 새로운 문자를 만들게 했다. 이 몽골의 공식 문자는 '팍빠 문자'라고 불리며 문서, 통행증인 패자, 주화, 봉인, 비석 등에 사용됐다. 그러자 일종의 모조 팍빠·아랍 문자 체계가 황동판, 도자기, 칠기 등에 필사됐다. 조토가 파도바의 스크로베니 예배당에 그린 성탄 장면 속에서 성모 마리아의 드레스 가장자리에 있는 티라즈(tirāz) 장식은 모조 '팍빠·아랍' 문자의 양식을 명확히 보여준다.[56]

　　서예는 사원과 세속 건축의 디자인과 장식 모티프로도 나타났다. 정교한 도자기 타일을 통해 이슬람 건축의 필수적인 부분이 된 것이다. 쿠란 문자와 시는 종종 타일 띠로 내부와 외벽에 배열됐다. 불교 전통은 서예를 건축물의 표면 장식으로 사용하기보다는 깃발이나 그림과 함께 걸어놓는 경향이 있었다. 먹과 붓을 사용한다는 점에서 회화 기법과 깊은 관련이 있는 서예 기술은 귀중한 필사본과 목판 인쇄 서적의 가치를 보여주는 중요한 특징으로 여겨졌다. 가치 있는 그림에 뛰어난 서예가가 쓴 시 구절을 추가해

56　Tanaka 1984, 8-10; Tanaka 1989, 221-224.

작품을 더욱 빛낼 수 있었으며, 오로지 서예 감상만을 위해 두루마리가 제작되기도 했다. 손으로 아름답게 쓴 글씨는 몽골 유라시아 대부분 지역에서 지위와 권위의 상징으로 여겨졌다. 실라 블레어는 이와 관련하여 "중세 페르시아 미술을 관통하는 단어와 이미지 사이의 복잡한 상호 작용"에 대해 상세히 설명했다.[57]

결론

몽골 제국 시대의 예술 교류에 대한 이상의 검토를 통해, 제국 내에서도 지역에 따라 예술 활동의 참여도에 큰 차이가 있었음이 분명해졌다. 일 칸국과 차가다이 칸국 모두 이슬람 필사본 전통을 바탕으로 국가가 예술 사업을 주도했다. 그러나 일 칸국에서는 삽화가 있는 필사본을 전면에 등장시킨 반면, 차가다이 통치자들은 필사본 삽화 예술에 관심을 두지 않았다. 카이두와 다른 차가다이 엘리트들이 원조로부터 통치의 자립을 추구했기 때문에, 중국 예술에 대한 관심이 크지 않았을 가능성도 있다. 그러나 페르시아 궁정에서는 중국 예술의 영향으로 혁신적 예술 성과들이 나타났다. 미할 비란이 지적했듯이 카이두는 "이념적 전사"가 아니었다.[58] 이는 그가 문화적 우위를 점하기 위한 대규모 국가 사업에 관심이 없었던 이유일 수 있다. 한편으로는 무역 기반이 충분히 발달하지 않아 단순히 재원이 부족했을 가능성도 있다. 차가다이 통치

---

57 Blair 2014, 289.
58 Biran 1997, 107.

자들보다 정치적으로 원과 더 가까웠던 일 칸들은 불교 회화 전통을 폭넓게 수용하는 등 원의 풍부한 예술적 유산과 더 많이 접촉했다. 한편 1269년 이후 차가다이 통치자들은 도시 문화의 발전이나 예술적 혁신에 관심을 두지 않겠다는 태도를 분명히 했다.

몽골 시대는 예술 면에서 결정적 전환기였다. 물질문화와 사상의 교류는 전통 예술에 새로운 혁신의 길을 열어주었다. 결과적으로 이 시대에 등장한 조형 예술의 양상은 지역적 특색을 유지하면서도 몽골 이전 시기의 모습과는 극적으로 달랐다. 셔먼 리는 "14세기 중국 회화에서 일반적으로 인정되는 기준과 양식이 급변했다. 역사적으로 중요하다고 인정받은 원대 이후의 그림 중에 이전 시대 그림과 유사한 모습을 한 것은 없다"고 기술했다.[59] 이러한 변화는 몽골 이후 이슬람 세계의 예술, 즉 티무르의 중앙아시아, 사파비 왕조 페르시아, 무굴 제국, 오스만 제국, 그리고 나아가 유럽의 왕국들, 공국들, 도시국가들의 예술에도 각기 다른 정도로 적용됐다. 유럽 미술은 자연 현상과 초상화를 생동감 있게 묘사하는 방식으로 계속 발전했다. 이슬람 미술은 초상화에서 멀어졌지만, 잘라이르 왕조(1335~1432) 시대 페르시아의 서적에서 볼 수 있듯이 정교한 삽화를 수록한 문학 고전 필사본은 계속 제작됐다. 명대(1368~1644)의 산수화와 초상화는 자연과 인간 활동을 묘사하는 틀 안에서 더욱 추상적인 스타일로 발전했다. 몽골의 지배는 특정 모티프와 주제를 강조했을 뿐만 아니라, 예술 전반의 상업화를 가속화했다. 이러한 몽골 시대 예술 교류의 혁신과 질적인 특징에

---

59 Lee 1968, 26.

는 궁정의 후원이 중요한 역할을 했지만, 동시에 몽골 통치 아래 전
례 없이 확장된 상업적 기회 역시 예술 작품에 대한 소비자의 접근
성을 넓혔고, 이는 사회 전반에 경쟁을 불러일으켜 시장의 역학을
바꾸었다. 몽골 제국 이후 유라시아 전역에서 예술은 그 어느 때보
다도 시장의 성장 및 시장 가치와 밀접하게 연결됐다. 몽골 제국 시
기의 예술 교류는 되돌릴 수 없는 결과를 낳은, 유라시아 전역에
걸친 극적인 문화적 전환의 계기였다.

참고문헌

사료와 번역서

John of Plano Carpini. 1996. *The Story of the Mongols Whom We Call the Tartars*, tr. Erik Hildinger. Boston.

William of Rubruck. 1990. *The Mission of Friar William of Rubruck*, tr. Peter Jackson, ed. David Morgan. London.

연구서와 논문

Allan, W. J. 1985. *The History of So-Called Egyptian Faience in Islamic Persia*. London.

Allsen, Thomas T. 1997. *Commodity and Exchange in the Mongol Empire: A Cultural History of Islamic Textiles*. Cambridge.

    2002. *Technician Transfers in the Mongolian Empire*. Bloomington, IN.

Belting, Hans. 2011. *Florence and Baghdad: Renaissance Art and Arab Science*, tr. Deborah Lucas Schneider. Cambridge, MA.

Bemmann, Jean. 2010. *Mongolian-German Karakorum-Expedition, vol. 1, Excavations in the Craftsmen-Quarter at the Main Road*. Wiesbaden.

Bemmann, Jean, et al., eds. 2009. *Current Archaeological Research in Mongolia*. Bonn.

Benedict the Pole. 2008. "The Narrative of Brother Benedict the Pole." *The Mongol Mission*, ed. Christopher Dawson, 79–84. New York.

Biran, Michal. 1997. *Qaidu and the Rise of the Independent Mongol State in Central Asia*. Richmond.

Blair, Sheila S. 1986. "The Mongol Capital of Sultaniyya, the Imperial." Iran 24: 139–52.

    1995. *A Compendium of Chronicles: Rashid al-Din's Illustrated History of the World*. New York.

    2014. *Text and Image in Medieval Persian Art*. Edinburgh.

Bloom, Johnathan. 2000. "The Introduction of Paper to the Islamic Lands and the Development of the Illustrated Manuscript." *Muqarnas* 17: 17–23.

    2006. "Paper: The Transformative Medium in Ilkhanid Art." *Beyond the Legacy of Genghis Khan*, ed. Linda Komaroff, 289–302. Leiden.

Boyle, John A. 1968. "Dynastic and Political History of the Ilkhans." *CHI*5, 303–421.

1977. "Literary Cross-fertilization between East and West." *Bulletin (British Society for Middle Eastern Studies)* 4.1: 32-36.

Cahill, James. 1994. *The Painter's Practice: How Artists Lived and Worked in Traditional China*. New York.

Cantelli, Giuseppe. 1996. *Storia dell'oreficeria e dell'arte tessile in Toscana: Dal medioevo all'eta moderna*. Florence.

Charleux, Isabelle. 2010. "From Ongon to Icon: Legitimization, Glorification and Divinization of Power in Some Examples of Mongol Portraits." *Representing Power in Ancient Inner Asia: Legitimacy, Transmission and the Sacred*, ed. Roberte Hamayon, Isabelle Charleux, Gregory Delaplace, and Scott Pearce, 209-261. Bellingham, WA.

Cooperson, Michael. 2001. "Images without Illustrations: The Visual Imagination in Classical Arabic Biography." *Islamic Art and Literature*, ed. Oleg Grabar and Cynthia Robinson, 7-19. Princeton.

Cowen, Jill Sanchia. 1989. *Kalila wa Dimna: An Animal Allegory of the Mongol Court*. The Istanbul Album. Oxford.

Durand-Guedy, David, ed. 2013. *Turko-Mongol Rulers, Cities and City Life*. Leiden.

Elverskog, Johan. 2010. *Buddhism and Islam on the Silk Road*. Philadelphia.

Finlay, Robert. 2010. *The Pilgrim Art: Cultures of Porcelain in World History*. Berkeley.

Franke, Herbert. 1950. "Two Yuan Treatises on the Technique of Portrait Painting." *Oriental Art* 3.1: 27-32.

Geijer, Agnes. 1963. "Some Thoughts on the Problems of Early Oriental Carpets" *Ars Orientalis* 5: 79-87.

Grabar, Oleg, and Mika Natif. 2003. "The Story of Portraits of the Prophet Muhammad." *Studia Islamica* 96: 19-38 and Figures 4-9.

Grupper, Samuel M. 2004. "The Buddhist Sanctuary-Vihara of Labnasagut and the Il-Qan Hulegu: An Overview of Il-Qanid Buddhism and Related Matters." *AEMA* 13: 5-77.

Hillenbrand, Robert. 2006. "Erudition Exalted: The Double Frontispiece to the Epistles of the Sincere Brethren." *Beyond the Legacy of Genghis Khan*, ed. Linda Komaroff, 183-212. Leiden.

2011. "Propaganda in the Mongol 'World History'." *British Academy Review* 17: 29-38.

Hoeniger, Cathleen S. 1991. "Cloth of Gold and Silver: Simone Martini's Techniques for Representing Luxury Textiles." *Gesta* 30.2: 154-162.

Hoffman, Eva R. 1993. "The Author Portrait in Thirteenth-Century Arabic Manuscripts: A New Islamic Context for a Late-Antique Tradition." *Muqarnas* 10: 6-20.

Ibn Baṭṭūṭa 1957. *Travels in Asia and Africa, 1325-1354*, tr. H. A. R. Gibb. London.

Jacoby, David. 2010. "Oriental Silks Go West: A Declining Trade in the Later Middle Ages." *Islamic Artifacts in the Mediterranean World: Trade, Gift Exchange and Artistic Transfer*, ed. Catarina Schmidt Arcangeli and Gerhard Wolfin, 71-88. Venice.

2014. "Cypriot Gold Thread in Late Medieval Silk Weaving and Embroidery." *Deeds Done beyond the Sea: Essays on William of Tyre, Cypress and the Military Orders presented to Peter Edbury*, ed. Susan B. Edgington and Helen J. Nicholson. Farnham.

2016. "Oriental Silks at the Time of the Mongols: Patterns of Trade and Distribution in the West." *Oriental Silks in Medieval Europe*, ed. Juliane von Fircks, Regula Schorta, and Michael Alram, 92-123. Riggisberg.

Jing, Anning. 1994. "The Portraits of Khubilai Khan and Chabi by Anige (1245-1306), a Nepali Artist at the Yuan Court." *Artibus Asiae* 54.1-2: 40-86.

2004. "Financial and Material Aspects of Tibetan Art under the Yuan Dynasty." *Artibus Asiae* 64.2: 213-241.

Juliano, Annette L. 2006. "Chinese Pictorial Space at the Cultural Crossroads." *Eran ud Aneran: Studies Presented to Boris Ill0ie Marsak on the Occasion of His 70th Birthday*, ed. Matteo Compareti, Paolo Raffetta, and Gianroberto Scarcia, 301-305. Venice.

Jungeon Oh, Leo. 2005. "Islamicised Pseudo-Buddhist Iconography in Ilkhanid Royal Manuscripts." *Persica* 20: 91-154.

Kadoi, Yuka. 2009. *Islamic Chinoiserie: The Art of Mongol Iran*. Edinburgh.

Komaroff, Linda, ed. 2006. *Beyond the Legacy of Genghis Khan*. Leiden.

Kramarovsky, Mark G. 1992. "The New Style of Filigree in the Mongol Era: A Problem of Provenance." *Foundations of Empire: Archaeology and Art of the Eurasian Steppes*, ed. Gary Seaman, 191-200. Los Angeles.

Lach, Donald F. 1970. *Asia in the Making of Europe, vol. 2, A Century of Wonder, book 1, The Visual Arts*. Chicago.

Lee, Sherman E. 1968. "The Art of the Yüan Dynasty." *Chinese Art under the Mongol Yüan Dynasty (1279-1368)*, ed. Sherman E. Lee and Wai-kam Ho, 1-72. Cleveland.

McCausland, Shane. 2003. "'Like the Gossamer Thread of a Spring Silkworm': Gu Kaizhi in the Yuan Renaissance." *Gu Kaizhi and the Admonitions Scroll*, ed. Shane McClausland, 168-182. London.

2011. *Zhao Mengfu: Calligraphy and Painting for Khubilai's China*. Hong Kong.

2014. *The Mongol Century: Visual Cultures of Yuan China, 1271-1368*. Honolulu.

Marshak, Boris. 1992. "The Style of Filigree in the Mongol Era: Pan-Eurasian Affinities." *Foundations of Empire: Archaeology and Art of the Eurasian Steppes*, ed. Gary Seaman, 184-190. Los Angeles.

Masuya, Tomoko. 2013. "Seasonal Capitals with Permanent Buildings in theMongol Empire." *Turko-Mongol Rulers, Cities and City Life*, ed. David Durand-Guédy, 223-256. Leiden.

Meoni, Maria Luisa, Mario Luzi, and Francesco Muzzi. 2005. *Utopia and Reality in Ambrogio Lorenzetti's Good Government*. Florence.

Monnas, Lisa. 1993. "Dress and Textiles in the St. Louis Altarpiece: New Light on Simone Martini's Working Practice." *Apollo* 137: 166-174.

Nasr, Seyyed Hossein. 1969. "'The World of Imagination' and the Concept of Space in Persian Miniatures." *Islamic Quarterly* 13: 129-134.

Perkinson, Stephen. 2008. "Likeness, Loyalty, and the Life of the Court Artist: Portraiture in the Calendar Scenes of the Très Riches Heures." *Quaerendo* 38.2-3: 142-174.

Prazniak, Roxann. 2010. "Siena on the Silk Roads: Ambrogio Lorenzetti and the Mongol Global Century, 1250-1350." *Journal of World History* 21.2: 177-217.

2014. "Ilkhanid Buddhism: Traces of a Passage in Eurasian History." *Comparative Studies in Society and History* 56.3: 650-680.

Rice, D. S. 1959. "The Oldest Illustrated Arabic Manuscript." *BSOAS* 22.2: 207-220.

Robinson, Cynthia. 2001. "The Lover, His Lady, Her Lady, and a Thirteenth-Century Celestina: A Recipe for Love Sickness from al-Andalus." *Islamic Art and Literature*, ed. Oleg Grabar and Cynthia Robinson, 79-115. Princeton.

Seckel, Dietrich. 1993. "The Rise of Portraiture in Chinese Art." *Artibus Asiae* 53.1-2: 7-26.

Smine, Rima E. 1993. "The Miniatures of a Christian Arabic Barlaam and Joasaph: Balamand 147." *Parole de l'Orient* 43: 171-229.

Soucek, Priscilla P. 1972. "Nizami on Painters and Painting." *Islamic Art in the Metropolitan Museum of Art*, ed. Richard Ettinghausen, 9-21. New York.

Soudavar, Abolala. 1996. "The Saga of Abu-Sa'id Bahador Khan: The Abu-Sa'idname." *The Court of the Il-Khans*, 1290-1340, ed. J. Raby and T. Fitzherbert, 95-218. Oxford.

State Hermitage Museum in St. Petersburg. 2001. "The Treasure of the Golden Horde." At www.hermitagemuseum.org/wps/portal/hermitage/what-s-on/temp_exh/1999_2013/hm4_1_p/?lng=(accessed June 15, 2021).

Steinhardt, Nancy Shatzman. 1988. "Imperial Architecture along the Mongolian Road to Dadu." *Ars Orientalis* 18: 59-93.

Sun, Zhixin Jason. 2010. "Dadu: Great Capital of the Yuan Dynasty." *The World of Khubilai Khan: Chinese Art in the Yuan Dynasty*, ed. James C. Y. Watt, 41-63. New York.

Tanaka, Hidemichi. 1984. "Giotto and the Influences of the Mongols and Chinese on His Art." *Art History* 6: 1-15.

1989. "Oriental Script in the Paintings of Giotto's Period." *Gazette des beaux-arts* 6.113: 214-226.

Vainker, S. J. 1991. *Chinese Pottery and Porcelain*. London.

Vesely, Rudolf. 2008. "When Is It Possible to Call Something Beautiful? Some Observations about Aesthetics in Islamic Literature and Art." *Mamlūk Studies Review* 12.2: 223-229.

Wardwell, Anne E. 1988-1989. "Panni Tartarici: Eastern Islamic Silks Woven with Gold and Silver (13th and 14th Centuries)." *Islamic Art: An Annual Dedicated to the Art and Culture of the Muslim World* 3: 95-173.

Watson, Oliver. 1985. *Persian Lustre Ware*. London and Boston.

2006. "Pottery under the Mongols." *Beyond the Legacy of Genghis Khan*, ed. Linda Komaroff, 325–345. Leiden.

Watt, James C. Y. 2010. "The Decorative Arts." The *World of Khubilai Khan: Chinese Art in the Yuan Dynasty*, ed. James C. Y. Watt, 269–299. New York.

Watt, James C. Y., and Anne Wardwell. 1997. *When Silk Was Gold: Central Asian and Chinese Textiles*. New York.

Wieck, Roger S. 1991. "The Savoy Hours and Its Impact on Jean, Duc de Berry." *Yale University Library Gazette* 66: 159–180.

1997. *Painted Prayers: The Book of Hours in Medieval and Renaissance Art*. New York.

Yamabe, Nobuyoshi. 2002. "Practice of Visualization and the Visualization Sutra." *Pacific World* 4: 123–152.

제 8 장

몽골 정복 시기의 기후와 환경

니콜라 디 코스모

니콜라 디 코스모　　　　　　　　Nicola di Cosmo

미국 고등연구소에서 선사 시대부터 근대에 이르기까
지 중국과 중앙아시아의 관계사를 연구한다. 중국과 초
원 유목민 간의 초기 관계사를 분석한 『오랑캐의 탄생:
중국이 만들어낸 변방의 역사』, 몽골과 만주의 역사서
인 『청나라 정복 직전의 만주 몽골 관계(*Manchu-Mongol
Relations on the Eve of the Qing Conquest*)』 등을 출간했다.

서문

칭기스 칸의 몽골 제국은 어떻게 부상했을까? 풀리지 않는 이 질문은 일찍이 여러 가설을 불러일으켰다. 그중에서 기후 악화, 더 구체적으로는 심각한 가뭄이 몽골인들을 삶의 터전 밖으로 밀어냈다는 주장이 수십 년간 지속됐는데, 이는 그린란드 빙하 코어에서 얻은 과학적 데이터가 이 이론을 뒷받침하는 것처럼 보였기 때문이다.[1] 하지만 고해상도 나이테 데이터 등 다양한 고기후 대리 지표[과거 기후를 간접적으로 재구성하는 데 사용하는 자연 기록]에 기반한 최근 연구는 다른 가설을 뒷받침하고 있는데, 바로 몽골 세력의 흥기가 따뜻하고 습한 기후 조건과 관련이 있다는 것이다.[2] 따라서 몽골의 정복과 기후의 연관성은 더 광범위한 기후 데이터 탐구를 통해 밝혀야 할 중요한 이슈로 떠오르고 있다.

고기후학의 관점에서 몽골의 정복은, 북반구가 대략 9세기부터 13세기까지 지속된 중세 기후 이상기(MCA, 또는 중세 온난기)에서 소빙하기(LIA)로 알려진 더 추운 시기로 전환하던 때에 일어났다. 소빙하기의 시작, 지속 기간, 그리고 그 강도는 기후대에 따라 달랐으며, 북중국과 몽골에서는 이미 13세기에 시작됐을 수 있다. 더욱이 환경의 영향은 각지의 강수량과 습도에 따라 달랐다. 건조한 중앙아시아와 시베리아에서는 10세기부터 13세기까지 기후가 전반적으로 더 따뜻하고 건조했던 것으로 보이며, 이로 인해 호수 수위

---

* 논문 초고를 읽고 조언을 해준 에이미 헤슬과 울프 뷘트겐에게 감사드린다. 물론 논문의 오류나 실수에 대한 책임은 전적으로 나에게 있다.

1 Jenkins 1974.

2 Pederson et al. 2014; Wu et al. 2009; Putnam et al. 2016.

가 낮아졌다. 꽃가루 분석 연구는 이때 숲이 줄어든 대신 풀과 관목이 늘어났음을 시사한다. 동시에 높은 산맥들이 각지의 기후 변화에 영향을 미쳤는데, 이러한 현상은 특히 파미르, 톈산, 알타이 지역에서 두드러졌다. 마지막으로, 일반적으로 장기 지속된 건조 기후 속에서도 몽골 정복 시기와 부분적으로 일치하는 짧은 "강우기"의 흔적이 관찰되지만, 이는 민감한 고해상도 대리 기록(proxy record)에서만 포착된다. 이 분야를 연구하는 과학의 본질적 특성상, 고기후 복원은 여러 해석의 여지가 있다는 점을 명심할 필요가 있다. 이는 대리 지표와 그것들의 질, 공간적 확장, 시간 척도에 따른 가변성이, 때로는 높은 불확실성이 데이터에 포함되기 때문이다. 마찬가지로 이 글에서 제시하는 분석도 그 결론은 예비적인 것으로 간주돼야 하며, 더 나은 데이터가 확보되면 상당한 수정이 이루어질 수 있다.

역사 방법론의 관점에서, 기후 사건과 역사적 사건 간의 상관관계는 종종 중국에 대한 북방 유목민들의 침략과 정복을 설명하는 가설을 세우는 데 사용됐다.[3] 하지만 대부분의 연구는 사회, 경제, 정치 현실을 무시하고 자연 현상에만 인과관계를 귀속시키는 경향이 있어 만족스러운 답을 제시하지 못하고 있다. 그렇다 하더라도, 몽골의 정복이 미친 지역의 기후적 측면을 탐구하려는 노력 자체를 원칙적으로 배척해서는 안 된다. 이러한 연구는 몽골이 침략한 국가들에서 자원을 추출하는 능력, 그리고 그들의 정복이 환경에 미친 영향을 이해하는 데 도움을 줄 수 있기 때문이다. 광범

---

3   Zhang et al. 2005; Bai and Kung 2011; Chen 2014; Pei and Zhang 2014; Pei et al. 2019.

위한 영역에서 활동하며 많은 수의 말이 필요했던 몽골군의 특별한 수요를 고려할 때, 현지의 초지와 수자원 확보가 군사 작전에서 중요한 요소였다는 것은 분명하다. 다시 말해 기후 복원은 일반적이든 구체적이든, 부족한 문헌 자료에서는 얻을 수 없는 몽골의 전략과 군사적 성과를 이해하는 데 도움이 될 정복의 물리적 측면에 관한 정보를 제공한다. 환경 조건이 정복의 여러 단계에서 제약과 기회를 모두 제공했다고 가정한다면, 크게 세 가지 측면이 가장 큰 관련성을 가진다. 즉 수용 능력[carrying capacity, 환경이 지속 가능하게 부양할 수 있는 최대 인구나 생물량], 계절성(seasonality), 그리고 특정 기상 사건(specific weather events)으로, 이는 전술적 작전에 유리하거나 불리한 영향을 끼칠 수 있는 우연한 조건들이다.

'수용 능력'에 대한 추정은 엄격하게 맥락화하지 않으면 문제가 될 수 있지만, 우리는 그 변동성이 유목 경제와 이를 기반으로 하는 사회 간의 관계에 영향을 미친다고 가정할 수 있다. 연간 기준으로 볼 때, 초지의 안정적이고 풍부한 생장은 높은 수준의 군사 동원력을 보유하고 동시에 여러 전선에서 작전을 수행하는 사회에 필요한 기마용 말과 식량용 가축을 유지하는 데 필수적이다. 몽골의 정복이라는 맥락에서, 토지의 수용 능력과 군사 동원 사이의 관계는 두 가지 측면으로 확장된다. 첫째, 가축 한 마리당 실제 필요한 면적은 이용 가능한 영양분에 따라 달라질 뿐만 아니라 가축 무리의 전반적인 건강도 먹이 섭취에 따라 달라진다. 예를 들어, 여름과 가을에 가뭄이나 영양 부족이 발생하면 가축들이 허약해져서 겨울철 혹한이나 폭설 때 폐사율이 높아지고, 이는 말의 잠재적 부족으로 이어질 수 있다. 둘째, 군사 작전 중 포위전과 같은 제한된 상황에서 장기간 활동할 경우 특정 지역의 수용 능력이 군대의 규모와 자급 가능한 작전 기간에 영향을 미칠 것이다. 또한 대규모 군대가 야전에서 장기간 작전을 수행할 수 있는지 여부는 수자원의 이용 가능성과도 관련이 있었다.

유목 생활은 최적의 목초지 가용성에 기반한 '계절성'에 의존하며 이것이 가축 떼의 이주 주기를 결정한다. 가축의 이동은 현지 조건에 따라 거리, 시기, 영역 면에서 다양하게 나타난다. 계절성은 또한 동물들의 생애 주기를 통제하고, 겨울의 혹독함을 견딜 수 있게 하고, 출산을 조절하며, 전반적인 건강 상태를 보장한다. 군사 작전을 계획할 때 작전에 소요되는 시간과 지리적 거리를 고려해야 하므로, 원정 시기를 가축의 생애 주기 및 토지의 계절별 생산성과 조율해야 한다. 일반적으로 동물은 이른 봄에 가장 약하고(이 시기에 출산하기 때문이다) 봄과 여름 동안 충분히 먹이를 먹은 뒤 늦여름과 가을에 가장 강해진다. 따라서 일반적인 전근대 전쟁과 마찬가지로, 계절성은 유목민들이 수행하는 전쟁에서도 매우 중요한 요소이다. 환경 전반의 조건뿐만 아니라 군대의 구체적인 이동(이동하며 이용 가능한 물과 사료), 동물의 수, 병력의 최대 밀도, 군대의 기동성 유지 역시 군사 지휘관들이 반드시 고려해야 하는 과제였다.

마지막으로 몽골인들은 전술을 세울 때 종종 기후와 관련 있는 환경 요소를 적극적으로 활용했다. 여기에는 적에게 피해를 입히기 위해 자연의 힘을 소환하는 '기상 주술(weather magic)'도 포함된다.[4] 예를 들어, 특히 혹한의 겨울이라면 다리를 건설하거나 배

---

4 Molnár 1994.

를 구하지 않아도 쉽게 얼어붙은 강을 건널 수 있다. 수량이 풍부한 강은 몽골이 서하의 수도를 포위할 때처럼 물줄기를 돌려 적의 도시를 침수시키거나, 우르겐치의 경우처럼 댐을 파괴해 현지의 기반 시설에 손실을 입히는 전술에 용이했다. 반대로, 몽골군에게 불리한 지형을 만나면 아래에서 논의할 헝가리 철수처럼 전술적 변화, 그리고 심지어 장기 전략을 변경해야 했다.

이 장은 몽골 정복 초기 단계(약 1209~1242)의 환경적, 기후적 조건을 설명하는 것을 목표로 한다. 탐구 시기를 이와 같이 정한 것은 두 가지 사항을 고려했기 때문이다. 첫째, 지금까지 기후 조건과 몽골 제국의 부상 간의 인과성에 대한 역사적 논쟁은 1206년 이후 칭기스 칸의 초기 몽골 외부 원정에 국한됐다. 둘째, 몽골 시기를 다루는 기후학 문헌들도 그동안 정복의 초기 단계에 관심을 두었으며, 후기, 특히 13세기 말과 14세기에 대해서는 아직 충분히 다루지 않고 있다.[5] 관련 문헌의 현황을 감안해 이 장은 몽골 제국 부상 시기와 관련 논쟁에 초점을 맞추되, 기후 분석의 지리적 범위를 확장해 1242년 러시아와 유럽 원정이 종료될 때까지 몽골이 침략한 주요 지역들을 포함할 것이다. 따라서 이 장에서는 몽골리아, 중국 북부와 동북부, 건조 지대 중앙아시아, 그리고 러시아와 동유럽까지 총 네 부분을 다룬다.

첫 번째 절에서는 몽골 기후 자체에 대한 최신 복원 성과와

5　부분적인 예외는 몽골의 일본 침공 시도와 관련된 태풍 패턴 연구이다. 이에 대해서는 Woodruff 2015 참조. 몽골이 지배한 영토에서 기후와 질병(흑사병 등) 확산 사이의 관계는 특별히 방대하고 중요한 분야로, 별도의 연구가 필요할 것이다. 이 주제에 대해서는 Hymes 2016 참조.

몽골 제국 발흥기, 즉 칭기스 칸 치하의 몽골 통일 직후에 수반된 환경 변화를 다룬다. 이러한 환경 변화는 과거에 정복과 인과관계에 있다고 간주되어 왔다. 두 번째 절은 중국 북부의 기후 조건을 몽골이 군사 작전을 수행한 지역을 중심으로 검토한다. 세 번째 절은 고비사막에서 서쪽의 아랄해에 이르는 광대한 지역과 다양한 환경 구역을 포함한다. 여기에는 톈산, 타림분지, 알타이산맥 지역이 포함되는데, 대개 1219년 호레즘 원정 당시에 중요한 역할을 한 지역이다. 네 번째 절은 1221년부터 1242년까지 몽골군의 작전 무대였던 볼가-우랄 지역과 남러시아 초원, 그리고 북러시아와 헝가리를 포함한다. 역사적 관점에서 볼 때 몽골군이 침략한 지역의 기후는 몽골리아 내부의 기후와는 다른 방식으로 작용했다. 즉 그것은 몽골의 부상과 팽창을 직접적으로 초래한 요인, 다시 말해 잠재적인 '밀어내는 요인(push factor)'으로 작용했다기보다, 정복 과정 그 자체와 긴밀히 결부된 환경적 조건으로 이해되어야 한다. 다시 말해 이러한 역학은 몽골군의 작전, 전술, 전략을 방해하거나 또는 유리하게 하는 요인으로 작용했을 것이다.

몽골리아

몽골리아 지역에 대한 고생태학과 역사기후학 연구는 지난 20여 년간 엄청난 발전을 이루었다. 하지만 몽골 정복 시기의 기후를 완벽하게 복원할 수 있을 만한 기온과 강수량, 그리고 지역적 차이에 대한 연구는 현재 가능하지 않으며, 자연 대리 지표의 수집과 해석의 복잡성을 고려할 때, 아마 가까운 미래에도 불가능할 것이다.

　　　　　　　　　　　　　　　　　　　제2권 주제별 역사

하지만 기후학 연구에서 밝혀진 바에 따르면 13세기 초 몽골의 정치, 경제적 생활에 잠재적으로 영향을 미친 환경 조건에 대한 일반 가설을 세우기에는 충분한 증거가 존재한다. 일반적으로 말해서, 몽골의 기후는 13세기 중반부터 15세기 중반까지 온난화 추세를 보였다.[6] 지역에 따라 정도는 달랐으나 몽골초원은 따뜻하고 습한 기후로 인해 초지 생산성이 극대화됐다. 그러나 북반구의 장기적인 기후 변화와 지역적 변동성 사이의 직접 관계는 평가하기 어려우며 이를 위해서는 지역 데이터가 더 많이 필요하다.

관련하여 몇 개의 나이테 연대기가 확보돼 있다. 타르바가타이산맥의 솔롱고틴 다바 지역에서 자란 시베리아 소나무를 기반으로 한 초기 연구는 1738년 동안에 걸친 연대 자료를 수립해 13세기 초에 장기간의 온난기가 있었음을 밝혀냈다.[7] 훕스굴호 서쪽에 위치한, 몽골 북부의 온도르 준 누루 지역에서 얻은 연대 자료를 통해서도 장기 기온 복원이 가능했으며, 이는 몽골, 알타이, 시베리아의 다른 연대 자료와 상관관계를 보인다.[8] 이 데이터 역시 12세기 말에 시작돼 15세기 초에 절정에 달한 온난화 추세를 가리킨다.

오르혼 계곡을 중심으로 한 중앙 몽골의 나이테 연구는 강수량에 대한 중요한 정보가 포함되어 있는데, 1210년부터 1225년까지 장기간에 걸쳐 수분(moisture)이 증가했음을 확인해주었다.[9] 습윤한 환경은 북몽골의 이탄(peat) 퇴적물에서 발견된 꽃가루와 규

6　Davi et al. 2015.

7　D'Arrigo et al. 2001.

8　Davi et al. 2015.

9　Pederson et al. 2014.

조류 기록을 통해서도 추론됐다. 이러한 기록들을 몽골의 정복 시기와 정확히 일치시키기는 어려우나 900년에서 1240년 사이의 온난한 시기(중세 기후 이상기)는 대개 습윤한 환경이었다고 짐작할 수 있다.[10]

기후 데이터는 12세기의 전반적으로 건조했던 기후에서 13세기 초의 더 습한 추세로의 전환을 뒷받침하는 근거를 제공하는데, 특히 1220~1230년대에 비가 많이 내린 것으로 나타난다. 초지생태학 연구들은 개체군 변동성 계산을 위해 토지의 수용 능력과 관련된 동물의 밀도에 초점을 맞추었다.[11] 초원의 생산성은 주로 강수량에 좌우되는데, 생산성이 증가하던 시기에 자원 부족으로 인한 경쟁이 없거나 적어도 낮은 수준으로 줄어들었다면, 그 결과 몽골초원의 가축도 증가했을 것이다. 그러나 모든 초식동물이 동일한 방식으로 증가하지는 않으며 말이 소나 양보다 더 높은 비율로 증가한다는 주장이 제기됐다. 이는 온난/습윤 기간 몽골의 경제 변화에 귀중한 통찰을 제공한다.[12]

마지막으로 우리는 몽골 기후의 또 다른 측면인 지역적 다양성을 고려할 필요가 있다. 나이테에 대한 연구는 몽골초원의 일부 지역에서만 가뭄이 있었다는 사실을 보여주는데, 특히 동부 지역(케룰렌강과 예루강 유역)과 그보다 더 서쪽에 있는 셀렝게강 유역을 포함하는 북중부 지역 사이에서 가뭄의 흔적이 나타났다.[13] 나이

---

10 Fukumoto et al. 2012.

11 Vetter 2005.

12 Dangal et al. 2017, 2937-2938.

13 Pederson et al. 2001; Davi et al. 2006; Leland et al. 2013.

테 분석을 기반으로 1700년부터 2000년까지 셀렝게강(서부)과 예루강(동부) 유역의 5~9월 하천 유수량을 비교한 연구는 몽골의 동서 지역 간 수문기후(hydroclimate)[강수량, 하천 유량, 증발량 등 물의 순환과 관련된 기후 요소들]의 차이를 확인했다.[14] 이 연구는 과거 몽골에서 발생한 가뭄에 대한 선행 연구들과도 맥을 같이한다. 중앙 몽골의 서부 지역에서는 강수량이 양 극단값 사이에서 큰 폭의 변동을 보이는 반면, 동부 지역에서는 건기와 우기 모두 기후 변동의 폭이 작았다. 이 같은 차이는 몽골의 산악 지형 구조에서 기인하는데, 동부의 헨티산맥과 중앙 몽골의 항가이산맥이 기후에 영향을 미치기 때문이다. 이 연구와 다른 연구들이 몽골 정복 시기의 지역 수문기후까지 재구성하지는 않지만, 이들이 보여주는 지역적 차이는 정치적 중심지 형성과 군대의 배치 같은 역사적 현상을 이해하는 데 도움이 될 수 있다.

요약하면, 몽골의 기후 특성 조사를 통해 우리는 칭기스 칸이 몽골을 통일하고 몇 년 뒤에, 적어도 몽골 일부 지역에서 기온이 오르고 강수량이 늘어났다고 주장할 수 있다. 기온 상승과 습도 증가는 초지 생산성 증대의 중요한 원인으로 간주되며, 이는 아마도 동물의 수, 특히 (앞서 인용된 모델이 정확하다면) 말의 수 증가로 이어졌을 것이다.[15] 동시에 우리는 생물량과 가축 생산 모두에 영향을 미친 지역적 차이가 있었을 것이라고 예상할 수 있다.

몽골 제국의 발흥에서 환경적 측면과 정치적 측면의 연관성

---

14 Pederson et al. 2013.

15 Illius and O'Connor 2000.

은 여러 가지 방식으로 해석될 수 있다. 대규모 정치 집회나 군사 원정을 위해 군대를 계속 유지하려면 좋은 초지가 필요했다. 몽골은 우호적인 기후 조건 아래에서 목적에 부합하는 지역을 다수 확보할 수 있었을 것이다. 또한 기후 데이터는 몽골 제국이 정치 중심지를 몽골 동부(오난강과 케룰렌강 유역)에서 오르혼 계곡으로 이전한 것도 항가이 지역의 기후 조건을 고려한 대응일 수 있다는 견해를 뒷받침한다.[16] 『몽골비사』는 1203년 오난강 근처에서 칭기스 칸의 군대가 집결한 것을 언급하는 구절에 환경에 대한 드문 기록을 남겼다. "칸이신 아버지께 이렇게 전하시오. '우리는 퉁게천 동쪽에 진을 쳤습니다. 풀이 좋아 우리의 거세마들이 힘을 얻었습니다.'"[17] 이 인용문은 물과 풀이 풍부한 (가뭄 상황에서는 불가능했을) 상황과 정치적 사건, 즉 전투를 앞두고 말의 체력을 강화하기 위해 자연 자원을 활용한 것 사이의 상관관계를 보여준다. 더욱이 이 기록의 진위 여부나 1203년 오난 지역이 특별히 습했다는 과학적 증거의 유무와 관계없이, 물과 풀이 풍부해져서 사람들이 한곳에 모였다는 내용은 몽골의 정치와 기후 사이의 핵심적 연관성에 대한 분명한 통찰을 준다. 지도자가 사람들을 동원할 능력, 즉 그의 정치적 권력은 어느 정도 땅의 생산성에 달려 있는 것이었다.

칭기스 칸이 1209년부터 시작한 일련의 원정 수행에는 말 공급이 무엇보다 중요했을 것이다. 전쟁이 빈번해지고 지리적으로 확

---

16 Di Cosmo 2014-2015. 오르혼 계곡 또한 습지대라는 점에 주목해야 한다. 따라서 기후 요인을 분석할 때는 건조한 상태에서 습윤한 상태로의 상당한 변동, 그리고 이러한 변동이 인간 활동에 미친 영향을 고려해야 할 것이다.

17 *SH*, §96, §636. 이 문제에 대해서는 또한 Cleaves 1955, 386 참조.

    제2권 주제별 역사

대되면서 아마도 전투나 다른 위험 요인들로 인해 상당수의 말이 원정 중 죽었을 것이다. 초기에는 몽골 내에서 사육한 대체마로 이러한 손실을 감당할 수 있었다. 물론 몽골군은 동맹군과 말을 포함한 현지 자원을 활용하기도 했지만, 서하와 금 원정을 반복할 수 있었던 것은 말 번식이 꾸준히 증가한 덕분이었다. 이를 바탕으로 칭기스 칸과 몽골 최고 사령부는 수년에 걸쳐 전쟁을 계획하고 실행할 수 있었다.

마지막으로 몽골 제국 시기의 카라코룸에 대한 고고식물학 연구 결과에 따르면, 몽골인들은 기장(*Panicum miliaceum*), 보리(*Hordeum vulgare*), 밀(*Triticum aestivum*), 조(*Setaria italica*)와 같은 재배 식물을 모두 길렀다.[18] 작물마다 기후 변동성, 특히 가뭄에 저항하는 정도가 다르다는 점은 염두에 두어야 하지만, 더 따뜻한 기후와 늘어난 강수량은 중앙 몽골 지역의 농업 확장을 촉진해 더 다양하고 생산적인 경제를 가능하게 했을 것이다.

몽골의 고기후 복원, 그중에서도 특히 지역적 변동을 재구성하려면 정밀도가 더 높은 기록이 필요하지만, 현재 이용 가능한 자료만으로도 몽골의 장거리 원정이 시작될 당시 경제적 자원과 그것을 가능하게 한 정치적·군사적 역량의 밀접한 연관성을 확인할 수 있다.

---

18 Rösch, Fischer, and Märkle 2005.

북중국과 만주

최근의 기후 연구에서는 중세 기후 이상기(약 900~1300)에 중국 전역의 기후를 복원한 자료에서 얻은 데이터를 종합·비교하려는 시도가 이루어졌다. 하지만 그 결과는 통일된 패턴을 나타내기보다는 시기와 지속 기간, 강도 면에서 상당한 차이를 보이는 일반적인 경향만을 보여주었다.[19]

기온 면에서 보면, 13세기의 북중국은 전반적으로 온난했으며, 13세기 전반기에 최고 기온에 도달했다.[20] 강수의 면에서 보면, 중국의 수문기후 변화에 관한 종합 연구가 71개의 고습윤 및 고강수 기록을 분석한 결과 중국을 두 개의 뚜렷한 지역으로 구분했다. 즉 하나는 동아시아 계절풍의 영향을 받아 더 습윤했던 동부 지역이고, 다른 하나는 편서풍의 영향을 받아 더 건조했던 서부 지역이다.[21] 동부 지역은 황허의 대굴곡에서 네이멍구 동부와 만주에 이르렀고, 서부 지역은 네이멍구 서부, 닝샤(寧夏), 간쑤(甘肅), 그리고 티베트의 대부분을 포함했다. 온난기의 수분 증가는 환경 조건 개선과 상관관계를 보이는데, 보통 퇴적물 코어에서 생물량이 증가한 것으로 입증된다. 북서부 지역의 경우, 치렌산맥의 나이테 기반 복원 자료에 따르면 1065년부터 1150년까지만 이상 온난 현상을 보였으며, 1160년대~1330년대에는 기온이 더 낮았다.[22] 바다인자란(Badain Jaran)사막의 정밀도 높은 기록에 따르면 800년부터

19　Ge and Wu 2011.
20　Ge and Wu 2011.
21　Chen et al. 2015.
22　Liu et al. 2007.

1300년까지 지하수가 채워지는 속도가 평균보다 느렸는데, 이는 중국 북부의 서쪽 지역이 건조했음을 나타낸다.[23] 이 사막은 동부 알타이산맥의 남쪽과 치롄산맥의 북쪽에 위치하며, 닝샤와 간쑤 지방에 걸쳐 있다. 이는 결과적으로 1225~1227년 칭기스 칸의 서하 원정 당시 기온이 평균보다 낮았고 수자원이 다소 부족했을 가능성을 시사한다.

반면 황허 동쪽의 만주와 중국 북부 지역은 13세기 초 몽골 군사 작전의 초기 단계 전반에 걸쳐 비교적 온난하고 습윤한 기후 조건을 누렸다. 지린성(吉林省)의 얼룽완(二龙湾) 화산구호(火山口湖) 꽃가루 분석에 따르면, 천년기의 전반부, 특히 중세 시기 동안 기후가 온난하고 습윤했으며, 이는 식생 생물량 증가에 기여한 것으로 보인다.[24] 네이멍구 동부의 훈산다커(渾善達克)사막에서 실시된 고토양 연구 등도 이러한 결과를 뒷받침하는데, 650년에서 1250년까지 기온이 온난하고 강수량이 늘어나는 습윤한 환경이 지속됐다.[25] 중국 동북부에 위치한 마이리(麦里) 습지의 꽃가루 기반 고기후 연구는 950년에서 1270년 사이에 평균 이상의 수분 수준을 보여주는데, 이 시기는 참나무, 자작나무, 소나무 같은 나무뿐만 아니라 쑥 같은 초본 식물로 구성된 식생 밀도가 증가한 시기와 일치한다.[26] 마지막으로, 창춘 남부 창바이산맥의 쓰하이룽완(四海龍灣) 호에서 채취한 퇴적물 코어는 1260년 이전의 온난한 기후 조건을

23　Ma and Edmunds 2006.

24　Li et al. 2013.

25　Jin et al. 2004.

26　Ren 1998.

보여준다.[27] 다양한 기후 복원 자료들은 네이멍구 동부와 만주 지역의 온난하고 습윤한 기후가 전반적인 식생 성장을 촉진했음을 공통적으로 보여주고 있다.

몽골의 초기 화북 원정을 살펴보면, 황허 북부 대굴곡을 따라 형성된 변경 지대와 만주(랴오둥반도 포함) 지역이 금 공격을 위한 몽골군의 거점으로 사용됐음을 알 수 있다. 특히 1207년 칭기스 칸에게 충성을 맹세한 옹구트인들이 거주하던 황허 북부와 오르도스는 이 시기에 최적의 또는 그에 가까운 기후 조건이었을 것이다.[28] 몽골군은 금 원정을 위해 1211년 봄 몽골에서 출발했지만, 동맹 세력이 관리하는 변경 지대에서 휴식을 취한 뒤 8월에 군사 작전을 시작했다.[29] 더욱이 무칼리의 동북방 원정은, 칭기스 칸이 중앙아시아에서 돌아온 후에 있을 금 원정을 준비하는 과정으로, 군사용 가축 떼를 먹이기에 적합한 이 지역에 대한 몽골의 통제를 강화할 목적이었다고 추측할 수 있다. 다시 말해, 이러한 기후 데이터는 북중국과 중국 동북부가 대규모 기병 군대를 집결시킬 수 있는 환경을 어느 정도로 제공했는지, 그리고 금과 전쟁을 시작하기 전에 몽골의 전략이 그러한 기지를 확보하기 위해 얼마나 단호하고도 계획적인 노력을 포함하고 있었는지를 묻게 한다.

---

27   Chu et al. 2011.

28   Buell 1979.

29   Buell and Fiaschetti 2018, 26.

건조 지대 중앙아시아

1211년 몽골은 발하슈와 세미레치예 지역에서 군사 작전을 벌여 1218년 쿠출룩을 항복시켰다. 1219년에는 호레즘 샤를 상대로 대규모 원정을 시작했고, 단시간에 트란스옥시아나 지역으로 진격해 이 이슬람 왕국을 패퇴시켰다. 이 지역의 환경과 기후 상황을 조사하기 위해서는 여러 종류의 데이터를 살펴봐야 하는데, 이러한 데이터들은 불확실성이 매우 커서 고기후학자들 사이에서도 아직 광범위한 논쟁이 이어지고 있다.

'건조 지대 중앙아시아'는 알타이산맥, 톈산산맥, 타림분지, 카자흐초원, 그리고 오늘날의 우즈베키스탄에서 서쪽으로 아랄해와 카스피해에 이르는 지역을 포함한다. 대부분의 고기후 연구는 호수 퇴적물을 기반으로 하며, 일부는 나이테와 동굴 생성물에서 얻은 정밀한 데이터를 분석한다. 중앙아시아의 기후는 몬순이 아닌 편서풍의 영향을 주로 받는다. 이 광대한 대륙은 지역마다 기후가 다른데, 이는 지형적 특성, 특히 높은 산맥의 영향뿐만 아니라 북대서양 진동(north Atlantic oscillation)과 기타 기후 체계의 변화 때문이다. 더욱이, 앞서 언급했듯이, 대부분의 기후 복원 연구들은 1200년경 혹은 그 이후에 지구의 기후가 온난기에서 한랭기로 전환됐다고 보기 때문에 그 안에서 10년 단위나 그보다 더 짧은 기간의 기후 상태를 정확히 파악하기는 어렵다. 카라코룸산맥의 향나무를 기반으로 한 나이테 분석 복원 결과는, 1139년 이후 생장이 꾸준히 감소했으며, 특히 16~17세기까지는 매우 추운 기후가 지속됐음을 보여준다.[30]

최근의 유라시아 고환경 조사에서는 중앙아시아 지역의 기후

가 9세기에서 12세기 사이에는 전반적으로 온화하고 대륙성 기후
가 덜했던 반면, 이후 13세기부터 19세기까지는 추운 기후가 이어
졌다고 설명한다. 다만 14세기 후반과 15세기 초반에는 비교적 따
뜻한 시기가 있었다.[31] 나이테, 빙하 코어, 호수 퇴적물, 호수 수위,
빙하 축적량 등 다양한 대리 지표들을 기반으로 한 연구들은 대략
900년에서 1500년 사이에 중앙아시아 기후는 건조하고 비교적 따
뜻했다고 평가했으나, 모든 지역이 그런 것은 아니었다.[32] 지금부터
건조한 중앙아시아 주요 지역들의 기후 상황을 개괄하려 한다.

① 알타이

중국, 몽골, 러시아연방의 영토에 걸친 알타이산맥은 중앙아시아
고기후학에서 광범위하게 연구된 지역이다. 여기에는 여러 다른
기후 체계가 존재하기 때문에 13세기 초의 전반적인 기후 상태를
종합적으로 파악하는 것은 매우 어렵다. 그러므로 아직까지도 역
사 연구자들이 믿고 활용할 만한 수준의 연구 성과는 나오지 않은
상황이다.

건조 지대 중앙아시아의 강수량은 대체로 편서풍에 의해 북
대서양에서 운반되는 수분의 양으로 결정되지만[33] 알타이 지역은
북부, 서부, 동부의 여러 기후 구역으로 나뉜다.[34] 여기에 신장의 일

---

30 Esper, Schweingruber, Winiger 2002.

31 Solomina and Alverson 2004.

32 Yang et al. 2009; Chen et al. 2010.

33 Chen et al. 2008.

부인 남부 구역이 추가돼야 한다. 각 구역은 서로 다른 기후 역사를 가지고 있는데, 이는 대부분 저밀도 데이터를 통해 알려져 있다. 일반적인 전제로서 우리는 남부 알타이 지역(신장의 카나스호)에서는 기원전 2000년대부터 숲이 줄어들고 초원이 늘어나면서 경관이 점차 개방적으로 변했으며, 쑥과 같은 초본 식물의 비율이 증가했다는 점에 주목해야 한다. 습도가 크게 감소하지는 않았지만, 높은 고도에서는 한랭 현상, 폭설, 빙하 전진으로 인해 숲이 줄어들었으며, 반면 분지와 평원에서는 습도가 상승했다. 쑥의 분포가 늘어난 것은, 기후가 따뜻해지면서 이 지역의 풀들이 더 높은 고도까지 자생할 수 있게 된 상황을 반영하는 것일 수 있다.[35] 알타이에 형성된 광대한 초원 지대는 수천 년 동안 유목민들에게 목초지를 제공했으며, 1219년 일리 계곡을 지나 중앙아시아 방향으로 이동하던 몽골군도 이곳의 자원을 이용했을 것이다. 다만 13세기 초에는 이전 시기보다 다소 건조했을 가능성이 있다.

12세기와 13세기를 좀 더 집중해서 살펴보자. 고밀도 데이터에 따르면 남부 알타이는 서기 1000년경에 비교적 높은 습윤기에 진입했고 이는 1250년까지 지속됐다. 1250년부터는 극도의 건조기가 시작되어 1600년까지 이어졌다.[36] 러시아령 알타이의 나이테 분석 자료를 보면, 13세기 초반 수십 년간의 여름 기온은 따뜻했던 중세 기후 이상기에서 소빙기로 넘어가는 과도기 성격을 보여주며, 1300년 이후 추위가 더 빈번하게 찾아왔다.[37]

---

34   Rudaya et al. 2009.

35   Huang et al. 2018.

36   Yang et al. 2019.

더 넓게 살펴보면, 바이칼호, 발하슈호, 아랄해에서 얻은 고기후 데이터는 중앙아시아와 시베리아의 기후에 대해 매우 일관된 설명을 제공한다. 다만 기후 변동의 기간과 강도에 관해서는 상당한 차이점과 의문점도 존재한다. 바이칼호의 규조류 분석은 중세 온난기(800~1200) 동안 전반적으로 더 따뜻했던 시기가 있었음을 확인해주는 것으로 보이나, 강수량에 대한 평가는 여전히 불확실하다.[38] 이어지는 시기(소빙기, 1200~1800)에는 한랭하고 건조한 환경으로 전환됐다.[39] 13세기에는 극단적인 기온 변화는 없었던 것으로 보이지만, 알타이-사얀 지역에서 나무의 생장 조건은 나빠졌고 고사율이 증가했다.[40] 그러나 다른 고지대 기록들은 1200~1300년 알타이에서 빙하가 전진했음을 보여주고 있으며, 이에 대해 연구자들은 강수량 증가보다는 기온 하강을 원인으로 보고 있다.[41] 숲이 줄어들면서 초지 식생이 확대되고 목초지 면적 또한 증가했을 가능성도 있다.

또한 발하슈호의 꽃가루 퇴적물 코어를 기반으로 한 기후 복원에 따르면, 서기 150년에서 1300년까지(1800~650BP)의 시기 동안 이 지역은 적당히 건조하고 따뜻했으나, 이후 한랭하고 습윤한 기후로 바뀌었다.[42] 러시아령 알타이(남시베리아)에서는 3세기부터 12세기까지 따뜻한 기후가 우세했는데, 오늘날보다 빙하가 더 작

---

37 Büntgen et al. 2016.

38 Mackay et al. 2005, 293.

39 Mackay et al. 2005.

40 Myglan, Oidupaa, and Vaganov 2012, 79.

41 Chernykh, Galakhov, and Zolotov 2013.

42 Feng et al. 2013.

았고 수목한계선이 더 높았다는 점에서 전반적으로 더 풍부한 생물량을 나타낸다. 이러한 상황은 13세기 초까지 변함없이 지속됐다.[43] 이렇게 전반적으로 건조했던 상황과 달리, 동부 알타이(몽골)에서는 여러 호수에서 채취한 퇴적물(규조류) 분석 결과 1200년대 초의 온난기에 습도가 증가한 것으로 나타났다.[44] 따라서 더 풍부하게 팽창하고 있던 서몽골의 초원형 식생이 몽골의 정복 초기에 충분한 목초 생산을 위한 최적의 조건을 제공했을 것이다.

알타이산맥 전체를 조망한 이러한 연구는 현저한 기후 변동성을 보여주지만, 중세 기후 변화 시기 말기에 가장 가능성 있는 시나리오는 알타이 지역이 상대적으로 기후가 온난했으며, 북부 지역에서는 습윤한 조건이 두드러지고 남부 지역에서는 건조한 조건이 우세했다는 것이다.

② 톈산산맥과 타림분지

톈산산맥과 타림분지 역시 복잡한 양상을 보여준다. 키르기스스탄 서부(페르가나 계곡)의 석순 기록을 보면, 13세기 초는 따뜻했고 특히 겨울철에 비나 눈이 많이 내렸다. 서부 톈산 지역의 습윤한 겨울은 북대서양 진동이 양(positive)의 단계인 시기, 즉 대서양의 제트 기류가 강했던 시기와 관련이 있을 수 있다. 이런 상황에서는 시베리아 고기압이 약해져 북극의 차갑고 건조한 공기가 이 지역까

---

43 Agatova et al. 2012.

44 Shinneman et al. 2010.

지 미치지 못한다.[45] 이러한 기후 조건은 기후 체계가 비교적 안정적으로 유지되었던 중세 시기에 나타났던 것으로 보인다.

푸트남 등이 수행한 타림분지의 수문기후에 대한 다중 프록시[여러 대리 자료] 연구는, 이 지역이 12세기 후반에 더 습윤한 기후로 접어들었고, 이로 인해 초원 지대로 유입되는 물의 양이 증가해 결과적으로 생산성이 향상됐다고 결론지었다.[46] 습윤기에는 지하수도 풍부하게 보충됐는데, 이 연구는 이러한 상황이 초원 목초지의 남쪽으로 확대되어 몽골의 서하 원정에 도움이 됐을 가능성을 제시한다. 또한 이 지역의 소빙기는 1200년부터 시작된 것으로 측정됐다. 서하 원정이 타림분지를 거쳐 수행된 것이 아니기 때문에 이 연구의 역사적 해석을 그대로 받아들이기는 어렵다. 하지만 이 지역의 수량 증가는 목축에 이용할 수 있는 자원을 증대시켰을 것이고, 이는 몽골이 카라 키타이 원정 시 군사 활동에 유리하게 작용했을 것이다.[47]

톈산산맥 고지대에 있는 빙하호 하르누르의 지난 2000년간의 기후를 복원한 연구 결과에 따르면, 이 지역은 중세 온난기(여기서는 700년에서 1270년으로 연대 측정됨)에 따뜻하고 건조했다. 이 연구는 더 낮은 지역인 중저위 고도의 목초지와 오아시스에 최종적으로 물을 공급하는 수원의 상태를 잘 보여준다.[48] 이처럼 따뜻하고

---

45 Fohlmeister et al. 2017.

46 Putnam et al. 2016.

47 Biran 2005

48 Lan et al. 2018. 이들 연구에 나타나는 '고지대 중앙아시아'라는 지리적 정의는 건조 지대 중앙아시아와 대비되는 개념으로, 이는 위도가 아닌 고도에 기반한 구분이다.

　　　　　　　　　　　　　　　　　　제2권 주제별 역사

건조했다는 결과는 여러 다른 연구에서도 확인되는데, 13세기 중국 북서부 호수들의 수위가 전반적으로 낮았다는 보고들이 있다. 카자흐스탄 국경 근처 톈산산맥 북쪽에 위치한 신장의 에비누르호의 퇴적물 분석 결과를 보면, 1100~1300년 시기에 높은 수중 알칼리도, 즉 퇴적물 내 산소 및 탄소 동위원소의 높은 값으로 특징지어지며, 이는 호수 수위가 낮고 기후가 건조했음을 의미한다.[49] 또한 톈산산맥 남쪽 사면에 위치한 보스텐호의 퇴적물 분석도 1500년 이전의 온난 건조한 기후를 확인해준다.[50]

이와 반대로, 톈산산맥의 남북 양쪽 사면 모두 습윤했다는 증거들도 있다. 톈산산맥 북사면의 세 지점에서 채취한 퇴적물 코어에서 수생 식물의 증가가 확인되며, 이는 중세 온난기(이 연구에서는 기원후 600년~1400년으로 설정)에 이 지역이 따뜻하고 습윤했음을 보여준다. 타림분지에서 발견된 식물 잔해의 탄소 동위원소를 분석한 연구에서도 13세기 초에 습도가 높아졌다는 결과가 나왔다. 다만 이 연구의 기록은 1236년까지만 거슬러 올라갈 수 있다.[51] 마찬가지로, 여러 호수의 꽃가루를 분석한 다른 연구들에서도 13세기에 톈산산맥 북사면이 습윤하고 따뜻해서 식물이 풍부하게 자랐음을 확인할 수 있다.[52]

기온 복원 연구들은 전반적으로 따뜻했던 조건을 보여주지만(비록 종종 중세 온난기와 초기 한랭기의 과도기적 단계에 있었지만) 수문

---

49 Ma et al. 2011.
50 Chen et al. 2006.
51 Liu et al. 2011.
52 Zhang et al. 2009.

기후 기록들은 지역에 따라 큰 차이를 보이며, 국지적으로 상이했던 조건들이 모자이크처럼 나타난다. 퇴적물을 기반으로 한 고기후 복원 연구는 수백 년 단위로 기후를 살피다 보니 개별 기록에 존재하는 단기 변동을 제대로 포착하지 못한다는 한계가 있다. 예를 들어, 티베트고원 북부에 위치한 수간(蘇干)호의 (습도 수준 복원에 사용하는) 염도의 수준은 13세기 초반 수십 년 동안(1200~1230) 강한 다우기가 있었음을 보여주며, 이는 차이담분지의 나이테 기반 복원과 같은 일부 대리 자료에서도 확인된다.[53] 하지만 여타 연구들은 이와 다른 결과를 보여주기도 한다. 어떤 연구는 1200년에 상당히 춥고 습윤한 기후로 전환됐다고 말하고 있고,[54] 또 어떤 연구는 700년부터 1400년까지 긴 온난 건조기가 있었다고 말하고 있다.[55] 중앙아시아의 다른 대리 자료들에서는 이러한 다우기가 발견되지 않기 때문에, 이 습윤기의 지리적 범위는 확정할 수 없다.

종합하면, 타림분지와 톈산 지역의 기록은 여전히 해석이 쉽지 않다. 아주 큰 틀에서 보면 13세기 초는 온난한 기후에서 더 한랭한 기후로 전환되는 시기였으며, 강수량은 지역에 따라 차이가 컸다. 그럼에도 목초지와 초지는 습도가 높아지며 증가했을 가능성이 커 보인다. 이 습도 덕분에 타림분지와 같은 가장 건조한 지대는 물론 톈산산맥 북사면과 남사면에서도 식물 성장이 촉진되었고, 이와 동시에 고지대의 삼림 범위가 축소된 것으로 보인다. 만약 이것이 사실이라면, 우리는 당시의 환경 조건이 대규모 군대가

53　Chen et al. 2009.
54　Qiang et al. 2005.
55　He et al. 2013.

톈산산맥과 일리계곡, 알타이산맥을 가로질러 이동하는 데 유리하게 작용했을 것이라고 볼 수 있다.

③ 아랄해 지역

여러 연구들이 중세 아랄해의 상태를 조사했다. 이 지역은 본 장의 주제에 특히 중요한데, 오랫동안 아랄해의 수위가 몽골의 정복에 의해 낮아졌다고 여겨졌기 때문이다. 즉 1221년 칭기스 칸의 침공 때 몽골군이 관개 시스템을 파괴해 아무다리야강의 흐름이 바뀌었다는 것이다.[56] 그러나 고기후 증거와 고고학적 증거를 보면, 현재와 비슷한 수준으로 수위가 낮아진 것은 장기간에 걸친 건조화의 결과였다. 몽골 침공 당시 아랄해의 수위는 해발 29미터 수준까지 떨어져 있었는데, 이러한 수위 하강은 온난하고 건조한 기후 조건이 오랜 기간 지속된 결과였다.

오늘날 아랄해가 심각하게 줄어든 덕분에 케르데리 유적지에서 고고학 조사가 가능해졌는데, 중세 시기의 수위 후퇴 역시 현재와 마찬가지로 매우 심각한 수준이었음이 밝혀졌다. 그러나 이것은 인간이 개입해서가 아니라 자연적 요인으로 인한 것이었다.[57] 서기 1000년에서 1400년 사이에 이 호수는 높은 염도를 기록하고 있었으며, 방사성 탄소 연대 측정 결과 1000년경부터 호수가 줄어들기 시작했다는 점을 알 수 있으므로, 이는 우르겐치의 흙 제방

---

56 Boroffka et al. 2005.

57 Krivonogov et al. 2014.

이 몽골에 의해 파괴된 사건과는 관련이 없다고 볼 수 있다. 와편모조류 시스트(Dinoflagellate cyst)[휴면기에 형성되어 퇴적물에 보존되는 내구성 포낭] 기록을 봐도 수위가 점진적으로 낮아지는 양상이 나타난다. 이는 아무다리야강 삼각주의 댐이 파괴되면서 일어났을 법한 급격한 변화와는 다른 모습이며, 이 기록은 920~1230년 사이에 호수의 수량이 계속 줄어들었음을 보여준다. 920~1230년 기간에 높았던 염도 수준은 1230년 이후 강수량 증가로 감소하는 경향을 보였다.[58] 이러한 결과들은 낮은 기온을 나타내는 샷파라계곡(파키스탄)의 나이테 폭 분석과도 밀접하게 연결되는 것으로 보인다.[59] 다른 연구들에 따르면, 아랄해의 수위 하강은 1220년에 끝났으며, 이후에는 인간에 의한 요인, 즉 몽골의 정복이 수자원 변화의 주된 원인으로 작용했다.[60] 예를 들어, 사리카미시 삼각주의 재활성화는 인위적인 것이었으니, 몽골의 침략으로 관개 시스템이 무너지고 아무다리야강의 물줄기가 바뀐 결과였다.

④ 러시아와 동유럽

러시아에 대한 몽골의 군사 활동은 호레즘을 정벌한 몽골군이 1220년대에 볼가-우랄 지역에 도달하면서 시작됐다.[61] 군사 작전은 1230년대에도 계속됐으며 1236년에 이르러서는 여러 군대가

---

58   Sorrel et al. 2006.

59   Esper, Schweingruber, and Winiger 2002.

60   Oberhänsli et al. 2007.

61   Allsen 1983.

러시아 공국들을 정복하고 주요 도시들을 공격하는 전면적인 침공으로 발전했다. 전반적인 고기후학적 관점에서 보면, 이 시기는 다시 한번 전환기적 성격을 보이는데 러시아의 남부와 북부가 서로 다른 특징을 보인다. 북부는 전반적으로 건조했던 반면, 남부(볼가강 하류 지역)는 강수량이 증가하는 양상을 보였다.[62]

고(古)토양을 기반으로 복원한 볼가강 하류 초원 지대의 기후를 보면, 12세기를 거치며 습도가 점차 높아져 13~14세기에 최고조에 달했고, 이로 인해 건조 초원 지대가 확장됐다.[63] 이 시기의 연평균 강수량은 370~420밀리미터로, 현대보다 30~80밀리미터 많은 수준이다. 기후학자들은 이 시기에 유목민들이 이주하고 이동한 것이 초원의 전반적인 생산성 증가 때문이라고 보았는데, 분명 이러한 유리한 조건은 많은 양의 목초가 필요했던 침공군에게 도움이 됐을 것이다. 후에 금장 호르드의 칸들은 바로 이 지역을 자신들의 주요 거주지이자 활동 기지로 삼았고, 수도 사라이도 이곳에 세웠다. 사키호에서 추출한 기록을 보면, 지난 1500년 동안 크림반도 지역의 습도가 가장 높았던 시기는 1050년대에서 1250년대 사이였다.[64]

북러시아의 경우, 콜라반도(러시아 북서부)에서 채취한 나무 동위원소 분석 샘플은 중세 기후 이상기 동안의 기온 상승을 뒷받침하며, 서기 1000년에서 1300년 사이에 여름이 더욱 따뜻했고 강수량은 여름과 겨울 모두 적었음을 보여준다.[65] 이 결과는 러시아 북

---

62 Schamiloglu 2016.

63 Demkin et al. 2006.

64 Solomina et al. 2005.

부의 기후가 따뜻하고 건조했다는 견해와 전반적으로 일치하는데, 이러한 기후는 노브고로드의 정치적·상업적 세력 확장, 국제 모피 무역, 몽골 침공 시기 러시아와 카렐리아 및 비야르말란드 북부 지역 간의 교류, 그리고 마지막으로 몽골 침공을 피해 북부로 이주한 이들의 러시아 정착지 확대를 촉진했을 가능성이 있다.[66] 노브고로드 남부의 중앙러시아 지역에서도 다양한 종류의 퇴적물(대형 목탄, 꽃가루, 이탄) 분석을 통해 기온 상승기가 관찰됐다.[67] 이 지역에서는 1050~1200년에 기온이 상승했는데, 이는 인간 활동으로 산림 면적이 감소한 시기와 일치하며, 이 시기에 농업 확대와 삼림 벌채가 크게 일어났다. 나이테 자료에 기반하여 서기 1160년에서 1416년 사이 노브고로드 지역의 기후를 고밀도로 복원한 결과, 1221년 이후가 전체 연구 기간 중 따뜻한 시기 중 하나였으며, 특히 1221년과 1228년이 가장 따뜻했던 것으로 나타났다. 이처럼 매우 양호한 기후 조건이 몽골의 침공 기간 내내 지속됐다.[68]

　　작물 흉작, 기후 추세, 기상 현상에 대한 역사 기록들을 보면, 몽골의 정복 기간에 노브고로드 지역과 라도가에서 특별히 심각한 기근이나 이상 기후가 발생했다는 증거는 보이지 않는다. 이 시기의 고기후 자료는 남부 핀란드의 나이테를 기반으로 한 기온과 강수량 복원에서 추출한 것이다. 이 자료들은 문헌 증거와 함께 어느 정도 일치성을 보여주지만, 한쪽 데이터에서 나타난 여러 현상

65　Kremenetski et al. 2004.

66　Koskela Vasaru 2012, 47; Halperin 1987, 75-76.

67　Novenko et al. 2016.

68　Helama et al. 2017.

이 다른 쪽에서는 입증되지 않는 경우도 있었다. 그러나 어느 쪽도 1230년대 후반과 1240년대의 몽골 정복 기간 동안 이 지역이 기근이나 극단적인 기후의 영향을 받았다는 증거는 보여주지 않는다. 러시아와 유럽 대부분에 영향을 미친 1230~1231년의 기근은 몽골이 도착하기 전에 발생했다. 오히려 자료들은 1231년경 이후에 전반적으로 기온이 상승하고 기후가 더 습윤해지는 경향을 보여준다.[69]

러시아 평원의 고기후를 여러 대리 자료를 통해 조사한 결과를 보면, 11세기부터 14세기까지 기후가 전반적으로 따뜻했다. 다만 꽃가루 분석에 따르면 12세기 후반과 13세기 초반에는 추운 시기가 있었고[70] 이때는 호수와 강의 수위가 낮아졌다. 하지만 정확한 날짜를 특정하기에는 자료의 정밀도가 충분하지 않아서, 1230년대 후반에 다시 기온이 오르기 시작했을 수도 있고, 지역별 차이가 각 지역의 환경에 큰 영향을 주었을 수도 있다. 몽골의 진군과 관련해서 보면, 비가 적게 오고 기온이 내려가서 강물의 수위가 낮아진데다 강이 두껍게 얼어서 군대의 이동이 수월해졌을 것으로 보인다.

1241년 동유럽에서 몽골의 전격전은 전반적으로 따뜻하고 건조한 날씨 속에 진행되었고, 1241~1242년 겨울의 서부 헝가리 침공은 한파로 수월했다. 다뉴브강이 얼어붙어 몽골군이 쉽게 건널 수 있었기 때문이다. 하지만 비와 눈이 많이 내려서 지면도 얼

---

69 Huhtamaa 2015.

70 Solomina and Alverson 2004.

음으로 덮였다. 헝가리는 역사적으로 수문지질학[지하수의 분포와 흐름, 지질과 물의 상호 작용을 연구하는 학문]적 특성상 강변의 평야가 홍수에 취약했다.[71] 1242년 봄에 얼음과 눈이 녹으면서 발생한 많은 양의 지표수가 땅에 흡수되지 못하고 국토의 넓은 지역을 습지와 늪지로 만들었다. 이로 인해 몽골군의 (포위 공격과 같은) 공격 효율성과 전반적인 작전 수행 능력이 감소했다.[72] 기후 관련 사건들이 몽골군 철수의 주요 요인이거나 또는 영향 요인이었다는 주장은 여전히 가설로 남아 있지만, 상세한 기후 복원을 가능하게 하는 고밀도 기록들은 몽골이 헝가리를 포기하는 데에 환경적 요인들이 결정적으로 작용했음을 보여준다.

결론적으로 1220년대와 1230년대에 몽골군이 북부와 남부 러시아에서 작전을 수행하며 경험한 기후는 전반적으로 온난했고, 남부 러시아에서는 습윤한 조건을, 북부에서는 상대적으로 더 건조하고 서늘한 조건을 보였다. 몽골이 1221~1224년 남부 러시아 초원과 볼가-우랄 지역에서 군사 활동을 비교적 수월하게 전개할 수 있었던 것은 놀라운 일이 아니다. 1223~1224년 제베와 수베테이는 킵착 지역에 대한 사전 조사를 위해 이 지역을 정찰했다. 이들은 주민과 지형에 대한 정보에 더해 이 지역 초지의 비옥도와 자원 현황도 확인했다. 따라서 이 지역들의 초지 생산성과 풍부한 물과 목초 이용 가능성이 최고조에 달한 상황이 1229년과 1236~1237년 군사 원정을 계획하는 데 영향을 미쳤을 것이다.[73]

---

71 18~19세기 합스부르크 제국이 실시한 배수 사업으로 인해 상황이 달라졌다.

72 Büntgen and Di Cosmo 2016.

73 Allsen 1983.

　　1230년대 후반 북부 러시아의 기후는 남부에 비해 건조했으나 극단적인 수준은 아니었으며, 전반적으로 기후가 군사 작전을 어렵게 하거나 수월하게 한 주요 요인은 아니었던 것으로 보인다. 몽골군은 키예프나 모스크바 같은 도시들에서 장기 포위 공격을 하지 않았고 러시아 북부나 서부에 정착하지도 않았기 때문에, 기동성에 미치는 영향을 제외하면 그들의 전략에서 기후는 중요한 요소가 아니었을 것이다. 그러나 몽골이 정착을 계획한 것으로 보이는 헝가리에서는 혹독한 겨울과 폭우가 겹치면서 물이 고이고 늪지가 형성됐고, 이것이 그들이 철수한 원인이었을 수 있다.

맺음말

현재 이용 가능한 기후 데이터가 뒷받침하는 가설은, 비록 대단히 불확실하고 지역별 차이도 분명히 나타나지만, 1200년경부터 몽골과 그 주변 지역에서 일어난 환경 변화가 몽골리아의 군사 활동에 잠재적으로 중요한 역할을 했다는 것이다. 북중국과 몽골의 온난한 기후 체계, 특히 몽골과 중국 북동부에서 관찰된 강수량 증가는 초원 환경을 변화시켰다. 목축 생산이 의존하는 에너지의 총량, 즉 물과 목초를 전반적으로 증가시킨 것이다.

　　환경 및 자연 대리 지표에 관한 연구가 몽골 제국의 부상에서 기후의 중요성을 재평가하도록 연구자들을 이끌었듯이, 이 자료들은 또한 그 이후 몽골의 영토 확장에서 기후 요인이 어떤 역할을 했는지를 보다 잘 이해하기 위해서도 면밀히 검토될 필요가 있다. 또한 기후 요인의 영향이 얼마나 중요했는지를 규명하기 위해서는, 정복 과정과 환경의 상호 관계를 살펴볼 때 몽골 지휘관들이 각 원정 단계에서 선택한 시기, 이동 경로, 그리고 전술적 판단에 대하여도 보다 정확한 분석이 병행되어야 할 것이다.

참고문헌

사료와 번역

SH. 일러두기 6번 참조.

연구서와 논문

吳文祥, 葛全勝, 鄭景雲, 周揚, 胡瑩 2009. 「氣候變化因素在蒙古西征中的可能作用研究」. 『第四紀研究』 29.4: 724-729.

Agatova, A. R., A. N. Nazarov, R. K. Nepopo, and H. Rodnight. 2012. "Holocene Glacier Fluctuations and Climate Changes in the Southeastern Part of the Russian Altai (South Siberia) Based on a Radiocarbon Chronology." *Quaternary Science Reviews* 43:74-93.

Allsen, Thomas T. 1983. "Prelude to the Western Campaigns: Mongol Military Operations in the Volga-Ural region, 1217-1237." *AEMA* 3: 5-24.

Bai, Ying, and James Kai-sing Kung. 2011. "Climate Shocks and Sino-Nomadic Conflict." *Review of Economics and Statistics* 93.3: 970-81.

Biran, Michal. 2005. *The Empire of the Qara Khitai in Eurasian History: Between China and the Islamic World*. Cambridge.

Boroffka, N. G. O., et al. 2005. "Human Settlements on the Northern Shores of Lake Aral and Water Level Changes." *Mitigation and Adaptation Strategies for Global Change* 10.1:71-85.

Buell, Paul D. 1979. "The Role of the Sino-Mongolian Frontier Zone in the Rise of Cing-gis-Qan." *Proceedings of the First North American Conference on Mongolian Studies*, Western Washington University, 63-76. Bellingham, WA.

Buell, Paul D., and Francesca Fiaschetti. 2018. *Historical Dictionary of the Mongol World Empire*. Blue Ridge Summit.

Büntgen, Ulf, and Nicola Di Cosmo. 2016. "Climatic and Environmental Aspects of the Mongol Withdrawal from Hungary in 1242 CE." *Scientific Reports* 6: 25606.

Büntgen, Ulf, Vladimir S. Myglan, Fredrik Charpentier Ljungqvist, Michael McCormick, Nicola Di Cosmo, Michael Sigl, Johann Jungclaus, et al. 2016. "Cooling and Societal Change during the Late Antique Little Ice Age from 536 to around 660 AD." *Nature Geoscience* 9.3: 231-236.

Chen, Fahu, Xiaozhong Huang, Jiawu Zhang, J. A. Holmes, and Jianhui Chen. 2006. "Humid Little Ice Age in Arid Central Asia Documented by Bosten Lake, Xinjiang, China." *Science in China Series D*: Earth Sciences 49.12: 1280-1290.

Chen, Fahu, Zicheng Yu, Meilin Yang, Emi Ito, Sumin Wang, David B. Madsen, Xiaozhong Huang, et al. 2008. "Holocene Moisture Evolution in Arid Central Asia and Its out-of-Phase Relationship with Asian Monsoon History." *Quaternary Science Reviews* 27.3-4: 351-364.

Chen, Fa-Hu, Jian-Hui Chen, Jonathan Holmes, Ian Boomer, Patrick Austin, John B. Gates, Ning-Lian Wang, Stephen J. Brooks, and Jia-Wu Zhang. 2010. "Moisture Changes over the Last Millennium in Arid Central Asia: A Review, Synthesis and Comparison with Monsoon Region." *Quaternary Science Reviews* 29.7-8: 1055-1068.

Chen, J. H., F. H. Chen, E. L. Zhang, S. J. Brooks, A. F. Zhou, and J. W. Zhang. 2009. "A 1000-Year Chironomid-Based Salinity Reconstruction from Varved Sediments of Sugan Lake, Qaidam Basin, Arid Northwest China, and Its Palaeoclimatic Significance." *Chinese Science Bulletin* 54: 3749-3759.

Chen, Jianhui, Fahu Chen, Song Feng, Wei Huang, Jianbao Liu, and Aifeng Zhou. 2015. "Hydroclimatic Changes in China and Surroundings during the Medieval Climate Anomaly and Little Ice Age: Spatial Patterns and Possible Mechanisms." *Quaternary Science Reviews* 107: 98-111.

Chen, Qiang. 2014. "Climate Shocks, Dynastic Cycles and Nomadic Conquests: Evidence from Historical China." *Oxford Economic Papers* 67.2: 185-204.

Chernykh, Dmitry V., Vladimir P. Galakhov, and Dmitry V. Zolotov. 2013. "Synchronous Fluctuations of Glaciers in the Alps and Altai in the Second Half of the Holocene." *The Holocene* 23.7: 1074-1079.

Chu, Guoqiang, Qing Sun, Xiaohua Wang, Meimei Liu, Yuan Lin, Manman Xie, Wenyu Shang, and Jiaqi Liu. 2011. "Seasonal Temperature Variability during the past 1600 Years Recorded in Historical Documents and Varved Lake Sediment Profiles from Northeastern China." *The Holocene* 22.7: 785-792.

Cleaves, Francis Woodman. 1955. "The Historicity of the Baljuna Covenant." *HJAS* 18.3-4: 357-421.

Dangal, Shree R. S., Hanqin Tian, Chaoqun Lu, Wei Ren, Shufen Pan, Jia Yang, Nicola Di Cosmo, and Amy Hessl. 2017. "Integrating Herbivore Population Dynamics into a Global Land Biosphere Model: Plugging Animals into the Earth System." *Journal of Advances in Modeling Earth Systems* 9.8: 2920-2945.

D'Arrigo, Rosanne, et al. 2001. "1738 Years of Mongolian Temperature Variability Inferred from a Tree-Ring Width Chronology of Siberian Pine." *Geophysical Research Letters* 28.3: 543-546.

Davi, N. K., G. C. Jacoby, A. E. Curtis, and N. Baatarbileg. 2006. "Extension of Drought Records for Central Asia Using Tree Rings: West-Central Mongolia." *Journal of Climate*

19.2: 288-299.

Davi, Nicole K., Rosanne D'Arrigo, G. C. Jacoby, Edward R. Cook, Kevin J. Anchukaitis, Baatarbileg Nachin, Mukund Palat Rao, and C. Leland. 2015. "A Long-Term Context (931-2005 CE) for Rapid Warming over Central Asia." *Quaternary Science Reviews* 121: 89-97.

Demkin, V. A., A. S. Yakimov, A. O. Alekseev, N. N. Kashirskaya, and M. V. El0tsov. 2006. "Paleosol and Paleoenvironmental Conditions in the Lower Volga Steppes during the Golden Horde Period(13th-14th Centuries AD)." *Eurasian Soil Science* 39.2: 115-126.

Di Cosmo, Nicola. 2014-2015. "Why Qara Qorum? Climate and Geography in the Early Mongol Empire." *AEMA* 21: 67-78.

Esper, Jan, Fritz H. Schweingruber, and Matthias Winiger. 2002. "1300 Years of Climatic History for Western Central Asia Inferred from Tree-Rings." *The Holocene* 12.3: 267-277.

Feng, Z-D., H. N. Wu, C. J. Zhang, M. Ran, and A. Z. Sun. 2013. "Bioclimatic Change of the Past 2500 Years within the Balkhash Basin, Eastern Kazakhstan, Central Asia." *Quaternary International* 311: 63-70.

Fohlmeister, Jens, Birgit Plessen, Alexey Sergeevich Dudashvili, Rik Tjallingii, Christian Wolff, Abror Gafurov, and Hai Cheng. 2017. "Winter Precipitation Changes during the Medieval Climate Anomaly and the Little Ice Age in Arid Central Asia." *Quaternary Science Reviews* 178: 24-36.

Fukumoto, Yu, Kaoru Kashima, A. Orkhonselenge, and U. Ganzorig. 2012. "Holocene Environmental Changes in Northern Mongolia Inferred from Diatom and Pollen Records of Peat Sediment." *Quaternary International* 254: 83-91.

Ge, Quansheng, and Wenxiang Wu. 2011. "Climate during the Medieval Climate Anomaly in China." *PAGES News* 19: 24-26.

Halperin, Charles J. 1987. *Russia and the Golden Horde: The Mongol impact on Medieval Russian History*. Bloomington, IN.

He, Yuxin, Cheng Zhao, Zheng Wang, Huanye Wang, Mu Song, Weiguo Liu, and Zhonghui Liu. 2013. "Late Holocene Coupled Moisture and Temperature Changes on the Northern Tibetan Plateau." *Quaternary Science Reviews* 80: 47-57.

Helama, Samuli, Heli Huhtamaa, Erkki Verkasalo, and Alar Läänelaid. 2017. "Something Old, Something New, Something Borrowed: New Insights to Human-Environment Interaction in Medieval Novgorod Inferred from Tree Rings." *Journal of Archaeological Science: Reports* 13: 341-350.

Huang, Xiaozhong, Wei Peng, Natalia Rudaya, Eric C. Grimm, Xuemei Chen, Xianyong Cao, Jun Zhang, et al. 2018. "Holocene Vegetation and Climate Dynamics in the Altai Mountains and Surrounding Areas." *Geophysical Research Letters* 45.13: 6628-636.

Huhtamaa, Heli. 2015. "Climatic Anomalies, Food Systems, and Subsistence Crises in Medieval Novgorod and Ladoga." *Scandinavian Journal of History* 40.4: 562-590.

Hymes, Robert. 2016. "Epilogue: A Hypothesis on the East Asian Beginnings of the Yersinia pestis Polytomy." *Medieval Globe* 1.1: 285-308.

Illius, A. W., and T. G. O′Connor. 2000. "Resource Heterogeneity and Ungulate Population Dynamics." *Oikos* 89.2: 283-294.

Jenkins, Gareth. 1974. "A Note on Climatic Cycles and the Rise of Chinggis Khan." *CAJ* 18.4: 217-226.

Jin, Heling, Zhizhu Su, Liangying Sun, Zhong Sun, Hong Zhang, and Liya Jin. 2004. "Holocene Climatic Change in Hunshandake Desert." *Chinese Science Bulletin* 49.16: 1730-1735.

Koskela Vasaru, Mervi. 2012. "Bjarmaland and Interaction in the North of Europe from the Viking Age until the Early Middle Ages." *Journal of Northern Studies* 6.2: 37-58.

Kremenetski, K. V., T. Boettger, G. M. MacDonald, T. Vaschalova, L. Sulerzhitsky, and A. Hiller. 2004. "Medieval Climate Warming and Aridity as Indicated by Multiproxy Evidence from the Kola Peninsula, Russia." *Palaeogeography, Palaeoclimatology, Palaeoecology* 209.1-4: 113-125.

Krivonogov, S. K., G. S. Burr, Y. V. Kuzmin, S. A. Gusskov, R. K. Kurmanbaev, T. I. Kenshinbay, and D. A. Voyakin. 2014. "The Fluctuating Aral Sea: A Multidisciplinary-Based History of the Last Two Thousand Years." *Gondwana Research* 26.1: 284-300.

Lan, Jianghu, Hai Xu, Enguo Sheng, Keke Yu, Huixian Wu, Kangen Zhou, Dongna Yan, Yuanda Ye, and Tianli Wang. 2018. "Climate Changes Reconstructed from a Glacial Lake in High Central Asia over the Past Two Millennia." *Quaternary International* 487: 43-53.

Leland, Caroline, Neil Pederson, Amy Hessl, Baatarbileg Nachin, Nicole Davi, Rosanne D′Arrigo, and Gordon Jacoby. 2013. "A Hydroclimatic Regionalization of Central Mongolia as Inferred from Tree Rings." *Dendrochronologia* 31.3: 205-215.

Li, Jie, Anson W. Mackay, Yan Zhang, and Jingjing Li. 2013. "A 1000-Year Record of Vegetation Change and Wildfire from Maar Lake Erlongwan in Northeast China." *Quaternary International* 290: 313-321.

Liu, Weiguo, Zhonghui Liu, Zhisheng An, Xulong Wang, and Hong Chang. 2011. "Wet Climate during the ′Little Ice Age′ in the Arid Tarim Basin, Northwestern China." *The Holocene* 21.3: 409-416.

Liu, Xiaohong, Xuemei Shao, Liangju Zhao, Dahe Qin, Tuo Chen, and Jiawen Ren. 2007. "Dendroclimatic Temperature Record Derived from Tree-Ring Width and Stable Carbon Isotope Chronologies in the Middle Qilian Mountains, China." *Arctic, Antarctic, and Alpine Research* 39.4: 651-657.

Ma, Jinzhu, and W. Michael Edmunds. 2006. "Groundwater and Lake Evolution in the Badain Jaran Desert Ecosystem, Inner Mongolia." *Hydrogeology Journal* 14.7: 1231-1243.

Ma, Long, Wu Jinglu, Yu Hong, Zeng Haiao, and Jilili Abuduwaili. 2011. "The Medieval Warm Period and the Little Ice Age from a Sediment Record of Lake Ebinur, Northwest China." *Boreas* 40.3: 518-524.

Mackay, Anson W., D. B. Ryves, R. W. Battarbee, R. J. Flower, D. Jewson, P. Rioual, and M. Sturm. 2005. "1000 Years of Climate Variability in Central Asia: Assessing the Evidence Using Lake Baikal (Russia) Diatom Assemblages and the Application of a Diatom-Inferred Model of Snow Cover on the Lake." *Global and Planetary Change* 46.1-4: 281-297.

Molnár, Ádám. 1994. Weather-Magic in Inner Asia. Bloomington, IN. Myglan, Vladimir S., O. Ch. Oidupaa, and E. A. Vaganov. 2012. "A 2367-Year Tree-Ring Chronology for the Altai-Sayan Region (Mongun-Taiga Mountain Massif)." *Archaeology, Ethnology and Anthropology of Eurasia* 40.3: 76-83.

Novenko, Elena Y., Andrey N. Tsyganov, Olga V. Rudenko, Elena V. Volkova, Inna S. Zuyganova, Kirill V. Babeshko, Alexander V. Olchev, Nikolai I. Losbenev, Richard J. Payne, and Yuri A. Mazei. 2016. "Mid-and Late-Holocene Vegetation History, Climate and Human Impact in the Forest-Steppe Ecotone of European Russia: New Data and a Regional Synthesis." *Biodiversity and Conservation* 25.12: 2453-2472.

Oberhänsli, Hedi, Nikolaus Boroffka, Philippe Sorrel, and Sergey Krivonogov. 2007. "Climate Variability during the Past 2,000 Years and Past Economic and Irrigation Activities in the Aral Sea Basin." *Irrigation and Drainage Systems* 21.3-4: 167-183.

Pederson, Neil, Amy E. Hessl, Nachin Baatarbileg, Kevin J. Anchukaitis, and Nicola Di Cosmo. 2014. "Pluvials, Droughts, the Mongol Empire, and Modern Mongolia." *Proceedings of the National Academy of Sciences* 111.12: 4375-4379.

Pederson, Neil, Gordon C. Jacoby, Rosanne D. D'Arrigo, Edward R. Cook, Brendan M. Buckley, Chultemiin Dugarjav, and R. Mijiddorj. 2001. "Hydrometeorological Reconstructions for Northeastern Mongolia Derived from Tree Rings: 1651-1995." *Journal of Climate* 14.5: 872-881.

Pederson, Neil, C. Leland, Baatarbileg Nachin, A. E. Hessl, A. R. Bell, Dario Martin-Benito, T. Saladyga, B. Suran, P. M. Brown, and Nicole K. Davi. 2013. "Three Centuries of Shifting Hydroclimatic Regimes across the Mongolian Breadbasket." *Agricultural and Forest Meteorology* 178: 10-20.

Pei, Qing, Harry F. Lee, David D. Zhang, and Jie Fei. 2019. "Climate Change, State Capacity and Nomad-Agriculturalist Conflicts in Chinese History." *Quaternary International* 508: 36-42.

Pei, Qing, and David Zhang. 2014. "Long-Term Relationship between Climate Change and Nomadic Migration in Historical China." *Ecology and Society* 19.2: 68.

Putnam, Aaron E., David E. Putnam, Laia Andreu-Hayles, Edward R. Cook, Jonathan G. Palmer, Elizabeth H. Clark, Chunzeng Wang et al. 2016. "Little Ice Age Wetting of Interior Asian Deserts and the Rise of the Mongol Empire." *Quaternary Science Reviews* 131: 33-50.

Qiang, Mingrui, Chen Fahu, Zhang Jiawu, Gao Shangyu, and Zhou Aifeng. 2005. "Climatic Changes Documented by Stable Isotopes of Sedimentary Carbonate in Lake Sugan,

Northeastern Tibetan Plateau of China, since 2 kaBP." *Chinese Science Bulletin* 50.17: 1930-1939.

Ren, Guoyu. 1998. "Pollen Evidence for Increased Summer Rainfall in the Medieval Warm Period at Maili, Northeast China." *Geophysical Research Letters* 25.11: 1931-1934.

Rösch, Manfred, Elske Fischer, and Tanja Märkle. 2005. "Human Diet and Land Use in the Time of the Khans: Archaeobotanical Research in the Capital of the Mongolian Empire, Qara Qorum, Mongolia." *Vegetation History and Archaeobotany* 14.4: 485-492.

Rudaya, Natalia, Pavel Tarasov, Nadezhda Dorofeyuk, Nadia Solovieva, Ivan Kalugin, Andrei Andreev, Andrei Daryin et al. 2009. "Holocene Environments and Climate in the Mongolian Altai Reconstructed from the Hoton-Nur Pollen and Diatom Records: A Step towards Better Understanding Climate Dynamics in Central Asia." *Quaternary Science Reviews* 28.5-6: 540-554.

Schamiloglu, Uli. 2016. "Climate Change in Central Eurasia and the Golden Horde." *Zolotoordynskoe obozrenie* 1: 6-4.

Shinneman, Avery L. C., Charles E. Umbanhowar, Mark B. Edlund, and N. Soninkhishig. 2010. "Late-Holocene Moisture Balance Inferred from Diatom and Lake Sediment Records in Western Mongolia." *The Holocene* 20.1: 123-138.

Solomina, Olga, and Keith Alverson. 2004. "High Latitude Eurasian Paleoenvironments: Introduction and Synthesis." *Palaeogeography, Palaeoclimatology, Palaeoecology* 209.1-4: 1-18.

Solomina, Olga, Nicole Davi, Rosanne D'Arrigo, and Gordon Jacoby. 2005. "Tree-Ring Reconstruction of Crimean Drought and Lake Chronology Correction." *Geophysical Research Letters* 32.19: 1-4.

Sorrel, Philippe, S.-M. Popescu, M. J. Head, Jean-Pierre Suc, Stephan Klotz, and H. Oberhänsli. 2006. "Hydrographic Development of the Aral Sea during the last 2000 Years Based on a Quantitative Analysis of Dinoflagellate Cysts." *Palaeogeography, Palaeoclimatology, Palaeoecology* 234.2-4: 304-327.

Vetter, Susanne. 2005. "Rangelands at Equilibrium and Non-equilibrium: Recent Developments in the Debate." *Journal of Arid Environments* 62.2: 321-341.

Woodruff, J. D., et al. 2015. "Depositional Evidence for the Kamikaze Typhoons and Links to Changes in Typhoon Climatology." *Geology* 43.1: 91-94.

Yang, Bao, Jinsong Wang, Achim Bräuning, Zhibao Dong, and Jan Esper. 2009. "Late Holocene Climatic and Environmental Changes in Arid Central Asia." *Quaternary International* 194.1-2: 68-78.

Yang, Yunpeng, Dongliang Zhang, Bo Lan, Nurbay Abdusalih, and Zhaodong Feng. 2019. "Peat $\delta13C$Celluose-Signified Moisture Variations over the Past~2200 Years in the Southern Altai Mountains, Northwestern China." *Journal of Asian Earth Sciences* 174:59-67.

Zhang, Dian, Chiyung Jim, Chusheng Lin, Yuanqing He, and Fung Lee. 2005. "Climate

Change, Social Unrest and Dynastic Transition in Ancient China." *Chinese Science Bulletin* 50.2: 137-144.

Zhang, Yan, Ping Yang, Chuan Tong, Xingtu Liu, Zhenqing Zhang, Guoping Wang, and Philip A. Meyers. 2018. "Palynological Record of Holocene Vegetation and Climate Changes in a High-Resolution Peat Profile from the Xinjiang Altai Mountains, Northwestern China." *Quaternary Science Reviews* 201: 111-123.

Zhang, Yun, Zhao Chen Kong, Shun Yan, Zhen Jing Yang, and Jian Ni. 2009. "Medieval Warm Period'on the Northern Slope of Central Tianshan Mountains, Xinjiang, NW China." *Geophysical Research Letters* 36.11, L11702.

제 9 장

몽골 지배하의 여성과 젠더

베틴 버지 · 앤 브로드브리지

베틴 버지　　　　　　　　　　　　　　　**Bettine Birge**

미국 서던캘리포니아대학 도른사이프칼리지 동아시아
언어 및 문화 부교수로, 중국 및 중앙아시아의 젠더 및
민족 문제를 연구한다. 특히 전통법에서 성별과 민족성
문제를 탐구하며『여성과 재산, 그리고 송·원 시대 중국
의 유교적 반동(*Women, Property, and Confucian Reaction in Sung
and Yüan China 960–1368*)』등을 출간했다.

앤 브로드브리지　　　　　　　　　　　**Anne F. Broadbridge**

미국 매사추세츠대학 애머스트캠퍼스 역사학과 부교수
로, 지금까지 약 2500명의 학생을 가르쳤다. 중동학협회
(MESA)와 중앙유라시아학학회(CESS) 회원으로,『이슬람
과 몽골 세계의 왕권과 이데올로기(*Kingship and Ideology in
the Islamic and Mongol Worlds*)』를 썼다.

몽골초원의 젠더 관계와 사회 조직은 몽골의 군사적 성공과 세계 제국으로의 부상에 결정적인 역할을 했다. 특히 여성은 몽골 사회의 핵심이었던 유목 캠프를 관리했고, 남성이 전쟁에 전념할 수 있는 기반을 제공했다. 또한 개별 여성들은 몽골 제국의 출현과 공고화 과정에서 대단히 중요한 역할을 수행했다. 일부 엘리트 여성들은 최고 수준의 정책 결정에 참여했으며, 엘리트 남성과 마찬가지로 대규모 영지와 군대를 통제하기도 했다. 또한 일부 여성은 기독교, 이슬람교, 불교 신앙을 가졌고, 몽골의 영향 아래 있던 유목민들과 피정복 민족들을 위해 종교를 후원했다. 제국의 여성들은 또한 혼인 관계를 통해 정치와 정책에 영향을 미쳤다. 혼인은 해당 여성의 여성과 남성 친족들에게 여러 세대에 걸쳐 권력을 부여할 수 있었다. 몽골 사회에서 많은 여성들에게 주어진 상당한 권위와 존중은 몽골 원부족과 칭기스 칸 혈통인 보르지긴씨의 창조 신화에도 반영돼 있다. 『몽골비사』에 기록된 몽골인들의 기원 이야기는 조상의 혈통이 남성들로만 이루어진 계보가 아니라 알란 고아라는 여성을 통해 전해졌음을 말하고 있다.[1]

이 장에서는 몽골 제국의 여성과 젠더 관계를 다룬다. 먼저, 제국의 확장 시기 내륙 아시아 초원의 유목 여성들에 대해 논의한다. 여기에는 혼인 관습, 여성의 노동, 여성의 통치 및 정치 참여, 몽골의 역사에서 강력한 영향력을 발휘한 여성들의 사례가 포함된다. 둘째는 서부 칸국들의 엘리트 여성들을 다루며, 셋째는 몽골 지배 아래 중국에서의 여성과 젠더 관계를 살펴본다.

---

1 *SH*, §17, §20-21.

몽골 제국 확장기 초원에서의 여성과 젠더 관계

혼인 관습

몽골 혼인 관행의 기본 구조는 다른 유목 사회들과 비슷했다. 결혼은 족외혼 형태였는데, 이는 부족 구성원들이 실제보다는 관념적으로 친족 관계를 공유하는 집단으로 인식되었기 때문에 남녀가 동일한 씨족이나 부족 내에서 배우자를 선택할 수 없었음을 의미한다. 부족 간 동맹은 이러한 혼인을 통해 구축됐으며, 특정 혈통들이 여러 세대에 걸쳐 통혼하는 경우도 드물지 않았다. 이론적으로 몽골 남성들은 여러 명의 아내를 둘 수 있었지만(즉 일부다처제), 실제로는 대부분 그럴 여력이 없었다. 일부다처제를 행할 경우, 보통 첫 번째 아내가 정실 부인 혹은 대부인(大夫人)이었으며, 그녀와 그녀의 자녀들은 특별한 권위와 권리를 누렸다.

신분이 자유로운 모든 계층의 몽골인들에게 가장 일반적인 혼인 형태는 상호 합의였다. 신랑 가족이 신부 가족에게 신부대(新婦代)의 형태로 비교적 큰 비용을 지불했다. 그 대가로 신부는 신랑과 함께 그의 천막으로 가서 가정을 꾸렸다. 신부의 가족은 의복, 장신구, 가정용품 등으로 구성된 혼수품을 마련해주기도 했지만, 비엘리트 계층 대다수는 결혼할 때 신부가 큰 지참금을 가져오지 않았다. 오히려 신부가 남편과 그의 부모로부터 가축과 장신구 같은 물품을 받았고, 이는 그녀의 개인 소유가 됐다.[2] 그러나 지참금이 완전히 없었던 것은 아니며, 특히 엘리트 계층에서는 중요한 역

---

2 Rockhill 1967, 77; Holmgren 1986, 129-131.

할을 했다. 예를 들어 칭기스 칸의 대부인 부르테는 결혼할 때 검은 담비 외투를 지참금으로 가져왔는데, 후에 칭기스 칸은 이것을 이용해 강력한 케레이트 부족의 지도자 옹칸과 정치적 동맹을 맺었다. 더 일반적으로 엘리트 계층 신부의 지참금은 가축, 물품, 자기 부족 출신의 시종들로 구성됐으며, 이는 그녀가 새로 꾸린 가정의 핵심을 이루었다.[3] 특히 시종들은 부모와 멀리 떨어져 살게 된 신부에게 중요한 지원을 제공했다.

일반적으로 예비 신랑은 혼인 예물을 모두 지불했다면 몇 달, 지불하지 않았다면 몇 년 동안 처가에서 일해야 했다. 예를 들어 젊은 시절의 칭기스 칸도 부르테와 결혼하기 위해 미래의 장인인 데이 세첸을 위해 일했다. 얼마 후 테무진은 아버지가 살해됐다는 소식을 듣고 급히 돌아갔는데, 그 때문에 기간을 다 채우지 못했을 것이다. 학자들은 나중에 데이 세첸이 딸 부르테가 테무진에게 가는 것을 꺼린 이유가 이것 때문이라고 추측한다. 또한 이 기록은 테무진의 아버지 예수게이가 부유하지 않았음을 시사한다.[4]

초원 사회 혼인의 두 번째 형태는 약탈혼이었다. 이는 신랑 측이 신부 가족에게 지불해야 하는 비용 문제를 해결해주지만, 잠재적으로 정치적 원한을 조성할 수 있다는 단점이 있었다. 칭기스 칸 등장 이전에 초원에서는 적대 행위가 만연했고, 약탈은 물품과 사람을 획득하는 흔한 수단이었다. 약탈을 통해 붙잡힌 여성들은 그들을 납치한 남성들의 아내가 됐다. 만약 그런 여성이 납치자의 첫

---

3 Atwood 2004, 240; Miyawaki-Okada 2001, 82-89.
4 Holmgren 1986, 131-134; *SH*, §66, §69, §94.

번째 아내이거나 신분이 높거나 외모가 뛰어났다면, 비록 비자발적이고 폭력적인 방식으로 가정에 들어왔더라도 그에 상응하는 특권을 가진 대부인이 됐다. 칭기스 칸의 어머니 후엘룬은 약탈혼의 유명한 예로, 그로 인해 새로운 남편의 몽골 부족과 그녀를 빼앗긴 메르키트 부족 사이에 적대감이 형성됐다. 이러한 관행에서는 초혼 여부나 젊음이 가장 중요한 요소가 아니었으며, 이것이 몽골과 그들이 정복한 정주 사회의 두드러지는 관행 차이였다.

여성 납치는 적대 관계에 있는 집단에서만 가능했고, 부족이나 목영지 내에서는 성 규범이 매우 엄격했다. 13세기에 몽골 궁정을 방문한 프란체스코회 수사들은 몽골의 법과 관습에서는 간통죄를 저지른 남녀 모두 사형에 처한다고 전한다. 많은 군인들이 빈번히 장기간 원정으로 부재했던 상황에서, 이러한 관행은 몽골 부인들을 다른 남성의 침탈로부터 보호하는 데 도움이 됐다.[5]

세 번째 혼인 형태는 레비레이트(levirate), 즉 수계혼 과정을 통한 상속혼이었다. 남성이 사망하면, 그의 동생, 사촌, 조카, 또는 아들 등 더 젊은 남성 친족이 아내를 인계했다(아들은 자신의 친모와는 결혼할 수 없었지만, 아버지의 다른 아내들과는 혼인할 수 있었다). 이 남성 친족이 레비르(levir)이다. 레비레이트는 몽골인 대다수에게 매우 중요한 제도였다. 앞서 언급했듯이, 아내는 결혼할 때 남편과 시가로부터 가축 떼와 재산을 받았고, 이는 원하는 대로 처분할 수 있는 그녀의 재산이 됐다. 그러므로 이혼하거나 과부가 되는 등 어떤 이유로 혼인 관계가 끝나더라도 계속 자신의 가축 떼와 재산을 소유

---

5 Dawson 1955, 17, 105.

　　　　　　　　제2권 주제별 역사

할 수 있었다. 따라서 수계혼은 여성과 그의 재산, 그리고 노동력을 남편의 목영지에 유지함으로써 몽골 가정에 경제적, 사회적 이익을 제공했으며, 한편으로 여성과 남은 자녀들이 초원에 버려지는 것을 막아주었다. 이 제도는 남편과 아내가 사후에 재결합할 것이라는 몽골인들 사이의 일반적인 믿음으로 강화됐고, 죽은 남편의 친족과 결혼한 여성은 남편에 대한 신뢰를 지킨 것으로 간주되었다. 또한 수계혼은 젊은 남성의 결혼 비용을 절약해주는 역할도 했다.[6]

그럼에도, 일부 사회 계층, 특히 극빈층은 수계혼을 피했다. 재산이 거의 없는 상황에서 죽은 친족의 가족을 떠안는 일은 경제적 부담이 될 수 있었기 때문이다. 칭기스 칸의 어머니 후엘룬의 경우가 그러했는데, 예수게이가 사망한 후 그녀의 시동생이 후엘룬과 수계혼을 하지 않아서 남은 가족은 수년간 고난을 겪었다.

한편, 엘리트 계층에서도 수계혼은 불규칙하게 작동했다. 어떤 경우에는 수계혼이 권력 있는 여성들을 정부의 최고위층 안에 유지시킬 수 있었다. 예를 들어 톨루이의 셋째 아들 훌레구는 아버지의 둘째 부인 도쿠즈를 인계받았고, 그녀는 매우 영향력 있는 인물이 됐다.[7] 이와 대조적으로 톨루이의 대부인 소르칵타니는 우구데이 칸의 아들이자 자신의 조카인 구육과의 수계혼 제안을 단호히 거절했다. 수용했다면 톨루이계와 우구데이계의 혈통을 하

---

6 Dawson 1955, 7, 104; William of Rubruck 1990, 91-92; Serruys 1987, 174; Holmgren 1986, 129-131, 152-153.

7 도쿠즈는 칭기스 칸의 손녀 구육이 사망한 뒤 훌레구의 제2 부인이 됐다. Broadbridge 2016, 126-127 참조.

나로 통합할 수 있었겠지만 말이다. 그 밖에도 엘리트 여성들은 수계혼을 피하고 상당한 자원을 통제하면서 독신으로 남기도 했다. 엘리트층 여성의 수절 관행은 이후 중국의 혼인법에 영향을 미쳤다.[8]

　가문들의 상호 합의와 지참금 지불을 통한 혼인은 서로 관련 없는 씨족과 부족을 연결하는 정치적 결합에서 선호하는 형태였다. 실제로 여성들은 몽골의 정치에서 매우 중요한 역할을 했는데, 전략적 혼인을 통해 형성된 가족 관계가 남성들 사이의 정치적 동맹을 강화했기 때문이다. 그 핵심 개념인 쿠다(quda, 인척(姻戚))는 상호 신뢰, 애정, 협력의 관계를 의미했다. 초원 사회 전반에서 남성 지도자들은 자녀, 형제자매, 또는 자신의 결혼을 통해 정치적 동맹을 맺었다. 특히 몽골 제국 통치하에서 칭기스 가문의 여성과 혼인하는 영예를 얻은 남성은 황제의 구레겐(güregen, 부마)이라는 칭호를 받았다. 부마들은 통치자와의 긴밀한 사적 관계, 자신의 추종자들로 구성된 더 큰 부대를 지휘하는 군사적 특권, 그리고 이후 다시 자신의 자녀를 황실 가문과 혼인시킬 수 있는 사회적, 정치적 혜택을 누렸다.[9] 칭기스 가문의 칸들 또한 자녀를 자신의 측근과 혼인시킴으로써 추종자들과 유대를 강화했다.

　칭기스 일족 사이에서 흔히 나타나는 정치적 혼인 방식 가운데 하나는 '교환혼(exchange marriage)'이었다. 이는 칭기스 일족의 왕자가 다른 계통의 가문에서 여성을 맞아 혼인한 뒤, 나중에 그 어

8　Rossabi 1979, 155-166; Holmgren 1985, 161-167; Birge 1995; Birge 2002, ch. 4.

9　Broadbridge 2018, chs. 4, 5.

머니의 가문에 딸을 다시 시집 보내 어머니의 혼인에 대해 '교환'하는 방식이었다. 즉, 딸이 자신의 어머니의 오빠의 아들(자신의 사촌)과 결혼하는 구조였다. 칭기스 가문의 아들이 어머니 쪽 사촌 여성과 결혼하기도 했다.[10] 이러한 혼인이 여러 세대에 걸쳐 지속됐다.

현대의 기준으로 보면 근친혼이지만, 신부의 아버지와 신랑의 아버지는 혈연관계가 아니기 때문에 몽골의 족외혼 규칙에 부합했다. 칭기스 가문의 자녀를 그 어머니의 친정과 연결시키는 것을 선호한 현상은 강력한 황후 가문들을 만들어냈다. 이들 중 최고의 권력을 가진 집단은 칭기스 칸의 대부인 부르테의 콩기라트계였는데, 이들은 통일 제국과 후속 칸국들에서 수십 년간 혼인 정치를 주도했다. 부르테의 딸들은 이키레스, 오이라트, 옹구트, 위구르의 지배 혈통들과 혼인했다. 이는 새로운 황후 가문들을 만들어냈으며, 이들의 자녀들 중 많은 수가 다시 칭기스 가문과 혼인했다.

여성, 노동, 영지, 그리고 전쟁

몽골 사회에서는 노동이 남성과 여성 사이에 분담되어 있었다. 남성들은 말을 돌보고 쿠미스(마유주)를 만들고 사냥을 하고 정치와 통치를 담당하며 전쟁에 참여했다. 여성들은 유목 생활의 중심인 유목 영지를 관리했다. 여성의 가장 중요한 역할은 하영지와 동영지 사이의 계절 이동을 조직하고 수행하는 일이었다. 그들은 소나

낙타가 끄는 수레를 몰았고, 짐을 싣고 내렸다. 영지에 도착하면 거주지(유르트 또는 게르)를 세웠고, 떠날 때는 다시 해체했다.[11] 거주지가 완성되면 다른 여러 작업을 담당했다. 음식을 준비하고, 화덕을 다루고, 버터, 치즈, 그리고 다른 유제품을 만들었으며, 가죽을 다듬어 무두질하고 이를 동물의 힘줄로 만든 실로 꿰매어 부츠와 의복을 만들었다. 그들은 집을 만드는 펠트도 생산했다. 또한 말 이외의 동물들을 돌보았고, 자식을 낳아 기르고 교육하며 혼인을 도왔다. 몽골 남성들과 마찬가지로 여성들도 어린 시절부터 말을 타고 활쏘기를 배웠다.

몽골 귀족층 중에 칸의 부인(카툰)은 각자 자신의 가호(오르도), 즉 이동식 복합 천막 궁정을 가지고 있었다. 이는 카툰 자신을 위한 주요 원형 거주지와 자녀들, 시종들, 노예들을 위한 더 작은 거처들로 구성돼 있었다. 궁 내의 거주지들은 카툰의 서열에 따라 서쪽에서 동쪽으로 배열됐고, 칸은 자신이 선택한 부인과 밤을 보냈으며, 그의 친위대가 전체 구역과 칸이 머무는 게르(유르트)를 지켰다.[12] 당시의 한 관찰자는 이러한 광대한 시설들에는 "음식과 곡물, 카툰들의 의복과 탈 것에 필요한 비용, … 음료 창고, 마구간, 낙타꾼, 노새꾼 등의 물품, 여종과 내시, 시종, 요리사, 낙타꾼과 노새꾼과 기타 다른 수행원들의 경비"가 필요하다고 기록했다.[13] 각 카툰은 200~400대의 수레에 소유물을 나눠 담았고, 수백 명에서

---

11   William of Rubruck 1990, 74-75, 90-91.

12   William of Rubruck 1990, 74; Andrews 1999, 324-328; Atwood 2004, 426; Miyawa-ki-Okada 2001, 82-89; De Nicola 2017, 130-139.

13   *JT*/Rawshan, 1508; *JT*/Thackston, 746.

많게는 1만 명에 이르는 시종을 거느렸다.[14]

개별 오르도들과 거대한 통합 오르도는 모두 강력한 경제 중심지였다. 고위 계층 부인들은 각자 부모에게 받은 시종과 가축(곧 "inje"), 그리고 혼인할 때 남편의 가문으로부터 받은 선물도 자신의 오르도로 가져왔다. 여기에 자녀 출산 때나 군사 원정 후에 남편에게 받은 선물들을 추가했다. 남녀 시종과 노예, 또는 전투에서 획득한 전리품의 일부가 포함되기도 했다. 최고위 계층에서는 칸의 여성 친족들에게 분봉지가 하사됐는데, 여기에는 장인, 광산과 광부, 농민과 농지가 포함되기도 했다. 이들은 피정복민에게 걷은 세금을 통해 큰 부를 창출할 수 있었다. 이처럼 경제적으로 강력한 여성들은 오르톡 상인들과의 상업적 거래 및 투자를 통해 부를 더욱 증대시켰다. 오르도는 종종 카툰이 사망한 뒤에도 온전히 유지됐다. 칸이 그곳에 새로운 부인을 두기도 했고, 카툰의 막내아들이나 여성 친족에게 상속될 수도 있었다.[15]

남성들이 사냥이나 전투를 위해 출진할 때 일부 아내가 작은 이동식 영지를 만들어 동행했는데, 특히 몽골의 영토 확장을 위한 장기간의 원정에 이런 경우가 잦았다. 그러나 많은 부인이 대규모 영지를 유지하기 위해 오르도에 남았다. 따라서 방문자들이 주로 여성들이 거주하고 운영하는 정착지를 발견하는 것은 흔한 일이었으며, 그중 가장 규모가 큰 것은 "수백, 수천 개의 수레와 천막"으로 이루어진 카툰들의 오르도였다.[16] 이처럼 칸들의 아내는 영

---

14 William of Rubruck 1990, 74; Baṭṭūṭa/Gibb, 482; Moule and Pelliot (1938) 1976, §82.

15 Atwood 2004, 426. 도쿠즈의 여자 조카 투키타니가 그녀의 오르도를 계승한 것에 대해서는 *JT*/Rawshan, 963; *JT*/Thackston, 472 참조.

지 안팎에서 상당한 권위를 행사하며 지도자 역할을 수행했다. 심지어 지위가 낮은 남성의 부인도 제국 정부에 세금과 노동력을 제공하거나, 전투를 위해 그들의 가호에서 군수품이나 병력을 보내는 책임을 졌다. 몽골 여성들이 일상적으로 지도력을 행사했던 관행은, 통일 제국 내부 혹은 정복지에서 남편이 사망했을 때 부인이 그의 지위를 이어받는 기반이 됐다. 몽골 카툰들의 빈번한 섭정 사례 또한 남편이 부재할 때 아내가 남편의 지위를 맡는 관습이 인정되고 있었음을 반영한다.

몽골 사회의 성별에 따른 노동 분업은 제국의 역사에서 특히 군사 동원 분야에 가장 명확하게 영향을 미쳤다. 몽골 남성들은 연속해서 놀라운 군사적 승리를 거두었다. 몽골이 전장에서 성공한 이유 중 하나는 정주 사회와 비교했을 때 전투에 참여한 건장한 남성의 비율이 매우 높았다는 점이다. 몽골 여성들이 수행한 광범위한 필수 활동들이 남성의 전투 역량 강화에 크게 기여한 것이다.

여성, 정치, 그리고 제국의 형성

몽골에서는 여성과 남성 모두 정치에 관여했지만 역할이 달랐다. 여성은 일상적으로 칸에게 정치적 조언을 했고, 남성과 함께 대사와 외교 사절단을 접견하거나 독자적으로 외교관을 접대했으며, 다른 지역의 행정관, 가신, 동맹과 서신을 주고받았다.[17] 칭기스 가문의 여성들은 군사 원정 계획, 정책 결정, 후계 선정이 이루어지는

---

16 Waley 1931, 71.

17 이 장에 나오는 켈미시 아가의 후속 사례를 참조. *JT*/Rawshan, 779-780; *JT*/ Thackston, 382; *JT*/Boyle, 160; Rossabi 1988, 109.

　　　　　　　　　　　　　　　제2권 주제별 역사

쿠릴타이에 정기적으로 참석했다. 여성이 칸으로 선출될 수는 없었지만, 통일 제국이나 후속 칸국들에서 칸이 사망한 뒤 황후가 아들의 섭정이 되거나 칸을 옹립한 경우는 많다.

수많은 여성 권력자가 통일 제국의 형성에 정치 면에서, 병참 방면에서, 그리고 경제 면에서 특별한 영향력을 발휘했다. 첫 번째 사례는 테무진의 어머니인 올쿠누트 씨족 출신의 후엘룬이다. 그녀는 메르키트의 칠레두와 결혼했으나, 1161년경 몽골인 예수게이에게 납치됐다. 후엘룬은 곧 테무진을 낳았고, 이어서 세 명의 아들과 한 명의 딸을 더 낳았다. 그러나 테무진이 아직 소년이었을 때 예수게이가 갑자기 사망해 가족은 빈곤에 빠졌다. 후엘룬과 그녀보다 지위가 낮으며 아들 둘을 둔 또 다른 부인은 예수게이의 가문에게 버림받고 혹독한 초원에서 아이들을 키워야 했다. 후엘룬은 테무진이 지도자로 부상하기 시작했을 때 그에게 현명한 정치적 조언을 해주었다.

후엘룬과 예수게이의 혼인이 납치라는 비정상적인 경로로 이루어졌기 때문에, 후엘룬은 가문들 간의 합의된 혼인이 가져다주는 혜택을 누리지 못했다. 그녀는 예수게이가 사망한 뒤에도 오랫동안 자신의 가문과 단절돼 있었을 가능성이 크며, 아마도 결혼 지참금도 받지 못했을 것이다. 또한 테무진을 자신의 조카 중 한 명과 혼인시키지 못했고, 올쿠누트 씨족은 1200년 이후에야 테무진에게 정치적으로 합류했다. 후엘룬이 예수게이와 강제로 혼인한 사건으로 메르키트가 적대 세력이 된 것은 테무진의 권력 장악을 어렵게 했다.

메르키트와의 갈등은 제국 형성에 두 번째로 중요한 여성인

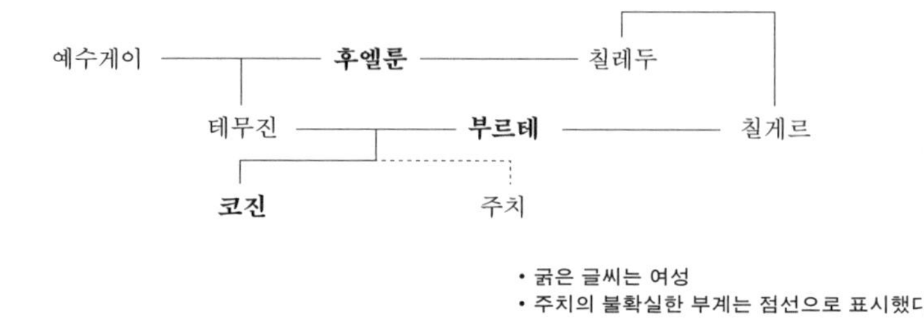

표 9.1   후엘룬, 부르테, 그리고 메르키트의 혼인 관계

테무진의 대부인 부르테에게도 심각한 문제가 됐다. 부르테는 약 1178년경 테무진과 혼인했다. 그녀는 전통적으로 선호되던 후엘룬의 올쿠누트 가문이 아닌 콩기라트 출신이었고, 테무진을 우연히 만났다. 부르테도 후엘룬처럼 테무진의 전 생애에 걸쳐 정치적 문제를 조언했다. 그녀는 아홉 명의 건강한 자녀를 낳았는데, 딸 다섯에 아들이 넷이었다. 그러나 어떤 사건으로 인해 한 아들의 출생이 논란의 대상이 됐다. 메르키트가 부르테를 납치해 후엘룬의 첫 번째 남편의 동생과 강제로 결혼시켰기 때문이다. 테무진은 중요한 정치적 동맹자들의 도움으로 아내를 구출했지만, 포로 생활 직후 태어난 부르테의 첫아들 주치는 테무진의 친자로 완전히 인정받지 못했다. (표 9.1 참조) 훗날 테무진이 메르키트를 가혹하게 대한 일은 예수게이의 후엘룬 납치가 얼마나 오랫동안 영향을 끼쳤는지를 보여준다.

그럼에도 부르테의 아홉 자녀는 모두 성인이 된 후 아버지가 영토를 획득하고 통치하는 것을 도왔다. 네 아들 주치, 차가다이, 우구데이, 톨루이는 정복 활동에 참여했고, 칭기스 칸은 그들 각각에게 큰 영지를 수여하고 그들을 "영역을 담당하는 제왕들"로 만들었다. 그는 이 가운데 우구데이를 자신의 후계자로 지명했다. 칭기스 칸의 다른 부인들의 아들들은 작은 봉지를 받기는 했지만, 영역을 담당하는 제왕이 되지는 못했다.[18] 한편, 부르테의 다섯 딸 코진, 체체이겐, 알라카, 투멜룬, 알 알탄은 탁월한 전략적 혼인을 통해 칭기스 가문을 중요한 인척 가문인 이키레스(코진), 오이라트(체체이겐), 옹구트(알라카), 콩기라트(투멜룬), 위구르(알 알탄)와 연결했다. (표 9.2 참조) 몽골은 특히 북서쪽의 오이라트, 남서쪽의 위구르, 북중국과 접경한 옹구트와 같은 인근의 독립 세력을 혼인을 통해 평화적으로 흡수할 수 있었다. 딸들은 모두 군사 활동에 참여할 부마를 아버지에게 제공했다. 오이라트 길잡이들은 1207년 몽골이 나이만과 메르키트를 추적하는 것을 도왔고, 칭기스 칸의 사위인 위구르의 통치자(즉 이디쿠트(idiqut), "신성한 행운"이라는 의미[19]) 바르축 휘하의 군대는 1219년 호레즘 침공을 도왔다. 한편 알라카는 여러 차례 옹구트에서 혼인했다. 처음에는 그의 남편들이, 그리고 나중에는 스스로 통치자가 되어서 칭기스 칸의 두 차례 북중국 침공(1211~1215, 1217~1223)을 지원했다. 칭기스 칸의 다른 부인들과 후궁이 낳은 딸들 역시 지위가 더 낮은 통치자들과 결혼해 영토 확장에 기여했다.

칭기스 칸의 여러 아내들도 제국에 족적을 남겼다. 일부는 몽골의 정복 이후에도 자신의 출신 집단을 계속 돌봤다. 타타르 출신

---

18 *SH*, §270.
19 Allsen 1983, 246.

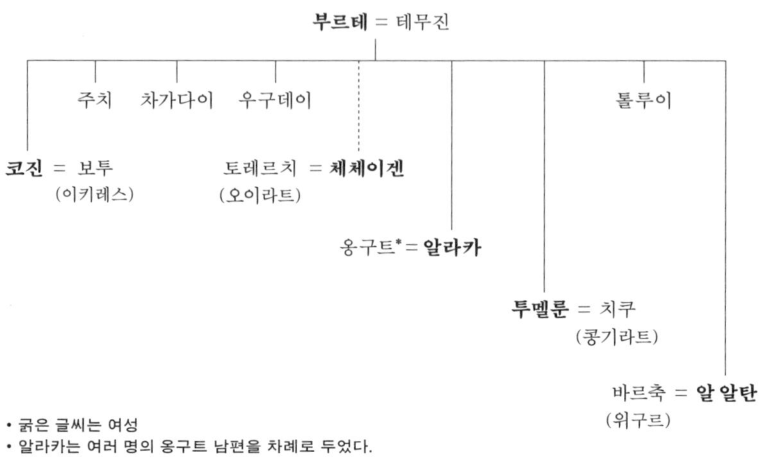

표 9.2   부르테의 자녀들, 그리고 딸들의 배우자

의 자매 이수이와 이수겐은 몽골의 포로가 된 타타르 여성들과 아이들을 보살폈다. 정치적 협약을 맺기 위해 칭기스 칸과 결혼한 부인들도 있었는데, 탕구트와 금의 공주들이 그런 경우였다. 그들의 결혼으로 몽골은 서하와 금 제국을 부분적으로 통제하게 됐다. 이후 후속 칸국들에서도 비슷한 정치적 결합이 이루어졌지만, 일반적으로 몽골초원 외부에서 온 부인들은 인맥이 좋은 유목 여성들이 누리는 만큼의 권력을 행사하지 못했다.

통일 제국 시기에 상당한 정치적 영향력을 발휘한 포로 출신 부인도 있었다. 그중 한 명이 투레게네로, 처음에는 한 메르키트 통치자의 아내였다가 나중에 우구데이의 부인이 되어 다섯 아들을 낳은 후 우구데이의 최고 카툰이 됐다. 그녀는 남편이 과음으로 무능력해질 때마다 제국의 관리를 맡았다. 1241년 우구데이가 음주로 사망한 후, 투레게네는 섭정이 되어 우구데이가 선택한 후계자(손자 시레문)를 공개적으로 반대하고 자신의 맏아들 구육을 지지했다. 5년간 책략을 구사한 끝에 그녀는 격렬한 반대에도 불구하고 구육(재위 1246~1248)을 제위에 앉힐 수 있었다.

케레이트 공주 소르칵타니도 중요한 인물이다. 그녀는 자신의 삼촌인 케레이트의 군주 옹 칸이 칭기스 칸에 의해 격퇴된 후 부르테의 아들 톨루이(1233 사망)의 대부인이 됐다. 남편이 죽은 후 소르칵타니는 재혼을 거부하고, 조카인 주치 가문의 바투 칸과 동맹을 맺었다. 그곳에는 자신의 자매 벡투트미시가 (바투의 어머니는 아니었지만) 대부인으로 있었다. 구육이 사망하자 소르칵타니는 바투와 공모해 자신의 아들 뭉케(재위 1251~1259)를 대칸으로 옹립했다. 이후 뭉케는 우구데이 가문과 차가다이 가문을 철저히 숙청하고, 소르칵타니의 후손들에게 대칸의 지위를 확고히 물려주었다.

서부 칸국들

주치 칸국, 차가다이 칸국, 일 칸국은 통일 제국 수립 이후에 형성됐다. 각 칸국의 역사적 궤적은 달랐지만, 그 안에서 여성의 활동은 일관되게 유지됐다. 각 칸국이 설립될 때 대규모 집단이 각 지역으로 이주했고, 그곳에서 여성들은 일상의 목축을 위한 평화로운 영지를 형성했다. 남성들은 겨울철 전투 시기가 되면 영지를 떠났는데, 이때 일부 여성이 작은 규모의 이동식 영지를 꾸려 동행했다. 봄이 되면 남성들은 영지로 돌아와 휴식을 취하고 말을 살찌우며 가족과 재회하고 다음 겨울의 침략을 계획했다. 그러나 일단 칸국이 형성되고 나면 몽골 지배 엘리트의 영지 이동은 평상시의 계절 이동으로 돌아갔다. 다수의 피지배 집단은 고정된 마을과 도시에 거주했지만 칸국의 몽골 지배층은 유목 관행을 유지한 것이다.

통일 제국에서처럼 이후의 칸국들에서도 최고위 카툰이 오르도를 관리했다. 그곳에는 여성의 친척과 자녀, 서열이 낮은 부인, 후궁과 그 자녀, 그리고 노비, 시종, 호위병, 군사 지휘관, 일부 병사가 거주했다. 최고 카툰들은 영지에 있는 남편의 자녀들, 즉 자신의 자녀와 다른 부인들의 자녀 모두를 책임졌다. 각 칸국이 설립되던 시기에 칸의 고위 부인들은 정복군의 군사 지휘관으로 일하는 남자 형제와 함께 새로운 영토로 이동하기도 했을 것이다. 후에 최고 부인들은 자신의 자식들을 조카들과 결혼시킬 수 있었는데, 이는 칸국 내에서 그 여성의 본가가 혼인 씨족으로 이어지는 것을 보장했다.[20] (표 9.3과 9.4 참조) 대부인은 남편의 다른 부인과 후궁 자녀들의 혼인을 주선하기도 했을 것이다.

왕실 여성들은 대규모의 인원과 함께 영지를 운영했는데, 그 중에는 시설 감독을 돕기 위해 남편의 호위대 중에서 (오르도의 사령관으로) 특별히 임명된 군 장교들도 있었다.[21] 통일 제국에서처럼, 하영지에서 동영지로의 연례 이동을 준비한 것은 여성들과 그들의 시종들이었다. 필요할 경우 여성들은 특별한 여정의 물류 운송을 담당하기도 했는데, 1260년대 중반 훌레구가 사망한 뒤 부인 쿠투이가 부양가족과 함께 가축 떼를 몰고 몽골에서 이란으로 간 예

---

20 이것은 일 칸국에서 입증됐으며, 주치 칸국과 차가다이 칸국에서도 추측할 수 있다. Broadbridge 2016.

21 Broadbridge 2018, ch. 4.

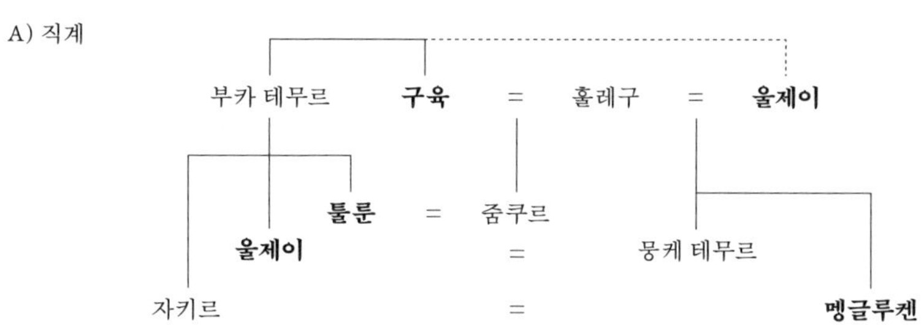

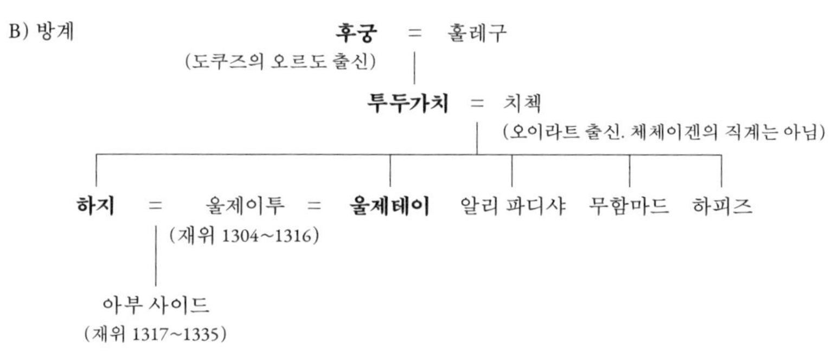

표 9.3   일 칸 가문과 오이라트의 친척 관계

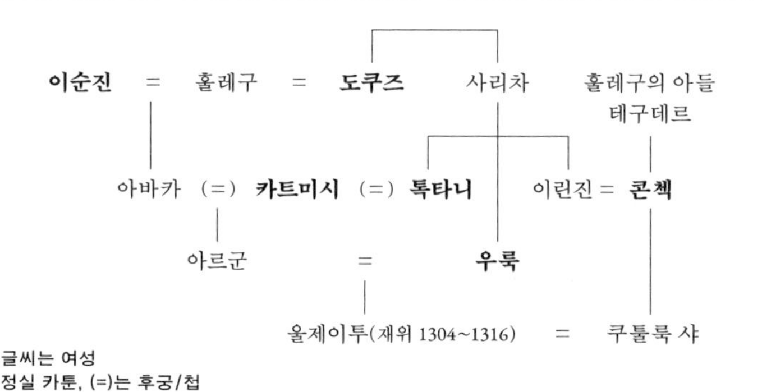

표 9.4   일 칸 가문과 케레이트의 인척 관계

가 있다.

가장 큰 영지의 운영은 오직 최고 서열의 부인들만 맡을 수 있었다. 그러나 모든 고위 여성이 군사 원정 후에 통치자로부터 재산을 선물받았다. 또한 여성들은 부재중에 재산을 관리할 대리인을 둘 수 있었다. 따라서 훌레구의 아내 쿠투이는 후궁 한 사람을 미리 이란으로 보내 자신이 머물 곳을 준비하게 했고, 몽골의 영지는 훌레구의 두 아들로 하여금 남아서 지키게 했다.[22]

정치 면에서, 왕실 여성들은 정기적으로 쿠릴타이에 참석했다. 일부 남성은 카툰들이 참석하지 않는 회의는 유효하지 않다고 생각했다는 증거도 있다.[23] 특히 계승 문제가 걸려 있을 때, 여성들은 한 후보자의 지지를 모으기 위해 비공개적으로 활동하거나 공개적으로 지지 발언을 할 수 있었다. 왕실 여성들은 중요한 축하 행사도 주최했다. 평시에 고위층 여성들은 정치, 행정, 재정 문제를 군사 지휘관들이나 민간 관료들과 협력했다. 예를 들어, 일 칸국에서 아흐마드 테구데르(재위 1282~1284)의 어머니 쿠투이 카툰은 재상과 협력해 재정을 처리했고, 울제이 카툰은 군 지휘관과 협력해 자신의 아들 뭉케 테무르 왕자를 캅카스 지역의 통치자로 훈련시켰다.[24] 왕실 여성들은 청원자들을 대신해 통치자에게 정기적으로 어떤 문제를 중재하거나 정치 문제를 논의하고 조언하기도 했다.

종교 면에서 말하자면, 몽골의 종교적 환경은 대체로 샤머니즘적 성향을 띠고 있었지만 왕실 여성들은 자신이 원할 경우 다른

---

22 *JT*/Rawshan, 940, 1024-1025; *JT*/Thackston, 461, 519-520; *JT*/Boyle, 312.

23 *JT*/Rawshan, 1146; *JT*/Thackston, 558.

24 *JT*/Rawshan, 1062-1063; *JT*/Thackston, 519.

종교에도 언제든 참여할 수 있었으며, 자신이 선호하는 신앙의 후원자로서 같은 종교를 믿는 일반 신도들의 운명에 영향력을 행사할 수도 있었다. 왕실 여성들은 정기적으로 종교인이나 학자를 후원했고 빈곤층에 자선을 베풀었으며, 종교 건축물을 소유하거나 그 건설에 기여하고, 종교 독서회와 기타 영적 즐거움을 위한 모임들을 주선했다.[25]

일 칸국

일 칸국은 훌레구가 1250년대에 이란을 가로지르는 긴 원정을 하면서 형성됐다. 이때 그와 함께한 두 명의 중요한 부인이 있었으니, 케레이트 출신의 도쿠즈와 오이라트 출신의 울제이이다. 세 번째 부인인 콩기라트의 쿠투이는 1260년대에 합류했다. 이 여성들의 출신 집단인 오이라트, 콩기라트, 케레이트가 수십 년 동안 일 칸국의 혼인 정치를 지배했다. 오이라트 여성들은 부르테의 딸 체체이겐에서 시작됐다. 몽골에서 일찍 사망한 그녀의 딸 구육은 훌레구의 제1 부인이었다. 이후 구육의 이복동생이자 역시 훌레구의 부인이었던 울제이는 자신과 구육의 자녀들을 자신의 형제이자 훌레구의 지휘관 중 하나였던 부카 테무르의 자녀들과 결혼시킴으로써 오이라트 인척 가문을 유지했다. 후에 오이라트 배우자들의 방계 혈통들도 명성을 얻었지만, 오이라트 가문 구성원들의 잇따른 조기 사망과 낮은 출산율로 인해 실제로 칸위에 오른 유일한 칭기스-오이라트 왕자는 아부 사이드(재위 1317~1335)뿐이다. (표 9.3 참

---

25 De Nicola 2017, ch. 5.

조) 두 번째 인척 가문은 부르테의 본가인 콩기라트였다. 그들은 칭기스-콩기라트 계통인 아흐마드 테구데르의 통치 아래 권세의 절정을 이루었으며, 그의 어머니 쿠투이는 그를 네 명의 콩기라트 부인들과 혼인시켰다. 하지만 이 절정은 얼마 안 있어 그의 몰락과 처형으로 끝났다. (표 9.6 참조) 세 번째는 케레이트 가문으로, 이 계통은 도쿠즈에서 시작되는데, 그녀는 훌레구의 두 번째 대부인이었으며 소르칵타니의 사촌이었다. 도쿠즈는 자녀가 없었지만, 오빠이자 훌레구의 또 다른 지휘관인 사리차의 자녀들을 훌레구의 후손들과 결혼시켜 케레이트 인척 가문을 만들어냈고, 궁극적으로는 칭기스-케레이트 혈통의 통치자인 울제이투 칸(재위 1304~1316)을 배출했다. (표 9.4 참조)

일 칸국의 혼인 정치에 다른 유목 가문들도 참여했지만, 앞의 세 가문을 위협할 만한 세력은 거의 없었다. 오직 두 가문만이 후에 비슷한 수준에 도달했으니, 잘라이르와 초반이다. 잘라이르 가문은 1290년대에 처음으로 일 칸국과 혼인 관계를 맺었지만, 일 칸 울제이투의 누이 울제테이 공주가 연이어 두 명의 잘라이르 지휘관과 결혼하면서 진정한 기회를 맞이했다. 후에 잘라이르 왕조를 수립한 것이 바로 울제테이 공주의 아들 셰이크 하산이다. 한편 초반 가문에는 아부 사이드 칸의 위대한 지휘관이었던 초반과 그의 많은 자녀들이 포함돼 있었다. 1328년 아부 사이드가 이 가문의 상당수를 숙청한 후에도, 초반의 딸 바그다드 카툰은 살아남은 가족들을 보호하면서 막강한 권력을 행사했다. 이는 아부 사이드가 그녀를 강제로 아내로 삼았음에도 그렇게 되었거나, 아니 어쩌면 바로 그 이유 때문이었을 수도 있다. 한편 일 칸국의 일부 공주들은 조지아의 왕과 같은 일 칸의 총애를 받는 가신들과 결혼했고, 일 칸국의 왕자들은 콘스탄티노플의 비잔티움, 아나톨리아의 셀죽, 마르딘의 우르투크, 파르스의 살구르, 키르만의 쿠틀룩 칸 왕조와 같은 지역 왕조 출신의 부인들을 받아들였다. 일 칸국은 그들의 여성 가신인 쿠틀룩 테르켄이 키르만을 장기간(1257~1283) 다스리는 것을 허용했고, 아부 사이드가 사망한 뒤에는 그의 누이 사티 벡을 일 칸국의 통치자 후보로 잠시 고려하기도 했다. 이는 몽골인들이 여성의 권력 행사를 자연스럽게 받아들였음을 보여주는 또 다른 증거이다.

일 칸국의 종교 상황 역시 여성들의 적극적인 참여를 보여준다. 왕실의 기독교도 여성 중 가장 두드러진 인물은 네스토리우스파 기독교 신자였던 도쿠즈로, 매일 종교 예배에 참석했고 자신의 영지에 이동식 예배당을 두었다.[26] 1258년 바그다드 약탈 당시 기독교도를 살리도록 훌레구를 설득한 것도 도쿠즈였을 가능성이 크다. 가잔(재위 1295~1304)의 개종으로 이슬람이 일 칸국의 지배적인 종교가 된 후 남녀를 막론하고 다수의 지배 엘리트들이 무슬림이 됐고, 일부 고위층 여성들은 메카 순례를 수행했다. 그러나 옛 관습들은 여전히 지속했는데, 가잔이 사망한 자기 아버지의 부인 불루간과 이슬람법에 위배되는 수계혼으로 결혼한 것이 그 예이다.

주치 가문

여성들은 후에 금장 호르드라고 불리는 주치 가문의 칸국을 건설

---

26 De Nicola 2017, ch. 5.

하기 위한 수년간의 중앙아시아, 러시아, 동유럽 원정(1236~1242)에 참여했다. 그러나 주치 가문에 대한 사료가 거의 없고 대부분 외부인이 작성한 것이기 때문에 여성의 활동에 대한 이해는 매우 제한적이며, 우리의 결론도 주로 엘리트층에 한정된다. 혼인 정치에서 두드러진 것은 콩기라트 가문의 부상이다. 부르테 집안 출신인 두 콩기라트 여성이 주치의 큰아들들인 오르다와 바투를 낳았다. 이후 수 세대에 걸쳐 콩기라트 출신 왕비들이 지배적이었고 거의 모든 주치 가문의 칸들은 콩기라트 출신을 제1 비로 두었으며, 이들이 다음 통치자를 낳았다. 예외는 타타르 출신의 왕비를 두었던 바투, 그리고 어머니가 공주 체체이겐의 딸인 오이라트-칭기스 혈통의 뭉케 테무르(재위 1267~1280)였다. (표9.5 참조) 주치 가문의 군대에 복무한 콩기라트 사령관들이 콩기라트 왕비들과 친척 관계였을지도 모른다. 만약 그렇다면 자녀를 왕족인 조카들과 혼인시켜서 인척 가문의 지위를 유지했을 것이다.

중요한 왕비 가문 출신의 한 예가 톨루이의 손녀 켈미시 아가 공주이다. 그녀는 톨루이의 서자 쿠툭투의 딸이다. 켈미시 아가는 주치 가문의 콩기라트 왕비 가문 출신 사령관과 혼인했고, 후에 딸 울제이투를 뭉케 테무르 칸과 혼인시켰다. 이후 울제이투가 낳은 아들 톡타(재위 1290~1312)가 통치자가 됐는데, 이는 그의 재위 기간 동안 생존해 있었던 할머니의 영향 때문일 가능성이 있다. 켈미시 아가는 톨루이 가문의 일원으로도 활발히 활동했다. 일 칸국의 사촌들과 서신을 주고받았고, 포로로 잡혔던 쿠빌라이 카안의 아들의 중국 송환을 도왔다.[27]

주치 가문의 하위 배우자 계보에는 케레이트, 오이라트, 자지

라트, 오구즈, 킵착, 우신, 타타르, 술두스, 토골라스 가문이 포함돼
있었다. 주치 가문의 칸들은 때로 정치적 동맹을 위해 비잔티움
공주 같은 외부 왕족과도 혼인했다.[28] 마찬가지로 일부 주치 가문
공주들은 총애받는 가신들과 결혼했다. 가신들은 제국의 사위로
서 대개 공주 아내 및 자녀들과 함께 정기적으로 주치 가문의 왕
실 숙영지를 방문했다. 때로는 칸들의 원정에 동행하기도 했는데,
1278년 벨로제로의 글렙 공이 뭉케 테무르의 오세티야 공격을 도
운 것이 그 예이다. 반대로 사위가 칸의 병력을 빌릴 수도 있었다.
예를 들면 1317년 모스크바의 유리 다닐로비치 공과 그의 칭기스
혈통 부인 콘차카는 몽골군의 지원을 받아 트베리를 공격했다. 공
주들은 남편의 종교로 개종하고 새 이름을 받아들이기도 했다. 예
를 들어 콘차카는 결혼식에서 러시아정교의 아가타라는 이름으
로 세례를 받았고, 1320년 이집트와 시리아의 맘룩 술탄과 결혼한
그녀의 친척 툴룬바이는 이미 무슬림이었거나 혼인 시 무슬림으
로 개종했을 가능성이 있다.[29]

차가다이 가문

차가다이 가문의 남성이나 여성에 대해 알려진 것은 거의 없다. 기
록이 부족할 뿐 아니라 남아 있는 기록도 엘리트층에 대해 거의 조
명하지 않고 있다. 심지어 차가다이의 부인들 이름조차 전하지 않

---

27 *JT*/Rawshan, 601, 722, 741, 779-780; *JT*/Thackston, 277, 352, 363, 382; *JT*/Boyle, 109, 124, 160.

28 예를 들면 Baṭṭūṭa/Gibb, 488.

29 Zenkovsky and Zenkovsky 1984; Broadbridge 2008, 136 그리고 note 159.

으나, 다만 그가 총애하던 제1 카툰 예술룬의 이름만이 알려져 있다. 그녀는 부르테 가문 출신의 또 다른 콩기라트인으로 자녀를 많이 낳았고, 그녀가 사망한 후 그의 여동생이 차가다이와 혼인했다. 다른 왕비 가문으로는 위구르, 오이라트, 잘라이르가 있었다. 이후 차가다이 가문은 다른 칭기스 혈통 가문들과 혼인하거나 자신들의 사령관 집안과 혼인했으며, 중앙아시아 서부의 튀르크계 킵착인들, 파르스의 쿠틀룩 칸 가문, 두글라트나 사그리치 가문들, 그리고 티무르 왕조나 우즈벡 왕조와도 혼인 관계를 맺었다.[30]

다행히도, 가장 유명한 한 차가다이 가문 여성의 삶을 통해 엘리트 여성들의 삶을 엿볼 수 있다. 그녀는 공주 체체이겐의 또 다른 딸인 오르가나로, 차가다이의 손자이자 후계자인 카라 훌레구와 결혼했다. 또한 그녀의 자매들은 톨루이 가문, 주치 가문과 혼인했다. (표 9.5 참조) 1242년 차가다이가 사망했는데, 카라 훌레구는 칸위를 차지하지 못했고 그의 삼촌 이수 뭉케(재위 1246~1248)가 선출됐으며 이수 뭉케의 부인이 강력한 영향력을 행사했다.[31] 1251년 대칸이 된 뭉케는 차가다이 정권을 장악하고 이수 뭉케를 처형하기 위해 카라 훌레구를 보냈다. 그런데 카라 훌레구는 도중에 사망했고 오르가나가 여정을 계속하여 도착해서 이수 뭉케를 처형하고, 어린 아들 무바락 샤의 섭정이라는 명목으로 차가다이 칸국을 약 10년간 지배했다. 1250년대 훌레구의 이란 원정 때는 자신의 영토를 통과하던 훌레구, 도쿠즈, 울제이를 왕족의 예우로써

---

30 *Mu'izz al-Ansāb*, British Library OR 467, fols. 29-32(*Shu'āb-i Panjgānah*에는 없다); Babur 1996, 52, 54, 62.

31 *JT*/Rawshan; 760, 767; *JT*/Thackston, 372, 376; *JT*/Boyle, 143, 149.

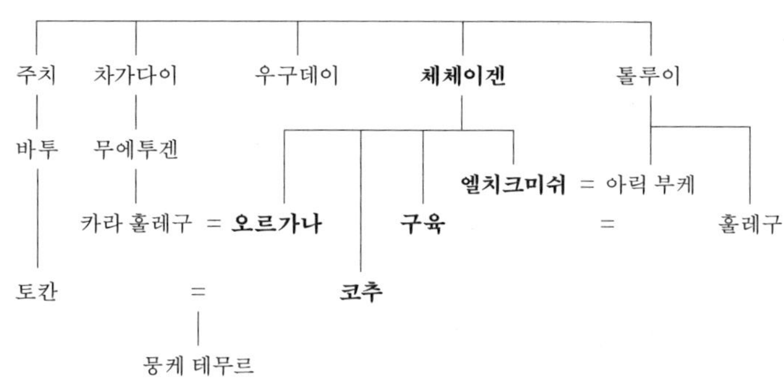

표 9.5   체체이겐의 딸들과 사위들

표 9.6   일 칸 가문과 콩기라트의 혼인관계

환대했다. 1260년대 몽골 내전 당시, 오르가나는 차가다이 가문을 대표해 직접 아릭 부케가 대칸으로 선출되는 자리에 참석했다. 하지만 그녀의 정치적 운명은 곧 기울기 시작했다. 아릭 부케가 알구를 차가다이 칸국의 칸위에 지명하자 그녀는 강력히 반대했다. 오르가나와 알구가 마침내 만났을 때, 알구는 아마도 상대방의 의사와 상관없이 오르가나와 결혼했고, 그들은 1266년 알구가 사망할 때까지 권력을 공유했다. 그 후 오르가나는 아들 무바락 샤의 섭정으로서 차가다이 칸국에 대한 독자적 통제권을 장악했으나, 무바락 샤는 사촌 바락에 의해 축출됐다. 무바락 샤는 사냥 고양이 관리인으로 임명되었다가, 후에 아바카(재위 1265~1282)가 통치하는 일 칸국으로 도망쳤다.[32] 이후 오르가나의 운명은 불분명하며, 1260년대 중반 역사에서 자취를 감추었다.[33]

차가다이 왕조의 정치사는 혼란스러웠고 남아 있는 기록은 부족하다. 이런 상황은 카이두(재위 1271~1303)가 우구데이 가문을 재건하던 시기, 그리고 카이두 사후 차가다이 가문이 카이두의 후손들로부터 권력을 넘겨받던 시기 모두에 해당한다. 차가다이 가문은 결국 비칭기스 혈통 사령관들(카라우나스)에 의해 트란스옥시아나에서 축출됐고, 이어서 티무르가 이 지역의 권력을 장악했다. 그는 정통성을 확보하기 위해 칭기스 혈통의 꼭두각시 통치자를 세웠다. 동부에서는 차가다이 칸들이 계속 통치했지만, 두 지역 모두 여성의 활동을 파악하기는 거의 불가능하다. 우리가 아는 것은

---

32 *JT*/Rawshan, 767-772; *JT*/Thackston, 376-378; *JT*/Boyle, 149-154.

33 De Nicola 2014, 107-120.

이 수십 년 동안 야심 찬 비칭기스 혈통의 사령관들이 칭기스 가문의 공주들과의 혼인을 추구한 사실뿐이다. 이는 공주와의 혼인이 그들에게 제국의 부마라는 유용한 지위를 부여했기 때문이다.

중국

13세기에 중국을 정복하고 1271년 원 왕조를 건국하면서, 몽골은 그들 고유의 여성관과 여성의 사회적 역할에 대한 인식도 중국으로 가져갔다. 왕실 여성들은 계속해서 정치에 적극적으로 참여했고, 때로는 남성들과 비견될 만한 권력과 영향력을 가졌다. 일반 대중 중에서도 일부가 중국 역사상 전례 없는 지도자 역할을 맡을 기회를 가졌다. 몽골 칸들은 부인과 딸을 통해 특정 몽골 부족들 및 다른 국가들, 특히 고려 왕실과 혼인 동맹을 맺었다. 중국 내의 비몽골계 여성은 그들의 몽골 자매들과는 매우 다른 삶을 살았지만, 몽골의 지배는 중국의 혼인법에 영구적 변화를 가져왔다.

몽골 황실의 여성들

정치적 영향력

통일 제국 및 서부 칸국들과 마찬가지로, 중국 지역의 몽골 황실 여성들도 상당한 자원을 통제하고 정치적 영향력을 행사할 수 있었다. 그들은 쿠릴타이에 참석했고 공개적으로 정치에 참여했다. 그들의 가호, 즉 오르도는 수백 명의 인원이 속한 대규모 조직이었고, 그들이 직접 관리하는 분봉지는 수익성이 좋은 사업과 무역을 수행하는 데 필요한 세금과 기타 수입을 제공했다. 일부 황후들은

무역 활동에 쓸 선박을 제공받기도 했다.[34]

주요 황후들의 인적·물적 자산이 증가함에 따라, 1296년 조정은 그들의 분봉지와 속민 관리를 도울 중앙 관청을 설립했다. 이는 중어부(中御府)라는 정3품의 높은 부서로, 다수의 관료들이 배치됐다. 1300년에는 이름이 중정원(中政院)으로 바뀌고 정2품으로 승격됐다. 1311년부터 1313년까지 일시적으로 다른 관청과 통합됐다가, 황제 아래 민정 행정의 최고 등급인 정1품 기관으로 다시 설치됐다.[35] 원대 중국에서 주요 황후들이 가진 독립적 경제, 군사, 정치 권력 기반의 규모는 이러한 거대하고 복잡한 기구를 통해 이해할 수 있다. 중정원은 농민, 장인, 사냥꾼, 매사냥꾼, 그리고 다른 특수 세습 호들의 세금과 노역을 감독하고 징발하는 모든 종류의 관리자들을 포함하고 있었다. 시간이 지나면서 조정은 황후에게 하사한 여러 지역의 토지와 장인 집단들을 지방관들과 함께 이 관청의 관할 아래 두었고, 이로 인해 임시적이고 중복되며 복잡한 행정 체계가 형성됐다.

몽골의 황후들과 황제의 다른 부인들은 자신의 이름으로 칙령을 내릴 수 있었다. 이 명령은 '의지(懿旨, 존귀한 명령)'라는 특별한 용어로 불렸다.[36] 또한 황후들은 이 명령이 자신들의 것임을 입증하고 집행하기 위해 특별한 관인을 보유했다. 1310년부터 중정원 내의 한 부서인 중서사(中瑞司)가 관인을 관리하고 황후의 칙령을 발행했다.[37] 제국의 공주들도 관인이 있었으며, 자신이 임명한 관

---

34 E.g., 宋濂, 38.824.

35 Farquhar 1990, 324 ff.

36 그러한 칙령의 예에 대해서는 Cai 1955, 7 and Plate 2; 『元典章』 17: 15a.

제2권 주제별 역사

리에게 인장을 발급할 수 있었다. 1958년, 네이멍구 남부의 한 마을에서 "감국공주가 파견한 하북도총관의 인(監國公主行宣差河北都總管之印)"이라고 적힌 관인이 출토됐다. 이 공주는 알라카(또는 알라하이 베키)로, 칭기스 칸과 부르테의 셋째 딸이었다. 그녀는 옹구트 부족의 여러 남성과 차례로 결혼했는데, 일부는 수계혼에 따른 것이었다. 나중에는 현재의 중국 북부와 네이멍구 지역의 넓은 영역을 독자적으로 통치했다.[38]

　　주요 황후들은 독립적인 부와 영향력을 가졌을 뿐 아니라 대개의 경우 남편인 원 황제들이 신뢰하는 조언자였다. 그중 가장 중요한 인물은 차비이다. 그녀는 쿠빌라이 카안(세조, 재위 1260~1294)의 정비였으며 콩기라트의 부르테 가문 출신이었다. 중국과 페르시아의 역사가들 모두 차비의 현명함을 칭송했으며, 그녀는 쿠빌라이의 통치에 깊은 영향을 미쳤다. 특히 쿠빌라이에게 수도 대도 주변의 농경지를 목초지로 전환하지 말라고 촉구한 일화로 유명하다. 또한 그녀는, 1276년에 포로가 되어 각각 1283년과 1296년 사망할 때까지 수도에 잡혀 있던 남송의 사(謝)태황태후와 전(全) 황후를 보호했다. 차비는 열성적인 불교 신자였으며, 일반적으로는 쿠빌라이의 관용적 종교 정책에 기여했고, 구체적으로는 그가 티베트 승려 팍빠와 깊은 관계를 유지하는 데 일조했다. 또한 대칸 뭉케가 사망했을 때 남방에 있던 쿠빌라이를 신속히 소환해 그의 형제 아릭 부케에 대항하게 함으로써, 남편이 대칸으로 선출되는

37　Farquhar 1990, 324.

38　丁學芸 1984; Kessler 1993, 154; Zhao 2008, 150-155.

데 결정적 역할을 했다.[39]

1281년 차비가 사망하자 쿠빌라이는 다른 부인 중 한 명인 남부이에게 크게 의존하기 시작했다. 남부이 역시 콩기라트 출신이자 차비의 먼 사촌으로, 1283년 황후의 자리에 올랐다. 심지어 쿠빌라이는 건강이 나빠지자 남부이가 카안의 이름으로 칙령을 발행하게 했던 것 같다.[40] 다른 황제들의 정비들도 남편의 신뢰를 받는 조언자였지만, 아마도 가장 주목할 만한 인물은 마지막 원 황제 토곤 테무르(순제, 재위 1333~1368)의 총애를 받은 고려 출신의 기(奇)귀비일 것이다. 그녀는 토곤 테무르 재위 초기에 후궁이 되었고, 1340년 제2 황후의 지위를 얻었으며, 이때 울제이 쿠툭(完者忽都)이라는 몽골 이름을 취했다. 1365년 말 황제는 한인 신료들의 반대에도 불구하고 그녀를 황후로 승격시켰다. 원 말기의 수십 년 동안, 기황후는 동북아시아 전역에 걸친 조정의 정책과 정치에 영향을 미쳤다. 그녀의 촉구에 따라 태자인 아들이 고려에 있는 어머니의 친척들을 권좌에 앉히기 위해 1362년 고려 침공을 시도했으나 실패했다.[41]

황후의 역할은 황제가 병들거나 나이가 들었을 때 매우 중요해졌다. 남부이가 1283년 황후로 승격됐을 때, 쿠빌라이의 건강은 이미 나빠진 상태였다. 그는 황후의 오르도로 거처를 옮겼고 모든 소통을 남부이를 통해서 했기 때문에, 1283년에서 1294년까지는

---

39   宋濂, 114.2871-2872; Rossabi 1979, 167-171; Rossabi 1988, 67-69.

40   宋濂, 114.2873; Rossabi 1988, 225.

41   宋濂, 41.883; 114.2880-2882; 140.3370. Robinson 2009, 118-129, 245-251; Zhao 2008, 81-86; Zhao and Guisso 2005, 36-39.

실질적으로 남부이가 쿠빌라이를 대신해 통치했다.[42] 테무르(성종, 재위 1295~1307) 황제의 황후 불루간도 1301년 남편이 병이 난 이후 정무를 처리했다. 이후 중국의 역사가들은 그녀가 안정적이고 공정하게 정부를 유지하고 총신 하르가순의 조언을 신뢰했다고 칭송했다.[43] 앞서 언급한 기황후도 원 왕조 말기에 조정에 큰 영향력을 행사했다. 한때 활력 있고 단호했던 토곤 테무르 황제는 이때 이미 통치에 대한 관심을 완전히 잃었고 1340년 이후에는 기황후에게 정책 결정을 맡겼다.[44] 황후는 1358년과 1365년 두 차례에 걸쳐 자신의 아들인 태자를 위해 토곤 테무르의 퇴위를 시도했으나, 이 계획은 황제의 대신들과 장군들에 의해 좌절됐다.[45]

통일 제국 시기의 위대한 카툰들과 마찬가지로 원 황제의 부인들도 황제가 사망했을 때 중요한 역할을 했다. 종종 강력한 여성들 사이에서 다음 군주를 결정하기 위한 계승 전쟁이 벌어졌으며, 이들은 각자 자신의 후보를 옹립하려 했다. 일부는 섭정으로서 직접 통치하기도 했다. 1294년 이후에는 승계를 승인하기 위한 쿠릴타이가 열리지 않았으며, 황후들은 대신 및 장군과 동맹을 맺고 다음 대칸을 옹립하는 궁정 음모와 폭력적 충돌에 가담했다.

1294년 쿠빌라이가 사망하자, 당시 11년 동안 정부의 실권을 장악하고 있던 황후 남부이가 섭정이 되어 그녀의 10살 된 아들 테메치를 황제로 옹립하려 했다. 그러나 남부이는 쿠빌라이가 총

42　宋濂, 114.2873; Rossabi 1988, 225.

43　宋濂, 114.2873-2874; Zhao and Guisso 2005, 27-29.

44　宋濂, 114.2880-2881.

45　宋濂, 46.970; 140.3370-3371; 114.2881. Robinson 2009, 121, 247.

애한 아들이자 태자였으나 일찍 사망한 진김의 부인 쿠케진에게 패배했다. 쿠케진은 쿠빌라이의 장군 바얀 및 다른 신하들과 함께 남부이의 정부 통제권을 빼앗았다. 3개월 후, 쿠케진은 자신의 아들 테무르(성종, 재위 1294~1307)를 대칸으로 즉위시키는 데 성공했다.[46]

1307년 테무르가 사망하자, 앞서 보았듯이 1301년부터 정무를 관리해온 그의 부인 불루간이 섭정이 되려 했다. 그러나 불루간은 자신이 이전에 예방 차원으로 유배시킨, 테무르의 죽은 형의 부인인 다구이(쩔근, 1322 사망)와 대결해야 했다. 결과는 다구이의 승리였고, 그녀의 두 아들이 차례로 황제가 됐다. 불루간과 그녀가 지지한 왕자 아난다는 살해됐다. 다구이는 황태후로서 대단한 권력을 행사했다. 특히 둘째 아들 아유르바르와다(인종, 재위 1311~1320)가 통치하는 동안 왕좌 뒤에서 진정한 권력을 행사하는 그림자 정부를 운영했다고 전해진다. 그러나 그녀는 손자 시데발라(영종, 재위 1320~1323)와 벌인 계승 전쟁에서 패배한 뒤 1322년 사망했다. 남은 다구이파는 1323년 유명한 남파의 변에서 영종을 살해하고 이순 테무르(태정제, 재위 1323~1338)를 황제로 앉혔다. 이순 테무르가 사망하자 그의 부인 바부간이 아들 아라기바그(천순제, 재위 1328)를 즉위시켰지만, 그는 한 달 만에 폐위됐다. 이후 다구이 파벌이 다시 통제권을 장악하고 그녀의 손자 중 한 명인 툭 테무르(문종, 재위 1329~1332)를 즉위시켰다.

---

46   *JT*/Rawshan, 946-947; *JT*/Thackston, 463-464; *JT*/Boyle, 320-321; 宋濂, 127.3115; Cleaves 1956, 169-171.

원 중기에는 남부이, 불루간, 다구이 같은 황실 여성이 조정을 지배했다. 그러나 1323년 영종이 살해된 이후 원 조정은 왕실 여성들, 장군들, 신하들의 동맹이 연루된 파벌 투쟁에 빠져들었다. 원의 마지막 황제 토곤 테무르의 아내 중 한 명인 다나시리 황후는 1335년 형제들이 일으킨 쿠데타가 실패한 후 살해됐다.[47] 토곤 테무르는 자신의 고모이자 사망한 툭 테무르의 부인인 부다시리도 유배 보낸 뒤 처형했다.[48] 부다시리는 태황태후로서 조정에서 강력한 영향력을 행사하고 있었기 때문이다.

혼인 관계

원 왕실 여성들은 혼인을 통해 다른 몽골 부족이나 이웃 국가와 유대 관계를 강화하는 데 중요한 역할을 했다. 통일 제국 시기와 마찬가지로, 그리고 서방 칸국들에서와 같이, 원 황제들은 모두 콩기라트 출신 여성과 결혼했다. 더욱이 황후의 자리에 오른 거의 모든 여성이 콩기라트 출신이었다. 마르코 폴로는 원 황제들이 콩기라트 여성들을 황후와 후궁으로 선호했다고 증언한다. 그의 기록에 따르면, 쿠빌라이는 2년마다 콩기라트 부족에서 가장 아름다운 여성 100명을 후궁으로 들였다고 한다.[49] 이들의 형제들과 친척들은 카안의 신임을 받는 장군과 고문이 됐다. 또한 콩기라트 후궁의 자녀들은 다시 콩기라트 출신과 혼인하는 경우가 많았는데, 이는 새로운 인척 관계를 만들고 칭기스 칸의 정비였던 부르테의 가

47　宋濂, 138.3334; Zhao and Guisso 2005, 32-33.

48　宋濂, 40.857; Zhao and Guisso 2005, 32-35.

49　Moule and Pelliot (1938) 1976, §82 또는 p.205. Rossabi 1979, 171-172에서 재인용.

문과 지속적인 쌍방향 교류를 형성했다. 원 궁정은 또한 통일 제국 시기 칭기스 칸 일족의 관행에 따라 오이라트, 옹구트, 이키레스 같은 다른 몽골 부족의 주요 인척 가문과도 전략적 혼인을 맺고 유대를 강화했다.

쿠빌라이와 그의 후계 칸들은 위구르 지도자와 몽골 공주를 혼인시킴으로써 동맹을 강화했다. (흥미롭게도 쿠빌라이는 자신이 속한 톨루이계가 아닌 우구데이계 공주를 위구르 왕실과 혼인시켰다.[50]) 통일 제국과 서방 칸국들에서처럼, 황후의 남자 친척들과 공주의 남편들은 장군이나 대신으로서 정치력과 영향력을 얻었고, 종종 봉지나 다른 자원도 받았다. 외국의 남성과 혼인한 공주들은 그 나라와의 친선 관계 수립에 중요한 역할을 했다. 가장 주목할 만한 것은 원 왕실과 고려의 혼인 관계이다. 쿠빌라이의 딸 중 한 명인 쿠틀룩 켈미시가 고려의 충렬왕(재위 1275~1308)과 결혼하면서 원과 고려의 혼인 관계가 시작됐고, 몽골은 이후 꾸준히 고려 통치자들과 인척 관계를 유지했다. 쿠빌라이 시대부터 고려의 일곱 왕 중 다섯 명이, 총 일곱 명의 몽골 공주와 결혼했다. 이 여성들은 종종 고려 궁정에서 큰 영향력을 행사했으며 그 내용을 몽골 황제에게 보고했다. 이러한 혼인 동맹을 통해 고려는 몽골 제국과 독특한 관계를 유지할 수 있었다. 1282년 원은 고려에 행성(行省)을 설치했는데, 이는 고려가 원의 영토에 완전히 편입됐음을 시사한다[이는 정동행성을 가리킨다. 정동행성은 중국 내 일반 행성과는 성격을 달리하는 군전행성이었으므로, 그 설치만으로 고려가 원의 영토에 완전히 편입되었다고 보기는 어렵

50　Zhao 2008, 173-176.

다. 원 말기에 제기된 이른바 '입성론' 또한 그전의 정동행성이 곧 고려 왕조의 독립 상실을 의미하지 않았음을 보여준다]. 그럼에도 페르시아 연대기 작가 라시드 앗 딘은 고려를 "독립 왕국"으로 기술했다. 실제로 고려 국왕은 세금 징수와 관리 임명 권한을 유지했으며, 이를 통해 국가의 독립적 주권을 유지했다.[51] 왕실 간 혼인은 원 조정이 페르시아의 일 칸국과 동맹을 유지하기 위해 간헐적으로 활용한 정치 전략이기도 했다. 유명한 일화로, 마르코 폴로는 일 칸국 군주의 아내가 될 몽골 공주를 태운 배를 타고 유럽으로 돌아갔다.[52]

원의 여성 관료들

아내가 남편을 대신해 권위 있는 자리를 이어받는 몽골의 관행이 중국으로도 이어진 것을 개별 사례에서 볼 수 있다. 일반적으로 몽골인은 여성의 조정 진출과 정치 참여를 수용했기 때문에, 원 정부는 여러 차례 여성을 지방 정부의 관리로 임명하거나 아내가 남편의 지위를 대신하도록 위임했는데, 이는 중국 역사의 다른 어느 시기에서도 찾아볼 수 없는 관행이다. 초기의 사례가 중국 북부의 한 도교 사원 석비에 보존돼 있다. 이 석비에는 1240년 당시 대칸 우구데이의 정비였던 보락친과 이름이 알려지지 않은 전 태자비의 명령이 적혀 있다. 이 공동 황후 조서(懿旨)에서, 보락친과 태자비는 하북 평양로(平陽路)의 지방 몽골 관리(다루가치)에게 두풍(杜豊)이라는 관민관이 도교 경전을 인쇄하고 보관할 건물을 짓는 것

---

51 Farquhar 1990, 399–400; *JT*/Rawshan, 909; *JT*/Thackston, 445; *JT*/Boyle, 281–282; Zhao 2008, 179–205; 喜蕾 2003, 1–13.

52 Moule and Pelliot (1938) 1976, §18.

을 감독하게 하라고 명령했다. 이 명령문은 "만약 그대가 시간이 없다면, 그대의 아내가 지휘관(提領)이 되어 이 일을 처리해야 한다"고 덧붙이고 있다.[53]

우리는 사망한 남편이나 아버지를 대신해 활동하거나 문관이나 무관으로 임명된 여성에 대한 기록을 사료에서 발견할 수 있다. 이들은 권위에 필요한 모든 부수적 장치를 갖추고 있었다. 가장 주목할 만한 사례는 사지(沙智)라는 여성이다. 그녀는 쿠빌라이에게 직접 요청해 1284년 중국 남서부 건창로(建昌路)의 총관(總管, 정3품)직을 승인받았다. 그 전에는 고인이 된 아버지로부터 만호를 습직하고 조정이 관리에게 수여하는 최고 권위의 상징인 호부(虎符)를 받았다. 다시 말해 조정 밖에서 받을 수 있는 최고의 문관직과 무관직을 모두 차지한 것이다.[54] 그녀는 아버지가 아직 살아 있을 때 경쟁 지역 수장인 아종(阿宗)과 혼인했고, 두 사람은 중국 남서부 운남의 비한족 부족 영토의 큰 부분을 함께 통제했다.

중국의 기록에는 남서부의 비한인 출신 여성 두 명이 남편의 고위직을 물려받은 사례가 있다. 비한인 지역 엘리트 사이에서는 이러한 관행이 더 수용됐을지도 모른다. 적고(適姑)라는 여성은 그 지역의 지사였던 남편이 반란으로 사망한 후인 1303년에 로(路)의 총관이 되어 호부를 받았다. 표말(漂末)이라는 여성은 라라(羅羅) 부족 지역 선위사의 아내였고 자신도 라라족이었다. 남편이 사망

---

53 蔡美彪 1955, 7 and Plate 2 Cleaves 1960. 蔡美彪(2012)는 이 칙령이 그동안 학자들이 가정해온 것처럼 투레게네가 아니라 보락친으로부터 나왔음을 밝혔다. 또한 劉迎勝 2015 참고.

54 宋濂, 61.1471-1473; Farquhar 1985, 22-23.

한 뒤 그녀가 "공무(司事)"를 이어받았고, 아들을 조정에 사신으로 보냈다. 『원사』에는 표말이 다른 여성 관리들처럼 공식적으로 직위를 승인받았는지 또는 호부를 받았는지는 적혀 있지 않다.[55]

몽골의 정복 전쟁 시기에 여성이 공식 직위를 얻기도 했다. 1220년대에 한 몽골 왕자는 중국 북부의 대명로(大名路)에서 사망한 관리자의 아내인 염수진(冉守眞)에게 "임시로" 남편의 직무를 이어받으라고 명령했다. 중국인 군사 지휘관 왕진(王珍)이 그녀의 지휘 아래에서 군대를 통솔했다.[56] 양묘진(楊妙眞, 1193~1250)도 주목할 만한 여성이다. 그녀는 남자 형제로부터 반군을 물려받았고 다른 지방 지도자와 결혼했으며, 산둥반도에서 창장에 이르는 광대한 영토를 통제하게 됐다. 그녀는 남송에 명목상의 충성을 바쳤지만 결국 몽골과 동맹을 맺었고, 몽골은 양묘진을 산동 총독으로 임명했다. 이후 1232년에는 대칸 우구데이를 알현하기까지 했다.[57] 세 번째 사례로, 운남의 비한족 여성인 사절(蛇節)을 들 수 있다. 그녀는 아버지의 군대를 물려받아 반란을 일으켰다. 이 반란으로 앞서 언급한 여성 지도자 적고의 남편이 사망했고, 이로 인해 적고가 남편의 직위를 이어받았다. 이후 두 여성 지도자가 서로 경쟁했는데, 이 싸움은 사절이 1303년에 체포돼 처형될 때까지 이어졌다.[58] 원대에도 중국의 다른 왕조들처럼 여성이 관직에 진출할 수 있는 정규 경로는 없었다. 그럼에도 유능한 여성들은 남편이나 아버지를

---

55 宋濂, 61.1470; 28.630. Farquhar 1985, 24.

56 宋濂, 152.3592(王珍列傳); Farquhar 1985, 22.

57 Wu 2002.

58 宋濂, 162.3812; Farquhar 1985, 24.

대신해 고위 문관과 무관으로 활약했고, 심지어 그들의 남성 친척들이 이전에 가졌던 직위보다 더 높은 자리에 오르기도 했다.

정복 지역의 비몽골 여성들

원대 중국에서 몽골 여성과 중국 여성은 매우 다른 삶을 살았다. 모든 계층의 몽골 여성은 체력이 좋았고, 말을 타며, 대부분의 일을 야외에서 했다. 반면 중국 여성은 전통적인 실잣기, 직물 짜기, 자수 놓기와 같은 실내 작업에 종사했다. 더욱이 몽골 침략 이전 수 세기 동안 중국인들 사이에서 새로운 이상과 관행이 자리 잡으면서 이러한 이분법이 더욱 강화됐다. 당대(618~907)의 시각 및 문헌 자료들은 상류층 여성을 말을 타고 폴로를 즐기는 풍만한 모습으로 묘사하는 반면, 송대(960~1279)의 자료들은 날씬하고 심지어 연약해 보이는 신체를 강조한다. 중국에서 말타기는 여성과 완전히 무관하고, 심지어 남성들에게도 드문 일이 됐는데, 이는 금과 몽골의 침입으로 북방의 말 사육지가 중국의 통제에서 벗어났기 때문이다. 상류층 가문에서는 아내와 딸의 생활 공간을 분리하는 게 규범이 됐다. 비상류층 여성들은 상황에 따라 농사, 가게 운영 등을 맡기도 했지만, 이후 수 세기 동안 여성이 공공장소에서 보이는 경우는 훨씬 줄어들었다. 송대에는 전족도 나타나기 시작했다. 전족의 기원은 여전히 불분명하며 지역마다 다소 달랐지만, 문헌 증거와 고고학 증거 모두 12세기에 자리 잡기 시작해 상류층에서 모든 계층의 한인 여성으로 빠르게 퍼져나갔음을 보여준다(하카, 위구르, 만주, 그리고 다른 소수 민족들은 수 세기 동안 전족을 하

 제2권 주제별 역사

지 않았다).[59] 이민족이 연이어 중국을 점령한 시기에 전족이 시작됐다는 점은, 그것이 북방 이민족의 침입에 직면해 한족의 문명화된 문화와 민족 정체성을 강조하는 수단으로 기능했을 수 있음을 시사한다. 몽골의 점령은 중국의 혼인법에도 장기적 영향을 미쳤다. 1271년 쿠빌라이 카안은 모든 민족 집단에 대해 몽골의 수계혼 관행을 합법화했고, 치열한 법적 다툼과 소송의 홍수 속에서 과부의 정절은 중국 여성들이 수계혼에 저항할 수 있는 법적 수단으로 부상했다.[60] 시간이 지나면서 수계혼은 중국에서 불법이 됐고, 과부의 정절을 지지하는 법들은 중국의 왕조 시대가 끝날 때까지 지속됐다.[61]

---

59 Ebrey 1993, 37-43; Ko 2005, ch. 4.

60 『元典章』, 18: 23a-28a; 『通制條格校注』 2001, 3: 40; Birge 1995; Birge 2002, ch. 4.

61 Birge 2003.

참고문헌

사료와 번역

『大元聖政國朝典章』 1976. 臺北.
方齡貴 編 2001 『通制條格校注』. 北京.
蔡美彪. 1955. 『元代白話碑集錄』. 北京.
Babur, Zahir al-Din Muhammad. 1996. *The Baburnama: Memoirs of Babur, Prince and Emperor*, tr. W. M. Thackston. Washington, DC and New York.
Baṭṭuṭa/Gibb. 일러두기 6번 참조.
JT/Boyle. 일러두기 6번 참조.
JT/Rawshan. 일러두기 6번 참조.
JT/Thackston. 일러두기 6번 참조.
Mu'izz al-Ansāb. British Library OR 467.
William of Rubruck. 1990. *The Mission of Friar William of Rubruck: His Journey to the Court of the Great Khan Möngke, 1253-1255*, tr. Peter A. Jackson. London.
YS. 일러두기 6번 참조.
Zenkovsky, Serge A., and Betty Jean Zenkovsky, trs. 1984. *The Nikonian Chronicle*. Princeton.

연구서와 논문

劉迎勝. 2015. 「《元史·太宗紀》奶馬眞皇后監國部分箋證」 『西部蒙古論壇』 2: 3-13.
丁學芸. 1984. 「監國公主銅印與汪古部遺存」 『內蒙古文物考古』 3: 103-108.
蔡美彪. 1955. 「脫列哥那哈敦史事考辨」 『遼金元史考索』. 北京.
喜蕾. 2003. 『元代高麗貢女制度研究』. 北京.
Allsen, Thomas T. 1983. "The Yüan Dynasty and the Uighurs of Turfan." *China among Equals: The Middle Kingdom and Its Neighbors, 10th-14th Centuries*, ed. Morris Rossabi, 243-280. Berkeley and Los Angeles.
Andrews, Peter Alford. 1999. *Felt Tents and Pavilions: The Nomadic Tradition and Its Interaction with Princely Tentage*, 2 vols. London.
Atwood, Christopher. 2004. *Encyclopedia of Mongolia and the Mongol Empire*. New York.
Birge, Bettine. 1995. "Levirate Marriage and the Revival of Widow Chastity in Yüan China." *Asia Major* 8.2: 107-146.

2002. *Women, Property, and Confucian Reaction in Sung and Yüan China (960-1368)*. Cambridge.

2003. "Women and Confucianism from Song to Ming: The Institutionalization of Patrilineality." In *The Song-Yuan-Ming Transition in Chinese History*, ed. Richard von Glahn and Paul Smith, 212-240. Cambridge, MA.

2017. *Marriage and the Law in the Age of Khubilai Khan: Cases from the Yuan Dianzhang*. Cambridge, MA.

Broadbridge, Anne F. 2008. *Kingship and Ideology in the Islamic and Mongol Worlds*. Cambridge.

2016. "Marriage, Family and Politics: The Ilkhanid-Oirat Connection." *JRAS* 26: 1-14.

2018. *Women and the Making of the Mongol Empire*. Cambridge.

Cleaves, Francis W. 1956. "The Biography of Bayan of the Bārin in the Yuan shih." *HJAS* 19: 185-303.

1960. "The Sino-Mongolian Inscription of 1240." *HJAS* 23: 62-75.

Dawson, Christopher. 1955. *The Mongol Mission: Narratives and Letters of the Franciscan Missionaries in Mongolia and China in the Thirteenth and Fourteenth Centuries*. New York.

De Nicola, Bruno. 2014. "The Queen of the Chagatayids: Orghīn Khātun and the Rule of Central Asia." *JRAS* 25.1-2: 107-120.

2017. *Women in Mongol Iran: The Khatuns, 1206-1335*. Edinburgh.

Ebrey, Patricia Buckley. 1993. *The Inner Quarters: Marriage and the Lives of Chinese Women in the Sung Period*. Berkeley.

Farquhar, David M. 1985. "Female Officials in Yüan China." *Journal of Turkish Studies* 9: 21-25.

1990. *The Government of China under Mongolian Rule: A Reference Guide*. Stuttgart.

Holmgren, Jennifer. 1985. "The Economic Foundations of Virtue: Widow-Remarriage in Early and Modern China." *Australian Journal of Chinese Affairs* 13: 1-27.

1986. "Observations on Marriage and Inheritance Practices in Early Mongol and Yüan Society, with Particular Reference to the Levirate." *Journal of Asian History* 20.2: 127-192.

Kessler, Adam T. 1993. *Empires beyond the Great Wall: The Heritage of Genghis Khan*. Los Angeles.

Ko, Dorothy. 2005. *Cinderella's Sisters: A Revisionist History of Footbinding*. Berkeley.

Miyawaki-Okada, Junko. 2001. "Women's Property in the History of Nomadic Societies." *Altaic Affinities*, ed. David B. Honey and David C. Wright, 82-89. Bloomington, IN.

Moule, A.C., and Paul Pelliot. (1938) 1976. *Marco Polo: The Description of the World*. New York.

Robinson, David M. 2009. *Empire's Twilight: Northeast Asia under the Mongols*. Cambridge, MA.

Rockhill, William, tr. 1967. *The Journey of William of Rubruck to the Eastern Parts of the World, 1253-1255, as Narrated by Himself.* Nendeln, Liechtenstein.

Rossabi, Morris. 1979. "Khubilai Khan and the Women in His Family." *Studia Sino-Mongolica: Festschrift für Herbert Franke.* Wiesbaden, 153-180.

1988. *Khubilai Khan: His Life and Times.* Berkeley.

Serruys, Henry. 1987. "Remains of Mongol Customs in China during the Early Ming Period." Reprinted in *The Mongols and Ming China: Customs and History, 137-190.* London.

Uno, Nobuhiro. 2009. "Exchange-Marriage in the Royal Families of Nomadic States." *The Early Mongols: Language, Culture and History. Studies in Honor of Igor de Rachewiltz on the Occasion of his 80th Birthday,* ed. Volker Rybatzki, Alessandra Pozzi, Peter W. Geier, and John R. Krueger, 175-82. Bloomington, IN.

Waley, Arthur, tr. 1931. *The Travels of an Alchemist: The Journey of the Taoist Ch'ang-ch'un from China to the Hindukush at the Summons of Chingiz Khan,* Recorded by his Disciple, Li Chih-Ch'ang. London.

Wu, Pei-Yi. 2002. "Yang Miaozhen: A Woman Warrior in Thirteenth-Century China." *Nan Nü: Men, Women and Gender in Early and Imperial China* 4.2: 137-69.

Zhao, George Qingzhi. 2008. *Marriage as Political Strategy and Cultural Expression: Mongolian Royal Marriages from World Empire to Yuan Dynasty.* New York.

Zhao, George Q., and Guisso, Richard W. L. 2005. "Female Anxiety and Female Power: Political Intervention by Mongol Empresses during the 13th and 14th Centuries in China." *History and Society in Central and Inner Asia,* ed. Michael Gervers, Uradyn E. Bulag, and Gillian Long, Toronto Studies in Central and Inner Asia 7: 17-23.

옮긴이의 말

옮긴이의 말

내가 박사과정에 재학 중이던 시절, 케임브리지대학출판부의 역사 시리즈로 몽골 제국사가 출간될 예정이라는 소식을 접했다. 이 책의 책임 편집자 두 명 가운데 한 사람이 나의 지도교수인 김호동 선생님이었기에, 비교적 이른 시기에 그 기획의 윤곽을 들을 수 있었다. 당시 한국 학계에서는 몽골 제국사를 연구하는 신진 연구자가 빠르게 증가하고 있었고, 일반 독자들 사이에서도 몽골 제국사에 대한 관심이 높아지고 있었다. 페르시아어 및 몽골어 사료의 역주본이 번역·출간되는 등 연구 기반은 크게 확장되고 있었지만, 제국 전체를 아우르는 종합적 연구서는 여전히 찾기 어려운 상황이었다. 이러한 시점에 몽골 제국사가 최고의 필진을 갖추어 케임브리지 역사 시리즈로 간행된다는 소식은 말할 수 없이 반가운 일이었다. 더욱이 나는 박사 수료 이후 2년간 또 다른 책임 편집자인 미할 비란 선생님의 프로젝트에 참여하면서 많은 배움과 격려를 받았기에, 이 책은 개인적으로도 깊은 의미를 지닌다. 그러므로 사계절출판사에서 번역 출간을 결정하고, 내가 그중 한 파트를 맡게 된 것은 대단히 감사한 기회였다.

　내가 번역한 부분은 '주제별 역사(Thematic History)'이다. 이 책에서는 각 분야에서 최고로 불리는 11명의 학자가 각자의 분야에서 몽골 제국을 하나의 역동적이고 통합된 역사적 체계로 제시하면서 그 정복과 지배를 가능하게 한 제도적·이념적·사회경제적 구조를 분석한다. 울루스 체제와 역참망은 광역 제국을 연결한 행정적·군사적 기반이었으며, 보편 군주권과 '하늘의 위임'이라는 이념은 서로 다른 지역과 전통을 하나의 질서 아래 묶어내는 정치적 상상력이었다. 다민족적 군사 조직과 지역 엘리트의 통합, 교역과 기술 이동의 제도화는 제국이 인적·물적 자원을 지속적으로 흡수하고 재조합한 역동성을 보여준다. 몽골의 젠더 관념은 특히 중국 지역에 영속적인 영향을 미쳤다.

그러므로 독자들은 이 책을 통해 몽골 시대는 어떤 모습이었는가를 목격할 뿐 아니라, 그 시대가 유라시아의 구조가 재편된 전환기였다는 점을 확인하게 될 것이다. 역참망과 통신 체계는 정보와 사람의 이동을 가속화했고, 상인·장인·학자·종교인들은 제국을 가로지르며 지식과 기술을 확산시켰다. 과학의 교류에서 페르시아 학계와 중국 학계의 협동과 경쟁은 양 지역에 전무후무한 새로운 학술적 발전을 일으켰다. 또한 예술과 시각 문화의 혼합은 몽골에 의한 대륙 차원의 문화적 재구성 과정을 보여주며, 종교 정책은 다종교적 공간을 정치적으로 관리한 전략을 드러낸다. 또한 환경과 기후에 대한 분석은 이 제국이 자연 조건과의 상호작용 속에서 형성되고 변화했음을 상기시킨다.

여기에서 덧붙여 설명할 점이 있다. 서구 학계에서는 일반적으로 뭉케 이전을 '통합 제국 시대'로, 그 이후를 네 개의 칸국으로 분열된 '계승 국가 시대'로 구분하는 서술이 널리 사용된다. 이 책 역시 그러한 개념 구분과 표현을 일정 부분 따르고 있다. 그러나 대부분의 한국과 일본의 몽골 제국사 연구에서는, 이 책 제1장 김호동 선생님의 논의에서도 보이듯, 칭기스 칸 시기부터 몽골은 이미 울루스 체제로 구성되어 있었다고 보며, 뭉케 이후를 제국의 '분열'로 이해하지 않는 경향이 강하다. 이러한 시각 차이를 염두에 둔다면, 독자들은 몇몇 표현을 서구 학계의 연구 전통에서 형성된 해석 틀로 읽을 수 있을 것이다.

나는 원서를 처음 받아 아홉 개의 주제를 단숨에 읽어 내려가며 느꼈던 희열을 지금도 기억한다. 그러나 혼자 읽으며 기쁨을 느끼는 것과, 각 분야의 거장들이 쓴 전혀 다른 주제의 글들을 정확하면서도 읽기 좋은 한국어로 옮기는 일은 다른 문제였다. '정확하고 잘 읽히는 글'을 위해 초고를 보낸 이후에도 큰 폭의 수정을 거듭하여 사계절출판사 인문팀 편집자 여러분께 고통을 드렸다. 이 자리를 빌려 감사를 드리며, 이러한 노력이 독자들에게도 전해지기를 기대한다. "몽골이 만든 국가는 어떤 모습이었는가"라는 물음에 가장 생생하게 답하는 이 책을 많은 분과 함께 읽고 즐길 수 있기를 진심으로 바란다.

2026년 4월
최소영

찾아보기

ㄱ

가잔(칸) Ghazan 27, 30, 35, 36, 40, 43,
44, 51, 63, 64, 71, 72, 85, 99, 124, 142,
179, 259, 260, 271, 399
게르소니데스 Gersonides 277
게이하투 Geikhatu 30
고개지 顧愷之 313, 324
곽수경 郭守敬 280
구육(카툰) Güyük 30, 383, 397, 403
구육(칸) Güyük 17, 18, 26, 61, 82, 88,
383, 393, 395
구처기 丘處機 60, 62, 66
그레고리 키오니아데스 Gregory
Chioniades 251, 276, 277, 279
글렙 Gleb 401
기욤 부셰 Guillaume Boucher 303
까르마 박시 Karma Bakhshi 220

ㄴ

나시르 앗 딘 앗 투시 Nāṣir al-Dīn al-
Ṭūsī 220, 254, 255, 267~275, 277,
278, 283
나시르 앗 딘 Nāṣīr al-Dīn 136, 220

나얀 Nayan 24, 34, 134
나즘 앗 딘 알 카티비 Najm al-Dīn al-
Kātibī 275
남부이 Nambui 408~411
냉겸 冷謙 230
네이선 시빈 Nathan Sivin 281
노루즈 Nawrūz 40, 51
노가이 Noghai 56, 129, 143
누만 앗 딘 알 호라즈미 Nu'mān al-
Dīn al-Khwārazmī 253
니자미 Nizami 320
니잠 앗 딘 안 니사부리 Niẓām al-Dīn
al-Nīsābūrī 274, 277, 279
니콜라오 3세 Nicholaus III 71
니콜라오 4세 Nicholaus IV 214

ㄷ

다구이 Daghui(答己) 410, 411
다나시리 Danashiri 411
다이르 Dayir 39, 122
데이 세첸 Dei Sechen 381
도쿠즈 Dokuz 30, 383, 387, 395,
397~399, 402
두아 Du'a 22, 37

조맹부 趙孟頫 313, 324

종밀 宗密 238

주베이니 Juwaynī 17, 36, 48, 60, 67,
　　89, 141, 142, 232

주원장 朱元璋 90

주치 Jochi 13, 16~20, 25, 30, 37, 44,
　　58, 64, 122, 124, 128~131, 144, 315,
　　390, 392~394, 399~403

주희 朱熹 240

진김 眞金 29, 410

쫑카빠 宗喀巴 238, 240

ㅊ

차비 Chabi(察必) 32, 315, 407, 408

차파르 Chapar 22, 36, 37

체체이겐 Checheyigen 391, 392, 395,
　　397, 400, 402, 403

초르마간 Chormaqan 39, 121, 143

추베이 Chübei 22

충렬왕 忠烈王 45, 412

충선왕 忠宣王 45

친카이 Chinqai 61

칠레두 Chiledü 389, 390

칭기스 칸 Činggis Qan 13~17, 19,
　　21, 23~26, 28, 29, 32~35, 40, 41,
　　46~49, 54, 57, 59, 60, 62, 66, 81, 82,
　　85, 88~90, 93~95, 99, 100, 110, 111,
　　114, 115, 125, 128, 134, 143~145,
　　169, 171, 213~215, 219, 256, 258,
　　269, 316, 339, 343, 344, 347~349,

351, 352, 361, 379, 381~383, 385,
390~393, 407, 411, 412

ㅋ

카디자다 루미 Qāḍī Zāda Rūmī 283

카라차르 Qarachar 125

카말 앗 딘 알 파리시 Kamāl al-Dīn al-
　　Fārisī 273

카말 앗 딘 앗 투르크마니 Kamāl al-
　　Dīn al-Turkmānī 253, 283

카말 앗 딘 이븐 유누스 Kamāl al-Dīn
　　ibn Yūnus 255

카이두 Qaidu 22, 136, 139, 178, 179,
　　328, 404

카이샨 Qaishan 30

칸그란데 델라 스칼라 Cangrande della
　　Scala 308

케흐티 노얀 Kehti Noyan 32

켈미시 아가 Kelmish Agha 388, 400

코리 수베치 Qori-Sübechi 117

코진 Qojin 390, 391~392

코페르니쿠스 Copernicus 268, 283

콘차카 Konchaka 401

쿠르구즈 Körgüz 67, 71

쿠빌라이 Qubilai 16, 22~27, 29,
　　32~35, 41, 42, 50, 55, 56, 59, 62, 69,
　　85, 96, 132~135, 137, 163, 174, 220,
　　225, 238, 251, 256~259, 264, 266,
　　270, 274, 280, 304, 307, 313, 315, 327,
　　400, 407~412, 414, 417

케임브리지 몽골 제국사 제2권. 주제별 역사

2026년 4월 30일 1판 1쇄

책임 편집
미할 비란, 김호동

지은이
김호동, 토머스 올슨, 티모시 메이, 구로다 아키노부,
요한 엘버스콕, 모리스 로사비, 로버트 모리슨, 로잔 프라즈니악,
니콜라 디 코스모, 베틴 버지, 앤 브로드브리지

옮긴이
최소영

편집
강창훈, 이진, 이창연, 장윤호

디자인
조정은

제작
박홍기

마케팅
김수진, 이태린, 이예지

홍보
조민희

인쇄
천일문화사

제책
책다움

펴낸이
강맑실

펴낸곳
(주)사계절출판사

등록
제406-2003-034호

주소
(우)10881 경기도 파주시 회동길 252

전화
031)955-8588, 8558

전송
마케팅부 031)955-8595, 편집부 031)955-8596

홈페이지
www.sakyejul.net

전자우편
skj@sakyejul.com

블로그
blog.naver.com/skjmail

페이스북
facebook.com/sakyejul

X(트위터)
x.com/sakyejul

ISBN 979-11-6981-434-8 94910
ISBN 979-11-6981-432-4 (세트)